現代語訳 小右記

15

万寿四年（一〇二七）七月～長元二年（一〇二九）十月

倉本一宏［編］

吉川弘文館

凡　例

一、本書は、藤原実資の日記『小右記』の現代語訳である。

一、原文、および書き下し文は、紙幅の関係上、収録しなかった。

一、全十六冊に分けて刊行する。それぞれの収録範囲は、以下の通りである。

1　貞元二年(九七七)三月―永延二年(九八八)十二月
2　永祚元年(九八九)正月―長徳元年(九九五)十月
3　長徳二年(九九六)正月―寛弘二年(一〇〇五)三月
4　寛弘二年(一〇〇五)四月―寛弘八年(一〇一一)十二月
5　長和元年(一〇一二)正月―長和二年(一〇一三)六月
6　長和二年(一〇一三)七月―長和三年(一〇一四)十二月
7　長和四年(一〇一五)四月―長和五年(一〇一六)二月
8　長和五年(一〇一六)三月―寛仁元年(一〇一七)十二月
9　寛仁二年(一〇一八)正月―寛仁三年(一〇一九)三月

10　寛仁三年（一〇一九）四月―寛仁四年（一〇二〇）閏十二月
11　治安元年（一〇二一）正月―治安二年（一〇二二）十二月
12　治安三年（一〇二三）正月―治安三年十二月
13　万寿元年（一〇二四）正月―万寿二年（一〇二五）八月
14　万寿二年（一〇二五）九月―万寿四年（一〇二七）六月
15　万寿四年（一〇二七）七月―長元二年（一〇二九）十月
16　長元三年（一〇三〇）正月―長久元年（一〇四〇）十一月

一、現代語訳の底本としては、大日本古記録（東京大学史料編纂所編纂、岩波書店、初刷一九五九～一九八六年）を用いた（主に第四刷〈二〇〇一年〉を利用した）。大日本古記録一巻が、この現代語訳二巻分に相当するように分割した。

一、この現代語訳第一五巻に相当する大日本古記録が底本とした写本は、以下の通りである（逸文については、出典をそれぞれ明示してある）。

万寿四年	七月	広本	前田本甲第三十巻	尊経閣文庫蔵
	八月―九月	広本	前田本甲第三十一巻	尊経閣文庫蔵
	十月―十一月	略本	伏見宮本第二十二巻	宮内庁書陵部蔵
	十二月	広本	東山御文庫本第五十五冊	東山御文庫蔵

長元元年	七月—九月	広本	前田本甲第三十二巻	尊経閣文庫蔵
	十月—十二月	略本	伏見宮本第二十四巻	宮内庁書陵部蔵
長元二年	正月—三月	略本	伏見宮本第二十五巻	宮内庁書陵部蔵
	四月	略本	伏見宮本第二十六巻	宮内庁書陵部蔵
	七月	略本	伏見宮本第二十七巻	宮内庁書陵部蔵
	八月—九月	広本	九条本第十巻	宮内庁書陵部蔵

一、現代語訳は逐語訳を旨としたが、よりわかりやすくするため、語句を補ったり、意訳を行なっている箇所もある。ただし、原文の用字（特に人名呼称）は、なるべく尊重した。

一、古記録の現代語訳はきわめて困難であるため、本書は現代語訳の断案というものではまったくなく、一つの試案と考えていただきたい。

一、底本の誤字については、原則として文字を訂正して現代語訳を行なった。また、脱字や虫食いがある部分については、他の古記録や儀式書などによって推定できる部分は、現代語訳を行なった。文字を推定できない箇所については、おおむね判読できない字数の分を□□で示した。

一、裏書については段落を替えて表記した。また、表の記載・裏書にかかわらず、底本が段落を替えている部分については、本書でも段落替えを行なった。

一、漢字の表記については、常用漢字表にあるものは、原則として常用漢字体に改めた。

一、本文の註や割書は、〈　〉の中に入れて区別した。
一、各日付と干支の後に、その日の記事の主要な出来事を、簡単に太字で示した。
一、人名に関する註は、（　）の中に入れて付けた。原則として毎月、最初に見える箇所に付けた。ただし、人名呼称が代わった場合は、また名だけを付けた。
一、ルビは毎月一回、最初に見える箇所に付けた。原則として『平安時代史事典』（角田文衞監修、古代学協会・古代学研究所編、角川書店、一九九四年）、『日本国語大辞典』（日本国語大辞典第二版編集委員会・小学館国語辞典編集部編、小学館、二〇〇〇〜二〇〇二年）、『国史大辞典』（国史大辞典編集委員会編、吉川弘文館、一九七九〜一九九七年）の訓みに準拠した。
一、特に女性名の訓み方については、現在、明らかになっているものは少ないが、あえて『平安時代史事典』の訓みを用いた。『平安時代史事典』利用の便を考えたためである。
一、用語解説と人物注は、巻末にごく少量だけ付けた。『平安時代史事典』、『国史大辞典』、『日本国語大辞典』を参照した。ルビを多めに付けているので、他はこれらの辞典を引いていただきたい（ジャパンナレッジの利用をお勧めする）。
一、書き下し文については国際日本文化研究センターのウェブサイト（https://db.nichibun.ac.jp/ja/）に「摂関期古記録データベース」として公開しているので、索引代わりに是非ご利用いただきたい。
『小記目録』『御堂関白記』『権記』『春記』『左経記』『八条式部卿私記』『宇多天皇御記』『太后御記』

『沙門仲増記』『元方卿記』『延光記』『済時記』『親信卿記』『藤原宣孝記』『法住寺相国記』『宗河記』『一条天皇御記』『宇治殿御記』『二東記』『宗金記』『後朱雀天皇御記』『宇治関白高野山御参詣記』『定家朝臣記』『師実公記』『後三条天皇御記』『寛治二年記』『季仲卿記』『清原重憲記』『高階仲章記』の書き下し文も公開している。

目　次

凡　例
本巻の政治情勢と実資 …… 11
現代語訳小右記15　道長薨去
万寿四年（一〇二七） …… 3
七月　3／八月　27／九月　46／十月　66／十一月　69／十二月　82
長元元年（一〇二八） …… 113
正月　113／二月　113／七月　115／八月　142／九月　166／十月　191／十一月　198／十二月　221

長元二年（一〇二九）……226
正月 226／二月 236／閏二月 244／三月 251／四月 254／六月 266／七月 267／八月 275／九月 294／十月 319

付録……321

用語解説 322
人物注 334
公卿構成 341
年譜 346
系図 352
関係地図（平安京北半・北辺） 356
平安宮内裏図 358
小野宮復元図 359
方位・時刻 360

本巻の政治情勢と実資

万寿《まんじゅ》四年（一〇二七）六月四日には、道長《みちなが》は飲食を受けず、衰弱が甚しくなったが、十四日には妍子《きよこ》を見舞っている。七月四日の兼家追善《かねいえついぜん》の法華八講《ほっけはっこう》には病をおして参列したものの、我慢して堂にいる有様であった。十九日には痢病《りびょう》（激しい腹痛を伴い下痢をする様々な病気）も加わっている。

妍子の方も、七月十九日には手足が腫《は》れ、八月五日には不覚《ふかく》（人事不省《じんじふせい》）となるほどであった。その後も重態は続き、当然のことのように藤原顕光《あきみつ》の霊も加わって、九月四日に危篤《きとく》に陥った。六日に道長は縁によじ登り、仏堂に参って、仏前に恨み申した。

妍子は九月十四日に出家した後に死去した。三十四歳であった。道長や頼通《よりみち》・教通《のりみち》たちは哀泣《あいきゅう》した。葬送は十七日に行なわれ、道長以下は歩行して従った。

九月二十四日に、道長家について妖言《ようげん》（悪いことが起こるというような、不吉で奇怪な予言）が多いと『小右記』に記されているのは、一家の悲劇がこれで終わったわけではないことを意味しているのであろうか。

道長は十一月十日に重態となり、臥したまま汚穢《おわい》（糞尿）を出すという状態となった。十三日には沐

後一条・後朱雀後宮系図

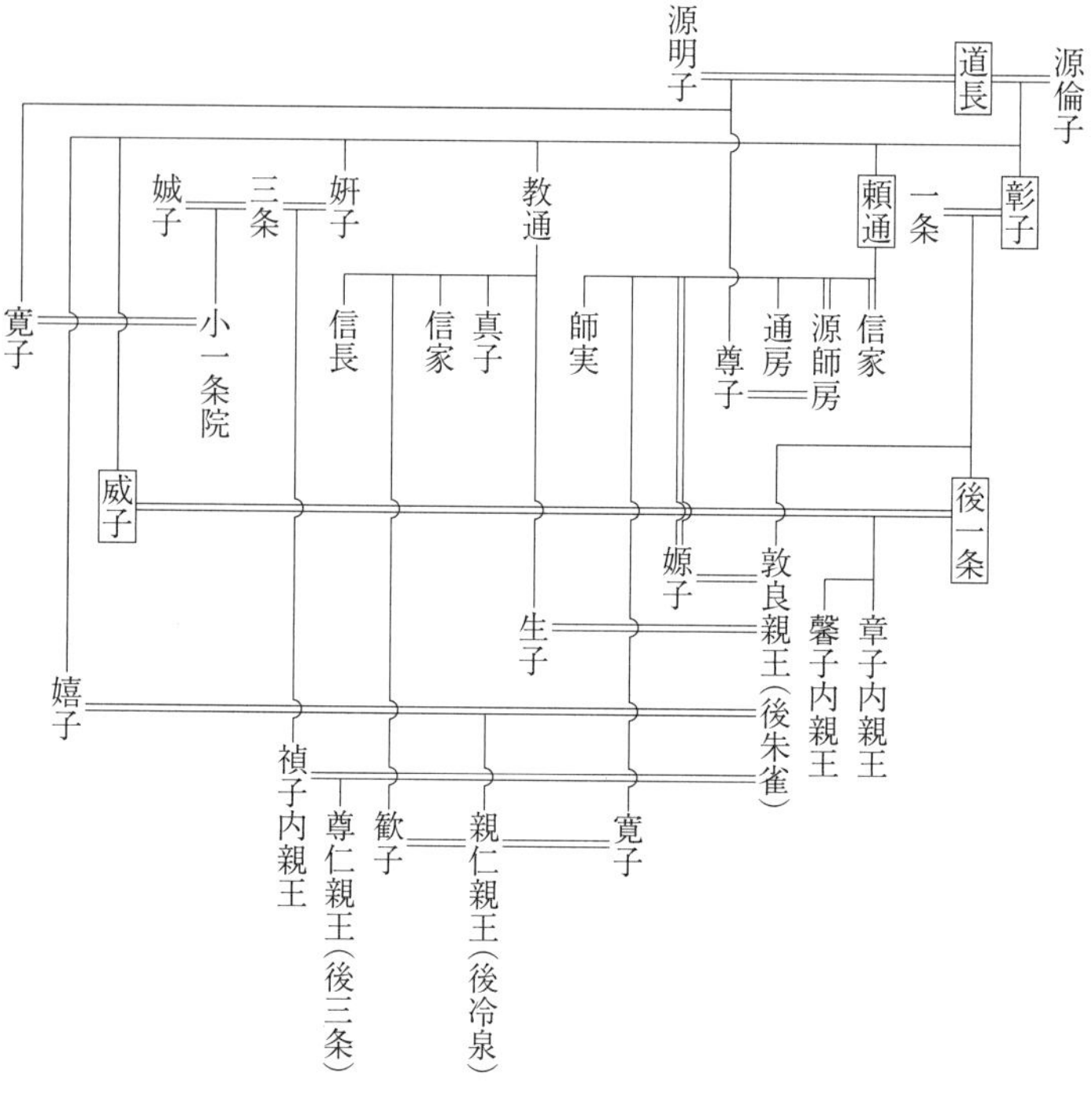
源倫子
道長
源明子
彰子
一条
頼通
教通
妍子
三条
娍子
信家
源師房
通房
尊子
師実
真子
信家
信長
小一条院
寛子
後一条
威子
章子内親王
馨子内親王
敦良親王(後朱雀)
嫄子
生子
嬉子
禎子内親王
尊仁親王(後三条)
歓子
親仁親王(後冷泉)
寛子

浴して念仏を始めるなど、極楽往生に向けた準備を始めた。二十一日には危篤となり、ますます無力にして汚穢は無数、飲食は絶えた。また背中に腫物ができたが、医療を受けなかった。後一条天皇の行幸も、今となっては悦ばないとのことで、訪ねてきた彰子と威子も、汚穢によって直接、見舞うことは難しい状況であった。

二十四日、道長が入滅したという誤伝が駆けめぐり、上下の者は土御門第に馳せ参った。この日、道長は震え迷うという症状を起こし、皆はやはり時が至ったことを思い、遠近に馳せ告げたという。針博士の和気相成は、背中の腫物の勢いが乳腕に及び、その毒が腹中に入ったのであって、震えているのは、頸が思った通りにならないからであるという見立てを行なった。これに針治を施し、瘡口を開くことになった。

二十五日、道長は法成寺阿弥陀堂の正面の間に移った。もちろん、九体阿弥陀像の前である。

そして十二月一日の夜半、但波忠明によって背中の腫物に針治が施された。膿汁と血が少々出て、この針治も影響したのか、三日の午後には再び、道長の叫ぶ声は、きわめて苦し気であったという。実資が様子を見に行かせると、「すでに事実でした」とのことであった。

二十六日には危篤となり、やはり後一条の行幸が行なわれた。

入滅したという報が伝わった。実資が様子を見に行かせると、「すでに事実でした」とのことであった。ただ、夕刻になって届いた報では、「胸だけは暖かいままである」とのことであった。夜に入って届いた報は、「ただ頭だけが揺れ動いている。その他は頼みが無い」というものであった。

四日が明けると、また様々な情報が入り乱れた。道長は昨日、入滅したが、夜になって揺れ動く気配があった。しかし、四日の早朝には、すでに入滅したので、亡者《もうじゃ》の作法を行なったというのが、一般的なものであった。

ところが、朝になっても腋《わき》に温気があるというので、上下の者はまだ生きていると言い出した。実資は、「荒涼《こうりょう》(いい加減)のようなものである」と不機嫌である。思えば長徳《ちょうとく》元年(九九五)以来三十二年間、何者にも代えがたい影響力を行使し続けてきた道長であればこそのことである。この年、道長は六十二歳であった。

実は十二月一日から患いついて飲食も受けていなかった行成《ゆきなり》が、この四日の深夜、厠《かわや》に行く途中で顚倒《てんとう》し、一言も発せずにそのまま薨去した。こちらも道長の側近ならではである。

道長の葬送は、七日の夜、盛大に鳥辺野《とりべの》で行なわれた。実資は葬送の様子を、「もしかしたらこれは、薨後の過差《かさ》か」と評している。

頼通が康平《こうへい》五年(一〇六二)に道長の墓を訪れた際の記録(『定家朝臣記《さだいえあそんき》〈康平記《こうへいき》〉』)によると、墓は木幡《こはた》の浄妙寺《じょうみょうじ》の東に営まれた。浄妙寺の東の「ジョウメンジ(「浄妙寺」の転訛《てんか》したもの)墓」と通称されていた墓地と茶畑の先のフェンスで囲まれた某修道院の敷地のあたりであろう。

なお、この茶畑から出土したと伝える青磁《せいじ》水注《すいちゅう》(高二一・七センチ、底径八センチ、口径九・六センチ。京都国立博物館蔵)は、五代《ごだい》(九〇七―九六〇)もしくは北宋《ほくそう》時代(九六〇―一一二七)のごく初期に、中国浙江省《せっこうしょう》の越州窯《えっしゅうよう》で焼かれたものと考えられ、藤原氏の誰かの墓に副葬されたものとされる。越州窯青磁の輸入品でも、これほどの大型品は多くなく、これを道長の骨壺であると指摘する考えもあることを付記しておく。

道長が死去した万寿四年十二月には、実資は四日・五日・十六日と、別納所《べちのうしょ》の米や魚類・海藻を悲《ひ》田院《でんいん》の三十五人と六波羅蜜坂下《ろくはらみつさかした》の病者・乞者十九人に施している。その後も長元《ちょうげん》四年(一〇三一)正月二十三日に悲田院に米五斗と塩一斗、翌日にも悲田院の病人の寒苦が甚しいと聞くと、炭を施行している。三月にも清水坂下《きよみずさかした》の者に塩を施行している。それはまさに、道長に代わる「貴人の義務」と考えているかのようである。もちろんそれは、政務や儀式の遂行に関しても同様であった。

十二月二十日、諸卿は明春の頼通の初度除目に注目していた。「もしもちょうど道理を行なわれれば、天下は帰服《きふく》するであろう。また、道理に違った事が有れば、上下の者は背くのではないか」と。道長のいない時代の頼通の執政が始まるのである。

道長の死後半年を経た長元元年(一〇二八)六月、東国で平忠常《ただつね》の乱が勃発《ぼっぱつ》した。時代は確実に変わっており、道長が「この世」と思っていたのは、実は京都だけ、もしかすると宮廷内部だけの話だったのかもしれないのである。

七月十日、実資が追討使《ついとうし》進発の日について、この日は公損《こうそん》であり、また血忌日《ちいみにち》で下弦日《かげんにち》で忌避《きひ》すべきであるとして、難色を示した。よく平安時代史の概説書などに、貴族が追討使の進発を占いによって遅らせたと記されているが、遅らせたのは、何と実資だったのである。

何故に後一条と関白頼通は、追討使として源頼信ではなく平直方《なおかた》を選んだのかというと、直方と父の平維時《これとき》が頼通の家人《けにん》であったのに対し、頼信が実資の家人でもあったことも影響したのであろう。

ところが、追討使ははかばかしい戦果を挙げることができなかった。現地に下向した後、合戦らしい合戦はなく、戦果のないまま、追討使はいたずらに歳月を費していたのである。

長元二年(一〇二九)六月八日には早くも直方の更迭《こうてつ》が議されているが(『小記目録』)、その議も遅々として進まず、十二月八日になって、ようやく中原成通《なりみち》が追討使を解任《かいにん》された。この年、頼信が甲斐守《かいのかみ》に任じられている。やがて頼信が坂東の反乱に関与する条件が整ったのである。

この長元二年九月二十四日、実資は清涼殿《せいりょうでん》の東廂《ひがしびさし》で、頼通と共に烏帽子《えぼし》も被《かぶ》らずに懐抱《かいほう》して臥《ふ》していたという夢を見た。その間、実資の玉茎《ぎょっけい》は、木のようであり、着していた白綿の衣は、はなはだ凡卑《ぼんぴ》なものであったという。「恥ずかしい」と思っていると、夢から覚めたとある。夢から醒めた実資は、「もしかしたら大慶《たいけい》が有るのであろうか」と記している。

この夢は、男色《だんしょく》の史料として解釈されるのが常であった。しかし、実資が抱き合っていた相手と場を考えると、これは「大慶」つまり昇進を予想した人事に関する夢と解するべきなのである。つまり、抱き合った相手は関白頼通、人事権を握る職である。また、その場は清涼殿東廂、除目《じもく》を行なう場である(大臣召《だいじんめし》は除目とは違うが、夢の中で混同していたのであろう)。

この年の京官《きょうかん》除目は十一月四日に始まるのであるが、その場において人事権を握る人物と抱き合っていたというのは、目前の出世の願望、あるいは予測の現われであろう。当時、七十三歳の太政大臣藤原公季《きんすえ》は、この年の十月十七日に薨じることからもわかるように、すでに病悩していたと思われる。また、関白・左大臣の頼通は、九月十六日に上表し、この夢のあった翌二十五日に再び上表していた。すでに九月十四日、実資が太政大臣を望んでいるとの風聞があることを、資平《すけひら》から伝えられていた。実資が、頼通の後任の関白に補されると自認していたとは考えにくいとしても、公季の後任の太政大臣に任じられるであろうと予測していた可能性は高い。

実際には、太政大臣は欠員のままとされ、実資はその後、十七年も右大臣を続けることになるのであるが、七十歳を越えてこれだけの上昇志向を保ち続けることが、長寿の秘訣《ひけつ》なのであろうか。

実資が夢の中で「恥ずかしい」と思ったというのは、頼通と抱き合って「玉茎」が「木のよう」に怒張《どちょう》したことが恥しいのではなく（それはむしろ当時としては喜ばしいことだったであろう）、烏帽子も被らず凡卑な装束《しょうぞく》を着していたことに対してであろう。

なお、九月二十六日、伊勢《いせ》の荒祭神《あらまつりのかみ》（皇大神宮《こうたいじんぐう》〈内宮〉の境内別宮）が人に託して、「関白は天下を亡《ぼう》乱《らん》している。極めて愚かなことだ」という託宣《たくせん》を行なっている。また、大僧正深覚《だいそうじょうしんがく》は忌諱《きき》を憚らず、関白を諷諌《ふうかん》し、これに万人が感歎した。頼通の執政態度（と能力）に対する批判は、当然のこと、実資の耳にも入っていたことであろう。

現代語訳 小右記 15

道長薨去

万寿四年（一〇二七）七月―
長元二年（一〇二九）十月

万寿四年（一〇二七）

藤原実資七十一歳（正二位、右大臣・右大将・東宮傅）　後一条天皇二十歳　藤原道長六十二歳　藤原頼通三十六歳　藤原彰子四十歳　藤原威子二十九歳

○七月

一日、己亥。　当季十斎日大般若読経始

当季《とうき》十斎日《じっさいにち》大般若読経始《だいはんにゃどきょうはじめ》である〈尹覚《いんかく》と念賢《ねんけん》。〉。
滅門日《めつもんにち》。

二日、庚子。　興照、灌頂を受ける／資平妻、病悩、出家／中原貞清の申文

今日、阿闍梨《あじゃり》興照《こうしょう》が灌頂《かんじょう》を受けたのである。法服《ほうふく》一具《よろい》、紫色の甲袈裟《こうげさ》〈緒を加えた。〉・同色の横被《おうび》〈緒を加えた。〉・赤色の表衣《うえのきぬ》〈帯を加えた。〉・同色の裳《も》・鈍色《にびいろ》の単重《ひとえかさね》の袙《あこめ》・同色の表袴《うえのはかま》・紅染《こうぞめ》の大口袴《おおくちばかま》・襪《したうづ》・赤色の扇。以上を筥《はこ》〈包みおよび高坏《たかつき》があった。〉に納めた。挿鞋《そうかい》があった〈柳筥《やないばこ》に盛った。〉。申剋の頃、宰相中将《さいしょうちゅうじょう》〈藤原資平《すけひら》〉の妻〈藤原知章女《ともあきらのむすめ》〉が、急に不覚であることを告げて来た。確かに問わせた。「疑ったところは、邪気《じゃけ》のために取り入れられたのか。読経僧たちが祈念した」と云うことだ。「一分も効験《こうげん》が無かった」ということだ。「黄昏、心誉《しんよ》僧都《そうず》が来向して、加持《かじ》を行なった。すぐに蘇生《そせい》した。邪気が出て来て、尋常を得た。これより先、不覚であった間に、尼とした。心誉僧都を戒師《かいし》とした」

と云うことだ。夜に入って、中将《ちゅうじょう》〈資平〉が来た。談じたことは、聞いたとおりであった。しばらくして、帰り去った。

〈中原〉貞清朝臣《さだきよあそん》の中文《もうしぶみ》の内の事について、早く文書《もんじょ》を調べ、見合わせて申すよう、重ねて〈小槻《おつきの》〉貞行《さだゆき》宿禰《すくね》に命じた。貞清が云ったことには、「右馬寮《うめりょう》の史生《ししょう》〈水取《もひとりの》〉季武《すえたけ》が云ったことには、『〈清原〉頼隆《よりたか》が云ったことには、「右馬頭《うまのかみ》が善い右馬助《うまのすけ》を無理に屈辱させたことは、そうであってはなりません。錆《さび》矢《や》も放とう、侘刀《わびがたな》を抜いては□来て告げた」ということでした』と。極めて恐怖しています。このことを御堂《みどう》〈藤原道長《みちなが》〉に申させてください」ということだ。私はあれこれを答えなかった。

三日、辛丑。 備後国解について宣旨を下す／遠江国笠原牧下人殺害の犯人を進上／源政職、卒去

左中弁《さちゅうべん》〈源〉経頼《つねより》が宣旨《せんじ》〈備後《びんご》の解文《げぶみ》。〉を持って来た。すぐに宣下した。権左中弁《ごんのさちゅうべん》〈藤原章信《あきのぶ》〉が来て、雑事を談った。

先日、関白《かんぱく》〈藤原頼通《よりみち》〉の所領である遠江《とおとうみ》国笠原牧《かさはらのまき》の使の下人某姓《なにがし》某丸《なにがしまる》を殺害した者を捕えて進上するよう、官符《かんぷ》を東海道《とうかいどう》の国々に下給した。右衛《え》門案主文信《もんのあんじゅふみののぶちか》親を使者とした。国々の返解《へんげ》・使者の中文・日記および犯人の頭二人を、使者が随身《ずいじん》して参上した。一人は途中から縄を引き絶って草中に入り、逃げ去った。彼に付した兵士一人も、同じく進上した。これらの文書を、右大弁《うだいべん》〈藤原重尹《しげただ》〉が持って来た。見終わって、返給した。先ず関白に申して奏上するよう伝えた。また、随身した犯人二人は、検非違使《けびいし》に引き渡すべきであろうか。同じく関白に伝え、その指図《さしず》に随って処置するよう命じた。また、云ったことには、「木工頭《もくのかみ》（源）政職《まさもと》が卒去した〈六十九歳。〉。故民部卿《みんぶきょう》（源俊賢《としかた》）と同年である」と云うことだ。同年の人が毎月、卒去するのは、如何なものか。

四日、壬寅。　当季仁王講／宇佐宮の怪異／藤原兼家のための法華八講、法成寺に於いて修す

諷誦《ふじゅ》を六角堂《ろっかくどう》に修した。今日から当季《とうき》仁王講《にんのうこう》を修する〈念賢・智照《ちしょう》・慶範《けいはん》。〉。大外記《だいげき》頼隆が云ったことには、「大宰府《だざいふ》が怪異《かいい》の解文を言上《ごんじょう》しました。鶴が宇佐《うさ》宮の宝殿《ほうでん》の前庭《ぜんてい》に群集しました」と。故大入道《だいにゅうどう》（藤原兼家《かねいえ》）の法興院《ほこいん》の八講《はっこう》は、あの院に於いて修されたものである。ところが焼亡した後、すでに堂舎《どうしゃ》は無い。そこで法成寺《ほうじょうじ》に於いて、去月の晦日《つごもり》から修されているのである。大の月は二十八日から行なわれ、小の月は二十七日に始め修する。「日次《ひなみ》が宜しくなく、晦日から行なわれた」と云うことだ。未剋の頃、参入した。その後、左大臣（頼通）〈関白。〉と内大臣（藤原教通《のりみち》）が参られた。饗宴が有った。講説《こうぜち》が終わって、行香《ぎょうごう》を行なった。中宮権大夫《ちゅうぐうごんのだいぶ》（藤原能信《よしのぶ》）が、禅閤《ぜんこう》（道長）の仰せを伝えて云ったことには、「病悩は堪え難い。我慢して堂にいる。心神《しんしん》が悩《や》みまして、対面し申すことはできない」ということだ。申剋の頃、退出した。

今日、関白に謁見《えっけん》した次いでに、大略、（三善《みよしの》）雅頼《まさより》の覚挙状《かくきょじょう》について談った。また、木工頭の事が有った。大舎人頭《おおとねりのかみ》（源）守隆《もりたか》を挙げ申した。頗る和気《わき》が有った。決定は、禅室《ぜんしつ》（道長）の御心にあるのであろうか。

五日、癸卯。　諸社奉幣使発遣／宇佐宮の怪異による軒廊御卜／良円、資平妻を見舞うため下山／良円、御修法奉仕を辞退

権左中弁が、覆奏《ふくそう》しなければならない文書を持って来た。すぐに奏上させた□。今日、諸社の御幣使《ごへいし》を出立《しゅったつ》される。大納言《だいなごん》藤原行成《ゆきなり》が、上卿《しょうけい》を勤めた。

「大宰府が、宇佐宮の怪異の解文を言上した」と云うことだ。「きっと軒廊《こんろう》の御卜《みうら》が行なわれるであろう。もしかしたら仰せ事が有るのではないか」ということだ。極熱《ごくねつ》の候、衰老《すいろう》の身（実資）は、甚だ堪え難いであろう。次いでが有る時に、権左中弁に密語《みつご》した。仰せを承った後、障りを申すわけにはいかないからである。近来、壮年《そうねん》の大納言は、済々である。また、内府（教通）がいる。内供良円《ないぐりょうえん》が下山した。宰相中将の妻を見舞う為である。

今朝、皇太后宮大夫《こうたいごうぐうだいぶ》（源道方《みちかた》）が中将に送った書状に云ったことには、「明尊《みょうそん》僧都が御修法《みしほ》を奉仕し、今日、結願《けちがん》します。更にまた、続けてこれを行なわなければなりません。人は、良円に修させるようにとの意向が有ります」と。何日来、心神は宜しくない。飲食は通例に減じている。私は、去る二十五日から七箇日、観音《かんのん》を供養《くよう》し奉るよう、先日、示し遣わした。ところが病弱であることを称し、定範《ていはん》師に供養させた。この趣旨を中将に伝えた。随ってまた、皇太后宮大夫に伝え達しておいた。この頃、良円が下山した。陽病《ようびょう》のようなものである。そこで中将の許に向かわず、すぐに山（延暦寺《えんりゃくじ》）に帰った。ただ事情を中将の許に云わせた。僧たちがいた。そこであの家に到らなかった。「外に漏れるのを憚る為です」と云うことだ。顔色は枯槁《ここう》していた。虚仮《こけ》を称すと謂うことはできないのではないか。


八日、丙午。　相撲節会日程繰り上げ／相撲節会について指示／実誓、遷化

二十八日と二十九日は、内（後一条《ごいちじょう》天皇）の御物忌《ものいみ》である。相撲《すまい》は、きっと繰り上げて行なわれるであろうか。二十六日と二十七日か。先日、法成寺に於いて関白に対面し、大略、このことを伝えた。答えられて云ったことには、「そうあるべき事である」と。また、云ったことには、「段々と旱魃《かんばつ》の愁いが有る。音楽を行なうことは難しいのではないか」と。これは私の問いの答である。今朝、右近将監《うこんのしょうげん》（高《こうの》）扶宣《すけのぶ》を召した。各道の相撲人《すまいびと》たちが、二十日以前に参上することになっているので、幹了《かんりょう》の使者を指名して、今日の内に馳せ遣わすよう、命じた。右中将《うちゅうじょう》は、或いは喪に遭い〈（源）隆国《たかくに》。〉、或いは勘事《かんじ》に処されている〈（源）実基《さねもと》。朝廷の勘事ではない。「禅門《ぜんもん》（道長）が勘当《かんどう》した」と云うことだ。〉。右少将《うしょうしょう》三人〈（藤原）資房《すけふさ》は、母の煩いによって出仕していない。（藤原）兼頼《かねより》と（藤原）行経《ゆきつね》は、童《わらわ》のようなものである。〉。相撲の間の事を能く行なうよう、また扶宣に命じておいた。「昨日、実誓《じっせい》僧都が遷化《せんげ》した」と云うことだ。

九日、丁未。　源政職後家を弔問／良円の任僧綱を道長に談ず

爵料《しゃくりょう》の長絹《ちょうけん》三疋を阿闍梨清台《せいだい》に預けた。一切経《いっさいきょう》の分である。（巨勢《こせの》）文任《ふみとう》朝臣を遣わして、故木工頭政職の後家《ごけ》を弔問《ちょうもん》した。文任が帰って来て云ったことには、「今日は七日の物忌であって、通じませんでした」ということだ。喪家《そうか》は忌まないものである。もしかしたらこれは、小人の事か。法眼教《ほうげんきょう》円《えん》を招いて、良円について禅室に伝えさせた。これは僧綱《そうごう》についてである。おっしゃられた意向を、まずは良円に伝えられるよう、伝えておいた。「明日か明後日に、山に登ることにします」ということだ。そこでまずは伝えたものである。苦熱《くねつ》の候、また来て伝えられるには及ばない。ただあの良円に申させる為である。

夜に臨んで、中将が来て云ったことには、「心誉僧都が云ったことには、『今回、僧綱の理運《りうん》は、良円に当たっている。他の門徒《もんと》と云うとはいっても、思うところはこのとおりである。右府（実資）の一行の書を得て、禅門に漏らし申そうと思う』ということでした。今日、教円法眼を介して申させておきました」と。ただ大方の様子は、道理を申されるよう、伝えておいた。

十日、戊申。

中将が云ったことには、「去る夕方、宮（藤原妍子《きよこ》）に於いて、心誉僧都に逢いました。汝《なれ》（実資）の述べた趣旨を伝え示しました。答えて云ったことには、『書状が無いとはいっても、洩らし申すことにする』ということでした」と。

十一日、己酉。　**実資女忌日精進／笠原牧使殺害犯逃亡により、文信親を禁固／信濃国に宣旨を下給／信濃権守を召問／軒廊御卜に神祇官参入せず／上卿藤原朝経、日記を召して見ず／殺害犯の父法師を禁固する宣旨に異議あり**

今日、精進《しょうじ》を行なった。諷誦を天安寺《てんあんじ》に修した。これは通例の事である。頭弁《とうのべん》（重尹）が、天皇の綸旨《りんじ》を承り、来て伝えた〈関白の笠原牧の使の殺害について、二人は禁固《きんこ》すべき事・犯人を遁れさせた兵士を訊問《じんもん》すべき事。また、使の右衛門案主文信親は、使節の勤めは無く、刑具《けいぐ》を付けずに拘禁《こうきん》すべき事。皆、これは検非違使に伝えなければならない〉。また、宣旨を信濃国に下給すべき事。信濃権守〈名を記していない。〉の所に、犯人が到着したことを、某丸が証し申した。捕えて進上させるよう、宣旨を国に下賜すべきであろうか。それとも官符を下給すべきであろうか。「これについては、汝の命じるに随って処置するよう、関白がおっしゃられました」ということだ。私が云ったことには、「この事は、初めに官符を下給した。今、改めて宣旨を下給するのは、如何なものか。事はすでに同じである。官符を下給するのが宜しいであろうか」と。また、信濃権守某丸は、身はすでに五品であるのに、外国に住んで、不善が有る。且つはこの犯人を捕えて進上し、且つは参上して弁明し申すよう、もしかしたら官符に載せるべきであろうか。また意向を取って、仰せに随って官符に載せるよう、指示しておいた。調度の文書〈国々の返解および申文。〉を見て、弁に返給しておいた。昨日、中納言藤原朝経が奉行した宇佐宮の怪異の占いは、軒廊で行なわれることになっていた。ところが神祇官が参らなかった。前例を尋ね問うたところ、外記〈令宗業任。〉業任が申して云ったことには、「長保五年十二月七日、宇佐宮および石清水宮の怪異の御占が行なわれました。ただ陰陽寮に占い申させました」と。今、この例によって占い申させたところ、業任が申して云ったことには、「あの年の日記に云ったことには、『神祇官は、御体の御卜の際は、陣に参ることができない。そこで史(坂本)忠国を遣わして、本官に於いて占い申させた。すでにある』ということです」と。また、このことを右少弁(藤原)家経を介して関白に申させた。ただ陰陽寮の占文を奏上して云ったことには、「東北や南西の方角からのこれは無かった。そこでただ陰陽寮の占文を奏上して云ったことには、「東北や南西の方角からの兵革《へいかく》の事を奏上するのではない。国家《こっか》(後一条天皇)は、火事を慎しまれるように」ということだ。私が云ったことには、「業任の愚頑《ぐがん》は、敢えて云うことができない。但し上卿(朝経)は、日記を召して見た者である。如何か」と。頭弁が云ったことには、「昨日、中納言が云ったことには、『日記を召して見なかった事は、必ず事の非難があるであろうか』ということでした」と。上卿が前例を知らないので起こったものである。頭弁が帰って来て、関白の御書状を伝えて云ったことには、「奏上させたところは、もっともそうあるべきである。一々、官符に載せて、早く遣わさなければならないのである。靫負案主《ゆげいのあんじゅ》を使とするように。初めの使は、朝威《ちょうい》を損なった。今回については、向後《こうご》、大望の者を撰んで差し遣わすように。この事は、私(頼通)の所領の牧の事から起こった。我が家の使を殺害したことは、快く申し行ない難い。そうあるべき様に奏上して行なうように」ということだ。また、「官符を三河《みかわ》国に下賜するように」ということだ。一々、仰せ下しておいた。犯人の父の法師を禁固せよとの宣旨は、頗る疑慮《ぎりょ》が有る。子が犯したところによって、父を禁固するのは、如何なものか。ましてや法師はなおさらである。法師は証拠によって刑を定める。格別な衆証《しゅうしょう》も無く、禁固してはならないのではないか。また、拷訊《ごうじん》してはならないのではないか。禁固してはならない事・また拷訊してはならない事を、まずは内々に検非違使に仰せ知らせるのが宜しいのではないか。ただ関白に伝えるのが佳《よ》いであろう。尚書《しょうしょ》(重尹)は感心して退出した。

十三日、辛亥。　実資室婉子女王周忌法事／炎旱により池水を補給

故女御《にようご》(婉子女王《つやこ》)の忌日《きにち》である。諷誦を禅林寺《ぜんりんじ》に修した。

何日か、雨沢《うたく》が降らず、池水は段々と少なくなった。そこで井戸の水を東池に汲み入れさせ、泉の水を西池に入れた〈樋を構築して入れさせた。〉。

十四日、壬子。　盆供

盂蘭盆《うらぼん》を拝した。

十五日、癸丑。　資平室、重病

夜に入って、中将が来て云ったことには、「病者(資平室)は、まだ重いです。慎しまなければならないようです」と。(藤原)永職《ながもと》朝臣が来て云ったことには、「母(貞度女《さだのり》)を送る為、従って参上しました。今日と明日は、罷り帰ります」ということだ。父(藤原信通《のぶみち》)は明春、得替《とくたい》である。

十六日、甲寅。　相撲節会出居

相撲の出居《でい》について、右近将監扶宣に命じた。「右少将資房は、母の重病によって参ることができない」ということだ。「兼頼は瘧病《おこりやまい》を煩い、今も癒えない」ということだ。「たとえ平復《へいふく》したとしても、出居を勤めることはできません」ということだ。「行経は、何日か、病悩が有ります。久しく内裏に参っていません。その間、もし尋常を得たならば、その役を勤めることにします」ということだ。

十七日、乙卯。　山陰道相撲使、相撲人一人のみを随身し参上／七大寺・竜穴社で祈雨読経

山陰道相撲使《さんいんどうすまいし》の右近番長《うこんのばんちょう》(播磨《はりまの》)為利《ためとし》が、但馬《たじま》の相撲人一人を随身して参って来た。国々の相撲人を連れて参るよう命じた。そこでこれを見なかった。
頭弁が勅語《ちょくご》を伝えて云ったことには、「旱雲《かんうん》は旬日に渉り、雨沢は降らない。七大寺《しちだいじ》に命じて、来たる二十日に仁王経《にんのうきょう》を転読《てんどく》させるように。但し本寺の供料《くりょう》を用いるように。吉時《きつじ》を陰陽寮に勘申《かんじん》させ、宣旨に載せるように」ということだ。「大僧都《だいそうず》扶公《ふこう》は、十口《く》の僧を率い、竜穴社《りゅうけつ》に於いて転読し奉るように」ということだ。すぐに同じ弁に命じた。「但し扶公は、故障が有るように見える」ということだ。往還の間に、期日が違うのではないか。関白に申されて、障りが有れば、寺中の堪能の人を遣わすよう、仰せ遣わされては如何であろう。その仰せに随うよう、指示しておいた。但し、御報を伝えることもないということを、同じく伝えておいた。苦熱の候によるばかりである。

十八日、丙辰。

夜に入って、中将が来て云ったことには、「妻が煩っている所は、今日は頗る宜しくなりました」ということだ。山陽道使《さんようどうし》の随身(身人部《むひとべの》)信武《のぶたけ》が、先ず独りで参って来た。今日は道虚日《どうこにち》である。明日、参るよう命じた。

十九日、丁巳。　**本命供／左近衛府、相撲召仰以前に内取を始める／右近衛府内取始／道長、痢病を患う／源実基、皇太后宮の勘事を優免される／紀伊・伊予・播磨・安芸国の相撲人／笠原牧使殺害の勘問日記／藤原道雅、賭物で格闘**

本命供《ほんみょうく》を行なった。夜に臨んで、新阿闍梨円信《えんしん》が来た。遇って清談《せいだん》した。法橋元命《ほっきょうげんみょう》が来て云ったことには、「一昨日、鎮西（ちんぜい）から参上しました」ということだ。
（藤原（ふじわら））資頼（すけより）が内裏から退出して云ったことには、「頭弁が云った。『今日、相撲の召仰が行なわれる』ということでした。『未だ仰せ下されない前に、左近衛府は内取を始めた』と云うことです。奇怪な事です」ということだ。今朝、右近府生（うこんふしょう）（紀（き））基武（もとたけ）が、相撲の雑物の請奏（しょうそう）を持って来た。召仰以前に署す〈朝臣（あそん）〉。〉わけにはいかない。そこで返給しておいた。右近将監扶宣を召した。夜に入って、参って来た。召仰について問うた。申して云ったことには、「今日、行なうということを申し送りました」と。そこで右少将行経に告げた。もし参らないのならば、明日の時剋に行経朝臣を督促し、着して始めるよう命じた。相撲所の雑事を、通例によって定めさせるよう、同じく命じた。扶宣が申して云ったことには、「楽を行なわないとはいって

も、内取始の日には、勝負の楽が有ります」ということだ。そうではないということを伝えておいた。中少将たちは皆、故障が有った。右少将行経は、先日、着すということを申し、今日、急に煩う所を称した。再三、仰せ遣わしたが、堪え難いということを称した。父大納言（行成（ゆきなり））が報じたところである。右少将資房は、母（資平室）

前に署す〈朝臣〉と。〉わけにはいかない。そこで返給しておいた。右近将監扶宣を召した。中・酉剋を勘申した。ところが、未だ召仰を承っていない。そこでそのことを伝えた。改めて勘えて云ったことには、「明日の未・申剋」ということだ。召仰が終わったならば、明日の時剋に、吉上（きちじょう）に命じておいた。また、内取を始める日時を（惟宗（これむね））文高宿禰（ふみたかのすくね）に問い遣わした。今日の申・酉剋を勘申した。

近代の官人は、前例を知らないのか。今日、相撲の内取始を行なった。日時勘文（にちじかんもん）は、更に見ることはない。

の病によって出仕しない。ところが半刻ほど、右近衛府《うこのえふ》に向かって、相撲所について定めた。また、相撲を行なわせた。逐電《ちくでん》して帰るようにということを仰せ伝えておいた。すぐにこれに参入した。右近府生基武が、相撲所の定文《さだめぶみ》を持って来た。すぐに返給した。右少将資房が書いた。右近衛府の内取は、申剋に行なった。資房が来た。黄昏、左兵衛督《さひょうえのかみ》（藤原経通《つねみち》）が来て、語って云ったことには、「禅閤は痢病《りびょう》を患われています」と。夜に入って、宰相中将が来た。「右中将実基は、皇太后宮《こうたいごうぐう》（妍子）の勘事を免《ゆる》されました。今となっては、公事《くじ》に従うことになります」と云うことだ。今日、紀伊《きい》国の相撲人が来た。次いで伊予《いよ》の相撲人の腋《わき》（他戸《おさべの》）秀孝《ひでたか》および白丁《はくちょう》一人が参って来た。皆、召して見た。頭弁が、笠原牧の使を殺害した犯人の父の法師および犯人を逃した兵士の勘問日記《かんもんにっき》を持って来た。奏聞《そうもん》するよう命じた。弁が云ったことには、「この法師は、勘問の日の翌朝に死去しました」ということだ。右中将実基が、内取および召合《めしあわせ》の日について言った。夜に入って、宰相中将が来て云ったことには、「関白に参謁《さんえつ》し、資房の出居について申しました」と。また、云ったことには、「昨日、左京権《さきょうのごんの》大夫《だいぶ》（藤原）道雅《みちまさ》〈三位。〉が、帯刀長《たちはきのおさ》高階順業《たかしなののぶなり》の宅に到って、博戯《はくぎ》を行ないました。賭物《かけもの》の事について、濫吹《らんすい》が有りました。この順業の乳母《めのと》の夫（惟宗）兼任《かねとう》朝臣が、この道雅卿と拏攫《だかく》し、狩衣《かりぎぬ》の袖先を引き破りました。初めは順業と濫吹が有りました。『道路の雑人《ぞうにん》は、市を成して、拏攫の間、叫び声を放った』と云うことです。京兆《けいちょう》（道雅）は関白に愁えました。関白がおっしゃって云ったことには、『京兆の狂乱は、まったく言うに足りない。但し兼任の行なったところは、極めて便宜《びんぎ》のないものである。

検非違使に命じて、その身を召させて糺問《きゅうもん》するように』ということでした。禅閤は聞かれて涕泣《ていきゅう》しました」と云うことだ。また、云ったことには、「皇太后《こうたいごう》(妍子)の御病悩は、まだ不快です。御手足が腫《は》れられたということは、女房《にょうぼう》が談ったところです」ということだ。

信武は、播磨《はりま》・安芸《あき》の白丁各二人を随身して、参って来た。召して見た。

二十日、戊午。　相撲召仰／七大寺・竜穴社御読経

随身に襪のための白革八枚を下給した。

右近府生基武が、召合の雑物の請奏を持って来た。二字を加えて返給した。字の誤りが多かった。また、状中を改めて、二字を加えておいた。この奏は、蔵人右近将監経成に託すよう命じた。また、云ったことには、「去る夕方、召仰が行なわれました。寛仁二年の例〈楽は無かった。〉によるものです。中納言(藤原)長家《ながいえ》が宣下しました。中少将は参りませんでした。皆、故障が有りました。そこで右近将監経成が、これを承りました」と。朝、小雷と小雨があった。また、夜に入って、小雨があった。七大寺および竜穴社の御読経《みどきょう》が行なわれた。旱魃によるものである。

二十一日、己未。　相撲人、参着

大宰府の相撲使右近番長(播磨)貞安《さだやす》が参って来て、云ったことには、「相撲人は、河尻《かわじり》に来着《らいちゃく》しました。今夕、参上するでしょうか。(葛井《ふじいの》)重頼《しげより》は死去しました」ということだ。陰陽頭《おんみょうのかみ》文高が申したところは、意味がわからない。右近将監扶宣を介して、事情を仰せ遣わした。「すでに承諾しました。今年は必ず右方が勝つでしょうか」ということだ。「他の人を伺候させるように。但し宿す方角および時剋について勘申するように」ということだ。「文高は八十余歳です」と云うことだ。未だ老耄《ろうもう》に及んでいない。かえって怪しまなければならない。山陰道相撲使為利が、国々の相撲人を随身して参って来た。男たちに見させた。申して云ったことには、「短小・無力の者どもです」ということだ。そこで召して見なかった。右近衛府に率いて来るよう命じておいた。

内取について、右近将曹《うこんのしょうそう》(紀)正方《まさかた》に命じて右中将実基に仰せ遣わした。伊予の相撲人(越智《おち》)富永《とみなが》と白丁一人が参って来た。使の右近府生(藤井)尚貞《なおさだ》が副っていた。また、大宰府の白丁一人が来た。はなはだ好かった。使の貞安が云ったことには、「(真上《まかみの》)勝岡《かつおか》たちは、今夜、入京します」ということだ。

二十二日、庚申。　肥前守から進物／相撲人、参着／内取番文／高階順業を逮捕・拘禁

権大納《ごんだいな》言《ごん》(行成)が、扶宣を介して書状を送って云ったことには、「行経の患っている痢病は、未だ平《へい》損《そん》しません。出居に伺候することは難しいでしょう」ということだ。最手《ほて》勝岡たちが参入した。随身《ずいじん》所《どころ》に於いて瓜を下給した。また、好い白丁一人がいた。「重頼はすでに死にました」ということだ。為頼《ためより》が、相撲人(秦《はたの》)吉高《よしたか》に託して、絹二十疋・色革《いろがわ》三十枚・営貝《えいがい》五口を進上してきた。また、肥前《ひぜんの》守《かみ》(惟宗)貴重《たかしげ》が、斑《まだら》の猪皮四枚・色革五枚を(県《あがたの》)為永《ためなが》に託して進上してきた。土佐《とさ》の相撲人たちが参入した。召して見なかった。内取所《うちとりしょ》に遣わした。

文高宿禰が、正方を介して申させて云ったことには、「弟子の(錦《にしきの》)信理《のぶまさ》に産穢《さんえ》が有って、伺候することができません。やはり陰陽允《おんみようのじよう》(巨勢)孝秀《たかひで》を召し仰せられてください」ということだ。承引《しよういん》しなかった。但し、召し遣わしておいた。右近府生基武が、内取の番文《つがいぶみ》を持って来た。右中将実基が来て云ったことには、「今日の内取は、膂力《りよりよく》の者はいませんでした。皆、尫弱《おうじやく》でした。御前の内取に奉仕することのできる二十人を書き出し、持って来ました。その他の三十余人は、短小・尫弱の者どもでした。そこで基武に託して、これを奉りました」ということだ。基武が率いて来た。召して見なかった。早く返し遣わすよう、召し仰せておいた。夜に入って、陰陽允孝秀が参って来た。相撲の念《ねん》人《じん》を奉仕するよう命じたところ、故障を申した。ところが、重ねて召し仰せた。承ったということを申した。昨日と今日、召し遣わしたのに、咳病《がいびよう》を煩って清閑寺《せいかんじ》に籠っていることを申し、来なかった。孝秀が転任《てんにん》した際、配慮を加えた者である。そこで出て来たのか。「検非違使が、宣旨によって帯刀長順業の宅を囲んだ。これより先、春宮亮《とうぐうのすけ》(藤原)良頼《よしより》の宅に到った。その告げを得て、その宅から捕えることができた。この間、烏帽子《えぼし》が落ちたことは、脱巾《だつきん》のようであった。すぐにその宅に向かった。人の馬を借りて乗らせ、検非違使庁《けびいしちよう》に率いて到り、射場《いば》に拘禁させた。また、兼任朝臣を捜し求めた」と云うことだ。阿波《あわ》の相撲人五人が参って来た。召して見た。また、和泉《いずみ》の相撲人が参って来た。見なかった。急いでいたので、内取所に遣わした。

二十三日、辛酉。　国々の相撲人、蟷螂のごとし

将たちは、多く故障が有った。御前の内取は、もしも数が少なかったならば、はなはだ便宜がないであろう。宰相中将〈藤原〉兼経《かねつね》は必ず伺候するよう、〈源〉相方《すけかた》を介して示し遣わしたのである。報じて云ったことには、「何日か、痢病を患っています。昨日と今日は、頗る宜しいです。今日と明日は、何とかして参入することにします」ということだ。文高が申したところは、はなはだ道理に背いている。そこで正方を介して責め仰せた。その状況は、弁解するところは無いようである。「明日、祭物《さいもつ》を送ることにします」ということだ。夜、孝秀を召し仰せておいた。祭物については、孝秀が申したところに随わなければならない。文高宿禰に下賜してはならないということを、正方に命じておいた。

備前《びぜん》・備後・長門《ながと》の相撲人が参って来た。はなはだ見苦しかった。

讃岐《さぬき》の相撲人が参って来た。見なかった。「国々の相撲人は、蟷蜋《とうろう》のようである」と云うことだ。宰相中将が来た。すぐに宮に参った。

二十四日、壬戌。　相撲人を候宿させる／相撲人に座論あり

随身に衣服〈府生《ふしょう》に縑《かとり》一疋と絹四疋、番長《ばんちょう》に三疋、近衛《このえ》に二疋。〉・釼《たち》の装飾のための櫨革《はぜがわ》および斑の猪皮二枚を下給した。三、四人の尻鞘《しりざや》は、はなはだ平凡であった。そこで特に下給したものである。右中将実基が来て云ったことには、「明日、御前の内取が行なわれます。天皇の御物忌ですので、今夕、相撲人を籠宿《ろうしゅく》させなければなりません。今日、先ず右近衛府に参って相撲を取らせ、二十人を撰んで、伺候させることにします。但し、〈県〉高平《たかひら》と為永は、もしも申すところが有れば、事情に随って右近衛府に於いて取らせるべきでしょうか。これは座次《ざじ》を論じています」と云うことだ。私が答えて云ったことには、「明日、御前に於いて取らせるのが宜しいのではないか。但し今日、論じているところが有れば取らせて、勝った方を上座《じょうざ》としても、また何事が有るであろうか」と。晩方、右近府生基武が、内取の文を持って来た。為永と高平は、取らなかった。「播磨が貢進した白丁は、あの国の掾《じょう》です」と云うことだ。基武に託して、中将朝臣の許に遣わした。相撲に堪えるかどうかは、わからない。

二十五日、癸亥。　雷鳴の日に参らなかった近衛官人の優免／御前内取／千古の為の法華経読経

早朝、右近将監扶宣を召して、将たちが参るかどうか、および御前の内取について問うた。また、擬《ぎ》近奏《こんのそう》について命じた。扶宣が云ったことには、「昨日の内取は、右中将実基、右少将兼頼・行経が、着して行ないました。今日、同じく内(後一条天皇)の御物忌に参籠《さんろう》します」ということだ。右近将曹(秦)正親《まさちか》と右近府生《うこんのふしょう》(勝《すぐりの》)良真《よしざね》は、雷鳴の日に参らなかった事によって、過状《かじょう》を進上した。この頃、もしかしたら免されるべきであろうか。密々に事情を取るよう、扶宣を介して右中将実基の許に示し遣わした。関白に伝えさせる為である。

今日、御前の内取が行なわれた。黄昏に臨んで、右近府生基武が、内取の手番《てつがい》を持って来た。為永と高平の勝負を記していなかった。基武が云ったことには、「高平が負けました」と。随身(秦)吉正《よしまさ》が云ったことには、「為永は、先に膝を突きました」と。右中将実基が来て云ったことには、「吉正の言ったとおりです」と。推量するに、為永が勝ったのか。中将が云ったことには、「擬近奏に入れることになっている白丁二人は、皆、筑紫《つくし》の白丁です」と。

皇基《こうき》は、父下野守《しもつけのかみ》〈藤原〉善政《よしまさ》を訪ねる為に、あの国に下向した。胡簶《やなぐい》を与えた。小女〈藤原千古《ちふる》〉の法《ほ》華経《けきょう》読経を行なった。僧に絹五疋を施した。

二十六日、甲子。　擬近奏に加署／相撲節会／実資の興言／藤原済家男、元服

諷誦を三箇寺〈清水寺《きよみずでら》・祇園社《ぎおん》・賀茂神宮寺《かもじんぐうじ》［下社《しものやしろ》。］。〉に修した。右近府生基武が、擬近奏〈三人。〉を持って来た。「朝臣」の字を加えて返給した。

内裏に参った〈輦車《てぐるま》に乗った。〉。宰相中将・資頼・〈藤原〉資高《すけたか》が従った。私は仗座《じょうのざ》に着した。この頃、一、二人の卿相《けいしょう》が参入した。時剋を問うたところ、「午二剋」と。内大臣が参った。次いで関白。その後、諸卿が参入した。私は、頭弁重尹を介して、侍従《じじゅう》の座を給うよう奏上させた。おっしゃられたことには、「申請によれ」と。侍従の座を給うよう、左中弁経頼〈装束司《しょうぞくし》。〉に命じた。次いで侍従を召すよう、大外記頼隆に命じた。左中弁が覆奏文《ふくそうぶん》〈山城《やましろ》・伊賀《いが》国が申請した、東大寺大仏殿《とうだいじだいぶつでん》の柱の曳夫《ひきふ》についての返解、但馬守《たじまのかみ》〈藤原〉能通《よしみち》が申請した、備後守《びんごのかみ》であった時の任終《にんしゅう》の年の内蔵寮《くらりょう》の納物および返解。〉を進上した。奏上するよう命じた。頭弁が勅を伝えて云ったことには、「ただ今、私〈後一条天皇〉は出御《しゅつぎょ》する。所司《しょし》は揃っているか」と。問うて宣し、奏上するということを奏上させた。左右の出居の将と佐たちが参っているかどうかについて、頼隆に問うた。申して云ったことには、「左少将《さしょうしょう》良頼〈四位。〉は、未だ参入していません。その他は皆、すべて参入しています」と。あれこれの卿相が云ったことには、「良頼は殿上間《てんじょうのま》に伺候している」ということだ。また、殿上《てんじょう》の出居の将や侍従たちについて問うた。

「次将《じしょう》は問うて宣すことにします。侍従については、左中弁が伺候しています」ということだ。すぐに頭弁を介して奏聞させた。頭弁が云ったことには、「関白が宣したことには、『東宮（敦良《あつなが》親王）が参上されて、参入すべきであろうか』ということでした」と。そこで東宮の昇殿《しょうでん》の卿相を督促して参入した。関白と内府は、露台《ろだい》の辺りを徘徊《はいかい》した。私及び諸卿は参り進んで、一緒に東宮に参った。すぐに参上された〈弘徽殿《こきでん》の細殿《ほそどの》、承香《じょうきょう》・仁寿殿《じじゅうでん》を経た。筵道《えんどう》を敷いた。〉。春宮大夫《とうぐうだいぶ》（藤原）頼宗《よりむね》、次いで私が、前行した。細殿を経ず、地面から弘徽殿の南に参入し、前行した。東宮学士《とうぐうがくし》（藤原義忠《よしただ》）と春宮亮は、供奉《ぐぶ》しなかった。私は陣座《じんのざ》に復した。時剋を問うたところ、「申二剋」ということだ。諸卿は陣座に着した。内侍《ないし》が檻《かん》に臨む気配が有った。ところが見えなかった。宰相たちが云ったことには、「まったく出て進まない。もしかしたら進み出ずに退帰したのか」と。疑慮している間、頭弁が壁の後ろに来て、内侍が檻に臨んだということを告げた。そこで私は参上した。諸卿は序列どおりに参上した〈内大臣、大納言（藤原）斉信《ただのぶ》・頼宗・能信、中納言（藤原）兼隆《かねたか》・朝経・（源）師房《もろふさ》、参議《さんぎ》資平・（藤原）通任《みちとう》・（藤原）広業《ひろなり》・（藤原）公成《きんなり》。時剋を経て、中納言（藤原）実成《さねなり》と参議経通が参上した。〉。左少将（源）定良《さだよし》〈軽服《きょうぶく》。〉が、侍従を率いた。左中弁経頼が参上した。次いで左大将《さだいしょう》（教通）〈内大臣。〉が座を起った。次いで私が座を起った。二人は、殿の南東の壇上に並んで立った。随身扶武が云ったことには、「ただ今、擬近奏を下します」ということだ。左奏を持って来た〈左少将定良と左近将監《さこんのしょうげん》（笠《かさの》）良信《よしのぶ》。〉。次いで右奏を持って来た〈右少将行経と蔵人右近将監経成。麴塵袍《きくじんのほう》を着していた。地下人《じげにん》の将監が持って伺候しても、何事が有るであろう。先年、地下人の右近将監(竹田)国行《くにゆき》は、無文《むもん》の青色を着し、持って伺候した。今回は、二の舞のようなものである。これは悪い考えか。〉。左大将が、先ず奏を取って開いて見た。終わって、杖を取らずに奏状を挿んだ。通例の事である。「禅閤の教訓である」と云うことだ。更に書杖《ふづえ》を取って参上し、内侍に託して座に着した。私は笏《しゃく》を挿み、奏を取って開いて見た。終わって杖を取り、目録を挿して参上した。頗る屈行《くっこう》し、跪《ひざまず》いて坐った。膝行《しっこう》して、簾《すだれ》の下から差し入れた。内侍が待って取った。私は退いて坐り、笏を抜き、小揖《しょうゆう》して座に復した。内侍は御屛風《びょうぶ》を排して、意向を示した。私は座を起って簾の下の座に着した。版位《へんい》を取らなかった。宰相に目くばせし、催し仰させた。しばらくして、左近将監良信が版位を取った。長い時間、何事も無かった。出居および円座《わろうだ》を催促させた。左の出居の左少将良頼は痢病を煩っているということを、上達部《かんだちめ》が云々していた。満座は含み笑いした。私が云ったことには、「もしかしたら、わび屎《くそ》か」と。諸卿は笑った。関白も笑われた。左右相撲長《すまいのおさ》が円座を置いた。次いで左右三府の出居が、座に着した〈左少将良頼[四位。]・左衛門佐《さえもんのすけ》(藤原)親国《ちかくに》・左兵衛佐《さひょうえのすけ》(藤原)師《もろ》成《しげ》・右少将資房・右衛門佐《えもんのすけ》(藤原)為善《ためよし》・右兵衛佐《うひょうえのすけ》(大江)定経《さだつね》。〉。立合《たちあわせ》が出た。次いで籌刺《かずさし》が座に着した。次いで相撲が行なわれた。一番は左方が勝った。二番は天判《てんぱん》によって左方が勝った。事実を論じると、右方が勝った。二番の後、暴雨が特に甚しかった。立合は、春興《しゅんこう》・安福殿《あんぷくでん》の壇上に入り立った。籌刺も同じ壇上に立った。左方の籌刺は、円座を取って、自ら敷いた。右方は取らなかった。何を是とするのだろうか。もしかしたら相撲長が、元のとおりに敷くべきであろうか。前例を調べなければならない。しばらくして、雨が止んだ。左方の相撲人は、多く障りを申した。張筵《はりむしろ》を撤去させた。諸卿は下って坐った。「今日、天が陰っていたので、張筵を左方の出居に給わなかった」と云うことだ。十四番で、主殿寮《とのもりよう》が燭《しょく》と燎《ひ》を秉《と》った。最手は、各々、出て立った。すぐに入られた。関白が云ったことには、「諸卿は早く座を起ってはならない。狼藉《ろうぜき》となるからである」と。そこでしばらく伺候した。還御《かんぎょ》に臨んで、諸卿が退下した。三番の後、内豎《ないじゅ》が衝重《ついがさね》を据えた。長い時間が経って、左少将定良が第一の衝重を執り、私の前に据えた。高欄《こうらん》に副えて据えるよう、指示した。二合《ごう》を連ねて据えた。これは前例である。勧盃《けんぱい》を行なわなかった。如何なものか。

私は露台の辺りに参り、東宮の還御を待って控えた。宸儀《しんぎ》(後一条天皇)が還御した。関白及び近習《きんじゅう》の卿は、御供に供奉した。また更に帰って東宮の御供に供奉した。御履《くつ》が近くにはなかった。尋ねて召している間に、時剋が移った。やっと召して取り、春宮亮良頼が、これを奉った。宮(敦良親王)が還御された頃、私は心神が屈してしまった。承香殿の北辺りから、内大臣と春宮大夫たちに告げて退出した。頭弁が云ったことには、「右近将曹正親と右近府生良真は、勘事を免されました。その事は、右衛門督《えもんのかみ》(実成)が宣旨を承りました。ところが、まずは陣官《じんかん》に伝えました。今日の事によるものです」ということだ。「今夜、伊予守《いよのかみ》(藤原)済家《なりいえ》の子が元服《げんぷく》した。左衛門督《さえもんのかみ》兼隆卿が加冠《かかん》を勧めた」と云うことだ。公卿が受領《ずりょう》の宅に到って雑役《ぞうやく》を行なった例は、往古《おうこ》から聞いたことがない。弾指《だんし》しなければならない、弾指しなければならない。

二十七日、乙丑。　相撲の際の興言により、抜出に参入せず／相撲抜出／勤め無き相撲所官人を勘当／源実基、陰陽師の候所を破壊

昨日、左将軍〈教通〉〈内大臣。〉が云ったことには、「明日、汝〈実資〉が参るかどうかを、早く告げてください」ということだ。参入しないということを、早朝、文任朝臣を介して、申し伝えたのである。二度、往還した。相撲の際の興言《きょうげん》によって、参入しないということを、頭弁に示し遣わした。未剋の頃、右中将実基が右近府生基武を介して伝え送って云ったことには、「相撲人高平・〈宇治《うじの》〉本高《もとたか》・近光《ちかみつ》・守利《もりとし》は、病であると申して、参ってきません。その所の官人および相撲長に伝えたのですが、一切、承従《しょうじゅう》せず、召し遣わすことができません。すでに御覧に及んだ後に、どうして行ないましょうか」ということだ。看督使《かどのつかい》を介して、遣わし召すよう命じた。黄昏に臨み、陰陽允孝秀が来て云ったことには、「今日は抜出《ぬきいで》が行なわれます。一番の秀孝は、障りを申したのですが、免じられませんでした。そこで虚しく取って罷り入りました。二番の高平は、障りを申して免じられました。三番は吉高が負けました。四番は吉方《よしかた》が勝ちました。五番は〈越智〉惟永《これなが》が勝ちました。数は一番、右方が勝ちました。ところが陰陽師《おんみょうじ》の候所《こうしょ》を壊しました。極めて穏かではない事です。また、昨日の一番の本高は、一昨日、反閇《へんばい》に籠りませんでした。その他の負けた者も、皆、反閇に籠りませんでした。反閇に籠った者は、皆、勝ちました。ところが今日、行なったところの様子は、恥辱《ちじょく》が極まりありませんでした」ということだ。孝秀が申したところは、そのとおりである。相撲所の官人たちが、確かに行なわなかっ

たことが致したものである。相撲人が、催し仰せたことに従わなかったのは、事情を申さなければならないものである。明日、召問《しょうもん》させなければならない。右近府生基武が、抜出の手番を持って来た。相撲所の官人たちで、勤めが無かった者を勘当したとのことである。その後、右少将資房が来て、この事を談った。陰陽師の候所を壊した実基の所行は、はなはだ非常の事である。高平・本高・近光は、御覧に参加しなかった。ところが関白が勘当されたので、無理に高平を召したのである。「一昨日の内取は、為永と相撲を取った際、灸治《きゅうじ》した所が発《おこ》って、為す術が無かった。昨日、障りを申そうと思ったが、恐縮するところが有って申さなかった」ということだ。資高が云ったことには、「昨日、東宮の宮司《みやづかさ》や帯刀たちは、宣旨が遅く下され、月華門《げっかもん》の外に佇立《ちょりつ》していました。数剋を経て、頭弁が陣官に宣下しました。その後、右仗座《うじょうのざ》に着しました」ということだ。宣旨が有るはずはない。『左近衛府《さこのえふ》式《しき》』に見える。そのことを資高に伝えた。そこで今日、直ちに着した。

「今日、東宮が参上した」と云うことだ。

二十八日、丙寅。　**相撲所官人を訊問／相撲人本高を拘禁／高階順業を優免**

相撲人たちを反閇処《へんばいしょ》に籠宿させなかった事で、あの所の官人たちを召問した。もし弁解するところが無ければ、過状を進上させる事を、右近将監《うこんのしょうげん》（藤原）為資《ためすけ》朝臣に命じた。また、他の事も有った。ところが、種々であって、また召し仰せないのに、相撲人たちが参って来た。召して見なかった。本高は、御覧に参加しなかった。官人たちのために無礼な詞を発した。そこで右近衛府に遣わして、拘禁させた。右近将監扶宣が参って来た。勘当を加えた。為資が、相撲所の官人三人の過状〈右近将監扶宣・右近将曹正方・右近府生基武が連署《れんしょ》した。〉を進上した。反閇に籠らなかった相撲人たちを召して拘禁するよう、同じく命じた。為資朝臣が云ったことには、「帯刀長順業を免された」と云うことだ。

二十九日、丁卯。相撲節会に束帯を着さなかった右近衛府官人を勘当／真上勝岡、本高の身柄を預かる／法華経講釈

左中弁が、宣旨三枚を持って来た。私が奏上させた文書〈上総《かずさ》国の解。〉が有った。右中将実基が来て、相撲の際の事を言った。湯治《とうじ》しようとしていた頃に臨んでいて、逢わなかった。高平が申させて云ったことには、「相撲の際、灸治した所が爛壊《らんかい》しました。石清水宮の相撲に奉仕することができませんということだ。事が誠に事実ならば、神所の事を勤めることは難しいか。右近将監為資朝臣を召し遣わして、高平について問うた。申して云ったことには、「今日、右少将兼頼朝臣の許に於いて、見られたところです」と。また、召合の日に束帯《そくたい》を着さず、褐衣《かちえ》を着した官人の夾名《きょうみょう》〈右近将曹多政《まさ》方《かた》と右近府生勝良真。右近将曹若倭部亮範《わかやまとべのすけのり》と右近府生宇自可吉忠《うじかのよしただ》は参らなかった。命じて云ったことには、「亮範と吉忠が参らなかった事を召問するように」と。〉を注進《ちゅうしん》した。また、束帯を着さない者は、公事を蔑ろ《ないがし》にする者である。府中の雑事に関わってはならないということを仰せ下しておいた。石清水宮の相撲人は十人、取手《とりて》の者は十七人である。この際、定めて奉仕させなければならない。高平については、灸治が爛壊し、奉仕することは難しいであろうか。最手勝岡が、本高の身を請う申文を進上した。請けて預からせるということを為資朝臣に命じた。後の召しに随うよう命じた。「本高は、煩っている所が有ります」ということだ。法師《ほっし》品《ほん》を釈させ奉った〈慶範。〉。

○八月

一日、戊辰。　石塔造立供養／相撲人帰国牒について指示／相撲人守利を優免／相撲人県高平に住国免田を給う／藤原妍子、重篤

石塔供養《せきとうくよう》は、通例のとおりであった。

相撲人《すまいびと》たちに還向牒《かんこうちょう》を下給する事を、(藤原)為資朝臣《ためすけあそん》に命じた。あの所の官人たちは、過状《かじょう》を進上した。但し、他の官人に命じるわけにはいかない。牒を作成するよう、右近府生《うこんのふしょう》(紀)基武《もとたけ》に命じても、何事が有るであろうか。相撲人守利《もりとし》は右近衛府《うこのえふ》に拘禁《こうきん》させた。ところが何日来、疫癘《えきれい》を煩って不覚であるということを、右近府生(下毛野《しもつけのの》)公武《きんたけ》が申してきた。假《か》を給うよう、為資朝臣に命じた。相撲人(県《あがたの》)高平《たかひら》の申文《もうしぶみ》を為資朝臣が伝えて進上し、申して云ったことには、「巨智時直《こちのときなお》は伊予《いよ》国に住み、大宅正忠《おおやけのまさただ》は但馬《たじま》国に住み、真上為成《まかみのためなり》は摂津《せっつ》国に住んでいます。これは皆、左方の相撲人であって、住国《じゅうこく》の免田《めんでん》を給わっています。高平は越中《えっちゅう》国に住んでいます。時直たちの例によって、越中国の免田を給わりたいと思います」ということだ。牒を下給するよう命じた。

中将《ちゅうじょう》（藤原資平《すけひら》）が来て云ったことには、「宮（藤原妍子《きよこ》）の御病状は、この五、六日、いよいよ重くなりました」と。

二日、己巳。　**相撲人種行を優免／主税助の覚挙について文書を奏上**

相撲人種行《たねゆき》は、反閇《へんばい》に籠らなかったので、何日か右衛門府《えもんふ》に拘禁させていたが、特に優免《ゆうめん》した〈為資に命じた。〉。頭弁《とうのべん》（藤原）重尹《しげただ》が、先日、下給した主税助《しゅぜいのすけ》（三善《みよしの》）雅頼《まさより》の覚挙状《かくきょじょう》と主税頭《しゅぜいのかみ》（中原）貞清《さだきよ》が進上した中文および太政官勘文《だいじょうかんかんもん》・民部省勘文《みんぶしょうかんもん》・主計寮勘文《しゅけいりょうかんもん》二通を持って来た。すぐに奏聞《そうもん》させた。

右近将監《うこんのしょうげん》為資が云ったことには、「右近府生（宇自可《うじかの》）吉忠《よしただ》を召問《しょうもん》したところ、申して云ったことには、『召合《めしあわせ》の日、病悩しているいつもの病が、急に発動《はつどう》して、参入しませんでした。抜出《ぬきいで》の日は、頗る宜しかったのです。そこで我慢して参入し、追相撲《おいずまい》について行ないました』ということでした」と。

三日、庚午。　**深覚、千古に瓜を送る**

白黄の小瓜を、大僧正《だいそうじょう》（深覚《しんがく》）が小女（藤原千古《ちふる》）の許に送られた。使の法師に小禄を与えた。

四日、辛未。　**石清水宮放生会相撲人夾名の不備／藤原実康・藤原資頼の従者、下女を強姦**

為資朝臣が、石清水《いわしみず》宮放生会《ほうじょうえ》の相撲人十人の夾名《きょうみょう》を持って来た。取手《とりて》の他に相撲人たちがいた。そこで返給しておいた。「最手《ほて》（真上）勝岡《かつおか》は、今月二十日頃、大般若経《だいはんにゃきょう》を供養《くよう》し奉ることになっています。そこで早く罷り帰ることになりました」ということだ。

頭弁が、主税頭貞清の中文と主税助雅頼宿禰《すくね》の覚挙状および太政官勘文・民部省勘文・主計寮勘文を持って来た。勅語《ちょくご》を伝えて云ったことには、「諸卿が定め申すように」と。夜に入って、(藤原)資頼《すけより》が来て云ったことには、「殿上人《てんじょうびと》が皆で嵯峨野《さがの》に向かいました。おっしゃって云ったことには、『前栽《せんざい》を掘らせて持参するように』ということでした。(藤原)実康《さねやす》と私(資頼)の従者(景武《かげたけ》)は、途中から罷り帰りました。春華門《しゅんかもん》の陣の辺りに於いて、下女《しもおんな》を強姦《ごうかん》しようとしました。女は応じることなく、小刀で髪を剃り、手を突き切りました。滝口《たきぐち》が来合わせて、実康の従者を捕えることができました。すぐに獄所《ごくしょ》に拘禁しました。私の従者は逃げ去りました。関白《かんぱく》(藤原頼通《よりみち》)は内裏に伺候されていましたが、仰せを伝えられて云ったことには、『この男を、早く捕えて進上するように』ということでした。勘当《かんどう》は軽くはありませんでした」ということだ。私が命じて云ったことには、「善くない者を召し仕っていたことの致したところである。早々に捕えて進上するように」と。

五日、壬申。　妍子、人事不省

宰相中将《さいしょうちゅうじょう》(資平)が来た。右少弁《うしょうべん》(藤原)家経《いえつね》が、前日、下給して継がせた紀伊国司《きいこくし》(藤原貞光《さだみつ》)の申請文を持って来た。資頼が云ったことには、「昨日の強姦の男景武を捜索させましたが、未だ捕えることができません」と。早く捕えるよう命じておいた。未剋の頃、人々が云ったことには、「皇太后宮《こうたいごうぐう》(妍子)の中は、静かではない。大事が有るようである」と云うことだ。そこで驚きながら宰相中将に問い遣わした。報じて云ったことには、「未剋、不覚でいらっしゃいました。今頃は宜しくいらっしゃいます」ということだ。

六日、癸酉。　資頼従者景武、自首／相撲人帰国牒／景武の身柄を左衛門志に下す／千古・資平・資頼・資高に牛を貢上

早朝、資頼が来て云ったことには、「先日、髪を剃られた景武は、夜半の頃、来ました。昨日、母を捕えました。それを訪ねる為に、来たものです」と。早々に内裏に参って奏上させるよう命じた。「この景武は、縄を付けて厩《うまや》に拘禁させました。仰せに随って処置することにします」と。資頼が帰って来て云ったことには、「今日は天皇の御物忌《ものいみ》です。この事を承った蔵人《くろうど》は（藤原）実範《さねのり》です。ところが内裏に伺候していませんでした。そこで関白殿に参りました。関白は、昨日から皇太后宮に伺候されていました。そこで退出しました」ということだ。先ず実範の許に示し遣わすよう、伝えておいた。宰相中将は、昨夜から宮に伺候している。事情を示し遣わしておいた。「あの宮の御病状は、はなはだ快くありません」ということだ。

右近将監為資朝臣が、還向牒を持って来た。改めなければならない所が有った。将たちが署を加えたところが改め直させた。また、相撲《すまい》の還饗《かえりあるじ》以前に、あの所の官人に伝えた相撲の雑事を、通例によって行なわせるよう、伝え仰させた。相撲人の還向牒を、通例のとおり府生《ふしよう》が持って来るよう、同じく仰せ下した。但し過状については、還饗の後、処置しなければならない。相撲所《すまいどころ》の官人たちは、過状を進上したので、還饗の禄に預からなかった。惜しんでいるようなものである。そこで仰せ下したところである。左衛門志《さえもんのさかん》（粟田《あわたの》）豊道《とよみち》が門外に来て、景武を請け取った。宣旨《せんじ》によって来て、請けたの

である。夜に入って、暴雨・暴風があった。（身人部《むひとべの》）信武《のぶたけ》が、牛二頭を小女に貢上してきた。また、宰相中将・資頼・（藤原）資高《すけたか》に、各一頭。先日、牛五頭を貢上させるということを申した。ところが、無用であるということを伝えさせた。そこで分けて献上したものか。

七日、甲戌。　**馬を大隅掾に賜与／暴風雨の被害／妍子の病状、小康**

馬一疋〈鹿毛《かげ》。先日、（慶滋《よししげの》）為政《ためまさ》が進上したもの。〉を相撲人（秦《はたの》）吉高《よしたか》に託して、大隅《おおすみ》に住む為頼《ためより》に遣わした。申請させたからである。左中弁《さちゅうべん》（源経頼《つねより》）が宣旨を伝え下した。すぐに同じ弁に下した。先日、奏上させた、上総《かずさ》の申請した国解《こくげ》である。昨夜、風が法成寺《ほうじょうじ》の堂舎《どうしゃ》を多く吹き損じた。また、上東門院《じょうとうもんいん》（土御《つちみ》門院《かどいん》）の大きな柳樹を吹き顚した。他の所は、特に猛く吹かなかった。中将が来て云ったことには、「宮の御病状は、頗る宜しくいらっしゃいます。ところが憑《たの》み奉り難いものです」ということだ。

夜に入って、（藤原）資房《すけふさ》朝臣が来た。宣旨一枚。釈照阿闍梨《しゃくしょうあじゃり》の解文《げぶみ》である。

八日、乙亥。　**下総守、香取社造営による重任を請う**

釈照阿闍梨の宣旨を権左中弁《ごんのさちゅうべん》（藤原）章信《あきのぶ》に下した。頭弁が、宣旨〈東寺《とうじ》が申請した、官使《かんし》を給わって金堂《こんどう》の南西の角木《すみぎ》の頽落《たいらく》を実録《じつろく》された事。〉を伝え下した。同じ弁に下した。下総《しもうさ》国香取《かとり》御社《おんしゃ》の解文〈下総守《しもうさのかみ》（藤原）如信《ゆきのぶ》に御社の雑舎《ぞうしゃ》や玉垣《たまがき》を造立させて、四箇年の任期を延べられる事。〉を託した。今朝、中将が伝え送って云ったことには、「宮が御病悩されていることを告げて来ました。そこで参入します」と。その後、詳細を問うたところ、「宜しくいらっしゃいます。すぐに退出しました。禅閤《ぜんこう》（藤原道長《みちなが》）は、昨日から伺候されています」ということだ。

九日、丙子。　相撲還饗／賜禄

相撲の還饗を、右近衛府に託して行なった。先日、米十石を遣わした。一昨日、熟瓜《ほぞち》と魚類を送った。今日、禄物〈将監《しょうげん》に合掛《あわせうちき》一領《りょう》、将曹《しょうそう》に単重《ひとえかさね》一領、府生に疋絹《ひつけん》。立合《たちあわせ》一人は勤めなかった。そこで下給しなかった。〉を遣わした。禄として立合・相撲長《すまいのおさ》・相撲人たちに信濃布《しなののぬの》を下給したことは、皆、差が有った。最手には絹一疋を加えた。相撲の勝者にも一端《たん》を加えた。負者は一端を減じた。相撲所の雑駆仕《ぞうくし》たちの分は、云々。

十日、丁丑。　妍子法成寺渡御の供奉人を定む／教通、二条第に移徙／公季、閑院を能信に譲り実成家に移住

宰相中将が云ったことには、「十三日、宮は法成寺に渡御《とぎょ》されることになりました。今日、皇太后宮大夫《こうたいごうぐうだいぶ》（源）道方《みちかた》が、陣座《じんのざ》に於いて供奉《ぐぶ》の人々を定めて奏上することになりました。そこで参入します」ということだ。今夜、内府（藤原教通《のりみち》）は私宅〈「二町」と云うことだ。〉に移徙《わたまし》した。「この家は、山が高く池が深い」と云うことだ。「また、大納言《だいなごん》（藤原）能信《よしのぶ》が閑院《かんいん》に移徙した。主人の太相府《だいしょうふ》（藤原公季《きんすえ》）は、子息の右衛門督《えもんのかみ》（藤原）実成《さねなり》の家に移った。この家は、四足の門屋《かどや》が無い。そこで相府《しょうふ》（公季）は、急にこれを造築した」と云うことだ。世が云ったことには、「太相府は、急に閑院を出て、小宅に移って住む。怪しまなければならない事である」と。一生の間、閑院を去ってはならない。能信卿に附属し

たとはいっても、一緒に住むのが宜しいであろう。「太相国《だいしょうこく》は、その任は重い。旧居を捨てて小宅に移るのは、現在・後代の誹謗《ひぼう》を忘れるようなものである」と。これは大僧正深覚が非難した詞であるが、またまた、そのとおりである。

十一日、戊寅。　内裏不断御読経始／列見／釈奠内論義無し／定考

「内裏の不《ふ》断《だん》御《み》読経始《どきょうはじめ》が行なわれた。行香《ぎょうごう》は行なわれないであろう」と云うことだ。「列見《れっけん》」と云うことだ。「御《み》読経《どきょう》によって、内論義《ないろんぎ》は行なわれない」と云うことだ。
大学寮《だいがくりょう》が、昨日の胙《ひもろぎ》を進上した。夜に臨んで、少納言《しょうなごん》資高が来て云ったことには、「考定《こうじょう》は通例のとおりでした。但し五位の弁は参りませんでした。そこで左中弁経頼・権左中弁章信・右中弁《うちゅうべん》(藤原)経《つね》輔《すけ》が、中文の儀および定考《こうじょう》に従事しました。上卿《しょうけい》は大納言(藤原)頼宗《よりむね》でした。音楽や挿頭花《かざしのはな》はありませんでした。参入した卿相《けいしょう》は、中納言《ちゅうなごん》(藤原)朝経《あさつね》、参議《さんぎ》(藤原)経通《つねみち》・資平・(藤原)定頼《さだより》・(源)朝任《あさとう》でした」と。

十二日、己卯。　御読経始行事の失儀／御読経の間の名対面／蓮の葉と茎を針博士に頒与

早朝、資頼が内裏から退出して云ったことには、「昨日の御読経始では、行香は行なわれませんでした。但し出居《でい》および堂童子《どうどうじ》は、通常のとおりでした。また、権中納言《ごんちゅうなごん》(藤原)長家《ながいえ》だけが、御前に伺候しました。御読経の行事《ぎょうじ》であるからです」ということだ。行香が行なわれない時に、上達部《かんだちめ》が御前に伺候するのは、聞いたことのない事である。行事とはいっても、御前に伺候してはならない。行なわなければならない事は無い。事情を知らないのか。また、云ったことには、「夜分、名対面（なだいめん）が行なわれました」と。御読経の間は、そうであってはならない事である。術が無い頃、目くばせするばかりである。蔵人右少将（うしょうしょう）資房が来た。言ったことは、資頼が談ったとおりであった。蔵人がこのようなな事を知らないのは、はなはだ言うに足りないということを示し伝えた。

晩方、中将が来て云ったことには、「昨日の考定の上卿は、甚だ不覚でした。また、云ったことには、「一昨日、内府に参りました。源中納言（げんちゅうなごん）（道方）が下して講じたので、形ばかり行ないました」と。また、云ったことには、「一昨日、内府に参りました。源中納言（道方）が下して講じたので、形ばかり行ないました」と。また、云ったことには、「一昨日、内府に参りました。芳心（ほうしん）が三箇日の間、二度、参ろうと思います。今日は中宮権大夫能信（ちゅうぐうごんのだいぶ）の邸第（ていだい）に参ることにします。芳心（ほうしん）がもっとも深いからです。その準備が無いとはいっても、先ず閑院に参り、次いで内府に参ることにします」ということだ。

十三日、庚辰。　妍子、法成寺に渡御

池の蓮の葉二百枚および茎一束を、針博士（はりはかせ）（和気）相成朝臣（わけのすけなり）の許に遣わした。人々に施させる為である。また、葉百枚と茎を大舎人頭（おおとねりのかみ）（源）守隆（もりたか）に遣わした。長病の顔面を治させる為である。

池の蓮の葉は七千余枚ある。池にまだ残りが有る。人々の薬のために頒給したのである。

右少史（さかんべ）（坂合部）国宣（くにのぶ）が、餅餤（べいだん）を進上した。

「今夜、皇太后（こうたいごう）（妍子）は、法成寺に渡御される。御身体の病悩による。ひとえに仏力を頼む為である。伽藍（がらん）に於いて、今日から種々の善を修されることになっている」と云うことだ。

十四日、辛巳。　待賢門修築を覆勘／妍子渡御の様子／肥前守・出羽守の計歴文／延尋を東寺別当に任ず

左中弁が宣旨〈前但馬守《さきのたじまのかみ》(藤原)実経《さねつね》が申請した待賢《たいけん》門の覆勘文《ふっかんもん》。覆勘《ふっかん》が終わって、所司《しょし》が署した。三河《みかわ》が申請した事・備前《びぜん》が申請した事・周防《すおう》が申請した事は、皆、上達部の定文《さだめぶみ》を加えた。〉を持って来た。すぐに同じ弁に下した。

中将が伝え送って云ったことには、「去る夕方、行啓《ぎょうけい》が行なわれました。皇太后は、頗る宜しくいらっしゃいました。禅閤は尋常のようでした」と。しばらくして、中将が来て云ったことには、「大納言頼宗と能信、中納言と参議は数が多かったです。皆、すべて馬に騎って供奉しました。中納言(藤原)兼隆《かねたか》と参議(藤原)通任《みちとう》が、同車して供奉しました。関白が咎《とが》められました。興言《きょうげん》が多かったです」と。また云ったことには、「内大臣(教通)は、新宅に移った後、昨日、初めて内裏に参りました。ところが皇太后宮に参りませんでした。憚るところが有ったからでしょうか」と云うことだ〈「御病悩によって法成寺に渡御されました。これは行啓でしょうか」と云うことだ。〉。

日没の頃に臨んで、左中弁が来た。宣旨を伝え下した。肥前守《ひぜんのかみ》(惟宗《これむねの》)貴重《たかしげ》が申請した計歴《けいれき》の文書《もんじょ》は、申請によった。また、出《で》羽守《わのかみ》(多米《ための》)国隆《くにたか》の計歴の文書も、同じく宣旨を下した。また、律師《りっし》延尋《えんじん》を東《とう》寺《じ》別当《べっとう》に任じる事も、宣旨を下した。すぐに同じ弁に伝えた。

十五日、壬午。　石清水八幡宮に奉幣

石清水宮に奉幣《ほうべい》を行なった。

十六日、癸未。
夜に入って、宰相が来た。語った次いでに云ったことには、「宮の御病悩は、まだ快くはありません」と。

十八日、乙酉。
中将が云ったことには、「宮は宜しくいらっしゃいます。禅閤は尋常のようでした。昨日、奉謁《ほうえつ》しましたが、病悩の様子はおありになりませんでした」と。

十九日、丙戌。　妍子、病悩／資頼の給官を頼通に申す／深覚と和歌の贈答
中将が伝え送って云ったことには、「昨日、宮は重く発《おこ》られました」と。
朴木《ほおのき》の皮十枚と蓮の葉百枚を内供《ないぐ》（良円《りょうえん》）の許に遣わした。
池上《いけがみ》大僧正（深覚）が和歌一首を寄せた。すぐに返歌《へんか》し奉ったばかりである。和歌はまた、廻脚《かいきゃく》に託し、また梨を下給した。すでに日没の頃に及んで、中将が来て云ったことには、「資頼の明年の給官《きゅうかん》について、関白に伝え申しました。甚だ和顔《わがん》がありました。許容の報が有りました」と。中将が云ったことには、「成就するようです」と。

二十日、丁亥。　公任に雄黄を送る／公任と和歌の贈答
去る夕方に梨を納めた櫑子《らいし》を、今朝、返し奉った。糒《ほしいい》を納め、和歌を加えた。雄黄《ゆうおう》を長谷《ながたに》（藤原公任《きんとう》）

に奉った。御書状が有ったので、先日、また奉った。「ちょっとした分」ということだ。また、筍《たけのこ》や栗を同じ椙子に入れ、和歌を加えて返し送られた。すぐに返し奉った。また返歌を加えた。

二十一日、戊子。　道長、法成寺釈迦堂供養への参会を請う／妍子、重篤／隆家に丁子を頒つ／源顕基、弔問を謝す

中将が云ったことには、「今朝、禅室《ぜんしつ》（道長）に参謁《さんえつ》しました。『明後日、右府（実資）は、もしかしたら来るのであろうか』と。参入するということを申しました。おっしゃって云ったことには、『巳剋に始めることとする。その時剋に参るように』ということでした」と。私の思ったところは、巳剋に会さないとはいっても、何事が有るであろうか。また、云ったことには、「昨日、宮は不覚に悩《なや》まれました。今日は尋常でいらっしゃるとはいっても、御病悩の様子は、慎しまなければならないでしょう」と。丁子《ちょうじ》二両を前帥《さきのそち》（藤原隆家《たかいえ》）に遣わし奉った。書状が有ったからである。「この物は、すでにその実体が有る。すぐに取り出すことはできない」ということだ。禅閤から権弁《ごんのべん》朝臣（章信）を遣わして御書状が有った。明後日の釈迦堂供養《しゃかどうくよう》は、もし格別な障りが無ければ参入するようにとのことである。頭中将《とうのちゅうじょう》（源）顕基《あきもと》が来て、喪に遭った際に弔問《ちょうもん》した恐縮を言った。長い時間、清談《せいだん》した。

二十二日、己丑。　馬の死穢／源政職の七々日忌に僧前を送る／頼通、方違のため源章任の桂の宅に宿す／教通移徙の際の怪異

昨夜、厩の馬が斃《たお》れた（（藤原）信通《のぶみち》朝臣が貢上した。黒毛。）。今日、故木工頭《もくのかみ》（源）政職《まさもと》朝臣の七々日の法

事を修した。僧の食膳〈高坏十二本。打敷を加えた。大破子二荷、精料米十石。〉を送った。右中将〈源〉隆

国が来て、雑事を談った。左中弁が宣旨一枚〈上総が申請した交替の文書。〉を伝え下した。すぐに下給し

た。伊予国司〈藤原済家〉が申請した朱雀門の損色の文を奏上させた。

夜に入って、宰相中将が来て云いました。今夜、関白は〈源〉章任朝臣の桂の宅に宿します。「明日、供養する御堂を荘厳されました。諸卿が参会

しました。今夜、関白は〈源〉章任朝臣の桂の宅に宿します。明日、興福寺の塔を造立します。方塞

によって、違えられたものです。章任の饗饌は、はなはだ豊贍でした。銀の鯉や雉を作りました」と

云うことだ。又の説に、「桂の宅を貢上しました」と。

〈藤原〉致行朝臣が云ったことには、「内府の移徙の際、尺鏡が打ち破れました。また、黄牛が廊に登

りました」と。大きな怪異か。

二十三日、庚寅。　二季恒例修善／源師房と藤原経通、桂にて相撲／法成寺釈迦堂供養始

早朝、諷誦を東寺に修した。賀茂社の御為に仁王講を修した〈念賢・智照・朝円・運好・忠高。〉。二季恒

例の修善である。

未明、資頼が来て云ったことには、「去る夕方、関白は章任の桂の宅に宿されました。暁方、帰りま

した。中納言長家・兼隆・〈源〉師房、参議経通〈検非違使別当。〉・〈藤原〉兼経・定頼・朝任・〈藤原〉公成

〈公成は、明日、物忌です。そこで退出しました。〉が、御供に供奉しました。殿上人十余人が、馬に騎って

前駆を勤めました。章任は饗饌を準備しました。折櫃物二十合を奉献しました。銀の雉を銀枝に付け、

銀の鯉を銀の折櫃に納めました。感心できない事でした」と。

「師房卿と経通卿は、相撲を取りました」と。往古《おうこ》から聞いたことのない事である。特に検非違使別当は、朝廷の重職である。衆中《しゅちゅう》の相撲は、弾指《だんし》しなければならない、弾指しなければならない。

師房卿は、その過失を言うわけにはいかない。異姓《いせい》であって幼若の人である。

今日、禅室は法成寺釈迦堂を供養された。そこで巳剋の頃、参詣した。これより先、諸僧が集会《しゅえ》する鐘を打った。東大門《とうだいもん》から入り〈宰相中将・右少将資房・資頼が従った。〉、俗客《ぞくきゃく》の座に着した。関白以下は、堂前《どうぜん》にいた。そこで資房を介して事情を取った。先ず内府以下の卿相が来た。次いで関白。関白が云ったことには、「時剋は、すでに至った。未だ鐘を打っていないとはいっても、堂前の座に着すように」ということだ。関白以下が、堂前の座に着した〈分かれて着した。〉。次いで鐘を打った。諸僧が参入した〈証者《しょうじゃ》は権僧正《ごんのそうじょう》慶命《きょうみょう》、講師《こうじ》は大僧都《だいそうず》心誉《しんよ》、少僧都《しょうそうず》遍救《へんく》・定基《じょうき》・明尊《みょうそん》・永昭《えいしょう》、法眼《ほうげん》教円《きょうえん》、律師融碩《ゆうせき》・経救《きょうきゅう》、已《い》講《こう》済慶《さいけい》、阿闍梨源心《げんしん》。聴衆《ちょうじゅ》は二十人、梵音衆《ぼんおんしゅう》は十人、錫杖衆《しゃくじょうしゅ》は十人。□□五十一口《く》の法服《ほうふく》は、皆、調備していた。〉。百一体の金色釈迦《こんじきしゃか》如来《にょらい》像・八部《はちぶ》衆《しゅ》・十大弟子《じゅうだいでし》〈中尊《ちゅうそん》は丈六《じょうろく》。あと百体は等身《とうしん》。〉を造顕《ぞうけん》し、金泥《こんでい》法《ほ》華経《けきょう》一部・墨字《ぼくじ》法華経百部・華《け》厳経《ごんきょう》を書写《しょしゃ》した〈関白が云ったことには、「金泥経は、禅閤が先年、一巻を書いた。その後、目が明るくなくて、書き終わらず、他の人が書いた。また、一切経《いっさいきょう》を書写された。華厳経を先ず書き出した。そこでまずは供養される」と。〉。今日から始めて五箇日を限り、講演《こうえん》を行なう。朝《ちょう》講《こう》は大僧都心誉、問者《もんじゃ》二人。先ず行道《ぎょうどう》、次いで供讃《ぐさん》、梵音衆・錫杖衆。次いで先ず本所の諷誦を修された。次いで公家《くげ》(後一条《ごいちじょう》天皇)の勅使《ちょくし》の内蔵頭《くらのかみ》経頼・中宮使の中宮亮《ちゅうぐうのすけ》(藤原)兼房《かねふさ》・東宮使《とうぐうし》の春宮亮《とうぐうのすけ》(藤原)良頼《よしより》。以上に物を被《かず》けた。女院《にょういん》(藤原彰子《あきこ》)と皇太后宮は、いらっしゃった。そこで使は無かった〈「女院は薬師堂《やくしどう》にいらっしゃり、皇太后宮は五大堂《ごだいどう》にいらっしゃった」と云うことだ。〉。内(後一条天皇)の御誦経《ずきょう》が終わって、御導師《どうし》阿闍梨慧寿《けいじゅ》を礼盤《らいばん》に召し、所々〈中宮《ちゅうぐう》(藤原威子《たけこ》)・東宮(敦良《あつなが》親王)・小一条院《こいちじょういん》・禅閤・北方《きたのかた》(源倫子《ともこ》)・一品宮《いっぽんのみや》(脩子《ながこ》内親王・禎子《よしこ》内親王)〔先後の両宮。〕・関白以下の家の子たち。〉の御誦経の導師とした。諷誦が終わって、蔵人右少将資房が、勅語を伝えて導師の高座《こうざ》の辺りに就き、執杖《しつじょう》を下給するということを伝えた。本来ならば諷誦の前にこれを伝えなければならない。甚だ遅々である。

朝講が終わって、行香が行なわれた〈両方に分かれた。〉。次いで関白が、あれこれを催促し、饗の座に着した。一巡《じゅん》が終わって、箸を下した。鐘を打たせて、堂に入った。夕講《ゆうこう》は、朝講と同じであった。ただ錫杖《しゃくじょう》を供養した。講師は僧都《そうず》遍救、問者二人。戌剋の頃、法会が終わって退帰した。中将を車後《くるまじり》に呼んで乗せた。今日、関白が云ったことには、「十月・十一月の頃、八幡行幸《はちまんぎょうこう》が行なわれるであろう。今日か明日に定められるように」と。また、云ったことには、「今日の巳剋、興福寺の塔を造立する。方忌《かたいみ》が有ったので、昨夜、章任の桂の宅に宿した」ということだ。今日、参った上達部は、左大臣(頼通)〈関白。〉、内大臣、大納言(藤原)斉信《ただのぶ》・(藤原)行成《ゆきなり》・頼宗・能信、中納言兼隆・実成・道方・師房、参議経通・某《なにがし》(資平)〈作名《つくりな》である。〉・通任・兼経・定頼・(藤原)広業《ひろなり》・朝任。

二十四日、辛卯。　文信親を釈放し、療病させる

頭弁が立ったまま、(中原)師重《もろしげ》を介して云ったことには、「勅命《ちょくめい》に云ったことには、『関白の牧の犯人を逃れ去らせた事によって、検非違使《けびいし》右衛門案主文信親《えもんのあんじゅふみののぶちか》を獄所に拘禁させた。ところが身病を受け、療治《りょうじ》することができないので、獄舎《ごくしゃ》を出させて病を治させるように』ということでした。内裏は犬の死穢《しえ》が有ったので、立ったまま伝え示したところです」ということだ。佇立《ちょりつ》するのは、便宜《びんぎ》が無いであろう。そこで免《ゆる》させるということを伝え示しておいた。資頼が来て云ったことには、「内裏に参りました。陣に立てた簡《ふだ》を見ずに、座に着しました。明日、法成寺に参るのは如何なものでしょう」ということだ。頭弁が参るかどうかによるよう命じた。

二十五日、壬辰。　法成寺釈迦堂供養第三日／大宰府、宋船来著を報ず／興福寺塔の心柱を立つ

早朝、諷誦を六角堂《ろっかくどう》に修した。資頼が内裏から言い送って云ったことには、「頭弁は法成寺に参ることができません。そこで参るわけにはいきません」ということだ。未剋の頃、法成寺に参った。中将は車後に乗った。朝講は、すでに始まっていた。私が堂前に進まなかったので、関白から右馬頭《うまのかみ》兼房を介して御書状が有った。そこで堂前の座に着した。諸卿は座にいた。内府は急に病悩の様子が有って、座に着さなかった。遅参《ちさん》した卿相は、下官(実資)に従って座に着した。講師少僧都永昭の弁才《べんさい》は、比類《ひるい》が無かった。問者は二人。論義《ろんぎ》が終わって、僧侶は退下した。関白以下は饗の座に着した〈女院は堂前の南東にいらっしゃった。初めは薬師堂にいらっしゃった。その距離は甚だ遠かった。そこで近くにいらっしゃったのか。〉。一巡の後、食に就いた。まずは関白が鐘を打たせた。関白は右宰相中将《うさいしょうちゅうじょう》(兼経)

を介して禅室に申された。「ただ今、堂に入った」ということだ。諸卿は堂前の座に着した。禅室が堂中に向かった。この頃、関白は座を起って長押《なげし》の下に降りた。諸卿も同じく降りた。休廬《きゅうろ》に入って、座に復した。僧侶は堂に入った。夕講が行なわれた。講師法眼教円が高座に登った。散花《さんげ》が行なわれた。堂中で一匝《めぐり》、行道が行なわれた。禅閤が云ったことには、「講師は行道に加わるように」と。これは時議《じぎ》である〈「前例は、やはり高座にいた。『三十講《さんじっこう》の時は、講師が行道に加わる。その例である』ということだ」と云うことだ。〉。関白以下は座を起って、薬師堂の縁に向かった〈院（彰子）は釈迦堂にいらっしゃった。そこで薬師堂から往還した。〉。同じ堂の南西の角に於いて、各々、捧物《ほうもち》を取った。三十一口僧および薪《たきぎ》を持った衛府《えふ》の三人が前行した。朝廷の御捧物〈砂金百両。紙に包んで柳筥《やないばこ》に盛った。〉を、蔵人右少将資房が持って前行した。次いで関白以下諸大夫《しょたいふ》は、自らの捧物を取って三匝した。私は一廻りした〈私の捧物は、銀の香炉《こうろ》。〉。便宜のいい処に立ち留まった〈東中門《ひがしちゅうもん》の外。この中門の北廊《きたろう》の縁に尻を懸けて、三匝を待った。〉。大納言斉信卿は、病後の尫弱《おうじゃく》を称して、下官に従って、廻らなかった。僧侶及び上達部は、南面《みなみおもて》の西階《にしのきざはし》を昇った。私および斉信卿は、南階《みなみのきざはし》の前を渡るわけにはいかない。そこで南面の東階《ひがしのきざはし》から登って、堂前の座に着した。四位と五位の捧物は、舞台に置いた。内裏（後一条天皇）の御捧物および上達部の捧物は、舞台の捧物に加えて置かせた。関白が云ったことには、「内裏の穢《え》は、すでに来ている。御捧物については、内（後一条天皇）から仰せが有った。そこで忌んではならないということを奏聞された。天竺《てんじく》では触穢《しょくえ》を忌まない」ということだ。私が答えて云ったことには、

「穢は日本の事です。大唐《だいとう》ではすでに穢を忌みません」と。資頼は内裏に伺候していた。そこで参入するよう仰せ遣わした。すぐに捧物を随身《ずいじん》した。宮々の御捧物〈掛《うちき》。〉は、舞台に置いた。女院の御捧物は、盤上の三十一具《よろい》〈請僧《しょうそう》の数。〉に分けた。本所の捧物は、舞台に置いた。特に御導師運勢《うんせい》が礼盤に於いて、薪の講師として教化《きょうけ》した。終わって、退き入った。次いで夕講の講師法眼が、釈経《しゃくきょう》と論義を行なった。問者は二人。この間、秉燭《へいしょく》となった。しばらくして論義が終わって、僧たちが退下した。次いで上達部と下官が退出した。春宮大夫《とうぐうだいぶ》頼宗が奔走《ほんそう》して云ったことには、「禅室が云ったことには、『対面を賜わって、退帰せよ』と」と。堂前に於いて、奉謁した。参入した事を悦ばれた。私は座を暖めずに退出した〈戊剋の頃。〉。

関白が談られて云ったことには、「大宰府《だざいふ》が、唐人《からびと》が小舟に乗って来朝したということを言上《ごんじょう》してきた。これは(章《しょう》)承輔《しょうほ》の二郎(章仁昶《じんちょう》)である。父承輔は、近頃、死去した。その告げを得ずに、自ら来た。『去年、(周《しゅう》)良史《りょうし》は、あの朝(宋《そう》)に帰去した。明年の夏、必ず来るであろう』ということだ。『今回の船は、今月四日に解纜《かいらん》し、同十日に着岸した』ということだ。禅閤が云ったことには、『父母を訪ねる為に、来たものである。追却《ついきゃく》してはならないのではないか』ということだ。『随身している物は無い。ただ綾錦だけである』ということだ。紅雪《こうせつ》や金青《こんじょう》を禅室に献上した」ということだ。また、云ったことには、「一昨日の申剋、山階寺《やましなでら》(興福寺)の塔柱《とうちゅう》を立てた。行事の勘解由長官《かげゆのかみ》(藤原)資業《すけなり》が来て申した」と。明年の資頼の給官について、関白に語って言った。和気《わき》はもっとも深かった。成就するようである。その次いでに、宰相中将および資高の事が有った。今日、内府は捧物の後、早く退出した。病悩の様子が有った。諸卿はすべて参った。ただ中納言朝経が参らなかった。

二十七日、甲午。　法成寺釈迦堂供養、結願／志賀社司、宋船に便乗して帰国／藤原惟任宅の類焼を見舞う

今日、法成寺の講が終わった。小臣《しようしん》（実資）は参らなかった。老者（実資）には堪えられないであろう。先年の法華八講《ほつけはつこう》は捧物の日に参って、他の日は参らず、深恨《しんこん》を結ばれた。そこで今回は、老骨を我慢して、二度、参った。

大外記《だいげき》（清原）頼隆《よりたか》が云ったことには、「昨年、意外にも唐船《からふね》に乗り入った者〈『志賀社司《しがしやし》』と云うことです。〉が、今回の船に乗って帰って来ました。希有の事です」と。

「亥剋、二条《にじよう》大路の南で京極《きようごく》大路の西の小人の宅が焼亡した。但し、（藤原）惟任《これとう》朝臣の宅の東板屋《ひがしのいたや》が同じく焼けたが、住屋には及ばなかった」と云うことだ。右近将監（紀）惟光《これみつ》を遣わして、これを見舞わせた。

二十八日、乙未。　妍子、重態

黄昏に臨んで、宰相中将が来て云ったことには、「宮の御病悩は、日を逐ってますます重くなります。御身体は腫《は》れられていて、御心は通例のようではありません。慎しまれなければならないようです。宿曜道《すくようどう》の証照《しようしよう》師が勘申《かんじん》して云ったことには、『御慎しみは、特に重い。来月十四日については、御厄《やく》を恐れるべきである。御病悩は、明年九月に及ぶであろう』ということでした」と。

二十九日、丙申。　頼通、愛宕山白雲寺に詣ず

左《さ》大史《だいし》（小槻《おつきの》）貞行《さだゆき》宿禰が肥前守貴重の替わりの計歴官符《けいれきかんぷ》を持って来た。「今朝、関白は門戸を閉じて、物忌でした」と云うことだ。「実は密々に親昵《しんでい》の人たちを随身して、愛宕山《おたぎやま》の白雲寺《はくうんじ》に登り、すぐに帰りました」と云うことだ。

三十日、丁酉。　宋船来著関係の文書／陳文祐到来の状況

中将が来て云ったことには、「宮は日を逐ってますます重く悩まれています。昨日から御修法《みしほ》三壇を加えて行なわれました。六箇壇は大般若御《だいはんにゃみ》読経《どきょう》を行なわれました」と。頭中将顕基が、大宰府解《だざいふげ》・肥《ひ》前《ぜん》国の解文・大宋《だいそう》国商人の解文を伝え下して云ったことには、「安置すべきか否かについて定め申すように。大宰府の解文〈大宋国福州《ふくしゅう》の商客陳文祐《しょうきゃくちんぶんゆう》が参着した事。〉一枚・肥前国の進上した宋人《そうじん》陳文祐が到来した解文一通・同じく文祐が到来したことを存問《そんもん》した日記一通・同じく文祐が進上した大宋国奉《ほう》国軍市《こくぐんし》舶司《はくし》の交易許可証の控え一枚・同じく文祐が進上した船内の客徒《きゃくと》の夾名一枚・新たに入宋《にっそう》した人六十四人の形体や衣裳の色絵図《いろえず》一枚・同じく文祐が進上した貨物の解文一枚・同じく文祐が進上した和市《わし》物の解文。文祐たちが申して云ったことには、『私（文祐）は、誠に名を宋人に借りているとはいっても、幼少の時から売買の意欲があって、数度、参って来ました。当朝《とうちょう》（日本）を経廻って、深く徳化《とくか》を蒙《こうむ》りました。昨年八月十三日、日本の岸を離れました。解纜した後、早く入唐《にっとう》しようと思ったのですが、途中に於いて逆風に遭い、数日、漂流しました。同九月九日、何とか大宋国明州《めいしゅう》に罷り着しました。その後、心に滞留はありませんでした。心中に思ったところは、ただ帰り参ろうと思う志でした。また、今回の副綱《ふくごう》章仁昶は、前回の綱首《ごうしゅ》周文裔《ぶんえい》の副綱章承輔の二男です。ところが父承輔は、老邁《ろうまい》が特に甚しく、起居《ききょ》もままなりません。心に帰唐《きとう》する気持は無く、去年、罷り留まったところです。母はまた、日本の高年の老媼《ろうおう》です。夫婦共に老衰《ろうすい》しています。そこでその存亡《そんぼう》を見舞う為に、急いで帰り参りました。私はまた、先ず朝恩《ちようおん》に報いようと思います。兼ねて、つまり交易《こうえき》を思っておりますので、早く参って来たところです。但し、去る六月五日に大宋国明州の岸を離れ、同十一日に台州《たいしゅう》の東門に罷り着しました。同二十六日、解纜して渡海《とかい》しようとした頃、急に暴風が出て来て、前途を達し難かったのです。三箇日夜、途中に逗留《とうりゅう》し、同二十九日に明州に走り帰りました。三箇日を経て、巡風《じゅんぷう》を待ちました。今月四日にあの岸を罷り離れ、同十日に当朝の中の肥前国値嘉島《ちか》に罷り着しました。同十四日に同国松浦《まつら》郡内の柏島《かしわ》に罷り着しました』ということです」と。

○**九月**

一日、戊戌。　石塔造立供養／河臨解除／火事

石塔供養《せきとうくよう》を行なった。早朝、沐浴《もくよく》した。河頭《かわのほとり》に臨んで、解除《げじょ》を行なった。中将《ちゆうじよう》（藤原資平《すけひら》）は車後《くるまじり》に乗って、同じく解除を行なった。暁方、西洞院《にしのとういん》大路以東の北辺、勘解由《かげゆ》小路の南北の小宅が少々、焼亡した。

二日、己亥。　高階成順女、郎等に刃傷される

左兵衛督《さひょうえのかみ》(藤原経通《つねみち》)が来て云ったことには、「筑前守《ちくぜんのかみ》(高階《たかしなの》)成順《なりのぶ》の女子は、昨夜、郎等《ろうどう》の為に刃傷《にんじょう》されました。成順は鎮西《ちんぜい》にいます。先に妻子を上京させました。この郎等を守護《しゅご》の人としました。郎等の妻が仲違いして逃げ去ったのを、主人(成順妻)が隠し置いたと思い込み、抜刀《ばっとう》して走り上がったので、成順の妻は逃げ去りました。女子は遁げ去ることができなかったので、刃傷されました」と。人心は恐れなければならない、恐れなければならない。

三日、庚子。　成順女を見舞う／沐浴の際、気上

(中原)義光朝臣《よしみつあそん》を遣わして、成順朝臣の女子の刃傷について見舞った。すぐに悦びの返事が有った〈「巨害《きょがい》には及ばなかった」と云うことだ。〉。念覚律師《ねんかくりつし》が来て、舎利会《しゃりえ》の準備について言った。「十二日に行なうことにします」ということだ。その時に臨んで桑糸を遣わすということを約諾《やくだく》しておいた。夜に入って、沐浴していた際、気上《きじょう》した。老屈《ろうくつ》している上、精進《しょうじ》が致したものか。

四日、辛丑。　妍子、危篤／陣申文／官奏／行成、大弁起座を非難／桃園の説

諷誦《ふじゅ》を六角堂《ろっかくどう》に修した。中将が云ったことには、「宮(藤原妍子《きよこ》)の御病悩は、恐れが有るようです。昨日、内府(藤原教通《のりみち》)が云ったことには、『十分の九は、憑《たの》むところは無い』と」と。

左大史〈小槻〉貞行宿禰を召して、官奏に揃えなければならない文書について命じた。また、申文について、同じく命じた。未剋、内裏に参入した〈待賢門。（藤原）資頼と（藤原）資高が、輦車の供にいた。〉。敷政門から入って、伏座に着した。その後、左大弁〈藤原〉定頼が参入した。官奏および申文が行なわれるということを示し仰せた。座を起って、陣の腋に向かった。頭弁〈藤原〉重尹が、宣旨〈和泉国司が申請した条々の文。〉を伝え下した。次いで左中弁〈源〉経頼が、伊予国司が申請した朱雀門の損色の文〈前日、奏上させた文。〉を伝え下した。同じ弁に下したのである。行幸の日に輦車に乗って待賢門から参入するのは、極めて耐え難いに違いない。寒月に臨めば、あとはできないという事を、左中弁に伝えた。近日は、まだ暑熱の余気が有る。このことを披露しなければならないのである。左中弁が退去した後に、私は南座に着した。次いで左大弁が座に着し、これ我慢して漸く歩行し、参入することとする。陽明門から歩行して参入するのは、行歩は堪え難く、十一日の行幸に供奉することが無いであろう。

文書を申上させた〈右大史〈伴〉佐親。〉。文書は四通〉。終わって、大弁が座に起った。次いで左大弁が座に着し、言〈藤原〉行成卿が参入した。しばらくして、大弁が座に着した。敬屈して申して云ったことには、「大弁は座に伺候して、上卿が参上する時に、座を起つものではないか。陣官を召す時、

「奏」と。私は小揖して、称唯した。史の方を見遣った〈左大史行高〉。行高は奏文を捧げ、小庭に跪い按察〈行成〉が云ったことには、恒例のとおりであった〈文書は十五通。〉。左中弁を介して内覧させた。大弁は座を起った。按察（行成）が云ったことには、上卿が参上する時に、座を起つのならば、奏者は独り坐られなければならないのではないか。座を起つのならば、奏者は独り坐られなければならないのではないか。て控えた。云々は、である。大弁が座を起つのならば、奏者は独り坐られなければならないのではないか。

伝え喚《め》すのに人がいないであろう」ということだ。按察は、長い期間、大弁であった。また、桃園《ももぞの》（源保光《やすみつ》）の説と同じであろうか。長い時間を経て、左中弁が執柄《しっぺい》（藤原頼通《よりみち》）の意見を伝えて云ったことには、「見申しあげた。法師の文書については、近例は無い。伺候されなくても、何事が有るであろうか」ということだ〈この事は、前日、対面の次いでに私（実資）が云ったことには、「往代《おうだい》は、神今食《じんごんじき》以前の官奏に法師の文書を入れました」と。そもそも命に随うということを伝えた。報じて云ったことには、「近例を調べて入れるように」ということだ。〉。同じ弁を介して、奏し申した。晩方に臨んで、召しが有って参上した。官奏に伺候する作法は、通例のとおりであった。但し文書を御覧になる際に、日没の頃に及んだ。文書を下給した後、夜に入って、束ね申すことは難しい。そこで男たちを召して、御殿油《おんとのあぶら》を供させた〈両所。一所は御所、一所は奏者の座の右辺り。〉。束ね申して、退下し、また陣座《じんのざ》に復したことは、また通常のとおりであった。私は陣座に復した。すぐに大弁が座に着した。次いで史が文書を進上した。先ず表紙《おもてがみ》を下給した。次いで一々、文書を下給した。裁下した詞は、云々。成文《なりぶみ》を申上した。巻き終わって、伺候した。次いで結緒《ゆいお》を給わった。史が走って出た。大弁が座を起った事について、左大弁に問うた。云ったことには、「両説が有ります」ということだ。これより先に、按察は退出した。私は壁の後ろに出た。十一日の行幸に供奉することは、行歩が堪え難い。もしかしたら披露するか否かについて、左中弁に問うた。云ったことには、「次いでが有って、執柄に伝えました。おっしゃられて云ったことには、『供奉しなくても、まったく何事が有るであろう』ということでした」と。八省院《はっしょういん》の行幸は、大将は必ずしも供奉しない。上古《じょうこ》から前例は多い。このことを、同じく伝えさせた。特に左将軍〈教通〉は供奉されるのであろうか。戌剋の頃、退出した。

五日、壬寅。　妍子還啓を決す／奏報の誤り

早朝、中将が来て云ったことには、「宮の御病悩は、日を逐ってますます重くなります。やはり本宮に還って住むということをおっしゃられました。そこで来たる七日の暁に、帰られることになりました」と。晩方、左大史行高が進上した奏報《そうほう》は、国々の路次《ろじ》が誤っていた。そのことを伝えたが、改め直させなかった。淡路《あわじ》・讃岐《さぬき》の次に安芸《あき》・長門《ながと》を書いていた。また、上野《こうずけ》の次に信濃《しなの》を書いたことなどである。

六日、癸卯。　道長、妍子危篤を仏前に怨む／妍子、小康

早朝、中将が来て云ったことには、「宮の御病悩は、日を逐ってますます倍しています。昨日と一昨日に、授戒《じゅかい》し奉りました。御声はありませんでした。受けられなかったようなものです。死去の時剋を待っているようなものです。明日の晩方〈寅剋。〉、今南第《いまみなみてい》〈母儀《ぼぎ》〈源倫子《ともこ》〉が新造した処で、「今南第」と号している。〉に渡御《とぎょ》されることになりました。法成寺《ほうじょうじ》と今南第は、隔てることは近いのです。そこで行啓《ぎょうけい》に供奉する人は、歩行することになりました」ということだ。中将が云ったことには、「禅室《ぜんしつ》〈藤原道長《みちなが》〉は、宮の御病悩が危急《ききゅう》であるので、よじ登って堂に参られ、恨み申されました。『〈源〉章任《あきとう》朝臣の桂《かつら》の宅に住まわれることになった。米五斗を一日の分に充てられることになった』と云うことでした。今日、宮は頗る宜しくいらっしゃいました。起居《ききょ》されました。一、二度、御膳を召しました。昨日より以前は、何も言わず、不覚でいらっしゃいました。今日のようでしたら、生き延びられるようです。『疑うところは、様子だけ御堂《みどう》の効験《こうげん》を見せたのでしょうか。ところが昨日以前と今日の御身体とは、甚だかけ離れています』と云うことです」と。黄昏、右兵衛督《うひょうえのかみ》(源)朝任《あさとう》が来た。雑事を談じ、すでに深夜に及んだ。

七日、甲辰。　妍子、今南第に移御／外記の公卿参不の報に誤りあり／夜御殿の戸が閉じる怪異／八省院行幸、停止

左大史貞行宿禰を召して、明日の不堪佃田《ふかんでんでん》の申文について問うた。申して云ったことには、「未だ左大弁を見ていません」ということだ。命じて云ったことには、「五日、大弁に申した。ところが今も見ないというのは、如何なものか」と。申して云ったことには、「結政《かたなし》に参らなかったので、今まで申さなかったものです。内々に事情を伝え、明日、申させることにします」ということだ。大外記《だいげき》(清原)頼隆《よりたか》が参って来た。明日、上達部《かんだちめ》が参るかどうかについて問うた。召使《めしつかい》は未だ事情を申していない。晩方、外記《げき》頼言《よりとき》が申して云ったことには、「大納言《だいなごん》(藤原)能信《よしのぶ》、中納言《ちゅうなごん》(藤原)兼隆《かねたか》・(藤原)朝経《あさつね》、参議《さんぎ》(藤原)通任《みちとう》の他は、皆、参入することになっています」ということだ。大僧正《だいそうじょう》(深覚《しんがく》)が、律師朝源《ちょうげん》を介して、輦車に乗って内裏に参る事について問われた。「十四日に参入することとする。西近《にしこの》衛御門《えみかど》から入って、先ず真言院《しんごんいん》に到り、事情を取って、脩明門《しゅうめい》から参入するのは如何であろう。輦車

は脩明門の外に立てることとする」ということだ。伝えられた趣旨は、もっともそうあるべきであるということを報じておいた。今朝、皇太后（妍子）は、今南第に渡御された。供奉した人は歩行した。法成寺と至近であるからであろうか。中将が来て云ったことには、「宮の御病状は、頗る宜しくいらっしゃいます。今日から維摩経を講じられます」と。また、云ったことには、「明日の陣定は、参入することができません。召使が更に来て、告げません」ということでした。外記頼言が申したことは、相違している。傾き怪しむばかりである。また、云ったことには、「内裏の夜御殿の戸が、人もいないのに、猛々しく閉じました。女房が云ったことには、『人の足音がしました。夜御殿に入って、戸を引き立てました。驚いて見ても、人はいませんでした』と。（賀茂）守道と（惟宗）文高に命じて占わせられました。後一条天皇の御病悩と火事について勘申しました。『重く慎しまれなければなりません』ということでした。御物忌は十一日に当たっています。そこで行幸は停止となりました。当時（後一条天皇）は未だ十一日の神事に臨御していません。また神今食では、未だ神嘉殿に渡御されていません」と云うことだ。

八日、乙巳。　　**不堪佃田申文／解文の誤りを訂正させる／法成寺薬師堂例講／陣定／行成、『清慎公記』を送る／水路を設けて中河の水を引く／水路に架橋**

上達部が参るかどうかについて、確かに申さなかったことを、外記頼言に伝えた。申して云ったことには、「召使が申したので、申させたところです」と。召問するよう命じた。中宮大夫（藤原）斉信とには、「召使が申したので、申させたところです」と。

按察行成は必ず参入されるよう、頼言を介して申し伝えた。

内裏に参った〈待賢門。〉。敷政門から入って、陣座に着した。これより先に、左大弁定頼が参入していた。頭弁重尹が、安芸国司の申請した条々の文書を伝えて下した。同じ弁に下して、文書を継がせた。不堪佃田の申文については、左大弁に伝えた。座を起った。しばらくして、右大史(丹生《にうの》)挙光《たかみつ》が、不堪佃田の解文《げぶみ》を挿んで、床子《しょうじ》の方に移った。私は南座に着した。次いで大弁が座に着した。敬屈して云ったことには、「中文」と。私は小揖した。大弁が称唯した。次いで史挙光が書杖《ふづえ》を捧げ、敷政・宣仁《せんにん》門を入り、小庭に跪いて控えた。私は目くばせした。称唯して、走って来た。膝突《ひざつき》に着して、これを奉った〈目録は横挿《よこざし》にした。〉。笏《しゃく》を置いて、待って取った〈故意に横挿の文を取り落とした。〉。中文を置いて、表紙を開いた。先ず目録を見た。次いで解文を結んだ緒を解いて、一々、これを見た。或る国は使を記さず、或る国は使を「健児《こんでい》」と記して姓名を記していなかった。或る国は日を記していなかったことなどが、多々あった。見終わって、元のように巻いて結んだ〈目録は、結緒の外、表紙の内にあった。〉。板敷《いたじき》の端に推し出した。史はこれを取って表紙を開いた。目録を取って、束ね申した。私は先ず国々の解文の失錯《しっさく》を直すよう、一々、大弁に命じた。次いで命じたことには、「申し給え」と。史は称唯して、元のように推し巻き、杖に副えて走り出た。次いで大弁が座を起った。私は座を起ち、内の座に復した。大納言行成卿が参入した。まずは大宰府《だざいふ》の解文および唐人《からびと》の文書を見せた。この頃、参議経通が参入した。次いで大納言斉信卿。この解文は、斉信卿が見た。酉剋の頃、内大臣、大納言

（藤原）頼宗、中納言（藤原）長家・（藤原）実成、参議（藤原）広業・朝任・（藤原）公成が参入した〈今日、法成寺薬師堂の例講が行なわれた。「あの所から参入した」と云うことだ〉。実成卿の座と公成の座は近かった。

そこで着さなかった。あれこれ、申し上げた。私が云ったことには、「実成卿は南座に着すように」と。すぐに着した。左大弁定頼は、急に胸病が発動したということを称して、退出した。「〈三善〉雅頼の覚挙状について議定するというので、陽病を称して退出したのか」と云うことだ。雅頼は左大弁の家司である。未だ事の議定が行なわれない以前に、大弁が下官（実資）に問うてきた。大略、これを伝えた。頗る思慮している様子が有った。先ず唐人について議定した。次いで主税助雅頼の覚挙状およ

び主税頭〈中原〉貞清が弁じ申した文書を議定した。次いで五箇国〈和泉・下野・石見・安芸・紀伊〉が申請した事を議定した。広業が執筆した。頗る確執する様子が有った。灸治を行なった〈雨が降っていた〉。皇太后宮〈妍子〉の御病悩について、内府に問うたところ、議が終わった。退出した〈中御門大路および富小路多くは左大弁が退出したことによるものか。子剋、議が終わった。退出した〈雨が降っていた〉。皇太のではないでしょうか」と。按察行成卿が、故殿〈藤原実頼〉の天暦八年の御暦の上巻を送ってきた〈二

月七日以前は無かった〉。出たところは、はなはだ不審である。はなはだ怪しい。「生きておられることは難しいのではないでしょうか」と。按察行成卿が、故殿〈藤原実頼〉の天暦八年の御暦の上巻を送ってきた〈二

中河の水を、今日八日に引き入れた。晦日から水路を掘って、引き入れたのである〈中御門大路の末から西行し、高倉小路・春日小路・東洞院大路・大炊御門大路を経て、水を引いた〉。万里小路および富小路の辻橋や、富小路東町の十字橋は、急に造って架けさせた。行人の煩いを思う為、京職には伝えず、

先ず造らせただけである。

九日、丙午。　重陽平座

左大史貞行宿禰が、雑事を伝えた。中将が云ったことには、「宮は、やはり重く悩《や》まれています。昨日は不覚でいらっしゃいました」と。後日、今日の宜陽殿《ぎようでん》の座について聞いた。「子・丑剋の頃、中納言（源）師房《もろふさ》と参議公成が着して行ないました」と云うことだ。「散楽《さんがく》のまた、散楽でした」と云うことだ。

十日、丁未。　陣定の定文／清涼殿鬼間に小火

藤宰相《とうさいしょう》（広業）が、先日の定文《さだめぶみ》を持って来た。中将が来た。頭弁重尹が宣旨を持って来た。すぐに同じ弁に下した〈石見国司が申した、前司《ぜんじ》（藤原頼方《よりかた》）を追い下されたこと。〉。主税助雅頼の覚挙状および主税頭貞清が弁じ申した文書の定文・国々が申請した条々の雑事の定文を、同じ弁に託して奏上させた。

夜に入って、中将が来て云ったことには、「藤宰相は、詳しく先夜の事を禅閤《ぜんこう》（道長）に伝えました。感心される様子が有りました」ということだ。

「昨夜、鬼間《おにのま》の御簾《みす》の帽額《ぼうがく》に、火が燃え上がった。女官《にょうかん》がこれを見て、蔵人《くろうど》（源）経成《つねなり》の僕従《ぼくじゅう》を召し上げて、撲滅《ぼくめつ》させた。蔵人はこの男を搦めて、右近衛陣《うこのえのじん》に引き渡させた。関白《かんぱく》（頼通）が免《ゆる》させた」と云うことだ。頭弁が云ったことには、「六位蔵人《ろくいのくろうど》が泥酔し、脂燭《しそく》を持って行った際、すすきを御簾に挿したところ、脂燭の火がすすきの穂に差し付きました」と云うことだ。

十一日、戊申。　伊勢御幣使発遣

今日、伊勢御幣使を発遣した。「天皇の御物忌によって、八省院に臨幸しなかった」と云うことだ。

大外記頼隆が云ったことには、「今日の奉幣については、按察が上卿を勤めました」と。

十二日、己酉。　扶公、竜門に籠居し興福寺別当辞退の意思

興福寺別当僧都〈扶公。〉が来た。清談の次いでに云ったことには、「今年の冬、もしくは明年の正月から、竜門辺りに籠居することにしました。寺司もまた、辞退することにします。無常を観る毎に、罪報は恐れなければなりません」ということだ。中将が来て云ったことには、「宮の御病悩は不快です。

やはり慎しまれなければならないのでしょうか。心誉僧都の説です」ということだ。

十三日、庚戌。　妍子、危篤／仁王経御読経僧名定

早朝、中将が来て云ったことには、「宮の御病悩は危篤です」ということだ。

大宋国の定文および文書を、頭中将〈源顕基。〉に託した。

蔵人所の出納〈某。〉が来て云ったことには、「明日の御読経に参入してください」ということだ。「今日、大納言行成卿が、明日は四十口仁王経御読経が行なわれる。「今日、大納言行成卿が、承ったということを申させた。明日は四十口仁王経御読経が行なわれる。「今日の御読経に参入してください」ということだ。「今日、大納言行成卿が、承ったということを申させた。明日は四十口仁王経御読経が行なわれる。僧名を定めた」と云うことだ。もしかしたら、先ず内々に禅室が戒められたのか。蔵人頭が仰せを承って、御前に於いて僧名を書き、下給すべきであろうか。

十四日、辛亥。　仁王経不断御読経／行香を行なわず／妍子、出家・崩御／宋船来著の太政官符／

雅頼覚挙状についての定文

中将が来て云ったことには、「宮の御病悩によって内裏に参らないということを、昨日、関白に申しておきました」ということだ。

早朝、諷誦を六角堂に修した。史佐親が、昨日の御読経の定文を進上した。御読経の文書を揃えるよう、貞行宿禰に命じた。陰陽寮《おんみょうりょう》についても、同じく命じておいた。守道朝臣に戒め仰せたものである。季《きのみ》御読経《どきょう》については、左中弁経頼を介して関白に伝えさせた。今日、定め申して、その報に随わなければならない。内裏に参って、その御報を問うよう、伝えておいた。

内裏に参った〈輦車に乗った。〉。資頼と資高が、輦車に副った。御読経の発願《ほつがん》は、申二剋である。その頃を推測して、参入した〈和徳《かとく》門。〉。陣座の壁の後ろに到って、しばらく徘徊《はいかい》した。これより先に、参議通任と広業が、左青瑣《せいさ》門の辺りに立っていた。上達部を問うたところ、云ったことには、「左大弁〈定頼。〉が、陣座に伺候しています」と。私は殿上間《てんじょうのま》に参上した。関白も殿上間に伺候されていた。清談している間に、内大臣、大納言行成・頼宗、中納言実成、参議経通・朝任が参入した。この頃、(慶滋《よししげの》)為政《ためまさ》朝臣が皇太后宮から馳せ参ったということを、実成卿が関白に告げた。急いで座を起った。次いで内大臣と大納言頼宗卿が座を起って、扈従《こしょう》した。あれこれが云ったことには、「太后《おおきさき》(妍子)が御病悩によって急いで出家される事を、告げ聞かせられた」と。これより先に、鐘を打った〈申二剋。〉。関白・内大臣・大納言頼宗が、あの宮に馳せ参った。頭中将顕基を招いて、御読経の事情を問うた。

述べて云ったことには、「関白が云ったことには、『御読経を早く始めるように』ということでした」と。そこで僧が参っているかどうか行事《ぎょうじ》の左中弁経頼に問うたところ、云ったことには、「二十余人が参入しています」ということだ。参らせるよう命じた。出居《でい》が座に着した。次いで私及び諸卿が座に着した。次いで僧侶。威儀師《いぎし》仁満《じんまん》が、御導師《どうし》について申した。行事の上卿行成が云ったことには、「誰が奉仕するのですか」と。私が云ったことには、「僧都扶公・明尊《みょうそん》・遍救《へんく》・永昭《えいしょう》、律師融碩《ゆうせき》・経《きょう》救《きゅう》の中で、永昭が奉仕するのが宜しいであろう」と。行成卿は感心した。仁満に伝えた。御導師が座に着した。法用《ほうよう》の後、蔵人頭左中将《さちゅうじょう》顕基〈重服《じゅうぶく》。〉が、御導師の辺りに就いて、御読経の趣旨を伝えた。堂童子《どうどうじ》は、四位二人〈左中弁経頼と右中弁《うちゅうべん》(藤原)経輔《つねすけ》。〉・五位二人〈(源)長経《ながつね》と(源)資通《すけみち》。〉。四十口仁王経の不《ふ》断御《だんみ》読経《どきょう》の行香《ぎょうごう》の有無について、あれこれの者が疑いを持った。「不断御読経発願の日は、行香は行なわれない」と云うことだ。頭中将を介して、意向を取らせた。おっしゃって云ったことには、「結願《けちがん》の日は、行香が行なわれなければならない」ということだ。そこで座を起って退出した。皇太后宮〈謂うところの今南第。〉に参った。途中、続松《つぎまつ》を執った。事の状況を皇太后宮権大夫《こうたいごうぐうごんのだいぶ》資平に問うたところ、云ったことには、「未剋の頃、御出家しました。すぐに入滅《にゅうめつ》されました」と。禅閤・関白・内大臣・大納言たちは、その御辺りに伺候されていた。哀泣《あいきゅう》していたので、事情を申さなかった。長い時間、徘徊し、退出した。

今日、大僧正深覚は、初めて輦車に乗って、内裏に参った。輦車は脩明門に立てた。

今日、頭中将が、大宋国の商客《しょうきゃく》（陳文祐《ちんぶんゆう》）の諸卿の定文および文書を下給した。命じて云ったことには、「上達部が定め申したことによって、官符《かんぷ》を下給するように」ということだ。すぐに左大弁に伝えた。定文および文書を揃えて下給した〈頭中将が殿上間に於いて下給した。すぐに大弁に下した。〉。

大宰府が言上《ごんじょう》した、大宋国福州の商客陳文祐が来朝した事

大臣・大中納言《だいちゅうなごん》・参議が定め申して云ったことには、「商客の来朝は、憲法《けんぽう》で期限を立てている。ところが文祐たちは、去年の秋に帰り去り、今年の秋に重ねてやって来た。それならばつまり、安置については、年紀《ねんき》が未だ到っていないとはいっても、存問《そんもん》の詞の中に、『或いは仁化《じんか》に感じ、或いは父母を訪ねる』ということだ。しばらく優許《ゆうきょ》されて、孝誠《こうせい》を遂げさせ、明春に巡風《じゅんぷう》を待って廻却《かいきゃく》に随うべきであろう」と。

主税助雅頼の覚挙状および主税頭貞清が弁じ申した、伊予・周防《すおう》・土佐《とさ》三箇国の前司任終《にんしゅう》年の租の舂米《しょうまい》の事

前と同じ諸卿が定め申して云ったことには、「諸国の受領《ずりょう》の吏は、任卒《にんそつ》の者の替わりの者は、五箇年の雑米抄帳《ぞうまいしょうちょう》を勘会《かんかい》することは、すでに流例《りゅうれい》となっている。まさに今、近代以来の間に、当任四箇年を勘済《かんさい》したことを、勘例《かんれい》が有ったと称するのは、もっとも公平を忘れている。特に雅頼は、当寮にいて、国々の税帳《ぜいちょう》に署している。それならばつまり、当任の雑米帳を勘済する輩は、前司の任終の税帳について、その合文《ごうぶん》を備えることは難しいのではないか。ところが覚挙状は、ただ三箇国を載せ、他

の国の覚挙状を記していない。これは終始に背き、また首尾《しゅび》を失しているようなものである。ましてやこの三箇国の帳は、合文が無いということで、先ず覚挙状を進上して、後日、更に署名を加えるのは、なおさらである。道理はそうであってはならないのではないか」と。

十五日、壬子。　昌子内親王崩時の例を道長に注進

寅剋の頃、中将が来て云ったことには、「夜半の頃、ちょっと宮から退出して、ただ今、帰り参りました。寄宿《きしゅく》することのできる処はありません。そこで退出しました」と云うことだ。三条宮《さんじょうのみや》(昌子《まさこ》内親王)が崩御《ほうぎょ》した時の例を記して送るようにとの禅室の御書状が有った。中将を介して、これを伝え示された。記し出して、これを奉った。

左大史貞行宿禰を召して、大宰府が言上した大宋国の報符《ほうふ》の趣旨を伝えた。昨日、静かではなかったので、大弁に伝えた。そこで子細を伝えたものである。

夜に入って、宰相中将《さいしょうちゅうじょう》(資平)が来て云ったことには、「明日、御葬送《そうそう》が行なわれます。今日、皇太后宮亮《こうたいごうぐうのすけ》(藤原)頼任《よりとう》に、遺令《いりょう》を外記に告げさせました」と云うことだ。

十六日、癸丑。　警固・固関／内印・結政の請印／妍子葬送／月蝕

暁方、少納言《しょうなごん》資高が来て云ったことには、「昨日、警固《けいご》と固関《こげん》が行なわれました。中納言実成が上卿を勧めました。内印《ないいん》および結政の請印《しょういん》も、同じくこれを命じました〈固関を国に託される官符と、挙哀《こあい》を停められる官符。〉。参議は参りませんでした。左大弁定頼は、皇太后宮に昇りました。座に着してはならないということについて、関白の命が有りました。そこで座に着さずに退下しました。数度、結政の請印によって、外記が催使《さいし》を発遣しました。胸病を称して参りませんでした。今日は天皇の御衰日《すいにち》です。そこで夜中に行なおうとしました。大外記頼隆が関白に申し、外記頼言を介して仰せ遣わしました。無理に頼言の車に乗って参入しました。すでに丑剋に及んでいました。勤功の無い人と称すべきです。参議経通を召し遣わしました。『門を閉じて、通じません』と云うことでした。奇怪な人たちです。内文《うちぶみ》の儀は、宰相はおらずに、これを行ないました。前例が有ったからです」と云うことだ。公事《くじ》の内で、この儀はもっとも重い。吉日《きちにち》を択んで、行なわれるものである。今日は、すでに御衰日である。重いわけではなければ、故障を申してはならないものである。一家の口伝《くでん》は、信受《しんじゅ》しないようなものである。私は窮老《きゅうろう》とはいっても、奉公は誠に深い。「今夜、皇太后宮の御葬送が行なわれる」と云うことだ。

月蝕であった。暦道《れきどう》は、あらかじめ申していなかった。失儀《しつぎ》か。翌日、証昭《しょうしょう》法師に問うたところ、云ったことには、「昼の蝕でしたので、思い忘れて、申さなかったのでしょうか」と。勘申して云ったことには、「月蝕は皆既《かいき》。虧《か》け初めは午三剋〈三十四。〉。加える時は未剋〈八分。〉。末に復したのは酉一剋〈二分。〉」と。

十七日、甲寅。　妍子葬送の様子／御葬以前に遺令奏上／廃朝

(巨勢《こせの》)文任《ふみとう》朝臣が申して云ったことには、「昨夜、皇太后の御葬送が行なわれました〈大谷寺《おおたにじ》の北、粟田《あわた》口《ぐち》の南。〉。禅閤は歩行しました。内大臣以下が扈従しました。『関白は衰日の御物忌である』と云うことでした。御車〈糸毛《いとげ》。〉。前皇太后宮権大進《さきのこうたいごうぐうごんのだいじん》(藤原)為政が燎《ひ》を執って、前行しました。幡《はた》を執った者である大学允《だいがくのじょう》(藤原)則孝《のりたか》は、燎を執った者の前にいました。女房車《にょうぼうぐるま》は六両。暁方、葬送が終わりました。辰剋の頃、皇太后宮権亮頼任が御骨を持って、木幡《こはた》に向かいました。大僧都《だいそうず》永円《えいえん》と御乳母子《めのとご》の法師が付き添いました」と云うことだ。大外記頼隆が云ったことには、「十四日に、前皇太后宮《さきのこうたいごうぐう》から、皇太后宮権亮頼任に遺令を奏上させました」と云うことだ。「御葬送以前に遺令を奏上する事について、前例を尋ねられました。二条后《にじょうのきさき》(藤原穏子《やすこ》)の例を勘申しました。そこで行なわれたものです」と云うことだ。廃朝《はいちょう》は五箇日。

十八日、乙卯。　悲田院に施行

悲田院《ひでんいん》に、いささか施行《せぎょう》を行なった〈三十一人。人毎に米二升と干魚《ひうお》二隻。炊料《かしきりょう》を加えた。〉。東大寺《とうだいじ》別当《べっとう》観真《かんしん》律師が来た。沐浴の後、心神《しんしん》が宜しくなく、相対することができなかった。その後、念誦《ねんじゅ》の間に、山階《やましな》(興福寺)別当扶公僧都が来た。すぐに念誦の処に於いて清談した。宰相中将は、穢《え》に触れていたので、地上に坐った。太后の御葬送の雑事を談った。禅閤は、はなはだ強力でいらっしゃった。権弁《ごんのべん》朝臣(藤原章信《あきのぶ》)も地上に坐って、清談した。

十九日、丙辰。　延暦寺百堂に金鼓を打たせる／石見中津原牧が牛を進上

中将が来た。比叡《ひえい》(延暦寺《えんりゃくじ》)の百堂に金鼓《こんぐ》を打たせた。

石見牧が牛四頭を進上した。去年と今年の分である。

二十日、丁巳。　本命供／牛を人々に頒給／開関・解陣

本命供を行なった。昨日の石見牧の牛四頭を、人々に下給した（一頭は宰相中将、一頭は民部丞〈源〉知通。一頭は留めて労飼する。）。

少納言資高朝臣が云ったことには、「昨日、開関官符および解陣について、右衛門督実成が上卿を勤めました。参議公成が参って伺候しました」と。

夜に入って、出納某が申させて云ったことには、「明日、御読経が結願します。御物忌に籠り候じてください」ということだ。障りを申しておいた。

二十一日、戊午。　月蝕の慎しみによる修善／不断御読経結願

今日から五箇日を限って、三口の僧〈念賢・慶信・慶範。〉を招請して、仁王経を講じさせ奉る。また、天台内供良円の房に於いて、二口の智徳・浄行の僧を招請して、三十箇日、大般若経を転読し奉る。また、孔雀経を十箇日、光円の住房〈広隆寺。〉に於いて転読させ奉る。これらの善根は、先夜の月蝕で、証昭師が、慎しまなければならないという勘文を進上した。そこでこれを修するものである。宰相中将が来た。すぐに故宮〈妍子〉に参った。資頼が云ったことには、「入道大納言〈藤原公任〉が、先夜の雅頼の定文を見る議定頼と公成が、御物忌に籠り候じました」と。参議定頼と公成が、御物忌に籠り候じました」と。極めて奇怪である。この事は、度々、伝えてきた。未だその意味を得ということを示し送ってきた。極めて奇怪である。この事は、度々、伝えてきた。未だその意味を得ない。出家入道した人は、朝議《ちょうぎ》を聞いてはならない。やはり怪しい、やはり怪しい。定文は、使に託して遣わし奉った。念誦や読経の他に、他の事が有ってはならない。この事を沙汰されるということについて、人々が云々している事を、報書に記し伝えておいた。

小女〈藤原千古《ちふる》〉およびその母の為に、二口の僧〈朝円《ちょうえん》と誓雅《せいが》。〉を招請して、今日から始めて九箇日、仁王経を転読させる。両人も月蝕を慎しまなければならないということについて、証昭が勘文を進上した。そこで行なったものである。

二十二日、己未。　長安寺、焼亡／藤原貞光、卒去

昨夜、長安寺《ちょうあんじ》が焼亡した。或いは云ったことには、「廊《ろう》」と云うことだ。「〈藤原〉貞光《さだみつ》朝臣が卒去した」と云うことだ。

二十三日、庚申。

中将が来た。座に着さず、地上に坐った。

二十四日、辛酉。　頼通の車、振動する怪異／東宮の怪異／道長一家に妖言多し

先日、関白の車が、故宮の門前に立てられた際、二度、振動した。守道と文高に命じて、吉凶《きっきょう》の状況を占わせた。「怪異《かいい》は、もしかしたら御慶びが有るのか」と。官職をすでに極めた人に、何の慶賀《けいが》が有るのであろうか。思慮が有るべきではないか。また、「東宮〈敦良《あつなが》親王〉の御帳《みちょう》に、御物忌が有った」と云うことだ。不吉《ふきつ》の御占《みうら》が有るのか。これらの事は、直接、談ったものである。あの一家の事は、妖言《ようげん》が多々である。

二十六日、癸亥。　河臨祓／藤原能通、建礼門修造を請う／藤原令尹宅、焼亡

陰陽属《おんみようのさかん》（中原）恒盛《つねもり》に河臨《かわのぞみ》の祓《はらえ》を行なわせた。（中原）貞親《さだちか》に衣を持たせて、祓所《はらえどころ》に遣わした〈申剋。郁《いく》芳《ほう》門の末︵〉。但馬守《たじまのかみ》（藤原）能通《よしみち》が国解《こくげ》〈私物で建礼《けんれい》門の東西の垣とその殿の一階を修造する。〉を持って来た。

子剋の頃、（藤原）令尹《のりただ》朝臣の宅が焼亡した。「群盗《ぐんとう》が放火した」と云うことだ。

二十七日、甲子。　妍子法事雑事／外記政始／藤原顕光出現の夢想

中将が来て云ったことには、「故宮の御法事の雑事を定められました」と。

少納言資高が云ったことには、「廃朝の後、今日、初めて外記政《げきせい》が行なわれました」と。「関白は重く慎しまれなければならないという事について、或る僧に夢想《むそう》があった。これは故堀河相府《ほりかわしようふ》（藤原顕光《あきみつ》）が参り到った夢である」と云うことだ。権僧正慶命《ごんのそうじようきようみよう》が中将に密談《みつだん》した。

二十八日、乙丑。　貞光後家を弔問

左中弁経頼が来た。但馬守能通が申請する解文を託した。（石作《いしづくりの》）忠時《ただとき》宿禰を遣わして、故貞光朝臣の後家《ごけ》を弔問《ちようもん》した。

中将が伝え送って云ったことには、「昨日、故宮の御法事を定められました。僧の食膳を奉仕することになりました」ということだ。晩方、左中弁が関白の報を伝えて云ったことには〈今朝、事情を取った。〉、「御読経について定め申しても、何事が有るであろう。皇太后の御忌《ぎよき》に籠り候じた僧たちは、十余人である」ということだ。来月上旬の頃に定め申すよう、伝え仰せておいた。

二十九日、丙寅。　法華経講釈

提婆達多品《だいばだつたほん》を釈し奉った〈慶範。〉。中将が来た。

○**十月**

四日、庚午。　徒歩参内／内文

冬の気候に臨んで、行歩《ぎょうほ》に堪えられるであろう。そこで陽明門《ようめい》から参った。申二剋、中納言《ちゅうなごん》（藤原）実成《さねなり》・参議《さんぎ》（藤原）定頼《さだより》・右中弁《うちゅうべん》（藤原）経輔《つねすけ》が、侍従所《じじゅうしょ》から内裏に入った。すでに晩方に及んでいた。往昔《おうじゃく》は、そうではなかった。大粮文《たいろうぶん》について、左大弁《さだいべん》（定頼）に問うた。揃えて控えているということを申した。早く申上させるよう伝えた。すぐに座を起った。中文《もうしぶみ》の右大史《うだいし》（伴《ともの》）佐親《すけちか》が、文書《もんじょ》を杖に挿《こ》んで、北に移った。私は座を起って、南座《なんざ》に着した。大弁が座に着した。敬屈《きょうくつ》し、申して云ったことには、「申文」と。私は目くばせし、揖礼《ゆうれい》した。称唯《いしょう》して、史《し》の方を見た。佐親は書杖《ふづえ》を捧げて、小庭《にわ》に控えていた。私は目くばせした。称唯し、走って来て膝突《ひざつき》に着し、これを奉った。取って見た。主税寮《しゅぜいりょう》の勘文《かんもん》・太政官《だいじょうかん》の充文《あてぶみ》など。太政官の充文の左近衛府《さこのえふ》の粮の数を問うた。また、左右衛門府《えもんふ》は、同じではなかった。左右兵衛府《ひょうえふ》は同数であった。大弁に問うたところ、云ったことには、「書き誤ったのでしょうか」ということだ。元のように推し巻いて、板敷《いたじき》の端に置いた。佐親が給わって太政官の充文を申上した。私は目くばせした。称唯して、元のように巻き取り、杖に副えて走り出た。私は座を起った。座に復さず、退出した。実成卿が内文《うちぶみ》の儀の上卿《しょうけい》を勧めることになっていたので、早く退出した〈申剋。〉。今日は輦車《てぐるま》に乗らず、行歩した。頗る苦汗《くかん》が出た。頭中将《とうのちゅうじょう》（源）顕基《あきもと》が、宣旨《せんじ》〈因《いな》幡《ば》国司《こくし》が申請した色代《しきだい》の文。〉を持って来た。

五日、辛未。　射場始、停止

今年、射場始《いばはじめ》は行なわれなかった。皇太后《こうたいごう》（藤原妍子《きよこ》）が崩御《ほうぎょ》した頃であるので、関白《かんぱく》（藤原頼通《よりみち》）が参らなかったのか。また、その後、禅閤《ぜんこう》（藤原道長《みちなが》）の御病悩が危急《ききゅう》となり、遂に入滅《にゅうめつ》した。そこで停止《ちょうじ》したのか。

十九日、乙酉。　妍子崩御により国司上京／妍子五七日法事

尾張守《おわりのかみ》（源）則理《のりまさ》が云ったことには、「太后《おおきさき》（妍子）の御事によって、上京しました」と。夜に入って、安芸守《あきのかみ》（紀）宣明《のぶあき》が来て云ったことには、「一昨日、参りました。明日、下向します。太后が崩御された事を承って、急いで馳せ参ったところです」ということだ。深夜、中将《ちゅうじょう》（藤原資平《すけひら》）が来て云ったことには、「今日は宮（妍子）の五七日です。仏事を修されました。等身《とうしん》の五大尊《ごだいそん》像と白檀《びゃくだん》の普賢《ふげん》像〈四寸。〉を造顕《ぞうけん》し奉りました。釈迦如来《しゃかにょらい》像と百体不動尊《ふどうそん》像を図絵し奉りました。法華経《ほけきょう》一部〈色紙《しきし》。〉を書写《しょしゃ》し奉りました。七僧《しちそう》の他、三十僧がいました。関白・内大臣（藤原教通《のりみち》）及び諸卿が参入しました。饗《きょう》饌《せん》が有りました。大納言《だいなごん》（藤原）斉信《ただのぶ》と（藤原）行成《ゆきなり》は参りませんでした。宮司《みやづかさ》は素服《そふく》を着し、簾中《れんちゅう》に伺候しました」と。

二十八日、甲午。　仁王講／火天供／病悩／竪義料を三井寺に送る／千古の為の千手観音法／妍子七々日法事

今日から七箇日、栖霞寺《せいかじ》〈清涼寺《せいりょうじ》〉に於いて、二口《く》の僧〈利《り》原《げん》と覚蓮《かくれん》。〉を招請して、仁王講《にんのうこう》を修する。天変や夢想《むそう》の災厄《さいやく》を攘《はら》う為である。また、阿闍梨《あじゃり》盛算《じょうさん》を招請して、火天《かてん》を供させ奉った〈三箇日。新たに図絵した。〉。火事の災厄を攘う為である。昨日の戌剋の頃、心神《しんしん》がはなはだ悩《や》んだ。通夜、諸々に背いた。暁方に臨んで、いよいよ苦しかった。〈中原〉恒盛《つねもり》に占わせたところ、云ったことには、「風病《ふうびょう》が致したものです」ということだ。朴木《ほおのき》の皮を服用した。辰剋の頃から、頗る宜しかった。また、湯《とう》治《じ》を加えた。諷誦《ふじゅ》を六角堂《ろっかくどう》に修した。出行《しゅっこう》しなければならなかったからである。

済算《さいさん》の竪義《りゅうぎ》のための折櫃《おりびつ》三十合《ごう》〈彩色《さいしき》、画。〉を、三井寺《みいでら》〈園城寺《おんじょうじ》〉に送った〈米二十合、菓子と雑菜を相半したものが十合。〉。

今日から七箇日、阿闍梨文円《ぶんえん》を招請して、小女〈藤原千古《ちふる》〉の為に千手観音法《せんじゅかんのんほう》を行なう〈伴僧《ばんそう》は二口。〉。

今日、前皇太后《さきのこうたいごう》〈妍子〉の七々日の御法事を、法成寺《ほうじょうじ》阿弥陀《あみだ》堂《どう》に於いて行なわれた。僧の食膳を奉献《ほうけん》した〈膳物は高坏《たかつき》十二本。折敷《おしき》を加えた。大破子《おおわりご》五荷《か》。米三十石。〉。去る夕方から、心神が甚だ悩んだ。特に今朝は、いよいよ増した。あれこれ我慢して、申剋の頃、前后《さきのきさき》〈妍子〉の御法事に参った。上達部《かんだちめ》が堂前《どうぜん》の座に着した後、参入した。すぐに堂前の座に着した。大納言斉信卿以下が座にいた。一家の大

臣以下や宮司は、簾中にいた。私が参入した後、行道《ぎょうどう》が行なわれた。御法事の作法は、云々。阿弥陀《あみだ》三尊《さんぞん》像〈銀か。〉を、仏殿《ぶつでん》に安置した。また、両界曼荼羅《りょうかいまんだら》・金泥《こんでい》法華経および墨字《ぼくじ》法華経百部。七僧〈僧《そう》正《じょう》院源《いんげん》、権僧正《ごんのそうじょう》慶命《きょうみょう》、大僧都《だいそうず》永円《えいえん》、少僧都《しょうそうず》明尊《みょうそん》・定基《じょうき》・成典《じょうてん》、已講《いこう》道讃《どうさん》。〉。百僧〈この中に、少し僧綱《そうごう》がいた。少僧都以下。〉。度者《どしゃ》を給わった〈勅使《ちょくし》は蔵人右少将《くろうどうしょうしょう》（藤原）資房《すけふさ》。〉。所々の御誦経使《ずきょうし》は、堂前に進まなかった。別の定が有ったのか。秉燭《へいしょく》の後、行香《ぎょうごう》が行なわれた。私は先に退出した。左兵衛督《さひょうえのかみ》（藤原）経通《つねみち》が、私の車後《くるまじり》に乗った。心神が宜しくなかったからである。

夜に入って、中将が来て云ったことには、「ただ今、法事が終わりました。禅閤の御心地《ここち》は、堪え難い様子が有りました。『痢病《りびょう》』と云うことでした。堂に入られませんでした」と云うことだ。また、云ったことには、「今朝、一品宮《いっぽんのみや》（禎子《よしこ》内親王）が御堂《みどう》に渡御《とぎょ》されました。『還御《かんぎょ》されることはない』ということでした。人々が云ったことには、『孝子《こうし》は七々日の間、喪家《そうか》を去らない。ところがその日を満たさず、他所に去られた』ということでした」と。

○十一月

十日、丙午。　道長、春日祭使資房に絹を志す／宇佐宮造替に陣定の要無きを進言／道長、重態／吉田祭の饗饌奉仕を承諾

暁方、呵梨勒丸《かりろくがん》二十丸《がん》を服用した。風病《ふうびょう》が相剋《そうこく》して、心神《しんしん》は無力であった。新たに瀉《しゃ》して、頗る安慰《あんい》した。禅室《ぜんしつ》（藤原道長《みちなが》）が、絹五十疋を中将《ちゆうじよう》（藤原資平《すけひら》）に志されて、右少将《うしようしよう》（藤原）資房《すけふさ》の祭使《さいし》を見舞われた。重く悩《や》まれている間に、芳意《ほうい》は特に甚しいものであろうか。頭弁《とうのべん》（藤原重尹《しげただ》）が、大宰府《だざいふ》が宇佐《うさ》宮を造替《ぞうたい》した例文および前例を勘申《かんじん》させた文書《もんじよ》を持って来た〈伊勢大神宮《いせだいじんぐう》が焼損《しようそん》した時、その年の新造を入れず、また三十年の期限が終わったので、更に造宮した例もあった。その例が合う。〉。心神が、はなはだ悩んだ。逢うことはできなかった。先日、おっしゃって云ったことには、「諸卿が定め申すように」ということだ。今、続文《つぎぶみ》のとおりならば、すでに叶っている。僉議《せんぎ》に及ぶことはないのではないか。内《ない》覧《らん》させて、命に随うこととする。もしもなお、定め申さなければならないのならば、何日か病悩が有って、参入することはできない。他の人に命じられるべきであろう。あの宮を造替する事は、今年であった。もしも遅留が有ったならば、如何であろう。また、薩摩《さつま》国の人が殺害された議定《ぎじよう》については、もしも早く行なわなければならないのならば、他の人に命じられるべきであろう。弁が帰って来て云ったことには、「宇佐宮は、宮を造替した例は、すでに合っていました。更に奏聞《そうもん》を経て、宣下されるべきでしょう。殺害については、やはり定め申さなければなりません」ということだ。

夜に入って、中将が来て云ったことには、「初め禅室に参りました。はなはだ危急《ききゆう》でいらっしゃいました。臥したまま、汚穢《おわい》が有りました。ところが心神は、通例のとおりでした」と云うことだ。関白《かんぱく》（藤原頼通《よりみち》）が勘解由長官《かげゆのかみ》（藤原）資業《すけなり》を介して、伝えられて云ったことには、「中宮《ちゆうぐう》（藤原威子《たけこ》）は御服喪《ふくも》である。自らも同じく服喪である。初めての大原野《おおはらの》・吉田祭《よしだのまつり》の饗饌《きようせん》については、太相府《だいしようふ》（藤原公季《きんすえ》）と右府(実資)が用意するように」と。承ったということを報じた。吉田祭の饗饌を準備しなければならない。

十二日、戊申。　**春日祭御願歌舞・勅使を停止／平野祭・大原野祭、延引**

春日祭《かすがのまつり》が行なわれた。今日、内裏に犬の死穢《しえ》が有った。恒例の御願《ごがん》の歌舞《かぶ》を止めた。(藤原)資頼《すけより》を勅《ちょく》使《し》としていた。ところが参入した頃、停止《ちょうじ》の告げが有った。そこで内裏に参らなかった。今日の平野祭《ひらののまつり》および十六日の大原野祭《おおはらののまつり》は、宮中の穢《え》によって、次の申・子の日に改めて行なうとの宣《せん》旨《じ》が下った。

十三日、己酉。　**資平、妍子の服喪を除く／実資亡母忌日／道長危篤により非常赦を行なう／道長、念仏を始める／道長に度者を給う／頼通、万僧供を行なう**

頭弁重尹が中将の許に書状を送って云ったことには、「今日、除服《じょぶく》するようにとの宣旨を下されました。但し関白殿がおっしゃられて云ったことには、『三条宮《さんじょうのみや》(昌子《まさこ》内親王)の御時、右大臣(実資)は、吉服《きつぶく》を節会《せちえ》や神事の日に臨んで、着用なされたのではないか。宣旨を蒙《こうむ》ったとはいっても、或いは鈍《にび》色《いろ》を着したまま、節会と子の日に当たって、吉服を着す先例が有る。故殿《ことの》(藤原実頼《さねより》)の御例を調べて申すように』ということでした。ところが、承って行なう事が有ります。早く参入してください」ということだ。重尹は故皇太后宮《こうたいごうぐう》(藤原妍子《きよこ》)の宮司《みやづかさ》である。そもそも三条宮の時の除服の例は、明法勘《みょうぼうかん》文《もん》〈皇后の時の例を考えた。〉を書き送らせておいた。今朝、沐浴《もくよく》の後、目が眩《くら》んで、極めて悩んだ。やはり風が相剋するのか。阿闍梨《あじゃり》興照《こうしょう》が加持《かじ》を行なった。今日は忌日《きにち》である。自ら斎食《さいじき》は行なわなかった。心神が悩んだからである。念賢《ねんけん》師に斎食させた。法華経《ほけきょう》と般若心経《はんにゃしんぎょう》を供養《くよう》した。念賢に開白《かいびゃく》させた。袈裟《けさ》を下給した。僧の斎料《さいりょう》は護慶《ごけい》師に送った。諷誦《ふじゅ》を道澄寺《どうちょうじ》に修した。（宮道《みやじの》）式光《しきみつ》が云ったことには、「禅室は危急です。生きていられそうにもありません」と。黄昏に大外記《だいげき》（清原）頼隆《よりたか》が来て云ったことには、「今日、非常赦《ひじょうしゃ》を行なわれます。前太政大臣《さきのだいじょうだいじん》（道長）の病によって、按察大納言《あぜちだいなごん》（藤原）行成《ゆきなり》卿〈大内記《だいないき》（橘）孝親《たかちか》が詔書《しょうしょ》を作成しました。〉と右衛《え》門権佐《もんのごんのすけ》（藤原）為善《ためよし》が、宣旨を承りました」と。これより先に、検非違使別当《けびいしべっとう》（藤原）経通《つねみち》卿が簾下《れんか》に来て、病悩を見舞った。また、赦令《しゃれい》が有るということを述べた。夜に入って、中将が来て云ったことには、「禅閤《ぜんこう》（道長）は増減はありません。昨夜、沐浴し、念仏《ねんぶつ》を始められました。外の人は、その声を聞いて、上下の者が走り迷いました。『入滅《にゅうめつ》されるということを思っている』と云うことです。公家《くげ》（後一条《ごいちじょう》天皇）は、千人の度者《どしゃ》を奉られました。関白は禅閤の為に万僧供《まんぞうく》を行ないます」と。また、云ったことには、「関白が云ったことには、『行《ぎょう》幸《こう》が行なわれるであろう。大略、二十六日の頃か』と云うことでした。詔書はすでに出ました」と。（三善《みよしの》）雅頼《まさより》を召問《しょうもん》してはならない。夜半の頃、（丸部《わにべの》）兼善宿禰《かねよしすくね》の宅が焼亡した。

十四日、庚戌。　外記政／彰子、道長のために寿命経転読

中将が来て云ったことには、「宮（妍子）の御服喪の後、今日、初めて外記政《げきせい》に参ります」ということだ。季御読経《きのみどきょう》について、神事を過ぎてから定め申すよう、前に左中弁《さちゅうべん》（源経頼《つねより》）を介して関白に伝えた。ところが病悩が有って、参ることができないので、他の人に命じられる事について、事情を伝えるよう、(小槻《おつきの》)貞行《さだゆき》宿禰を介して左中弁に示し遣わした。夜に入って、中将が来て云ったことには、「今日、外記政が行なわれました。その後、禅室に参りました。御病悩は、何日来のとおりでした」ということだ。また、云ったことには、「女院《にょういん》(藤原彰子《あきこ》)は、法成寺《ほうじょうじ》の大堂《おおどう》に於いて、禅室の御為に、百口《く》の僧を招請して寿命経《じゅみょうきょう》を転読《てんどく》されます」と。夜に入って、左衛門督《さえもんのかみ》(藤原)兼隆《かねたか》卿が来訪した。頭中将《とうのちゅうじょう》(源顕基《あきもと》)が書状を伝えてきた。頭弁は吉服を着した。他の宮司は、宣旨が無かった。

二十日、丙辰。　豊明節会／小忌少納言、触穢／斉信、樋洗童を五節童女とする

豊明節会《とよのあかりのせちえ》が行なわれた。病悩が有って、参らなかった。早朝、少納言《しょうなごん》(藤原)資高《すけたか》が伝え申させて云ったことには、「昨夜、神祇官《じんぎかん》に参りました。退出した後、牛が急に斃《たお》れました。今日、小忌《おみ》の役を勤めることができません」ということだ。私が云ったことには、「事実の穢が有るについては、何としよう。但し今日の節会は、云々のとおりならば、天皇は出御《しゅつぎょ》することはできないであろう。上達部《かんだちめ》は、或いは服喪、或いは物忌《ものいみ》である。小忌の少納言が参らなければ、陽障《ようしょう》に処されるのではないか。先ず病であることを称し、秉燭《へいしょく》に及んで外弁《げべん》の床子《しょうじ》に着さず、召しに応じて退出するのが宜しいのではないか。今日は神事は無い。神事が無い日は、内印《ないいん》の時に、穢に触れた近衛将監《このえのしょうげん》が、立ったままその事を勤めるということについて、ほのかに覚えているところである」と。中将に相談するよう、伝えておいた。すぐに中将が来て、私の考えと同じことを述べた。そもそも大忌《おおいみ》の少納言が勤仕《ごんし》した先例も、また覚えているところである。ところが今日は、必ず勘当《かんどう》が有るのではないか。黄昏、中将が来て云ったことには、「今日の節会は、大納言《だいなごん》が皆、故障が有って、参ることができません」と云うことだ。今日、目は眩転《げんてん》しなかった。去る夕方と今日の良円《りようえん》の加持の効験《こうげん》か。資房が云ったことには、「江典侍《ごうのすけ》〈御乳母《めのと》。〉の樋洗童《ひすましわらわ》を大納言(藤原)斉信《ただのぶ》卿の童女《どうによ》としていました。すぐに顕露《けんろ》して、天皇の天聴《てんちよう》に及び、(藤原)実康《さねやす》におっしゃられました。女官《によかん》及び公女《こうじよ》や作女《さくじよ》たちは、あの直盧《じきろ》の辺りに到り、市を成して、それを見ました。すでに恥辱《ちじよく》のようなものです。朝に臨んで、□□を置いたのは、この童《わらわ》でした」と云うことだ。往古《おうこ》から聞いたことのない事である。「殿上人《てんじようびと》が嘲《あざけ》り歎いたことは、極まりありませんでした」と云うことだ。「この童の名を抜き出しました」と云うことだ。「昨年、美作守《みまさかのかみ》(源)保任《やすとう》が、五節《ごせち》に雑仕女《ぞうしめ》を進上しました」と云うことだ。四位侍従《しいじじゆう》(藤原)経任《つねとう》が述べた趣旨も同じであった。「但し卯の日の早朝、左馬助《さまのすけ》(源)章任《あきとう》が、云々の勅語《ちよくご》を伝えました。そこで驚いて直盧に向かいました。事情を伝えて、追却《ついきやく》させました」ということだ。

二十一日、丁巳。　本命供／道長、危篤／道長汚穢により、彰子・威子、見舞い難し

本命供《ほんみようく》を行なった。早朝、沐浴した。気上《きじよう》や目眩《めまい》することはなかった。後の沐浴の時は、心神が急に悩み、目はいよいよ眩転した。良円に加持を行なわせた。加持の力を受け入れるのである。昨日の節会の内弁《ないべん》は、左衛門督兼隆卿〈小忌の上卿《しようけい》。〉であった。外記《げき》(令宗《よしむねの》)業任《なりとう》が云ったことには、「関白は私(業任)に命じて、右衛《え》門督《もんのかみ》(藤原)実成《さねなり》を仰せ遣わしました。風病であることを申しました。藤中納言《とうちゆうなごん》朝経《あさつね》に改めて遣わしました。病であることを申して、共に参りませんでした。左金吾《さきんご》(兼隆)は、すでに上﨟《じょうろう》です。上﨟を差し措いて、下﨟《げろう》を召しました。左金吾は、内弁を奉仕するということを申させました。許容が有りました。そこで内弁を勤めました。見参《げんざん》した上達部は、五人〈中納言《ちゅうなごん》兼隆・(源)師房《もろふさ》、参議《さんぎ》(藤原)通任《みちとう》[小忌。]・(藤原)定頼《さだより》・(源)朝任《あさとう》。〉でした。夜更けに、儀を始めました。御簾《みす》を懸けて、天皇の出御はありませんでした」と云うことだ。

式光が云ったことには、「禅室は、いよいよ無力です。痢病《りびょう》は、数えきれません。飲食は、すでに絶えています」と。夜に入って、中将が禅門《ぜんもん》(道長)から来て云ったことには、「時に従って、いよいよ危急です。無力は特に甚しいものです。痢病は、数えきれません。また、背中の腫物《しゅもつ》が発動《はつどう》しました。医療を受けません。あれこれ、多く危ないです。行幸の日を待つことは難しいであろうということについて、家の子が談ったところです」と。また、云ったことには、「行幸については、今となっては悦気《えつき》はありません。また、東宮(敦良親王《あつながしんのう》)の行啓《ぎょうけい》について、御書状が有りました。ところが、申し通じることはできません。昨日は不覚でいらっしゃいました」と云うことだ。「女院と中宮がいらっしゃいました。ところが親しく見舞うことは難しいのです。汚穢の事が有るからでしょうか」と云うことだ。

二十四日、庚申。　**賀茂臨時祭試楽、停止／道長邸行幸の葱花輦を献上せんとす／頼通、実資の助言を求む／臣下の病悩に天皇行幸の例／五節御前試、停止／道長入滅の誤報／道長の病状**

「臨時祭試楽《りんじさいしがく》は行なわれなかった。禅閤が重く悩まれていることによる」と云うことだ〈天暦《てんりゃく》七年十一月十九日、臨時祭試楽が行なわれた。中宮〈藤原安子《やすこ》〉の御病悩によって、御前に召さず、楽所《がくしょ》に於いて歌舞を行なった。故殿の御記《ぎょき》。〉。行幸の日の御輿《みこし》は、葱花輦《そうかれん》を供さなければならない。左中弁の許に記し送った。中将は宮の素服《そふく》を給わったので、吉服を着して行幸に扈従《こしょう》するのは、自由にすることは難しいであろう。そこで関白に参謁《さんえつ》し、意向を取った。おっしゃられて云ったことには、「この事は、あれこれを指示することは難しい。もし間隙が有れば、事情を申すことにする。但し源中納言《げんちゅうなごん》〈道方《みちかた》〉〈故宮《こみや》〈妍子〉の皇太后宮大夫《こうたいごうぐうだいぶ》。〉については、供奉《ぐぶ》してはならないということを伝えておいた。あの人については、親衛《しんえい》ではないからである」と。関白の御書状に云ったことには、「何日か、御堂《みどう》〈道長〉の御病悩に関わっていて、心神は不覚で、酔人《すいじん》のようなものである。朝廷の行事《ぎょうじ》について、一々、教示してくだされ。また、明後日、禅室に行幸が行なわれる。功徳《くどく》については、どのような事が宜しいであろうか。未だ思い付かない。そうあるべき事を指示してくだされ。非常の赦令は、この時に行なわれるべきであろう。ところが、すでに行なわれた。今となっては、何としよう」ということだ。私が報じて云ったことには、「病悩が有って籠っておりまして、心神は不例です。徒然《つれづれ》に日を送っています。事と心が違って、歎き申すことは少なくありません。但し行幸の日の功徳については、あれこれ申すことは難しいのです。赦令をすでに行なわれた事は、更に何事が有るでしょうか。早いことを善とすべきです。そもそもその日は、万僧供を行なわれます。また賑給《しんごう》を行なわれては如何でしょう。〈藤原〉不比《ふひ》等《と》大臣の病悩の時は、元正《げんしょう》天皇が臨幸《りんこう》しました。ただ度者九十人を給わって、非常の赦令を行なわれました。(中臣《なかとみの》)鎌足《かまたり》大臣の病悩の時は、天智《てんじ》天皇が行幸して、大織冠《だいしょくかん》を給い、内大臣に任じました。その他は見えるところはありません。また、東三条院《ひがしさんじょういん》(藤原詮子《あきこ》)の御病悩では、また一条《いちじょう》天皇の行幸が有り、大宰員外帥《だざいのいんがいのそち》(藤原)伊周《これちか》を本位《ほんい》に復される宣旨を下しました。大略、これらのとおりです。また、季御読経については、定め申すことができない。年中に造営せよとの報符《ほうふ》を下給すべきです」と。また、宇佐宮造営については、定め申すことができない。他の人に命じられるよう、同じく中将に伝えておいた。不堪佃田《ふかんでんでん》奏《そう》は、このような間は、伺候することは難しいのではないか。越年《えつねん》の例が無いわけではない。状況に随わなければならない事である。またこのことを伝えた。頭弁が来て、関白の御書状を伝えて云ったことには、「五節の御前《ごぜん》の試《こころみ》については、停止とした。臨時祭は、御前に召さない。御馬を滝口《たきぐち》の辺りに牽き出し、殿上人に挿頭花《かざしのはな》を給わらせて、発遣させては如何であろう。天暦三年は、五節の試は行なわれなかった。あの年の臨時祭の有無は、如何であろう」ということだ。私が答えて云ったことには、「天暦三年は、故殿が参られませんでした。随ってまた、あれこれ行なわれませんでした。ここに通例のとおりであることがわかるのでしょう。その後、平復《へいふく》されました。母后《ははきさき》(藤原穏子《やすこ》)が急に悩まれました。そこで御前の試を停止されたのでしょう。きっと臨時祭は行なわれたのでしょう。禅室は重く悩まれています。これによって、試を停止されました。あの事に准じて、宜しきに随い、御前に召さなくても、何事が有るでしょうか」と。故殿の天暦六年十二月十九日の御記に云ったことには、「臨時祭の歌舞が行なわれた。故朱雀《すざく》院の御周忌《しゆうき》の日である」と云うことだ。左中弁経頼が来て、病悩を見舞った。今日、平野祭が行なわれた。通例によって、東遊《あずまあそび》を奉献《ほうけん》された。その使を勤める為、資頼が参入した。左少将《さしようしよう》（藤原）良頼《よしより》が来訪した。「未剋の頃、禅室が入滅したとのことです」と云うことだ。驚きながら、随身《ずいじん》を遣わして様子を見た。すぐに還って来て云ったことには、「重く発《おこ》って、悩まれていますので、上下の者が馳せ参っています。ところが今の間は、大した事はおありになりません」と云うことだ。黄昏に臨んで、中将が来た。「返事を申す為に、関白の邸第《ていだい》に参りました。車を飛ばし、御堂に参られました。私（資平）も追従《ついしよう》して参入しました。数剋を経て、関白が出て会いました。涕泣《ていきゆう》することは雨のようでした。返事を申しておきました。感心されていました。すぐに帰り入りました。あれこれが云ったことには、『禅閤は、震え迷われている。上下の者は、その時が到ったということを思い、遠近に馳せ告げた』と云うことでした。（和気《わけの》）相成《すけなり》が云ったことには、『背中の瘡《かさ》は、その勢いが乳腕《にゆうわん》に及んでいる。その毒気《どくけ》が腹中に入った。震われているのは、或いは頸《くび》が事に従わないのである』ということでした」と。今日、心神は頗る宜しかった。吉田祭使《よしださいし》右近将監《うこんのしようげん》源経成《つねなり》は、代官《だいかん》を申してきた。右近将監（高《こうの》）扶宣《すけのぶ》を代官とした。吉田祭の饗禄《きようろく》は、我が家が準備したものである。中宮の御服喪によるものである。

夜に入って、吉田社から（源）永輔朝臣《ながすけあそん》が帰って来て云ったことには、「禄の絹一疋を持って来ました。馬寮使《めりようし》は参りませんでした。そこで下給しませんでした。上・中・下の饗宴は、合わせて百二十前《ぜん》でした。不足と称することはありません」ということだ。上卿・弁・内侍《ないし》の縫物《ぬいもの》の禄〈上卿に大掛《おおうちき》、弁と内侍に単重《ひとえかさね》。〉・疋絹《ひつけん》〈外記・史《し》、内蔵寮《くらりょう》・近衛府《このえふ》・馬寮《めりょう》・東宮使《とうぐうし》、神殿《しんでん》の預《あずかり》各二人と祝師《はふりし》二人。〉・信濃布《しなののぬの》三十六端《たん》〈官・外記の史生《ししょう》・官掌《かじょう》、召使《めしつかい》、同じ二局の使部《しぶ》、神人《じにん》。また覆いと棚の敷物を供した。神に供える物の料米《りょうまい》五石は、昨日、下給した。〉。

二十五日、辛酉。　道長、法成寺阿弥陀堂に移る／賀茂臨時祭使、発遣

早朝、式光が云ったことには、「禅閤は夜半、阿弥陀堂《あみだどう》の正面の間に移られました。座主《ざす》が催し申したからです」と。辰剋の頃、検非違使別当が来訪した。簾《すだれ》の前に於いて、雑事を談った。中将が来て云ったことには、「禅室は増減が無いということについて、永円僧都《えいえんそうず》が談ったところです」と。

「臨時祭の舞人《まいびと》は、御前に召してはならない。御禊《ごけい》の後、滝口の辺りに於いて、挿頭花を下給することになった。また、御神楽《かぐら》は行なわれないことになった」と云うことだ。「禅室の病悩が至急であるからである」と云うことだ。資頼が云ったことには、「昨日、内裏に参りました。他の人を平野使《ひらののし》とすることを、蔵人《くろうど》に語りました。そこで右少弁《うしょうべん》（藤原）家経《いえつね》を改めて遣わします。史（紀）為資《ためすけ》が云ったことには、『申剋の頃、臨時祭使《りんじさいし》が出立《しゅったつ》しました。今日、中納言朝経が、明日の行幸の召仰《めしおおせ》の上卿を勧めました』と」と。経頼が内裏から退出して云ったことには、「今日、御禊が終わりました。使〈（源）経親《つねちか》。〉が起たなかったので、参議（藤原）公成《きんなり》が挿頭花を取り、使の座に進んで冠に挿しました。御馬を牽き出しま

した。侍臣《じしん》が舞人と陪従《べいじゅう》の挿頭花を取って、御前を渡りました。滝口の戸の辺りに於いて、各々挿しました。すぐに社頭《しゃとう》に参りました。今夜、御神楽は停止となりました」ということだ。

二十六日、壬戌。　道長危篤／法成寺行幸／法成寺に封戸を施入／美濃守を更迭

禅閤は危急となった。そこで法成寺に行幸が行なわれた。僕〈実資〉は病悩が未だ尋常を得ない。そこで扈従しなかった。左大将《さだいしょう》〈藤原教通《のりみち》〉〈内大臣。〉は、吉服を着して供奉した。左宰相中将《さいしょうちゅうじょう》資平は、故宮の素服を給わっていたので、供奉しなかった。晩方、資房と資頼が内裏から退出して云ったことには、「午剋、行幸が行なわれました〈女院と中宮は、同所にいらっしゃいました。皆、これは禅閤の辺りでしょうか。〉。天皇はすぐに還御《かんぎょ》しました。時剋を経ませんでした。駕輿丁《かよちょう》に特に督促が有って、早々となったものです」と。

酉剋の頃、頭弁が来た。宇佐宮造営の宣旨を伝え下した。「前例に任せて、勤め行なうように」ということだ。すぐに仰せ下した。人を介して、伝えさせた。心神が悩んでいたからである。今日の事情を問い聞かせた。弁が云ったことには、「封戸《ふこ》五百戸を法成寺に入れられます。また、御誦経《ずきょう》〈絹二百疋と麻布《あさぬの》千段。〉を修されます。万僧供の宣旨が下りました〈先日、私〈実資〉が申したのである。〉。〈藤原〉庶政《ひろまさ》が美《み》濃守《ののかみ》に任じられました。還御の後、除目《じもく》が行なわれました〈大納言斉信が承って行ないました。〉。御寺に於いて、左衛門志《さえもんのさかん》豊原為長《とよはらのためなが》を検非違使《けびいし》とするという宣旨が下りました。『新美濃守と検非違使の両人は、法成寺の塔を預かって造営させた者である』ということでした。禅閤の病悩は不覚に重く、申されません。前日の様子によって、関白が申されました」ということだ。「関白や家の子の大中納言《だいちゆうなごん》（［藤原］頼《より》宗《むね》・［藤原］能信《よしのぶ》、［藤原］長家《ながいえ》）は、行幸に供奉しませんでした」と云うことだ。供奉した上達部は、内大臣、大納言斉信、中納言兼隆・実成・朝経、参議経通・通任・（藤原）兼経《かねつね》・定頼・（藤原）広業《ひろなり》・朝任・公成。

二十九日、乙丑。　東宮、法成寺に行啓／妍子の大粮

暁方、馬を宮（敦良親王）に奉献した。巳剋の頃、少納言資高が来て云ったことには、「辰剋、宮が行啓を行ないました〈宣陽《せんよう》・建春《けんしゆん》・陽明《ようめい》門から御出《ぎよしゆつ》しました。〉。法成寺の西門に到られました。御車を留めて、下りられました〈『院（彰子）がいらっしゃったからか』と云うことでした。〉。すぐに還御されました。時剋を経ませんでした。御病悩が至急であるからでしょうか。春宮大夫《とうぐうだいぶ》頼宗は鈍色の服を着して扈従しました。もっとも調べなければならない事です。近代は聞かないばかりです。左衛門督兼隆・中納言朝経、左兵衛督《さひようえのかみ》経通・大蔵卿《おおくらきよう》通任・右宰相中将《うさいしようちゆうじよう》兼経・左大弁《さだいべん》定頼・播磨守《はりまのかみ》広業・右兵衛督《うひようえのかみ》朝任が供奉しました。『隠文《いんもん》の帯と螺鈿《らでん》の釼《たち》を着した』と云うことでした。春宮大夫頼宗は、陽明門から帰去しました。禅閤の危急によるものでしょうか」と。

中将が来た。左大弁が勘宣旨《かんせんじ》を持って来た。勅を伝えて云ったことには、「前皇太后宮《さきのこうたいごうぐう》（妍子）の当年の大粮《たいろう》は、崩御《ほうぎよ》した以前に、借牒《しやくちよう》で当年の分を受用した。元のように充て奉るように」ということだ。同じ弁に宣下しておいた。夜に入って、若狭守《わかさのかみ》（中原）師光《もろみつ》が参上して云ったことには、「病悩であることを聞いて、すぐに参上しました」ということだ。

三十日、丙寅。　例講延引／陸奥守から進物／道長の招魂祭／道長の針治、延引／勧学院に強盗

今日は例講を行なう日である。ところが済算が云ったことには、「今年は重く丙寅の日を慎みます。」高座に登るのは、忌みが有ります」ということだ。恐れが有る日は、また他の人を招請してはならない。そこで来月の吉日に講じ奉ることとした。陸奥守〔平〕孝義が、檀紙十帖を志してきた。中将は近隣の犯土を避ける為に、今朝、北対に移った。方忌による。夜に入って、帰った。或いは云ったことには、「禅室の招魂祭は、昨夕、（賀茂）守道朝臣が奉仕しました。人魂が飛来しました。そこで禄〈桑糸。〉を下給しました」と。相成朝臣が云ったことには、「召しによって、御堂に参りました。背中の腫物は、針治を行なうという決定が有りました。ところが今日は、忌みが有ります。来月四日、病状に随って、瘡口を開き奉るべきであるということを申しておきました」と。中将が禅室に参った。帰って来たようであれば、治りません。そこで延期を申しておきました」と。不覚の瘡の様子とはいっても、通常のようであれば、治りません。そこで延期を申しておきました」と。中宮権大夫（能信）が云ったことには、『今日、休息の様子が有った。ところがて云ったことには、「二、三日を過ぎられることは難しいのではないか』と云うことでした」と。昨夜、強盗が食されない。が勧学院の倉を打ち開いて、絹布を捜し取った。

○十二月

一日、丁卯。　石塔造立供養／資房男子、誕生／修法結願

石塔供養《せきとうくよう》を行なった。昨夜の子剋、(藤原)資房《すけふさ》の妻にお産があった〈男。〉。修法《しゅほう》が結願《けちがん》した〈九箇日、これを修した。〉。中将《ちゅうじょう》(藤原資平《すけひら》)が来た。遍救僧都《へんくそうず》が来訪した。良円《りょうえん》は、修法が結願した後、山(延暦寺《えんりゃくじ》)に登ろうとしていた。心神《しんしん》が全く通例に復した後に山に帰るよう命じた。また時々、加持《かじ》を受ける為、今夕、良憲《りょうけん》が山を下った。二、三夜、夜居《よい》を行なわせることとする。

二日、戊辰。　呪詛の夢想／道長に針を施術／下野守から進物

いささか夢想《むそう》が有った。呪詛《じゅそ》の気配を見た。そこで(中原)恒盛《つねもり》に命じて解除《げじょ》を行なわせた。(宮道《みやじの》)式光《みつ》が云ったことには、「去る夜半の頃、禅閤《ぜんこう》(藤原道長《みちなが》)は(但波《たんばの》)忠明宿禰《ただあきらすくね》に、背中の腫物《しゅもつ》に針治《しんじ》を施させました。膿汁《うみしる》と血が少々、出ました。吟《うめ》かれる声は、極めて苦しい様子でした」ということだ。朝《ちょう》源律師《げんりつし》が来た。中将が来て云ったことには、「禅室《ぜんしつ》(道長)は、同じようなものです。その頼みは、すでに少ないものです」と云うことだ。夜に入って、皇基師《こうきし》が馬を志してきた。下野守《しもつけのかみ》(藤原)善政《よしまさ》の子息である。先日、下野《しもつけ》から上道《じょうどう》した。今日は尋常を得た。

三日、己巳。　道長、危篤

昨日の馬は、(源)永輔朝臣《ながすけあそん》に下給した。中将が来た。すぐに禅室に参った。中将の妻子が、夜に入って宅に帰った。申剋の頃、人々が云ったことには、「禅閤は、すでに入滅《にゅうめつ》しました」と云うことだ。随身《ずいじん》(佐伯《さえきの》)国兼《くにかね》を遣わして、様子を見させた。帰って来て云ったことには、「(下毛野《しもつけのの》)光武《みつたけ》が云ったことには、『すでに事実です』ということでした」と。黄昏、式光が来て云ったことには、「御胸だけは、暖かくいらっしゃいます」ということだ。夜に入って、中将が来て云ったことには、「ただ御頭だけが、揺れ動いていています。その他は頼みがありません。卿相《けいしょう》は終日、伺候しています。夜通しというわけにはいきません。親昵《しんでい》の卿相の他は、相談して、各々、退散しました」ということだ。

四日、庚午。　別納所の米を貧者に下給／道長、入滅／節会等の有無／行成、急逝

別納所《べちのうしょ》の米を貧者に下給した。良憲師は、今日、山に帰る。三箇夜、枕上《まくらがみ》に於いて法華経《ほけきょう》を誦させた。悲田院《ひでんいん》の病者および六波羅蜜坂下《ろくはらみつさかした》の者の数を記させた（悲田院が三十五人、六波羅蜜坂下が十九人。）。巳剋の頃、式光が来て云ったことには、「禅閤は、昨日、入滅しました。ところが、『夜に臨んで、揺れ動く気配が有る』と云うことでした。今日、寅剋、すでに入滅しました。そこで亡者《もうじゃ》の作法を行ないました。ところが今朝、（菅原）為職《ためもと》朝臣が云ったことには、『御腋《わき》に、ちょっとだけ、温気《おんき》が有ります』と云うことでした。そこで上下の者は、生きておられるということを述べました。事はいい加減なようなものです。やはり座に着すわけにはいきません」と。地上に坐って談ったところである。頭《とうの》弁《べん》（藤原重尹《しげただ》）が来て、人を介して伝えて云ったことには、「『入道相府《にゅうどうしょうふ》（道長）は、生きておられるはずはない』と云うことでした。この間、はなはだ不審です。先ず御簾《みす》を下ろされなければならないでしょうか」と。私が云ったことには、「薨奏《こうそう》の後に、御簾を垂れるべきであろう。但し女院《にょういん》（藤原彰子《あきこ》）は、同じ処にいらっしゃる。必ず聞かれることが有るであろう。薨奏以前に御簾を下ろすのが宜しいであろうか。前例を調べられなければならない。そもそも大入道《だいにゅうどう》（藤原兼家《かねいえ》）の例によるべきである。

当時《とうじ》(後一条《ごいちじょう》天皇)の臨幸《りんこう》が有ったので、他の時に准じることはできないのではないか」と。「節会《せちえ》については、如何でしょう」と。「七々忌の内は、行なわれることは難しいのではないか。大入道は、七月二日に薨じた。四十九日の内は、節会は行なわれなかった。三条太后《さんじょうのおおきさき》(昌子《まさこ》内親王)は、十二月一日に崩じた。正月の節会は停止《ちょうじ》となり、七日はただ白馬《あおうま》を牽いた。誠に后位にいらっしゃるとはいっても、一条《いちじょう》天皇の服親《ぶくしん》ではいらっしゃらなかった。禅室は、臣下と云うとはいっても、すでにこれは天皇の祖父であり、准三宮《じゅさんぐう》の宣旨《せんじ》を蒙《こうむ》った人である。やはりあの三条太后の例に准じて行なわれるべきであろう。重きによって行なわれては如何であろう。仁和《にんな》寺《じ》法帝《ほうてい》(宇多《うだ》天皇)は、七月十九日に崩じた。そこで大嘗会《だいじょうえ》は停止となった。御心喪《しんそう》の期限の内〈五箇月。〉であったからである。現在の御心喪は、三箇月を限るのか。すでにその例に叶っているのか」と。また、私が云ったことには、「病悩が有って、荷前《のさき》について定め申すことができない。このことを漏らし奏されるように。荷前の日は、下旬に及んで、択んで勘申《かんじん》するのが宜しいであろう。先ず凶事《きょうじ》を行なわれなければならないからである」と。一端の愚案《ぐあん》である。頭《とう》(重尹)が云ったことには、「内々に申したものです。事が決定した後、きっと問い仰されることが有るでしょうか。荷前定《のさきさだめ》については、漏らし申すことにします」ということだ。頻りに召しを蒙って、内裏に参った。大外《だいげ》記《き》(清原)頼隆《よりたか》が云ったことには、「これらの事は、ただ大入道殿の例によることになりました。あの時、釈奠《せきてん》および考定《こうじょう》は、四十九日の後に延引《えんいん》されました」ということだ。晩方、中将が来て云ったことには、「禅閤は、まだ生きておられる気配が有ります。不断念仏《ふだんねんぶつ》は怠っていません。去る朔日、按察《あぜち》（藤原）行成《ゆきなり》は、急に不覚に煩いました。飲食は口に入らず、はなはだ重く煩っています」ということだ。夜半の頃、中将が伝え送って云ったことには、「禅室は入滅しました〈六十二歳。〉。また、按察大納言《あぜちだいなごん》行成卿が、急に薨じました〈五十六歳。〉」と。

五日、辛未。　行成急逝の状況／道長葬送の予定／貧者に施物

早朝、中将が来た。「按察大納言は、朔日に病を受け、昨夜の亥剋の頃、薨じました。隠所《いんじょ》に向かった際に顚倒し、逝去《せいきょ》しました」と云うことだ。「一言も無く、頓死《とんし》のようでした」と云うことだ。昨日、中将があの家に到って、弔問《ちょうもん》した。逢わなかった。ただ子孫から、弔問した事を聞いたという書状が有った。その他は何事も無かった。式光が云ったことには、「昨夜、禅閤が入滅し、子剋、入棺《にゅうかん》しました。七日に葬送《そうそう》が行なわれます」と云うことだ。悲田院・六波羅蜜坂の病者・乞者《こつしゃ》に、米・魚類・海藻を下給した。中将が来た。次いで左兵衛督《さひょうえのかみ》（藤原経通《つねみち》）。禅閤の穢《え》に触れていたので、地上に坐った。明後日、大原野明神《おおはらののみょうじん》の御為に仁王講演《にんのうこうえん》を修するからである。

六日、壬申。　頼通から着服・警固・固関・節会等について諮問

尋清《じんせい》律師が来訪した。阿闍梨《あじゃり》延政《えんせい》が来た。几帳《きちょう》を隔てて逢った。念覚《ねんかく》律師が来訪した。中将が来た際、藤宰相《とうさいしょう》（広業《ひろなり》）から問い送ってきた事が有った。中将はすぐに御堂《みどう》に参った。伝えておいた。頭中将《とうのちゅうじょう》（源）顕基《あきもと》が、薨奏および御錫紵《しゃくじょ》を着す事を問うてきた。（中原）師重《もろしげ》を介して伝えた。左兵衛督が伝え送って云ったことには、「女院別当《にょういんべっとう》（藤原頼宗《よりむね》）が御重服《じゅうぶく》ですので、院司《いんじ》は着服《ちゃくぶく》すべきでしょ

うか」ということだ。この事は、村上《むらかみ》天皇の天徳《てんとく》四年の御記《ぎょき》に見える。九条丞相《くじょうじょうしょう》（藤原師輔《もろすけ》）が薨じた時、中宮職司《ちゅうぐうしきし》たちは着服することはないということについて、明法勘状《みょうぼうかんじょう》にあった。着服することはないということについて、宣旨を下された。御記を見遣わしておいた。明年の節会について、事情を聞こうと思った。中将に託して、伝え漏らさせた。帰って来て云ったことには、「藤宰相広業を介して、関白《かんぱく》（藤原頼通《よりみち》）に伝えました。報じられて云ったことには、『詳しくこれを承った。但し明日は、葬送を行なわなければならない。心神は不覚である。そうあるべき様に、申し行なわなければならないのか。心神は不覚である。同じ日に、薨奏・御錫紵・警固《けいご》・固関《こげん》を行なわなければならない。貞信公《ていしんこう》（藤原忠平《ただひら》）の御葬送は、家の子の大臣は、冠であったか直衣《のうし》であったか、如何であろう。詳細を伝えるように』ということでした」と。私が報じて云ったことには、「永祚《えいそ》の例によって、一々、行なわれるべきでしょう。『ただ、先ず固関が行なわれる。その後、薨奏が行なわれる。順序の違濫《いらん》は、静かではないものが有る』と云うことです。先ず警固と固関を行なうよう、その際、云々しました。やはり先ず薨奏を行なわれなければなりません。また、明日、着服すると、錫紵を除かれる日は、重日《じゅうにち》に当たります。前跡《ぜんせき》を調べて行なわれなければなりません。日数を縮められるべきでしょうか。それとも延行《えんこう》されるべきでしょうか。歳末に臨んで固関使《こげんし》を遣わすのは、事の煩いが有るでしょう。国に託されるのが宜しいでしょうか。また、貞信公の御葬送について、清慎公《せいしんこう》（藤原実頼《さねより》）は確かに記されていません。但し葬《そう》礼《れい》は、皆、凶服《きょうふく》を着し、直衣を着してはならないのでしょう。清慎公は、家から葬礼を行なわれませんでした。先ず山寺に移して、そこから葬礼を行なわれました。そこで家から扈従《こしょう》した上下の者は、その装束《しょうぞく》は尋常のままでした」と。また、明年の正月の節会について、大略、申し達した。忠仁公《ちゅうじんこう》（藤原良房《よしふさ》）は、九月二日に薨じた。その年十一月の豊明節会《とよのあかりのせちえ》は停止となった。翌年正月の十六日節会や賭射《のりゆみ》も停止となった。また、永祚の例では、前太政大臣《さきのだいじょうだいじん》（兼家）は、七月二日に薨じた。八月の定考《こうじょう》や釈奠は、七々日の忌日《きにち》を過ぎた月末に行なわれた。また、三条太后は、十二月一日に崩じた。正月の元日・七日・十六日節会や賭射は停止となった。御四十九日の内であったからである。特に御本服《ほんぷく》は三箇月であって、翌年二月に及んだ。太后は、臣下とは尊卑《そんぴ》が異なる。ところが太后は、御服親ではいらっしゃらない。前太政大臣（道長）は臣下とはいっても、外祖父《がいそふ》である。随ってまた、三箇月の御心喪がなければならない。御心喪の期限の内である。節会を行なわれてはならない。また、朱雀《すざく》天皇が践祚《せんそ》する時に先んじて、法帝（宇多天皇）〈祖父である。〉が七月十九日に崩じた。御心喪は五箇月であって、十一月に及んだ。そこで大嘗会は延引となった。これを以てこれを謂うに、御心喪の内は、これらのような事を行なってはならないのではないか。藤宰相が伝えて云ったことには、「もっとも感心されていました」ということだ。夜に入って、頭弁が来た。関白の書状を伝えて云ったことには、「明日、警固と固関を行なわれることとする。御錫紵の日数の期限の日を満たさない事は、頗る軽々ではないか。先ず固関を行なう。また、吉日《きちにち》を択んで、薨奏・警固・固関を、同日に行なわれては如何であろう。また、廃朝《はいちょう》の日数は、御錫紵の日数を過ぎる例は有るのか。この間の事は、よくよく申し行なわなければならないので、大外記頼隆に命じて前例を勘申させ、その勘文を明朝、汝（実資）に見せて、考えて行なうこととする」ということだ。「但し、事情を申す理由は、夜の間に調べて覧せられなければならない文書が有れば、前跡を検知し、明日、承ることとする」と。事情を云い置いて、返事を待たずに退去した。明朝、この返事を報じることとした。

後日、暦記を引見したところ、長保二年十二月十六日に皇后（藤原定子）が崩じた際、三年正月の元日節会は停止となった。私は宜陽殿に着して、見参簿を奏上した。七日節会も停止となった。白馬は、飾らずに御前を渡った。諸衛府の手結は、一度に行なった。十六日節会も停止となった。賭射も停止となった。子細は日記にある。

七日、癸酉。

　延暦寺根本中堂金剛般若経転読／頼通と着服・警固・固関・勅使・薨奏・節会等について協議／固関・警固・薨奏／頼通、行成薨奏を道長薨奏と同時に行なうことを申した清原頼隆を勘当／道長葬送／公季、法成寺に忌避される／法華経講釈

　延暦寺根本中堂に於いて六十口の僧を招請して、金剛般若経一千巻を転読させ奉った〈口毎に一斗〉。根本中堂に於いて六十口の僧を招請して、修したものである。晩方、巻数を持って来た。僧名を加えた。早朝、中将が来た。除病・延寿の為に、修したものである。晩方、巻数を持って来た。僧名を加えた。早朝、中将が来た。除病・延寿の為に、「御堂に参ります」ということだ。大外記頼隆真人が、頭弁の伝え仰せた勘文の草案を持って来て云ったことには、「今朝、この勘文を、頭弁に託しておきました。汝の邸第に来会するということを伝えてきましたので、早く伝えた。大外記頼隆真人が、頭弁の伝え仰せた勘文の草案を持って来て云ったことには、「今朝、この勘文を、頭弁に託しておきました。汝の邸第に来会するということを伝えてきましたので、早く

参りました」と。待っていたところ、弁〈重尹〉が来た。頼隆を介して関白の書状を伝えて云ったことには、「外記《げき》勘文《かんもん》は、このとおりである。考えて行なうように」ということだ。「固関については、国に託すべきか。薨奏は行なわなければならない。また、御錫紵を除かれる日数について、定め申すように。心神は不覚であって、詳しく申すことができない」ということだ。私が報じて云ったことには〈頼隆を介した。〉、「先ず固関を行ない、後日に薨奏を行なったのは、ただ永祚の例だけです。調べて行なわれなかったようなものです。薨奏以前に固関の官符《かんぷ》を下給してはなりません。その事によって、官符を下給しなければなりません。ところが薨奏が行なわれなければ、知られることもできません。今日、薨奏・固関・警固を行なわれるのが宜しいでしょう。固関は国に託されるのが、最も佳《よ》いでしょう。使を遣わすことを重いとすることもありません。官符を下給するのを軽いとすることもありません。前々は、或いは国司《こくし》の申請によって、使を遣わすことを停められ、或いは時に随う儀が有って、国に託されました。今回は、すでに歳暮《せいぼ》に及んでいて、事の煩いが多いでしょう。使を遣わすのを止められるのが上計《じょうけい》です。廃朝は、勘申によって行なわれるべきです〈三箇日。〉。また、今日、御錫紵を着し、第四日に除かれるのが宜しいでしょう」と。外記の勘申に云ったことには、「天慶《てんぎょう》元年十一月十二日の記に云ったことには、『四品勤子《しほんのりこ》内親王が、今月五日に薨じた〈主上《しゅじょう》〈朱雀天皇〉の御姉。〉。去る九日、薨奏が行なわれた。同日、御錫紵を服した。同十一日、三箇日を満たし、錫紵を除かなければならないのである。ところが御衰日《すいにち》に当たった。そこで四箇日に及んで除いたものである』ということだ」と。この勘文のとおりであれば、一日を延行する例は分明《ぶんめい》である。また、天暦《てんりやく》八年九月二十日、重明《しげあきら》親王の薨奏が行なわれ、村上天皇は錫紵を服した。二十三日、除かれた。すでに四箇日に及んだ。この例を記し出した。また、御衰日に除かれた例は、康保《こうほう》三年十二月二十二日〈壬午。〉、中務卿式明《なかつかさきょうのりあきら》親王の薨奏が行なわれ、村上天皇は錫紵を服した。二十四日〈甲申。〉、御衰日に除かれた。復日《ふくにち》を避けられたのである。また、重日に除かれた例は、延喜《えんぎ》十年二月二十五日〈乙酉。〉、均子《ひとしきこ》内親王の薨奏が行なわれ、醍醐《だいご》天皇は喪服《もふく》を服した。二十七日〈丁亥。〉、除かれた。同じく記し出して、頭弁に託した。御衰日や重日の例は、宜しくはない。前太政大臣の御事は、よく事の忌みを避けて行なわれなければならない。また、日の期限を満たさなかった例も、ほのかに覚えているところである。ところが未だ調べ出していない。そもそも日数を減じる例と延行する例は、ただ御定に従うべきものである。事の大概を、頼隆を介して伝えた。外記勘文は、一見し終わって、返し授けた。また、弁が云ったことには、「そうあるべき様に定めて、仰せ下すことにします」ということだ。重事であるので、申し伝えたものである。弁が云ったことには、「賻物《ふもつ》が有るべきでしょうか、如何でしょう。御使は誰でしょうか」と。私が答えて云ったことには、「賻物については、官職の無い人には、必ずしも下給することはない。但し前々は、親々の人は、臨時の賻物が有ったのではないか」と。また、云ったことには、「物の数は、如何でしょう」と。答えて云ったことには、「太政大臣の例によるべきであろうか」と。また、云ったことには、「勅使《ちょくし》は誰でしょうか」と。私が答えて云ったことには、「殿上人《てんじょうびと》の四位の弁では如何であろう。勅定《ちょくじょう》によるように」と。また、云ったことには、「弔喪《ちょうそう》の御使は有るべきでしょうか」と。答えて云ったことには、「もっともそうあるべき事である」と。「御使はどのような人でしょうか」と。私が答えて云ったことには、「宣命《せんみょう》の時の勅使は納言《なごん》である。位記《いき》の使は宰相であろうか。別の勅使については、四位では如何か。勅定によるべき事である」と。また、云ったことには、「この間、汝(実資)に告げて、処置することにします」ということだ。尚書《しょうしょ》(重尹)が頼隆を随身して、帰り参った。仰せ下さなければならないからであろうか。中将が帰って来て云ったことには、「藤宰相を介して、一々、関白に申し通しました。報じられて云ったことには、『頭弁を介して申させておいた。今、この書状のとおりに、今日、薨奏・御錫紵を服す事・警固・固関を行なわなければならないのである。錫紵は四箇日で除かれることは、二度の例が有る。もっとも佳い事である。これらの例によって、四箇日に及んで除かれるのである』ということでした」と。夜に入って、中将が内裏から退出して云ったことには、「今日、中納言《ちゅうなごん》(源)道方《みちかた》が、固関の上卿《しょうけい》を勤めました。国に遣わす官符の内印《ないいん》を、御所に進んで奏上させました。警固についても、同じく行ないました。また、薨奏が行なわれました。大外記頼隆が関白に申させて云ったことには、『薨奏に故行成卿を加えて奏上しては如何でしょう』と。おっしゃって云ったことには、『そうであってはならない』ということでした。その後、外記《げき》(三善《みよしの》)為時《ためとき》を介し、おっしゃられて云ったことには、『頼隆が、行成卿を加えるということを申してきた。はなはだ便宜の無い事である。内裏に伺候してはならないということを命じるように』ということでした。そこで退出しました。源中納言《げんちゅうなごん》(道方)が云ったことには、『まったく勘当《かんどう》については、有ってはならないのである。先ず処分を経ても、仰せに随って加え入れなかった。ところが、追って勘責《かんせき》が有った。傾き怪しむばかりである』と云うことでした。頭弁が云ったことには、『臨時の賻物は、まったく下給してはならないということを、関白がおっしゃられました』ということでした。また、云ったことには、『弔喪の勅使は、左大弁《さだいべん》(藤原)定頼《さだより》〈参議《さんぎ》。〉を遣わすべきであろうか』と。使者を召し遣わしたところ、云ったことには、『居場所がわかりません』ということでした。上達部《かんだちめ》は葬送の御供に供奉《ぐぶ》しました。私(資平)については、故宮《みや》(藤原妍子《きよこ》)の素服《そふく》を給わっていて、事の忌みが有ります。源中納言も同じです。そこで二人は、固関について行ないました」と。

今夜、前太政大臣禅閤を、鳥辺野《とりべの》に於いて葬送した。主計頭《かずえのかみ》(賀茂《かもの》)守道《もりみち》が鎮謝《ちんしゃ》を行なった。深夜、左大弁が弔喪の勅使の作法を問い送ってきた。或いは云ったことには、「前薩摩守《さきのさつまのかみ》(我孫《あびこの》)孝道《たかみち》が幡《はた》を持ちました」と。五位の者は、この役に従わない。もしかしたらこれは、薨じた後の過差《かさ》であろうか。

先日、太相府《だいしょうふ》(藤原公季《きんすえ》)は弔問の為に、法成寺《ほうじょうじ》に参られた。僧俗は逢わなかった。すでに空しく帰った。事の理由が有るようなものである。「存生《ぞんじょう》の間に、訪れられなかった怨みである」と云うことだ。安楽行品《あんらくぎょうぼん》を講演《こうえん》した〈済算《さいさん》。〉。先月の分である。晦日《つごもり》は丙寅であって、高座《こうざ》に登ることを忌む。そこで延引していた。

八日、甲戌。　道長葬送の様子／頼隆、薨奏について広業の讒言とす／肥前守から進物

「昨夜、参議定頼が勅使として葬処に到った。東宮（敦良親王《あつなが》）の御使は（藤原）良頼《よしより》であった」と云うことだ。「葬礼に扈従した卿相は、大納言《だいなごん》（藤原）斉信《ただのぶ》、前帥《さきのそち》（藤原）隆家《たかいえ》、中納言（藤原）実成《さねなり》・（藤原）朝経《あさつね》・（源）師房《もろふさ》、参議（藤原）通任《みちとう》・（藤原）兼経《かねつね》・広業〈素服を着した。〉・（源）朝任《あさとう》・（藤原）公成《きんなり》」と云うことだ。「今日、権左中弁《ごんのさちゅうべん》（藤原）章信《あきのぶ》が遺骨を懸け、少僧都定基《しょうそうずじょうき》が副って、木幡《こはた》に向かった。また、（甘南備《かんなび》）保資《やすすけ》と（紀）宣明《のぶあき》が従った」と云うことだ。左大弁定頼が来訪した。中将が来た。夜に入って、頼隆が来て云ったことには、「関白の勘当は、はなはだ心外です。まったく過怠《かたい》はありません。薨奏は上下を論じず、皆、一度に奏上します。遺して置く例はありません。藤宰相の讒言《ざんげん》です」ということだ。

肥前守《ひぜんのかみ》（惟宗《これむねの》）貴重《たかしげ》が進上した雑物〈麝香《じゃこう》二臍《へそ》・丁子《ちょうじ》十両・大文《だいもん》の唐綾《からあや》二疋・蘇芳《すおう》二十斤《きん》・金青《こんじょう》三両二分・緑青《ろくしょう》百両・檳榔《びんろう》三百把《は》・温石鍋《おんじゃくなべ》二口［大一口。］。〉。

九日、乙亥。　神今食、停止

蔵人民部少輔《くろうどみんぶのしょう》（源）資通《すけみち》が来た。関白の御書状を伝えて云ったことには〈中将を介して伝えた。〉、「神今食《じんごんじき》は、このような事によって停止した例は、特に見えるところは無い。但し忠仁公が薨じた年、九月の伊勢《いせ》奉幣《ほうべい》は停止となった。もしかしたらその例によって、停止すべきであろうか」と。私が報じて云ったことには、「あの例が合っていません。また、穢によって停止した例は、前例が無いわけではあ

りません。特に上達部がすべて穢れに触れて、行なうことのできる人は無いのではないでしょうか」と。その次いでに、病悩が有って荷前使（のさきのつかい）を定め申すことができないということを伝えた。すぐに資通が来て云ったことには、「神今食を停止するよう、宣下するように」と。どの事によって停止するという事情を示されていない。前太相府が薨じたことによるのか。資通に問うたところ、「その事は承っていません」ということだ。神今食を停止するということを、外記（令宗）業任に伝えた。また、右少弁〈藤原〉家経に伝えた。弁官方には、行事するところが有るからである。右中将〈源〉隆国が来訪した。

四位侍従〈藤原〉経任を介して伝えた。

十日、丙子。　錫紵を除く

中将が来て云ったことには、「卯剋（ぼう）、天皇は錫紵を除かれました」と云うことだ。

十一日、丁丑。　月次祭・神今食、停止／御体御卜／大祓・季御読経・大神祭について／鎮守府将軍、馬二疋を貢上

月次祭（つきなみのまつり）と神今食を停止とした。子細は一昨日の記に見える。外記業任を召して、事情を問うた。申して云ったことには、「昨日、藤中納言（とうちゅうなごん）〈朝経〉（あさつね）が、御体の御卜（みうら）を奏上しました」と。大蔵卿（おおくらきょう）〈通任〉（みちとう）が参って行なうことになりましたことには、「昨日の命に従って、宰相を督促しました」ということだ。また、云ったことには、「昨日、藤中納言（とうちゅうなごん）〈朝経〉が、御体の御卜を奏上しました」と。大祓について、太政官（だいじょうかん）や外記は、わかっているのか。外記業任を召して、事情を問うた。申して云ったことには、「内裏は、すでに乙穢（おつえ）と云ったことには、「内裏は格別な穢が無いからであろうか。人々が云ったことには、「内裏は、すでに乙穢と

なっている」と云うことだ。史《し》(紀)為資《ためすけ》を召して、大祓について問うた。申して云ったことには、「あらゆる弁は、皆、穢に触れました。参ることのできる弁はいません」と云うことだ。中将が来た。季御読経《きのみどきょう》について、何も連絡が無い。もしかしたら行なわれないのであろうか。もし定められなければならないのならば、他の上卿に命じられるよう、先日、申させておいた。葬送を行なっていた間、関白はもしかしたら忘れられたのか。史(小槻《おつきの》)貞行《さだゆき》宿禰を召して事情を伝えた。頭弁かもしくは左中弁《さちゅうべん》(源経頼《つねより》)に伝えて、関白に驚かし伝える為である。夜に入って、外記業任が申させて云ったことには、「明日は、大神祭使《おおみわさいし》が出立《しゅったつ》する日です。もしかしたら停止すべきでしょうか、如何でしょう」ということだ。命じて云ったことには、「私にわかるものではない。但し関白の邸第に参って、意向を取らせれば、自ずとおっしゃられることが有るのではないか」と。しばらくして、帰って来て云ったことには、「先ず大外記頼隆に問うたところ、申して云ったことには、『まったく申してはならない事である。仰せ事を待つように』ということでした」と。頼隆が勘事《かんじ》を被《こうむ》ったので、やはり述べたものか。あの殿に参って事情を取るのが上計である。きっと忘却されたのか。使を発遣されるか否かについては、決定を承るのが、もっとも佳いであろう。「業任が、あの殿に参った」と云うことだ。すぐに来て云ったことには、「申させました。おっしゃられて云ったことには、『神今食は、すでに停止した。同じく停止すべきか』ということでした。また、頼隆に問うたところ、云ったことには、『まったく停止してはならない。永祚二年七月二日、入道相府(兼家)が薨じた。四日、広《ひろ》瀬《せ》・竜田祭《たつたのまつり》は停止しなかった』ということでした。私(業任)が云ったことには、『あの年は、祭使を発遣した後、薨じられたのでしょうか。二日の夜に薨じられました。そこで知らなかったのでしょうか。この事は、頭弁が伝えたものです。後日、もしかしたらおっしゃられる事が有るでしょうか。そこで説明したものです』ということでした。頼隆が勘事によって忿怒《ふんぬ》したことは、特に甚しいものでした。私を罵辱《ばじょく》しました」ということだ。鎮守府将軍《ちんじゅふしょうぐん》(藤原)頼行《よりゆき》朝臣が、馬二疋〈鹿毛《かげ》と鼠毛《ねずみげ》。〉を貢上してきた。これは鎮守府《ちんじゅふ》軍監《ぐんげん》(上道《かみつみちの》)久頼《ひさより》の贖労料《ぞくろうりょう》である。

十二日、戊寅。　馬を下給／大神祭、停止

昨日の馬を、今朝、見た。鼠毛の馬は(藤原)顕輔《あきすけ》に下給した。何日か、馬が無いということを申していたからである。この駒は騎って用いることができないということを申して、返し奉ってきた。「後日、出て来る馬を下給してください」ということだ。

業任が来た。大神祭《おおみわのまつり》について問うた。申して云ったことには、「未だあの殿に参っていません」と。私が命じて云ったことには、「早く参り、重ねて意向を取るように」と。すぐに参入した。帰って来て云ったことには、「このような時期、神事は自ら忘失していました。前例を調べて事情を伝えるよう、先に頭弁に命じておきました。ところが今も音沙汰がありません。頭弁の許に罷り向かって、伝え仰すことにします。また、ただ今、参るよう命じておきます」ということだ。晩方、頭弁が来た。関白の御書状を伝えて云ったことには、「明日の大神祭を停止するかどうか、定め申すことに随って奏聞《そうもん》し、仰せ下すことにした。更にまた、来て伝えることはない」ということだ。私が答えて云ったことには、「前大相府《さきのだいしょうふ》（道長）が薨じたので、月次祭と神今食を停止としました。大神祭は、神今食や月次祭より劣ります。月次祭と神今食を停止したのに、どうして更に大神祭を行なわれるのでしょうか。また、内裏が穢の時、小祀《しょうし》などを停止し、月次祭は穢を過ぎて行なわれます。どうしてましてや、月次祭などはすでに停止としたのですから、なおさらです。大神祭は行なわれてはなりません。特に内裏が穢に触れた疑いは、もっとも深いものです。はなはだ便宜のないことです。あれこれ、やはり行なわれるのは難しいでしょう」と。二、三度の例を、いささか記し出して、尚書に授けた。一見して返すべきものである。弁が云ったことには、「しばらく給わって、忽忘《こつぼう》に備えます」と。また、云ったことには、「関白の仰せのとおり、直奏《じきそう》すべきでしょうか」と。私が答えて云ったことには、「やはり先ず関白に申して、奏聞を経るように」と。弁は感心し、関白の御許に参った。日暮れ時、帰って来て云ったことには、「勅語《ちょくご》を伝えて云ったことには、『月次祭と神今食は、すでに停止とした。大神祭も同じく停止とするように』ということでした。関白は、汝（実資）の申した趣旨を奏聞しました」ということだ。大神祭を停止する宣旨を国に下給するよう、まずは大弁（重尹）に伝えた。また、外記業任に伝えておいた。弁が云ったことには、「季御読経について、関白に伝えました。報じられて云ったことには、『これを承った』ということでした」と。他の人が定められるべきことである。病悩はまだ、未だ快くはないからである。今日は大弁に逢わなかった。私は未だ尋常ではないからである。祭などを停止した例を書き出した文は、大弁が返してきた。

十三日、己卯。

中将が来た。また来た。中納言道方卿が、荷前使を定めた。

十四日、庚辰。　擬侍従・荷前定／季御読経の有無

外記業任が云ったことには、「昨日、源中納言が、元日の擬《ぎ》侍従《じじゅう》と荷前使を定めました。先ず関白の御許に参って、事情を申し承りました。『擬侍従定については、前例を調べて定めるように』ということでした。前例を勘申されたところ、三条太后は十二月一日に崩じました。ところが擬侍従を定められました。翌年は節会は行なわれませんでした」と云うことだ。私が考えたところは、晦日に臨んで、節会を停止するということを命じられたのか。そこで恒例のように定められたのか。そうあるべき事である。また、云ったことには、「穢に触れた人々は、皆、使に選ばれました。穢が交わったからです。但し十六日に、穢が内裏に交わって来たということを顕露《けんろ》することにします」と云うことだ。また、云ったことには、「素服の人は、選んではなりません。中納言道方と左《さ》宰相《さいしょう》中将《ちゅうじょう》資平、この二人は、故皇太后《こうたいごう》(妍子)の宮司《みやづかさ》です。また、参議広業は禅閤の素服を着しています」と。家司《けいし》であろうか。上達部が臣下の家司として素服を着す。調べなければならない事である。心が欲したものか。また、云ったことには、「季御読経が一季、行なわれなかった例、および穢の期間内に行なわれた例を、勘申するよう、頭弁が伝え仰せました。日記を引勘《いんかん》したところ、行なわれなかった例は見えませんでした。但し穢の期間内に行なわれた例は、云々。穢がすぐに内裏に到ったということは、諸人が知っているところです。関白も同じく知っています。ところが吉日に顕露するようにとの定が有りました」と云うことだ。古今、聞いたことのない事である。善悪の日を論じず、交わって来た日を穢とする。かえって便宜が無い事ではないか。業任が云ったことには、「定文《さだめぶみ》は、関白の御許に持って参りました。見られませんでした。詞で申しました」と云うことだ。

十六日、壬午。　仁王講を修す／六波羅蜜寺に僧供料を施与／頼隆の勘事を優免／後一条天皇、実資の病を恩問／内裏触穢、顕露／解陣・開関／行成葬送

今日から三七箇日、利原《りげん》師と覚蓮《かくれん》師を招請して、仁王講《にんのうこう》を修させる。前日の講演は、感応《かんのう》の夢が有った。そこで修し奉るものである。六波羅蜜寺《ろくはらみつじ》に不断経《ふだんきょう》の僧供料《そうぐりょう》〈二石。〉を施した。また、命勝聖《めいしょうひじり》に小供を施し与えた。別納所の米を僧俗の男女に施して下給した。これは窮困無頼《きゅうこんぶらい》の者たちである。また、功徳《くどく》の善事《ぜんじ》に充てた。この事は、何日か思っていて、行なったところである。

頼隆が云ったことには、「一昨日、勘事を免《ゆる》されました。その仰せに云ったことには、『勘事であることを命じていない。ただ事情を伝えたのである』ということでした」と。また、云ったことには、「薨奏は、遺し置いた先例はありません。上下を論じず、一度に奏上します。古今の例を引勘すると、このとおりです。非難した者が云ったことには、『葬送以後に、薨奏を行なうべきである』ということでした。賻物は葬料《そうりょう》に充てるものです。それならば、葬送以前に薨奏を行なうべきでしょう。上古《じょうこ》の『外記記《げきき》』に云ったことには、『二人の薨奏を行なった。一人は未だ葬送していなかった。賻物を下給した。一人は葬送がすでに終わった。そこで下給しなかった』ということでした。これを以て考えると、葬送以前に、やはり薨奏を行なわなければならないのです」ということだ。私は二、三日の心神が、通例に復した。そこで頭弁を呼んで、何日来の雑事を問うたところ、云ったことには、「主上は、度々、汝の病悩を問われました。『もし逢うことが有れば、示し仰すように』ということでした」と。恐縮しているということを奏上させた。また、弁が云ったことには、「今日、解陣《げじん》と開関《かいげん》を行なうことになるでしょうか。藤中納言が上卿を勤めることになっています。但し、又々、前例を調べて行なうよう、関白がおっしゃられました。そこで事情を取ります」ということだ。また、云ったことには、「季御読経について、外記業任が勘申しました。延長《えんちょう》と承平《じょうへい》に、穢の期間内に行なわれた例が有りました。ところが関白がおっしゃって云ったことには、『近代には例は無い。特に僧綱《そうごう》や名《めい》僧《そう》は、多く御忌《ぎょき》に籠っている。どの僧が御読経《みどきょう》に伺候するのか。明春、行なわれなければならない。但し今日より以前、僧都文慶《もんけい》が、御所に於いて二七箇日の御修法《みしほ》を行なわれた。節会については、不審の様子が有った』と」と。行なわれることは難しいであろうということを伝えた。忠仁公の時の例が叶うのか。また、三条太后の例に准じるべきである。今日、禅閤の穢が内裏に到ったということが顕露された。初め知りながら申し出なかった事は、如何なものか。吉日の露顕《ろけん》は、往古《おうこ》から聞いたことのない事である。夜に入って、頭弁が来た。宣旨を伝えて云ったことには、「節会は行なわれるべきか、如何か。前例を勘申させるように」ということだ。

藤中納言〈朝経。〉が、解陣と開関の上卿を勤めた。中将が御堂から来て云ったことには、「今日から毎日、阿弥陀堂《あみだどう》に於いて、法華経を供養《くよう》されます。これは禅閤が御存生の時、行なわれたものです。関白の夢想によって、行なわれます」と。また、云ったことには、「今夜、権大納言《ごんだいなごん》（行成）が葬送されます」と。

十七日、癸未。　行成室を弔問

諷誦《ふじゅ》を三箇寺〈東寺《とうじ》・清水寺《きよみずでら》・祇園《ぎおん》社。〉に修した。

節会の有無の例を勘申する事を、大外記頼隆真人に命じた。

法成寺に参った。左兵衛督は車後《くるまじり》に乗った。中将および資房は、別の車で従った。藤宰相を招き出して、書状を関白に伝えた。左兵衛督を介して、女院の女房《にょうぼう》に告げた。私は西門の内に佇立《ちょりつ》した。二后（彰子・藤原威子《たけこ》）は、中門の北腋《きたわき》の土殿《つちどの》にいらっしゃった。そこで中門の辺りに進まなかった。関白の御返事を聞いて、すぐに帰った。故按察大納言の後家《ごけ》を弔問した。永輔朝臣を遣わした。

昨日の開関は、多く数日を経た。三箇日を期限とした。永祚の例によって行なわれたのか。「あの例は、あれこれ云々していたので、数日に及んだ」と云うことだ。

十八日、甲申。　能信、病悩

中将が云ったことには、「中宮権大夫《ちゅうぐうごんのだいぶ》〈（藤原）能信《よしのぶ》。〉は、何日か、悩《や》み煩っています。そこで夜分、

家を出ました。療治《りょうじ》を加える為です。七々忌の内に居宅を出ました。もしかしたら軽くはないのでは
ないでしょうか」と。

十九日、乙酉。　御仏名始／外記政始／慈徳寺法華八講／藤原通範、仏像新図の功で受領を申請

「今夜、御仏名始《ごぶつみょうはじめ》が行なわれた」と云うことだ。「昨日と今日は、天皇の御物忌《ものいみ》であった」と云うことだ。大外記頼隆が勘文を持って来た。ところが加え入れなければならない事が有ったので、返給したのである。今日、廃朝の後、始めて外記政《げきせい》が行なわれた。頼隆が申したものである。中将が言い送って云ったことには、「関白の命によって、今、慈徳寺《じとくじ》の御八講《みはっこう》に参ります」ということだ。右少弁家経が宣旨を持って来た。人を介して伝えた〈図書頭《ずしょのかみ》(藤原)通範《みちのり》が、新たに一万三千仏を図し、仏具《ぶつぐ》を調備した。今日、覆勘《ふっかん》したのである。明年の要国《ようこく》および臨時の欠国《けっこく》の受領《ずりょう》を申請した。〉。

二十日、丙戌。　諸卿、明春の頼通の初度除目に注目

中将が云ったことには、「昨夜、頻りに召しがあったので、御仏名会《ぶつみょうえ》に参りました。藤中納言と左大弁が伺候していました。御物忌とはいっても、仰せによって、外宿《がいしゅく》の上達部が参入しました」と。また、云ったことには、「御堂に於いて、今日、あれこれの卿相が云ったことには、『関白が初めて明春の除目《じもく》を行なわれることになっている。もしもちょうど道理を行なわれれば、天下は帰服《きふく》するであろう。また、道理に違った事が有れば、上下の者は背くのではないか』と」と。

二十一日、丁亥。

左兵衛督経通が来て云ったことには、「着鈦《ちゃくだ》しなければならない囚人はいません。ただ法成寺の木の一枝を盗んだ者がいます。状況に随って処置すべきでしょうか」ということだ。また、云ったことには、「去る十六日、関白は、上東門院《じょうとうもんいん》（彰子）の院司および中宮《ちゅうぐう》（威子）の宮司たちが、軽服《きょうぶく》を着すよう奏上させました。そこで軽服を着さなければなりません。但し、節会や神事では、吉服《きっぷく》を着すことにします」ということだ。この事は、九条丞相が薨じた時の中宮（藤原安子《やすこ》）の宮司、また中宮が崩じた時の勘文とは異なっている。詳しく『村上御記《むらかみぎょき》』に見える。

二十二日、戊子。　関白が復任していない間の官奏の有無

中将が来た。昨日、貞行宿禰が云ったことには、「関白は、未だ復任《ふくにん》していません。すでに歳末に及んでいます。諸国司は、官奏《かんそう》が行なわれないので、任中の勤公《きんこう》を行なうことができません。もしかしたらこのような時、奏上する例は有るのでしょうか。勘申するよう、左中弁経頼が伝え仰せました」ということだ。その後、頼隆も同じくこのことを申した。また、云ったことには、「永祚には、受領を任じた例が有りました。准じられるべきでしょうか。但し官奏の例は、ありませんでした」ということだ。今日、貞行が云ったことには、「その例が無かったので、左中弁に告げておきました」ということだ。

二十三日、己丑。

中将が来た。夜に入って、讃岐守《さぬきのかみ》（源）長経《ながつね》が来て云ったことには、「二十日、洛に参りました」と。

二十四日、庚寅。　節会停不の勘文／道長三七日法事

大外記頼隆が、明年の節会などの勘文〈紙背《しはい》に記した。〉を進上した。頭弁を呼んで、この勘文を託した。宰相中将《さいしょうちゅうじょう》（資平）が、夜に入って、来て云ったことには、「今日、関白は、阿弥陀堂に於いて、三七日の仏事を修されました。釈迦三尊《しゃかさんぞん》像を図絵し、金泥《こんでい》法華経一部と墨字《ぼくじ》法華経六十部を書写《しょしゃ》しました。七僧《しちそう》の他、六十僧がいました。中納言（藤原）兼隆《かねたか》や参議以下が、禄を執りました。関白の命によるものです。大納言斉信、中納言道方・朝経は、執りませんでした」と。中将が云ったことには、「二十八日、女院が、同じく仏事〈百僧。〉を修されることになっています。その日、参入するのが宜しいでしょう」ということだ。

二十五日、辛卯。　般若寺三昧僧に施米／私荷前／右獄に強盗／重服の人の随身の装束／荷前

般若寺《はんにゃじ》三昧僧《さんまいそう》六口および弘恵《こうけい》師に小米〈三昧僧に各五斗、弘恵に七斗。〉を施した。荷前を奉った。使は（巨勢《こせの》）文任《ふみとう》朝臣。検非違使《けびいし》別当《べっとう》（経通）が来て云ったことには、「昨夜、七、八人の者が橋を立てて、右《う》獄《ごく》に入りました。番人や放免《ほうめん》を殺し、絹四百余疋を捜し取って、獄に宿直《とのい》していた看督長《かどのおさ》の衣裳を剝ぎ取りました。その事を申す為に、関白の御許に参ります」ということだ。未曾有《みぞう》の事か。昨日、中将が来て、関白の御書状を伝えて云ったことには、「重服の人の随身の装束は、如何であろう。貞信公が薨じた際、清慎公の御随身の装束を、もしかしたら記し置かれているか。また、清慎公が薨じた時、三条太相府《さんじょうだいしょうふ》（藤原頼忠《よりただ》）の随身については、見えるところが有るか。示し告げるように」ということだ。貞信公の御時は、故殿《ことの》（実頼）が随身の装束を記されていない。また、三条相府《さんじょうしょうふ》（頼忠）の随身の装束は、覚えていないところである。但し、「君が重服の時は、僕従《ぼくじゅう》は鈍色《にびいろ》を着すとのことだ」と云うことだ。御随身は、狩袴《かりばかま》と帷《かたびら》は鈍色が宜しいのではないか。格別な服喪《ふくも》が無い人は、帷は鈍色を着す。古《いにしえ》は検非違使《けびいし》が鈍色の帷・狩衣《かりぎぬ》・狩袴を服した。特に近衛舎人《このえとねり》は、帷の鈍色と袴《はかま》を着すのは、これは通常の事である。今日、このことを中将に伝えておいた。夜に入って、中将が云ったことには、「関白の御報に云ったことには、『これを承った』ということでした」と。

朝廷の荷前使が出立した〈「中納言朝経、参議経通・公成」と云うことだ。〉。

二十六日、壬辰。　頼通の年内復任について／美作守から進物／随身に衣服を下給

頭弁が勅を伝えて云ったことには、「関白は復任を行なわれるべきであろうか。もしかしたら年内に行なうべきであろうか」と。小臣《しょうしん》（実資）が奏上して云ったことには、「復任を行なうべきでしょう。そもそも貞信公の時は、右大臣（師輔）と大納言二人（源清蔭《きよかげ》・藤原顕忠《あきただ》）は、四十九日の内に復任を行ないました。どうしてましてや、関白〈左大臣。〉は、なおさらです。他に准じることはできません。また前例も有ります。年内に、もっとも行なわなければならない事です。内大臣（藤原教通《のりみち》）や大中納言《だいちゅうなごん》も、関白に引かれて、復任を行なうべきです」と。天皇の意向を、頭弁が外記に伝えるのが宜しいであろうとのことを、伝えておいた。二十八日は、忌みの無い日である。

美作守《みまさかのかみ》（源）保任《やすとう》が、米二百石を志してきた。未だその理由がわからない。随身に衣服を下給した。

府生《ふしょう》〈四疋。〉・物節《もののふし》〈三疋。〉・近衛《このえ》〈二疋。〉。

二十八日、甲午。　**大威徳明王法・六部法華経供養・当季仁王講／元日節会、停止／復任奏／彰子、道長のための法会を修す／千古、園城寺で経を転読**

今日から二七箇日を限り、良円を招請して、天台房《てんだいぼう》に於いて、大威徳明王法《だいいとくみょうおうほう》〈調伏《ちょうぶく》。〉を修させる。悪念《あくねん》や呪詛を攘《はら》う為である。同じくあの房に於いて、六部法華経を供養し奉る〈当年の分。〉。当季仁王講《とうきにんのうこう》は三箇日〈尹覚《いんかく》・念賢《ねんけん》・朝円《ちょうえん》。〉。諷誦を六角堂《ろっかくどう》に修した。桑糸三疋を(藤原)経季《つねすえ》朝臣の許に遣わした。

頭弁が勅命《ちょくめい》を伺い、来て伝えて云ったことには、「明年の正月の節会を停止するということを宣下するように」ということだ。同じ弁に命じて、装束司《しょうぞくし》に伝え仰させた。弁が云ったことには、「元日は平座《ひらざ》を行なう事・七日に白馬を牽く事について、前例を書き出して、奉ることにします」ということだ。私記については、確かではない。外記に命じて、外記日記《げきにっき》を注進《ちゅうしん》させることとした。また、弁が云ったことには、「関白が云ったことには、『ただ右府に伝え示し、仰せ下させるように』ということでした。日記を御覧になるという天皇の意向が有ります」ということだ。私が云ったことには、「ただ外記日記を書写して、奏覧《そうらん》させるように」と。また、弁が云ったことには、「平座の饗饌《きょうせん》については、所司《しょし》を召し仰すべきでしょうか」と。召し仰すよう、答えておいた。

大外記頼隆を召し遣わした。すぐに参って来た。節会を停止するということを伝えた。また、外記日記を写して進上するよう、命じておいた。

今日、復任の奏があった〈左大臣〈頼通〉・内大臣、大納言頼宗・能信、中納言〈藤原〉長家〉。大外記頼隆が申したところである。未の終剋の頃、法成寺に着していた。私が加わって着した。「今日、女院が仏事を修される。中将は車後に乗った。上達部が堂前の座に着日、行なわれる」と云うことだ。「今日、女院が仏事を修される。中将は車後に乗った。上達部が堂前の座に着七僧の他に、百僧がいた。講師は少僧都永昭。仏事が終わって、行香を行なった後、布施〈桑糸と包み絹。その上に文を挿んだ。もしかしたら米の短冊か。〉が有った。中納言以下、殿上人たちが、これを執った。

極楽浄土を図絵し、金泥法華経一部と墨字法華経百部を書写した。そこで今日、行なわれる」と云うことだ。「今日、女院が仏事を修される。中将は車後に乗った。元日が四七日に当たる。

法会が終わって、退出した〈酉剋。〉。参入した上達部は、大納言斉信、中納言兼隆・実成・道方・朝経、参議経通・資平・通任・定頼・広業・朝任・公成。法会が終わって、道方と公成は、内裏に参った。

「復任の事による」と云うことだ。

小女〈藤原千古〉は、今日から十箇日、三井寺〈園城寺〉の十一面観音の御前〈義源・慶静。〉に於いて、二種の経〈観音品・仁王経〉を転読させ奉る。恪勤の男たちに絹を下給した。弟〈播磨〉為年が申して云ったことには、「はなはだ凡庸です。着用することはできません」ということだ。そこで〈播磨〉為雅に返給させた。

二十九日、乙未。　**随身、下給した褐衣に不満／長保二年外記日記**

褐衣を随身たちに下給した。ところが申して云ったことには、〈藤原〉資経〈絹二疋。〉・資忠〈絹二疋。〉・為時〈褐の分。〉・〈大江〉文利〈褐の分。〉。〈石作〉忠時宿禰〈褐の分と絹二疋。〉、〈藤原〉資経〈絹二疋。〉・

「使者はすでに罷り帰りました。但し為雅は、今日と明日、参上するということを申し送ってきました」ということだ。この褐衣は、封物《ほうぶつ》を割いて下給し、調進させたものである。数年の労勤が、どうして今、麁悪《そあく》であろうか。勘責を加えなければならない者である。頼隆が長保二年の外記日記〈元日の平座・七日に白馬十疋を牽く事。〉を注進してきた。すぐに頭弁の許に遣わした。

三十日、丙申。　**加供廻文を改訂／当季大般若読経、結願／頼通、心喪の間の天皇装束を問う／千古のための河臨祓／法華経講釈／右近衛府節料を進上／解除奉幣／御魂を拝す／追儺**

一昨日、太政官が、加供《かぐ》の廻文《かいぶん》を進上した。通例によって、十二日に充てた。ところが今朝、重ねて廻文を進上した。申させて云ったことには、「左大臣・内大臣及び大納言二人・中納言一人は、復任するとはいっても、四十九日の内であるので、加供されません。そこでまた、更にあの人たちを除いて、改めて書き、これを進上します」ということだ〈九日に改めた。〉。

当季《とうき》大般若読経《だいはんにゃどきょう》が結願した。

昨日、頭弁に託した外記日記を、今朝、人を遣わし、返送して云ったことには、「兄〈藤原〉令尹《のりただ》は、万死《ばんし》一生《いっしょう》であって、生きていられそうもない頃です。私と同じ処にいます。そこで内裏に参ることはできません」ということだ。

頭中将顕基が来て、勅語を伝えて云ったことには〈実は関白が問うたもの。〉、「主上は御心喪の御衣《おんぞ》を着されるべきであろうか。人々の説は、一定していない。汝に問うので、早く来て指示するように」ということだ。私が申して云ったことには、「永祚の例によるべきです。あの際は慮外の思いが有って、籠居《ろうきょ》していました。また、宰相であったので、宮中の事は知りませんでした。但し応和《おうわ》の中宮（安子）が崩じた時、御心喪の月〈三箇月。〉は、纓《えい》を巻き、薄鈍色《うすにびいろ》を着されたということが、故殿のあの年六月十九日の御記に見えます。これは官奏の御装束です。今、思慮を廻らすと、ただ軽重は、天皇の御決定によるでしょう。元日の御装束は、鈍色では如何でしょう。無文《むもん》の御冠と青鈍《あおにび》の御服が、宜しいでしょうか。また、あの皇后の例によるならば、現在は忌憚《きたん》が無いわけではありません。もっとも執柄《しっぺい》（頼通）の決定によるべきでしょう」と。また、云ったことには、「御心喪の間の四方拝《しほうはい》は如何か」と。私が答えて云ったことには、「錫紵を除かれています。ただ御心喪の間の四方拝は、何事が有るでしょう」と。ただ、前例を調べて、見えるものが有れば告げるということを、伝えておいた。頭中将が帰って来て云ったことには、「執柄の御返事に云ったことには、『これを承った。応和の例は、或る書に云ったことには、「鈍色を着された」ということだ。今、薄鈍色を着すということを伝えたのは、事がすでに分明である。この書状のようであれば、鈍色を着されるべきである。ところが青鈍を着されるべきであるということは、申すことは難しいであろう。この間、ただ汝の決定によるべきである。更に来ることはない。その示すに随って、御服の色を召し仰すこととする』ということでした」と。私が答えて云ったことには、「この事は、決定することは、はなはだ申し難いものです。天皇の叡慮《えいりょ》および関白の御決定によるべきです」と。中将が云ったことには、「御衣の色は、やはり定め申したことに随うこととします」ということだ。私が答えて云ったことには、「村上聖主《むらかみのせいしゅ》(村上天皇)は、中宮の御心喪の間、鈍色を着された。この御服喪も、同じく三箇月である。御心喪の月は、薄鈍色を着されたのか。それならば、その例によって、鈍色を服されるべきであろうか。また、今、思い申しあげるところは、元日に、御錫紵が終わった後に、鈍色を着されては如何であろう。また、格別な御服喪ではないので、四方拝は行なわれるべきである。その間、鈍色を着してはならないのではないか。それならば、やはり御薬《みくすり》や御酒《みき》を飲まれる時は、御生気《しょうき》の御衣を着される。その間の事は、如何であろう。たとえ無文の御冠とはいっても、御酒を飲まれる時、便宜に随って、纓を垂れられては如何であろう。御衣の色については、最も薄い色か。応和の例を破って、青鈍を着されるというのは、特に申し難い。三箇日の間、鈍色を着される事は、御決定によるべきである。応和の例は、元日ではないのは、如何であろう」と。頭が云ったことには、「応和の例のとおりでしたら、鈍色を服されるべきです」と。ただ、又々、勅定に従うよう、重ねて伝えた。「内裏に還り参って、御衣の色について伝えることにします。その後、関白に参って、事情を申すことにします」ということだ。また、云ったことには、「四方拝は出御《しゅつぎょ》すべきである」ということだ。

内裏から頭中将が書状を送って云ったことには、「『四方拝および三箇日の間は、通例の御衣』と云うことです。御心喪は、意に任せる事です」ということだ。端書《はしがき》に云ったことには、「元三日を過ぎた後、本服の間は、鈍色を着されることになりました」と云うことだ。風雪が特に甚しい頃、権僧正《ごんのそうじょう》慶命《きょうみょう》が立ち寄られた。しばらく談って、帰った。これより先、中将が云ったことには、「一昨日、法成寺に参った際、権僧正が立ち寄られるということを、昨日、伝えられました」ということだ。そこで驚きながら、書状を伝えた。報書が無く来て、立ち寄られたのである。夜に入って、中将が来て云ったことには、「藤宰相が云ったことには、『一昨日、参入した事を、関白が悦ばれていました』ということだ」と。

小女の為に、陰陽允《おんみょうのじょう》（巨勢）孝秀《たかひで》に河臨《かわのぞみ》の祓《はらえ》を行なわせた。師成《もろしげ》に命じ、衣を持たせて、祓所《はらえどころ》に遣わした。右近衛府《うこのえふ》が、権随身《かりのずいじん》を選ぶべきか否かについて申してきた。選んではならないということを伝えておいた。

従地涌出品《じゅうじゆじゆっほん》を講演し奉った〈念賢。〉。右近衛府が節料《せつりょう》を進上した。米については、随身所《ずいじんどころ》に下給した。解除奉幣は、通例のとおりであった。御魂《みたま》を拝した。亥の終剋、追儺《ついな》を行なった。

長元元年(一〇二八)

藤原実資七十二歳(正二位、右大臣・右大将・東宮傅)　後一条天皇二十一歳　藤原頼通三十七歳　藤原彰子四十一歳　藤原威子三十歳

○正月

九日、乙巳。(『三条西家重書古文書』一・無七日節会時不被行女王禄事による)　**御斎会**

「昨日の御斎会《ごさいえ》は、音楽が無かった。また、女王禄《おうろく》を行なわれなかった」と云うことだ。七日節会《なのかのせちえ》の禄の遺りで行なったものか。節会が行なわれなかったので、女王禄も行なわなかったのか。

○二月

十八日。(『魚魯愚別録』一・給硯已下於外記事による)　**除目**

外記《げき》頼言《よりとき》が欠官帳《けつかんちょう》を持って来た。仰せ事を問うた。申して云ったことには、「ただ今、召し仰せました」ということだ。

今朝、大外記《だいげき》(清原)頼隆《よりたか》に雑事を命じた。次いでに、筆と墨について、宜しい墨が無いということを申してきた。一挺《ちょう》を下給した。次の筥《はこ》に入れさせる分である。

十八日。(『三槐抄』下・裏書・四所労帳不書戸不任事による)　**大舎人労帳**

大舎人《おおとねり》の労帳《ろうちょう》は、ただ姓名を記して、姓を記さない。そこで任じないでおいた。

大舎人の労帳について、外記頼言に命じた。

二十七日。（『三条西家重書古文書』一・臨時祭以前被行季御読経事による）　**臨時仁王会・季御読経を石清水臨時祭以前に行なった例**

「来月五日に仁王会《にんのうえ》を行なわなければならない。七日に季御読経《きのみどきょう》を行なわなければならない。但し臨《りん》時祭《じさい》以前に季御読経を行なった例は有るのか。事の次いでが有れば、問うように」ということだ。大略、先例は有るということを伝えた。暦を引見《いんけん》する間、門外に佇立《ちょりつ》するのは、時剋が推移するであろうからである。そこで子細を伝えなかった。追って記して伝えることとした。仁王会の日については、内々に勘申《かんじん》されるのか。百高座《こうざ》仁王会と季御読経の僧は、合わせて二百余口《く》である。明日の仁王会と季御読経について、一度に定め申すべきである。定め申す日が延引《えんいん》すれば、期日はいよいよ近くなるのではないか。そこで左中弁《さちゅうべん》（源経頼《つねより》）に示し遣わしておいた。臨時祭以前に仁王会と季御読経を行なわれた先例を、暦を引用して記し出し、左中弁の許に送った。報じて云ったことには、「ただ今、高《か》陽院《やのいん》（藤原頼通《よりみち》）に参って、伝え申すことにします」ということだ。

正暦《しょうりゃく》四年三月六日、仁王会。十八日、臨時祭。

長徳《ちょうとく》二年三月十一日、季御読経。十六日、臨時祭。

同四年三月十八日、仁王会。二十三日、臨時祭。

同五年三月二十日、仁王会。二十九日、臨時祭。

長保《ちょうほう》二年三月五日、仁王会。十六日、季御読経。二十七日、臨時祭。

同三年三月十日、八省院《はっしょういん》に行幸《ぎょうこう》した。仁王会を行なわれた。十八日、大極殿《だいごくでん》百口仁王経御読経《にんのうきょうみどきょう》。

二十二日、臨時祭。

同六年〈寛弘《かんこう》に改元《かいげん》した。〉三月十六日、仁王会。二十二日、臨時祭。

寛弘四年三月六日、大極殿百講座仁王講《にんのうこう》。九日、臨時祭。

同七年三月六日、季御読経。十五日、臨時祭。

寛仁二年三月四日、仁王会。十三日、臨時祭。

○七月

一日、甲午。　当季十斎日大般若読経始／重服の人の盆供／『清慎公記』の散逸

当季十斎日大般若読経始《とうきじっさいにちだいはんにゃどきょうはじめ》〈尹覚《いんかく》・忠高《ちゅうこう》。〉である。

中将《ちゅうじょう》(藤原資平《すけひら》)が来て云ったことには、「今朝、関白《かんぱく》(藤原頼通《よりみち》)の邸第《ていだい》に参ります。拝謁せず、退出します」と。左兵衛督《さひょうえのかみ》(藤原経通《つねみち》)が雑事を談った。また中将が来て云ったことには、「関白が(藤原)隆《たか》光朝臣《みつあそん》を介して伝えられて云ったことには、『重服《じゅうぶく》の人は、盆供《ぼんぐ》を奉るべきか否か。『九条相府記《くじょうしょうふき》』に云ったことには、「貞信公《ていしんこう》(藤原忠平《ただひら》)の御服喪《ふくも》の年は、あれこれを記されていない。御服喪を除いた年の盆供は、通例のとおりである」と。頗る事の疑いが有る。『清慎公御記《せいしんこうぎょき》』には記されているか』と」と。報じて云ったことには、「この記は、入道大納言《にゅうどうだいなごん》（藤原公任《きんとう》）が切り取って部類《ぶるい》し、中心とした他については、すでに反古《ほご》となっています。また、焼失してしまいました。調べることのできる方策はありません。但し愚慮を廻らすと、神事ではないので、供え奉っても憚りは無いのではないでしょうか。村上《むらかみ》天皇の天暦《てんりゃく》八年の御記《ぎょき》を引見《いんけん》すると、供え奉られていることを記されています」と。直接、伝えておいた。また、『重明親王記《しげあきらしんのうき》』を引見すると、延長《えんちょう》九年に供え奉ったということを記している。御記に合っている。少納言《しょうなごん》（藤原）資高《すけたか》が、主殿司《とのものつかさ》の女に小物を下給した。各々絹二疋と綿一屯、饗料《きょうりょう》の手作布《たづくりのぬの》二十端《たん》。

二日、乙未。　右近府生の申請／兼家のための法華八講／頼通、病悩／禎子内親王、東宮より退出

諷誦《ふじゅ》を清水寺《きよみずでら》に修した。

右近番長下毛野光武《うこんのばんちょうしもつけののみつたけ》と玉手信頼《たまてののぶより》が進上した、右近府生宇自可吉忠《うこんのふしょううじかのよしただ》の死欠《しけつ》を申請した申文《もうしぶみ》を、右近将《うこんのしょう》曹《そう》（紀）正方《まさかた》を介して右中将《うちゅうじょう》（源）隆国《たかくに》に示し遣わした。信頼は春日祭《かすがのまつり》の宿院《しゅくいん》の屋を造営し、府生《ふしょう》の宣《せん》旨《じ》を給わった者である。左右、皆十一人の例があった。先ず関白に伝え、その意向に随って二人に給うこととする。二人を奏上することが難しいのならば、先ず光武に給うこととする。

故大入道《だいにゅうどう》（藤原兼家《かねいえ》）の八講《はっこう》に参った〈中将は車後《くるまじり》に乗った。〉。法成寺阿弥陀堂《ほうじょうじあみだどう》に移して修された。小臣《しょうしん》（実資）が参入した後、内大臣（藤原教通《のりみち》）が参入した。饗の座に着した頃、先ず朝講《ちょうこう》を行なわれた。次いで夕講《ゆうこう》の鐘を打った。次いで私が座に就いた。仏前《ぶつぜん》の座に着した。諸卿は序列どおりに、これに着した。講演《こうえん》・論義《ろんぎ》・諷誦・行香《ぎょうこう》は、通常のとおりであった。関白が権左中弁《ごんのさちゅうべん》(藤原)章信《あきのぶ》を介して、書状を送られて云ったことには、「八講始《はっこうはじめ》の日、参入した後、心神《しんしん》が不例となった。今日は我慢して参入しようと思ったが、やはり通例に従うことができない。参らないのは、甚だ□です」と。恐縮して承ったという事を報じた。今日、入礼したのは、内府(教通)、大納言《だいなごん》(藤原)斉信《ただのぶ》・(藤原)能信《よしのぶ》・(藤原)長家《ながいえ》、中納言《ちゅうなごん》(藤原)兼隆《かねたか》・(源)道方《みちかた》、参議《さんぎ》経通・資平・(藤原)通任《みちとう》・(源)朝任《あさとう》・(藤原)公成《きんなり》。今夜、一品宮《いっぽんのみや》(禎子《よしこ》内親王)は、東宮(敦良《あつなが》親王)から退出された。内府以下が参入した。中将資平は、しばらく法成寺に留まった。「あれこれと一緒に一品宮に参る為です」と云うことだ。経通と資平は、私を送って、大門から帰り入った。

三日、丙申。　丹生・貴布禰祈雨使

「丹生《にう》・貴布禰《きぶね》使が出立《しゅったつ》した。□□□□□□□新中納言《しんちゅうなごん》(源)師房《もろふさ》卿が上卿《しょうけい》を勤めた」と云うことだ。昨日、大内記《だいないき》(橘)孝親《たかちか》が来た。密々に宣命《せんみょう》を見せた。また、作法を問うてきた。示し仰せておいた。右近権中将《うこんのごんのちゅうじょう》隆国が来て、雑事を談った。次いで府生について伝えた。但し権府生《ごんのふしょう》については、事情に随って奏に載せるよう、関白に伝えさせた。中将が来た。去る夕方、一品宮が退出された事を談った。「また六日に参入されることになっています」ということだ。

四日、丁酉。　頼通、近衛府生任命を承諾

早朝、右近権中将隆国朝臣が来て云ったことには、「昨日の府生について、関白に申しました。おっしゃられて云ったことには、『光武と信頼は、共に任じるべき理由が有る。また、左右近衛府《このえふ》に前例も有る。まったく何事が有るであろう』ということでした」と。光武は必ず任じなければならない者である。近日、宜しい府生がいない。役に従事する際、右近衛府《うこのえふ》の為に面目が無い。また信頼は、春日《かすが》の宿院を造営した功が有る。先年に府生奏《ふしょうそう》の宣旨を下給しなければならなかった。もしも補任《ぶにん》しなければ、守護《しゅご》することのできる人はいないのではないか。□□□□□□である。傍らの将たちに告げさせて、請奏《しょうそう》を作成させることとする。……

五日、戊戌。　頼通、石清水八幡宮社殿造替・盆供について諮問／越前守の任符を再発給

良円《りょうえん》が申請した事を、権左中弁章信を呼んで、関白に伝えさせた。

左中弁《さちゅうべん》（源）経頼《つねより》が、源中納言《げんちゅうなごん》道方が大安寺《だいあんじ》の作料《さくりょう》の物を加えた文書《もんじょ》〈備中《びっちゅう》・安芸《あき》・駿河《するが》の俸料《ほうりょう》の官符《かんぷ》。〉と常隆寺田《じょうりゅうじでん》の文書を持って来た。私が云ったことには、「上達部《かんだちめ》の知識文《ちしきもん》を取り集め、一度に関白に覧せるように」と。常隆寺田の文書は、先ず民部省《みんぶしょう》および山城《やましろ》国に勘申《かんじん》させて、その状況に随って奏聞《そうもん》するよう、指示しておいた。弁が云ったことには、「関白は、『格別な書状ではなく、次いでが有れば問うように』ということでした」と。その詞に云ったことには、「法橋元命《ほっきょうげんみょう》が、新たに石清水《いわしみず》の御殿を造営するということを申請している。この御殿は、すべて造替《ぞうたい》する事は、前例が有るのか。伊勢《いせ》

大神宮《だいじんぐう》・宇佐《うさ》宮・住吉《すみよし》社は、年限が有って、造替し奉っている。但し石清水宮については如何か」ということだ。私が答えて云ったことには、「伊勢大神宮などは、新たに造営して修造しますので、その期限に仮殿《かりどの》に移し、造替し奉るのが通例です。石清水宮については、皆、すべて造替するということを承っていません。損破《そんぱ》が有る度に、全て修造を加えているのでしょう。あの宮に残っている記録は有るのでしょうか。もしもやはり造替されなければならないのでしたら、人心では量り難いものがあります。御占《みうら》によるべきでしょうか」と。弁が云ったことには、「関白の意向は、造替するのを憚っているようでした」と。また、云ったことには、「御服喪の期間の盆供について、未だ事情を知らない。中宮《ちゅうぐう》（藤原威子《たけこ》）の御盆の事によって、尋ね問うものである」ということだ。私が答えて云ったことには、「天暦は、主上《しゅじょう》（村上天皇）が奉られたのです〈御記の文である。〉。延長は、重明《しげあきら》親王が同じくこれを奉りました〈『重明親王記《しげあきらしんのうき》』。〉。故殿《こどの》（藤原実頼《さねより》）の御記には見えません。切り継いでいる間に、散失《さんしつ》したのでしょう」と。中将が云ったことには、「越前守《えちぜんのかみ》（藤原）為盛《ためもり》の任符《にんぷ》を落失しました。今日、重ねて任符を作成します。右衛門督《えもんのかみ》（藤原実成《さねなり》）の催促によって参入します」ということだ。

六日、己亥。　良円、法性寺座主と僧綱を申請／禎子内親王、東宮に還御

権弁《ごんのべん》（章信）が云ったことには、「内供《ないぐ》良円が申請した両事〈法性寺座主《ほっしょうじざす》と僧綱《そうごう》。〉は、昨日、関白に伝え申しました。道理が有るということを伝えられました。意向は甚だ良かったです」と云うことだ。

「今夜、一品宮が、東宮に還御《かんぎょ》された」と云うことだ。

七日、庚子。

左中弁を呼び遣わした。夜に入って、来た。清談《せいだん》した。……

八日、辛丑。　平忠常追討使中原成通、九箇条の申文を進上／七大寺・竜穴社で祈雨御読経

大外記《だいげき》（清原）頼隆《よりたか》が云ったことには、「追討使《ついとうし》（中原）成通《なりみち》が、□□朝廷の雑事九箇条の申文を持って来ました。これらの事は、まったく□□してはならないということを、□伝えておきました」ということだ。左中弁が天皇の綸旨《りんじ》を伝えて云ったことには、「雨沢《うたく》が降らない。漸くその愁いが有る。七大《しちだい》寺《じ》に於いて三箇日、仁王経《にんのうきょう》を転読《てんどく》させるように。本寺の供物《くもつ》を用いるように。□□竜穴《りゅうけつ》社に於いて、同じくこれを修させるように。明後日、陰陽寮《おんみょうりょう》が勘申する。先ず勘じ下され、ただ今、馳せ遣わす〈申の終剋。〉。但し竜穴社の御読経《みどきょう》については、明後日、修さなければならない。行程が頗る遠いからである」と。

追討使の申請した九箇条の申文を、中将が伝え見せた。これは成通が進上したものである。但し使部《しぶ》を証人とした事は、頗る便宜《びんぎ》が無い。このことを伝えておいた。他の条々は、止めなければならない事が有る。ところが子細を命じなかった。

九日、壬寅。　七大寺に於いて仁王経祈雨御読経

今日から三箇日、七大寺に於いて仁王経御読経を行なわれる。本寺の供物を用いる。雨の御祈禱《きとう》である。また、竜穴社の御読経を行なわれる。資高が云ったことには、「大宋国《だいそう》の□□□、関白は、御□□

を返し奉りました。□□拝しました。もう三箇□□安置し奉られることになりました」と云うことだ。

十日、癸卯。　光武・信頼の府生奏に加署／外記庁で仁王経転読／平忠常追討使の申文を非難／追討使進発の日を非難／頼隆の損卦勘文

府生奏〈右近番長下毛野光武は宇自可吉忠の死欠、右近番長玉手朝臣信頼は権府生の欠。〉を、右近将曹正方が持って来た。「朝臣」を加えて返給した。将たちの署を加えさせ、左頭中将《さとうのちゅうじょう》（源）顕基《あきもと》に託すよう、まずは弟の右近権中将隆国に示し遣わしておいた。府生の数は十一人となった。早朝、大外記頼隆が来て云ったことには、「今日、外記庁《げきちょう》に於いて、十二口《く》の僧を招請して仁王経を転読します。去る七日の怪異《かいい》を攘《はら》う為です」ということだ〈七日の午剋、烏が庁内に入り、納言の倚子《いし》の上の茵《しとね》を食って損なった。詞に云ったことには、「内大臣以下の茵」と云うことだ。「但し中納言道方の茵および参議の茵は損なわなかった」ということだ。〉。

占って云ったことには、「怪所《かいしょ》の辰・戌・寅・申・丑年の人は、病事《びょうじ》および口舌《くぜち》が有るか。怪日以後二十五日の内、及び今月・明年の四月節中《せっちゅう》の丙・丁の日である」と。（惟宗）文高《これむねのふみたか》が占った。（賀茂《かもの》）守《もり》道《みち》は、丑年を取らなかった。

早朝、（平）維時《これとき》朝臣が、追討使が申請した申文〈九箇条。〉を持って来た。私が云ったことには、「九箇条は、はなはだ多い。また、申請してはならない事も有る。三箇条ほどが宜しいのではないか。第二条については、条の右状の中に入れるように」と。これは先日、見た申文である。「成通が筆作《ひっさく》しました」ということだ。内々に関白に覧せて、進上するよう、命じておいた。ところが、進発の日を問うたところ、申して云ったことには、「二十三日です」ということだ。この日は、公損《こうそん》である。また、血忌日《ちいみにち》で下弦日《かげんにち》である。もしかしたら如何なものか。難色を示した。公損の字は、事の忌みが有る。また血忌日は、暦序《れきじょ》に云ったことには、「刑戮《けいりく》を行なってはならない」ということだ。また、下弦の字の読みは、頗る劣っているのである。後日、大外記頼隆に問うたところ、申して云ったことには、「三箇所の難点は、もっとも優です。忌避《きひ》すべきです」と。後日、日時を勘申した人を問うた。「守道朝臣が勘申したものです」ということだ。また、頼隆が云ったことには、「宿所《しゅくしょ》に帰って、勘申して見ましたが、公損の日〈易卦《えきか》。〉は、深く刑殺《けいさつ》を忌まなければなりません」と。多くは記さないばかりである。

後日、頼隆が勘申して云ったことには、「『損卦林《そんかりん》』に云ったことには、『これは己の身を剋損《こくそん》し、他の人を益する卦《け》である。また、これは費損《ひそん》する事が有る』と。また、云ったことには、『出軍《しゅつぐん》は利がない』と。また、云ったことには、『攻伐《こうばつ》は得られない』と。また、云ったことには、『追亡《ついぼう》は相剋《そうこく》が有って、成らない』と。また、云ったことには、『凶咎《きょうきゅう》』と」と。

今、考えると、損卦《そんか》の用事の日であった。既に云ったことには、「出軍は利がない。攻伐は得られない。追亡は成らない」と云うことだ。追討使は、この日を用いてはならないのである。喩《たと》えていうと、土用《どよう》の事の日に犯土《ぼんど》を行なってはならないようなものである。損卦の用事の日には、征討を行なってはならないのである。

十一日、甲辰。　東大寺僧、別当の不治を愁訴／威子の御修法

天安寺《てんあんじ》で諷誦を行なった。

東大寺《とうだいじ》僧たちが来た。別当律師《べっとうりつし》観真《かんしん》の不治《ふじ》の条々の愁文《うれえぶみ》を提出した。家司《けいし》(中原)師重《もろしげ》を介して、伝え申させた。中将が来て云ったことには、「請雨《しょうう》の御読経を行なわれることになりました」と云うことだ。後に聞いたことには、「明後日から三箇日、百口の僧を招請して、東大寺に於いて仁王経を転読します」と云うことだ。大納言斉信卿が承引《しょういん》した。内供が伝え送って云ったことには、「明日から御《み》修法《しほ》に奉仕するよう、中宮の令旨《りょうじ》が有りました。そこで早く□□□□□□□□□□□」と。或いは云ったことには、「この御修法は、初めは大僧都《だいそうず》心誉《しんよ》□□□。僧都《そうず》明尊《みょうそん》がこれを修しました。□□□□僧都は、障りを申しました。□□」と。

十二日、乙巳。　年号勘文を進上／看督長を任命

(大江)通直《みちなお》朝臣が、年号を□。見せた。頼隆に託すよう命じた。「玄通《げんつう》」ということだ。玄の読みは、黒か。忌みが有るのではないか。自ら議定《ぎじょう》が有るであろう。

(藤原)顕輔《あきすけ》が云ったことには、「看督長《かどのおさ》信正《のぶまさ》と重松《しげまつ》の替わりを補任しておきました」ということだ。

十三日、丙午。　実資室婉子女王周忌法事／東大寺請雨御読経／上総介から進物

諷誦を禅林寺《ぜんりんじ》に修した。故女御《にょうご》(婉子《つやこ》女王)の忌日《きにち》である。

厳瑒《げんちょう》が来た。東大寺《とうだいじ》別当《べっとう》の不治について申した。また、云ったことには、「今日から三箇日、大仏殿《だいぶつでん》に於いて、百口の僧を招請して、仁王経を転読されることになっています〈『請雨の御祈禱』と云うことだ。〉。そこで急いで罷り下ります」ということだ。大外記頼隆が、〈慶滋《よししげの》〉為政《ためまさ》と通直が勘申した年号の勘文《かんもん》を持って来た。頼隆が申して云ったことには、「〈大江〉挙周《たかちか》が申して云ったことには、『今日は穢《え》が有ります。進上することはできません』ということでした」と。この二人の勘文は返給した。一度に進上するよう命じた。十九日が宜しい日である。その日に進上するよう、加えて命じた。□□□□宣旨〈前但馬守《さきのたじまのかみ》〈藤原〉実経《さねつね》が申請した造待賢《たいけん》門の用□□□□寺が申請した修理料の爵を源資通《すけみち》に給うという□□。〉を持って来た。

大内記孝親朝臣を召して、一乗寺《いちじょうじ》□□を下給した。位記《いき》を作成するよう□。

夜に入って、厩舎人《うまやのとねり》〈伴友成《とものともなり》〉が申させて云ったことには、「□□上総《かずさ》から上京しました」と。上総介《かずさのすけ》〈県犬養《あがたいぬかいの》〉為政朝臣が、御馬と雑物〈馬二疋・手作布百四端・鴨頭草《かもとぐさ》□□□□□□・蚫《あわび》。〉を貢進してきた。馬は頗る宜しいものであった。厩《うまや》に立てさせた。

十四日、丁未。　篳篥宣旨／盆供／東大寺威儀師慶範の釐務を停止

随身《ずいじん》□□□篳篥《ひちりき》の者□□馬のこと□。そこで篳篥の宣旨を下給した。□□御馬乗《うまのり》となることについて、右近将曹正方を召して、命じたところである〈御馬騎《うまのり》□□光武は、府生に任じた。篳篥の者□□□を府生に任じた替わり。〉。或いは云ったことには、「先日、府生の宣旨が下りました。中納言道方卿が上卿を勤

めました」と。

盆供は、通例によって、寺々に頒《わか》ち奉った。

挙周朝臣が年号勘文《ねんごうかんもん》を持って来た〈延世《えんせい》・延祚《えんそ》・□□□□□□。〉。大外記頼隆に託すよう□□を命じた。挙周が云ったことには、「この年は、□□□まったく宜しい年号はありません。何日か、調べ□改めて勘申することはできません」と。

東大寺が申請した別当律師観真の条々の不治の愁文を給わった。「定め申すように」ということだ。口宣《くぜん》に云ったことには、「威儀師《いぎし》慶範《けいはん》は、釐務《りむ》を停めるように。また、東大寺に関わってはならない」と。あの寺の上座《じょうざ》□□盛算《じょうさん》と慶範が申請して云ったことには、「先ず威儀師に命じて、東大寺□□院の四面の垣を築造させてください」ということだ。すぐに威儀師に任じられた。その後、月日が多く過ぎたが、今になっても勤めない。そこでまずは釐務を停止《ちょうじ》しただけである。


十五日、戊申。　**年号勘文／侍従所の怪異／平直方、忠常追討の雑事を申す／上総介妻子の上京・進発日について指示／陰陽頭の意見**

中将が来た。すぐに法成寺に参った。大外記頼隆が、三儒《さんじゅ》（為政・通直・挙周）の年号勘文を持って来た。今日は、宜しくはない期間の内である。十九日に進上するよう命じた。頼隆が云ったことには、「一昨日、暑さを避ける為に、外記《げき》一、二人が一緒に侍従所《じじゅうしょ》にいた際、戸内の南戸が数度、人が引いたように動揺しました。驚き怪しんでいたうちに、しばらくして止みました。また、更に揺れ動いたことは、初めのとおりでした。怪異です。未だ占方《うらかた》を見ていません」ということだ。占ったところ、「口舌」と云うことだ。

黄昏、(平)直方《なおかた》朝臣が、(川瀬《かわせの》)師光《もろみつ》に追討の雑事を申させた。そこで前に呼んで、述べた趣旨を聞いた。「二十三日は、種々の忌みが有るということは、伝え承ったところです。すぐに驚きながら、守道朝臣の許に罷り向かいました。このことを告げたのですが、特に申すところはありませんでした。また、申して云ったことには、『あの日が宜しくないのならば、二十六日が吉日《きちにち》です。ところが主上(後一条天皇《ごいちじょう》)の御衰日《すいにち》です。二十五日が宜しい日です。その二十五日の夜半に進発するのが宜しいでしょう』ということでした。また、申請の条々については、前日、父維時に伝える趣旨を関白に申しておきました。そうあるべきであるということをおっしゃられました。すぐに草案《そうあん》の中文を成通の所に返し遣わしました。未だあれこれを申していません。また、関白が云ったことには、『早く右府(実資)に参って、それらの事を申し承り、処置するように』ということでした」と。私が答えて云ったことには、「申請の事々は、甚だ多いものです。三箇条が宜しいであろうということは、先日、伝えたところです。『成通は確執《かくしつ》して改めない。条々の事を止めた』ということでした。また、事情を関白に申して下向しても、何事が有るでしょう。もしも申請する事が有るのならば、途中で、もしかしたら事態が生じた国に於いて、事情を言上《ごんじょう》しても、まったく何事が有るでしょう」と。その他の事は、子細を記さない。

上総介為政が、妻子を近日に上京させるということを申した。ところが、この反乱によって、国人《こくじん》はいよいよ国司《こくし》(為政)の言う事を聞かないのではないか。国司は(平)忠常《ただつね》に掌握されている。生死は、その心に任されている。濫吹《らんすい》の事は、日を逐って断たない。忠常の従者が館《たち》の内に入り乱れ、国司の従類《じゅうるい》を打ち縛ったということは、厩舎人友成が申したところである。最も歎かなければならない、弾指《だんし》しなければならない。特に気を配って上京させるよう、直方朝臣に命じた。また、友成丸を返し遣わした。為政朝臣の妻子を守護して上京させる事を、同じく直方朝臣に命じておいた。心を砕いて上京させるということを申していた。そもそも進発の日は、格別な忌みが有る日だけを避けなければならない。無理に優吉日《ゆうきちにち》を択んではならない。この事は、ただ検非違使《けびいし》(直方・成通)を差し遣わして追捕《ついぶ》されるものである。節刀《せっとう》を給う使とは異なる。尋常の遠近の追捕については、善悪の日を撰ばず、宣旨を奉って、馳せ向かうのが通例である。事はその意味と同じであろう。ところが距離は遼遠《りょうえん》である。そこでやはり、吉日を撰ぶべきである。これらのことを、詳しく伝えておいた。もしも優吉日を求めるのならば、旬月が移って、賊徒《ぞくと》(忠常)は謀を廻らすのではないか。感心して退去した。「夜中、関白に申すことにします」ということだ。

深夜、陰陽頭《おんみようのかみ》文高が門外に師重を招き出し、逢って云ったことには、「二十三日に忠常を追討する使を発遣するということについて、伝えられて承ったところである。本来ならばこの日は、陰陽寮が勘申すべきものである。ところが仰せ下されなかったのである。『守道朝臣が勘申した』と云うことだ。二十三日は、最悪日《さいあくにち》である。このことを朝廷に申すことになっていた。ところが思うところが有って、奏上させなかった。ただ右府に告げる為に、参ったものである。能く撰び申さなければならない日である。天下の大事は、ただここに在る」ということだ。返事を聞かず、逐電《ちくでん》して退去した。

十六日、己酉。　損卦勘文

右大史《うだいし》（小野）奉政《ともまさ》が、□□読経□文〈昨日、中納言□□が申した、十八日、大極殿《だいごくでん》に於いて、百口の僧を招請して□□□□□□□□□。今日、仁王経を転読した。料□の為□□□□□□□□□□。〉。頼隆真人《まひと》が、損卦の勘文を進上した。去る十日の記にある。

夜に入って、直方朝臣が来て云ったことには、「□□□請う□□□□□ました」と。すでに許容が有った。これは下官（実資）が指示した趣旨であるばかりである。

十七日、庚戌。　八省院含嘉堂の覆勘文／平真重の罪名勘文／仁海、東大寺別当を望む

左中弁が、淡路守《あわじのかみ》（菅野）敦頼《あつより》の申請した八省院含嘉堂《はつしょういんがんかどう》の覆勘文《ふっかんもん》を持って来た。奏聞するよう伝えた。宣旨が下れば、直ちに下給するよう、同じく命じた。□熱の候、往復の煩いが有るからである。頭弁《とうのべん》（藤原重尹《しげただ》）が、明法家《みょうぼうか》の勘申した□□□□（平）真重《さねしげ》の罪名の勘文を持って来た。「罪は杖《じょう》七十、贖《しょく》銅《どう》七斤《きん》」ということだ。すぐに奏上させた。苦労して勘申したので、あれこれを申させなかった。利《とし》正《まさ》と（令宗《よしむねの》）道成《みちなり》は、言うに足りない。

仁海《にんかい》僧都が来た。東大寺別当を望む申文を見た。また、観真律師の目代《もくだい》良真《よしざね》が、□□された文書が

有った。

十八日、辛亥。　為盛の申状／直方、申請を改訂／直方、駅鈴を請う／教通参内の儀

「大極殿百座仁王経の御読経は、□□□」と云うことだ。中将が来た。すぐに八省院に参った。頭中将《とうのちゅうじょう》〈顕基〉が来た。□□□〈越前守為盛の申状。新荘園《しょうえん》と牧を停止する事。〉を下給した。日暮れ時、直方朝臣が来た。「□□□□事。進発の日は、来月五日□□□□□□□□」ということだ。卯の日に卯の方角に向かうのは、如何なものか。これは心中、思ったところである。また、云ったことには、「申請については、汝《なれ》〈実資〉が指示されたように、三箇条を記します」ということだ。また、云ったことには、「駅鈴《えきれい》を□申請します」ということだ。

内府は、八省院に参った。御読経が終わって、内裏に参った。百口の御読経の日に、大臣が内裏に参る時は、御前《ごぜん》の儀を行なうのが通例である。ところが御前の儀は無かった。重服であるからか。但し待賢門から退出されるべきであろうか。

十九日、壬子。　年号勘文を奏上／真重の釐務を停止／前備前守、前任者未進分の補塡免除を請う／改元定について頼通と協議／伊勢国の平維衡、三河国人を略取／検非違使を派遣

右近府掌《うこんのふしょう》下毛野公安《きんやす》〈随身。〉・右近府掌□□秦安信《はたのやすのぶ》・右近府掌文是安《ふみのこれやす》・□□番長《ばんちょう》権□□□上毛《かみつけ》野重本《ののしげもと》、正□□□□□□□とした。物節《もののふし》の年労《ねんろう》第一の者である。

三人の儒者《じゅしゃ》〈通直・為政・挙周。〉が勘申した年号勘文〈□□□□□□□。〉を、大外記頼隆が進上した。勘文を封じた。未だ故実《こじつ》を知らない。必ずしもそうではないのではないか。秘してはならない文書である。この勘文は、左中弁経頼を介して奏上させた。大宝《たいほう》以来の改元《かいげん》の月の勘文も、同じく封じた。左中弁が顧問《こもん》に備える為である。越前守為盛の申請した申文を下して、前例を勘申させた。頭弁が仰せを伝えて云ったことには、「右衛門尉《えもんのじょう》真重の釐務を停止するように。また、(藤原)時遠《ときとお》と(王《おう》)為行《ためゆき》は、追捕宣旨を下給するように」と。伝宣《でんせん》については、同じ弁に命じた。検非違使に、釐務を停止すべき事□□大外記頼隆□□□関白の御書状を伝えて云ったことには、「前備前守《さきのびぜんのかみ》(源)経相《つねすけ》が申請した新□□。事情を問われた」と。これは前司《ぜんじ》が卒去した国は、五箇年を勘済《かんさい》すべきか否かについてである。前司を放還《ほうかん》した吏は、やはり五箇年を勘済しなければならない。経相については、放還を許さない者である。申請したことは、そうあるべきである。但し前例を勘申されるのが宜しいであろう。天暦の宣旨を証拠とするならば、前日、□□□の申した趣旨に合っている。左中弁が年号勘文を返給した。仰せを伝えて云ったことには、「定め申すように」と。関白の書状に云ったことには、「二十六日が宜しいのではないか」と。私が報じて云ったことには、「その日は、御衰日です。二十五日は格別な忌みが無い日です。□□□□に随って定め申すことにします」と。弁が云ったことには、「□□改元の勘文を、関白に覧せました。おっしゃって云ったことには、『調べて勘申させたことについては、もっとも□□事の煩いが□。この勘文を見られたところ、□蒙鬱《もううつ》を開いた。改めて□□□来月は忌みが無い』ということでした」と。また、伊勢《いせ》国人が、三河《みかわ》国人二十六人を略《りゃく》取《しゅ》したとの文書を下給した。これは先日、検非違使庁《けびいしちょう》に命じられ、看督長を遣わした。少々、糺《ただ》し返した。この調□□□□これを下給した。(平)維衡《これひら》朝臣の郎等《ろうどう》二人〈高押領使《こうおうりょうし》(公侯延高《きみこのぶたか》)と伊藤掾《いとうのじょう》(藤原重《しげ》高《たか》)。〉が、張本人である。すぐに指名し申した者は二人である。維衡が申して云ったことには、「指名し申した者の内、一人はいない者です」ということだ。「検非違使の官人を維衡の所に差し遣わして、□□二人の郎等を進上させるように」ということだ。すぐに同じ弁に命じた。但し検非違使の数を承って召し仰すよう、弁に命じておいた。一人か、それとも二人かについてだけである。二人が宜しいのではないか。

二十日、癸丑。　伊勢国に派遣する検非違使／頼通室隆子、朱雀院南殿に方違／頼通、寝殿の造作を停止／頼通、源倫子の今南第寝殿を壊す

二十五日に改元定《かいげんさだめ》を行なうこととした。また、伊勢国に検非違使二人を遣わす事について、左中弁が書簡《しょかん》を記して示し送ってきた。苦熱《くねつ》の候、もしも重事が有れば、書札《しょさつ》で伝えるよう、命じておいたものである。

夜に入って、中将が来て云ったことには、「関白の邸第に参りました。あれこれ、数輩がいました。伊勢に遣わす検非違使についておっしゃられました。『右衛《え》門志《もんのさかん》(安倍)守良《もりよし》と左《さ》衛門府生《えもんのふしょう》(日下部《くさかべ》)重《しげ》基《もと》が宜しいのではないか』ということでした。□□□云ったことには、『決定を承って、右府に参って伝えることにします』ということでした」と。

少納言資高が云ったことには、「昨日、犯土を避ける為に、関白の室家《しつか》(隆子女王《たかこ》)が、ちょっと朱雀院《すざくいん》の南殿《みなみどの》に移りました。南階《みなみのきざはし》に車を寄せました」と云うことだ。関白は内裏に伺候している。随身を介して、書状を遣わした。使が帰って来て云ったことには、「南殿に渡られたことは、驚き怪しまれていました。三河守《みかわのかみ》(藤原)保相《やすすけ》を召し遣わしました。勘当《かんどう》は極まりありませんでした。保相は□□別当です。前日、納殿《おさめどの》に移るよう召し仰せました。ところが□□南殿に□□。南殿は主上が□御□。やはり他の殿にいらっしゃるべきでした。今、この時に臨んで、この事が有りました。心神は□を失いました。車を渡して南階に寄せるのは、往古《おうこ》から聞いたことがありません。今回、輦車《てぐるま》を始めました。寸心《すんしん》は舂《つ》くようでした」と云うことだ。これは隆国が談ったものである。昨日、頼隆が云ったことには、「今年は当梁年《とうりようねん》に当たります。『寝屋《ねや》を立てない。すでに家長《かちよう》は凶である』ということでした。関白の寝殿《しんでん》の東二間を、新たに継ぐことになっていました。今、私(頼隆)が申したので、猶予しています」と云うことだ。また、「尊堂《そんどう》(源倫子《ともこ》)の今南第《いまみなみてい》の寝殿を造営しました。ところがこれを壊すよう、関白が命じられました。守道が日時を択んで勘申しました」と云うことだ。白河《しらかわ》の寝殿も、同じく造営した。但しその家については、主要な家ではなく□□。ところが愚案《ぐあん》すると、あの家は寝殿と称すべきものである。

二十一日、甲寅。　大極殿御読経、延行／大極殿の例は臣下の寝殿に准じず

扶公《ふこう》僧都と清談した。大極殿の御読経は、もう二箇日、延行《えんこう》される。二十五日に議定が行なわれることになっている。諸卿を参らせるよう、大外記頼隆に命じた。また、中務輔や内記について命じた。内々に大内記孝親に命じておいた。また、詔書の草案を見た。事の趣旨は、仰せの趣旨に随わなければならないばかりである。

孝親朝臣が参って来た。直接、詳細を命じておいた。

守道が云ったことには、「当梁年は、寝屋を造営してはならないという勘文を、頼隆が関白に献上しました。そこで今日、文高と守道を召して、そのことを問われました。『頼隆が申したところは、まったくそのとおりです。但し元慶元年戊戌の四月二十五日丙寅は、これが五星の月および当梁年でした。ところが大極殿を造営されました。これを徴証とします』と。ところがまた、おっしゃられて云ったことには、『すでに臣下の家の例は無い。記して進上するように』と。ところが、小一条殿や小野宮の寝殿を造営された年は、記し置かれておりますでしょうか」ということでした。「関白の尊堂の寝殿は、この難によって、壊されるべきでしょう。安らかではない様子が有ります。ただ解謝されるということであろう。私の愚案である。宰相中将（資平）が云ったことには、「国史を引勘すると、『元慶元年丁酉の四月九日庚辰、巳剋、初めて大極殿を構築した』ということだ。国史に相違している。また、梵暦と国史は合っている。調べなければならない。

ということだ。調べて見て、知らせるということを伝えた。大極殿と臣下の寝屋は、准じるわけにはいかないであろう。私の愚案である。宰相中将（資平）が云ったことには、「国史を引勘すると、『元慶元年丁酉の四月九日庚辰、巳剋、初めて大極殿を構築した』ということだ。国史に相違している。また、梵暦と国史は合っている。調べなければならない。

中将が宅に帰って、伝え送って云ったことには、「確かに国史に見えます。『元慶元年丁酉の四月九日庚辰、巳四剋、初めて大極殿を構築した。同二年戊戌の四月二十五日庚寅、この日、初めて大極殿の柱を竪てた』と」と。この国史のとおりならば、当梁年に大極殿の柱を立てたことは、もっとも明らかである。守道の申したとおりである。

外記〈伴〉重通《しげみち》が申させて云ったことには、「御読経は、もう二箇日、延行されます」と。

二十二日、乙卯。　検非違使を伊勢国に遣わし、維衡郎等を追捕／請雨御読経の巻数

左中弁が勅旨《ちょくし》を伝えて来て云ったことには、「右衛門志守良と左衛門府生重基を伊勢国に遣わすことになった〈□□□近□□□。〉。守良が申させて云ったことには、『維衡が事をあれこれに寄せて、召し進めなければ、拷掠《こうりょう》も止むを得ません。郎等を遣わし申させるべきでしょうか。又の説に云ったことには、「この犯人は、大神宮の御厨《みくりや》に籠り隠れている」と云うことです。あの御厨に向かって、追捕すべきでしょうか』ということであった」と。私が答えて云ったことには、「維衡の郎等を尋問し、事情を知る者を先ず推問《すいもん》したところ、争い申すことが有った。拷掠しても何事が有るであろうか。また、大神宮の御厨に蟄籠《ちつろう》しているのは、先ず維衡の辺りに赴いて、特に申す者が有れば、その状況に随って事情を言上し、裁報《さいほう》に随うべきである。そもそも奏聞を経て、宣旨に随って召し仰させるべきである。はなはだ熱い候、往還に煩いが有る。ただ早く宣下するように」と。また、請雨の御祈禱の七大寺の御読経と竜穴社の御読経の巻数《かんず》を持って来た。奏上するよう伝えて与えた。左中弁がしばら

くして、□□□書状を送って云ったことには、「守良たちが申させた事は、維衡朝臣が、もしも□追捕が、空しく数日を送ることになれば、形に随って従類の中の然るべき者を搦めて、問わなければならない者を拷掠し、もしも大神宮の御厨にいるということを称したら、証人を随身して、検非違使の官人たちは、（大中臣）輔親朝臣および宮司の許に行き向かって、彼らが申したことに随い、入って捕えるように」ということだ。書状の文を移して記したのである。後の為であるだけである。

二十三日、丙辰。 **検非違使、発向／追討使の申文を裁可／上総介妻子の上京の便宜を国々に指示**

大極殿の御読経が結願した。「維衡朝臣の所に遣わす検非違使守良たちが、早朝、発向した。着鈦の囚二人を随身した」ということだ。頭弁が、追討使の申請した三箇条の申文を持って来た。奏上してはならず□□。しばらくして、来た。追討使の申文を下給した。三箇条とも、申請による□□□宣旨であることを、国々の国司に追って下す事は、宣旨に載せてはならず□□。使部が追って下すべきである。前備前守経相が申請した、四箇年を勘済する事は、前例を勘えなければならない。これらの事を、同じ弁に宣下した。馬寮に飼養させていた馬〈藤原）信通が貢上したもの〉が斃れたということを、師光が申した。上総介為政宿禰の妻子は、上京する方策が無いということについて、厩舎人友成に託して申したものである。特に忠常を追討する間、州民はいよいよ送る心は無いのではないか。そこで追討使直方に命じた。また、路次の国々を追討する心は無いのではないか。そこで追討使直方に命じた。また、路次の国々に仰せ遣わした。すぐに友成をその使とした。友成が申して云ったことには、「直方朝臣の文書を、所々に託し遣わしました」と。

二十四日、丁巳。　本命供／但馬国百姓、国司の苛政を頼通邸で放言／藤原範基、郎等を殺害

本命供《ほんみょうく》を行なった。頭中将が宣旨を伝え下した〈□□□右近衛府の大炊屋《おおいや》と榻屋《しじや》。将来、佐渡守《さどのかみ》か隠岐守《おきのかみ》に任じられる。〉。清談して云ったことには、「良円の僧綱は、事の次いでが有って、関白に伝え達しました。答えられて云ったことには、『右府が奏上させれば、どうして天皇の許容が無いことがあろうか』と。また、云ったことには、『昨夜、雑人《ぞうにん》十人ほどが、我が家の西門の外に於いて、同音に叫び声を放って、雑事を申した。何事かを聞いていない。次いで堂門に到って、同音に叫んだ。次いで南門に於いて、はなはだ猛々しく叫び声を放った。尋問されると、跡を晦《くら》まして分散した』と。明尊僧都の房の人が云ったことには、『但馬《たじま》国の百姓《ひゃくせい》が、国司の苛酷《かこく》に堪えられず、逃散《ちょうさん》したということを、同音に叫び呼びました』と」と。私が云ったことには、「諸国の百姓が公門《こうもん》に立って、国事を愁い申すのは、古今、通例となっているが、未だ夜を冒して叫び声を放ち、訴えを行なった事を聞いたことがない。事実であるはずはない。もしも事実が有るのならば、諸国の民庶《みんしょ》は、夜の愁訴《しゅうそ》を好むのであろうか。たとえ良吏《りょうり》とはいっても、敵方の為に、夜の愁訴を行なうことが有ったであろうか。一切、用いられてはならないものである。関白が知っておられるところである。この事は、やはり驚き怪しむに足る。苛酷の風聞が無いわけではない」と云うことだ。また、云ったことには、「近頃、左衛門《さえもんの》尉《じょう》（藤原）範基《のりもと》が郎等を殺害した事を、紙面に記して、殿上口《てんじょうぐち》の戸に押し付けた。この事は、人々がその間、云々したところが有った」と。弾指しなければならない、弾指しなければならない。範基は

武芸を好んでいる。万人が許さないところである。内家《ないけ》も外家《がいけ》も、共に武者の種胤《しゅいん》ではない。

二十五日、戊午。　常赦／軽犯者を勘申する明法道官人なし／成通の故障は忠常追討を遁れるため／年号定／改元詔／美作守資頼、任国に下向

早朝、諷誦を清水寺に修した。観真律師が来た。次いで遍救《へんく》僧都が来た。各々遇って、礼を言って帰らせた。内府が(藤原)登任《なりとう》朝臣を介して、書状を送られて云ったことには、「重服の人が改元定に預かってはならないということを、権大納言《ごんだいなごん》(長家)が示し送ってきた」ということだ。事情を取って申すよう、示し伝えておいた。書札で事情を権左中弁章信に問い遣わした。すぐに来た。関白の御書状を伝えて云ったことには、「風病《ふうびょう》が発動《はつどう》した。内裏に参ることができない。早く参入し、改元について議さなければならない〈もしも参られなければ、来月、行なわれては如何か。このことを申し達したところである。〉。但し重服の人については、必ずしも預かり参らなくても、何事があるであろう」ということだ。□□ないということを、書状で内府に申し伝えた。報が有った。重服の人が参ってはならない事を、大外記頼隆に伝えておいた。検非違使別当《けびいしべっとう》左兵衛督(経通)が来て云ったことには、「今日、赦《しゃ》令《れい》が有ることになりました。軽犯《けいはん》の者を免《ゆる》されることになるのでしょうか。きっと宣旨が出るのでしょうか。明法道《みょうぼうどう》の官人に勘申させなければなりません。ところが(豊原《とよはらの》)為長《ためなが》は、喪に遭っています。成通は小瘡《こがさ》を煩って、出仕しません。たとえ未だ参らないとはいっても、軽犯の者の勘文を進上するよう命じました。申して云ったことには、『目および手が腫《は》れて、勘申することはできません』と。

様子を見させたところ、追討の使節を遁れているようなものです。勘文については、これを如何しましょう」ということだ。答えて云ったことには、「軽犯の勘文は、明法道の官人ではないとはいっても、勘申するのか。検非違使別当の宣は、佐《すけ》が承るのが通例である。検非違使別当が参議の時は、内《ない》侍宣《しせん》を称する」と。検非違使別当が云ったことには、「明法道の官人がいないということは、今となっては関白に申すわけにはいきません。成通がこの事によって披露《ひろう》を行なおうとしている為です」と云うことだ。内裏に参った。左兵衛督と宰相中将が従った。私は通例のとおり、待賢門から参った。両卿は、後の輦車を差し、送って春華《しゅんか》門に到った。私は輦車を下りて、参入した。陣座《じんのざ》に伺候していた頃、諸卿が参入した〈大納言斉信、中納言道方・師房、参議経通・資平・(藤原)定頼《さだより》・公成である。〉。為政・通直・挙周が勘申した年号の勘文を下して議定した〈為政は、天祐《てんゆう》・長元《ちょうげん》・長育《ちょういく》を勘申した。通直は、玄通を勘申した。挙周は、延世・延祚・政善《せいぜん》を勘申した。〉。僉議《せんぎ》して云ったことには、「為政朝臣が勘申した長元が、他に勝っている」と。頭弁を介して、関白に申し達した。また、三人の勘状《かんじょう》を付した。また、詔書の趣旨も、同じく申し達したのである。長い時間、□□□□云ったことには、「長元が、この中では宜しく見申しあげました。早く奏請《そうせい》されるように。また、詔書の趣旨も奏聞するように」ということだ〈去年の夏、天下は静かではなかった。今年の夏、旱疫《かんえき》が有った。大辟《たいへき》以下の罪は、ことごとく皆、赦除《しゃじょ》する。但し、八虐《はちぎゃく》を犯した者・故殺《こさつ》・謀殺《ぼうさつ》・私鋳銭《しちゅうせん》・強窃《ごうせつ》二盗・常赦《じょうしゃ》が免さない者は、赦す限りにはないなどの事。および高年及び鰥寡《かんか》・孤独《こどく》・重病であって自存《じそん》することができない者には賑恤《しんじゅつ》を加えるなどである。〉。すぐに奏聞を経た。天皇がおっしゃって云ったことには、「長元を年号とするように」と。為政の勘文を返給した。詔書の趣旨は、奏請させたようなものである。小臣は座を起って、南座《なんざ》に着した。大内記孝親朝臣を召して、年号の字〈長元。勘文を下給しなかった。〉および詔書の趣旨〈詔書の詳細は、あらかじめ伝えたところである。〉を伝えた。時剋が推移した。詔書の草案を奉った〈新年号および月を書いた。日を書かなかった。〉。頭弁を介して、先ず関白に内覧《ないらん》した。もしも事の難点が無ければ、奏聞するよう伝えた。夜に入って、下給した。清書《せいしょ》するよう命じられた。関白の御書状に云ったことには、「病悩が有って□□入る。ところが極熱《ごくねつ》の候、参って行なわれたのは、はなはだ恐縮し思っています。清書については、更に見られることもない。ただ早く奏下《そうか》するように」ということだ。孝親を召して、詔書の草案を返給した。清書するよう命じた。すぐに清書して、これを進上した〈黄紙《おうし》に書いた。これは通例である。〉。本来ならば御所に進んで、奏上させなければならない。ところが苦熱の候、進退《しんたい》は堪え難い。そこで陣座に伺候したまま、御画《ごかく》について奏上させた。また、詔書の施行《しぎょう》以前に詔を適用することになる軽犯の者は免すよう、検非違使別当に伝えられることを、驚かせ伝えておいた。しばらくして、詔書を返給された。御画日《ごかくじつ》〈「二十五日」と。〉が有った。中務少輔《なかつかさのしょう》〈源〉頼清《よりきよ》朝臣を召して、詔書を下給した〈筥《はこ》のまま、これを給わった。〉。「検非違使別当経通を殿上間《てんじょうのま》に召し、頭弁を介して免者《めんしゃ》について伝えられた」と云うことだ。私は退出した〈未剋に参入した。秉燭《へいしょく》の後、退出した。〉。斉信卿は、何日来、病悩が有る。韮《にら》を服用している。必ず参るようにということを伝えていた。そこで参入したものである。頗る韮の香がした。軽々である。

美作守《みまさかのかみ》（藤原）資頼《すけより》が、夜に入って、来て云ったことには、「明日の寅剋、国に下向します」と〈「船を用います」ということだ。〉。

詔す。連山《れんざん》をはるかに見てみると、革故《かくこ》の道は墜ちない。大漢《たいかん》を酌み交わすと、建元《けんげん》の例は長く流れる。考えるに吉兆《きっちょう》によって相賀し、或いは災異《さいい》に驚いて謝するところである。朕（後一条天皇）は凡庸《ぼんよう》な石であるのに誤って皇基《こうき》を承け、日の慎しみは漸く深い。一紀《いっき》を越えるとはいっても、風化はまだ浅く、かえって万民《ばんみん》に恥じている。ましてや天下は静かではなく、妖怪《ようかい》が発《おこ》って来る。去年は夭折《ようせつ》の聞こえが多く、今夏は旱疫の患いが有る。その治を量り定め、懐に同情している。宜しく時に随い、これ新たにして、物と更《あらた》め始めなければならない。それ万寿《まんじゅ》五年を改めて長元元年とする。また、妖を却《しりぞ》けるのに徳を以てし、仁を施して邪を閑《ふせ》ぐ。天下に大赦《たいしゃ》する。今日の夜明け以前、大辟以下の罪は、軽重と無く、已《い》発覚《はっかく》・未《み》発覚《はっかく》、已《い》結正《けっせい》・未《み》結正《けっせい》、すべて皆、赦除する。但し、八虐を犯した者・故殺・謀殺・私鋳銭・強窃二盗、常赦が免さない者は、この限りではない。また、高年及び鰥寡・孤独・重病であって自存することができない者に、量って賑恤を加える。災難を一天の下に消すことを願い、まさに昇平《しょうへい》を四海《しかい》の中に期そうと思う。遐邇《かに》に布告して、普《あまね》く同知《どうち》させよ。主者《しゅしゃ》は施行せよ〈長元元年七月二十五日。〉。

二十六日、己未。　但馬国百姓の愁訴／実は橘俊孝の仕業との説／肥後守罷申

中将が云ったことには、「関白殿に参りました。病悩されている所は、今日は宜しいとのことを、頭中将を介して伝えられました。ところが、簾外に出られませんでした」と。また、云ったことには、「但馬の百姓が、夜分、関白邸の門外に於いて叫び声を放ったことは、先夜と同じでした」と云うことだ。その詞に云ったことには、「白昼に愁い申したら、殺害されるであろう。そこで夜中に申すものである。誰なのかを知られずに、愁い申す為である」と。昨日、内裏に参った間に、肥《ひ》後守《ごのかみ》(高《たか》階《しなの》)成章《なりあきら》朝臣が、今日、赴任するとのことを申してきた。男たちが申したものである。「毎夜、但馬の百姓を称して叫び声を放たせているのは、これは(橘)俊孝《としたか》朝臣が行なったものである」と云うことだ。諸人が申しているところである。「俊孝は近ごろ、事の縁が有って但馬に下向した。不善《ふぜん》の事を行ない、国の為に濫吹を行なった。国司(藤原能通《よしみち》)が在京している間である」と云うことだ。「国司が国に帰った後、俊孝を追い上げて、姻戚《いんせき》の者を譴責《けんせき》した。急に忿怨《ふんえん》を起こし、俊孝が行なったものである」と云うことだ。酒狂《しゅきょう》であって不善の者である。私の家人《けにん》である。ところが先年、車に乗って家の門を渡った。下人の為に面を打ち破られただけである。

二十八日、辛酉。　資平の夢想紛紜／威子の御修法／頼通、病悩

夢想《むそう》が静かではなかったということを、中将が示し送ってきた。そこで寿命経《じゅみょうきょう》二十巻を転読した。また、金鼓《こんぐ》を打たせた。

内供が云ったことには、「中宮の御修法は、すでに三七日に及んでいます。はなはだ堪え難いのです。

事情を啓上《けいじよう》させて、退出しようと思います」ということだ。中将が云ったことには、「朝の参謁《さんえつ》でした。次いで高陽院《かやのいん》に参りました。頭中将が云ったことには、『関白は、昨日の夜分、悩《や》まれた。物の祟《たた》りが有るようなものである。今日は宜しくいらっしゃった。もしかしたら邪気《じやけ》か』と云うことでした」と。

二十九日、壬戌。
執柄《しつぺい》（頼通）の御心地《ここち》について、書状で頭中将に問うた。報じて云ったことには、「頗る宜しいとはいっても、毎夜、尋常ではいらっしゃいません」ということだ。

○八月

一日、癸亥。　覆奏文／北野祭の日に禎子内親王が内裏にあることの可否／平忠常郎等の従者を逮捕
早朝、権左中弁《ごんのさちゆうべん》（藤原）章信《あきのぶ》が、覆奏文《ふくそうぶん》および国々が申請した解文《げぶみ》を持って来た〈前例を継いだ。〉。或いは奏上し、或いは留めた。
（藤原）頼任朝臣《よりとうあそん》が関白《かんぱく》（藤原頼通《よりみち》）の御書状を伝えて云ったことには、「五日に北野祭《きたののまつり》が行なわれる。何年来、内蔵寮使《くらりようし》を出立《しゆつたつ》されている。服者《ぶくしや》は内裏に参ってはならないのであろうか、如何であろう。一品宮《いつぽんのみや》（禎子《よしこ》内親王）が東宮（敦良《あつなが》親王）に伺候されているからである」と。私が答報して云ったことには、「内蔵寮使を出立される祭の日は、重服《じゆうぶく》や軽服《きようぶく》の人および僧たちは、内裏に伺候しません。遠祭《えんさい》の日は、ただ使者を発遣される日に、服者や僧たちは参らないのが通例です」と。日暮れ時、大外記《だいげき》(清原)頼《より》隆《たか》が来て云ったことには、「検非違使《けびいし》が(平)忠常《ただつね》の従者を捕えることができました」と。後に聞いたことには、「忠常の郎等《ろうどう》の従者である」と。

二日、甲子。　詔書覆奏に加署

外記史生《げきししょう》が、詔書《しょうしょ》の覆奏《ふくそう》を進上した。「朝臣」を加えて返給した。「忠常の郎等は、所望していた事によって、先日、検非違使別当《けびいしべっとう》(藤原経通《つねみち》)の許に言上《ごんじょう》しました。風聞が有って、調べられる事が有ります」と云うことだ。今朝、別当□□□□□。報書に云ったことには、「忠常の使者を、夜分、搦めさせて、関白殿に引き渡しました。すぐに尋問されました。申して云ったことには、『私(使者)は、忠常の郎等の従者で、子細を知りません。実は忠常の使者は二人います。一人は運勢《うんせい》の許にいて、一人は(藤原)明通《あきみち》朝臣の許にいます』ということを証し申しました。この事は、内府(藤原教通《のりみち》)から申されれば、頗る傾き思われましょう。本物の忠常の使者を差し措いて、郎等の従者の居場所を尋ね申されています。頗る□□文です」ということだ。関白が頼隆真人《まひと》を介して伝えられて云ったことには、「改元《かいげん》の後、最初の官政《かんせい》は、吉書《きっしょ》を撰ばなければならない。ところが座に着す公卿は三人で、(藤原)実成《さねなり》卿は何日来、腰病を煩って出仕していない。(藤原)朝経《あさつね》卿は数箇月、病に臥して参ってこない。(源)道方《みちかた》卿は喪に服している〈前皇太后宮《さきのこうたいごうぐう》(藤原妍子《きよこ》)の御服喪《ふくも》。〉。もしかしたら道方卿が吉服《きっぷく》を着して行なうべきであろうか、如何か。前例は見えるところは有るか」と。答報して云ったことには、「もう一度《初めは外記が催促した》」と云うことだ。》、実成卿を催促されて、彼が遂に参らなければ、吉服を着した道方卿がこれを行なっても、何事が有るでしょうか。十一日は考定で、官政が行なわれます。その以前の吉日に外記政を行なうのが、宜しいでしょう」か。頼隆は考定で、官政が行なわれます。それ以前の吉日に外記政を行なうのが、宜しいでしょう」と。頼隆が云ったことには、「四日と五日は吉日です」ということだ。私が答えて云ったことには、「四日は丙寅である。文書を忌む日である。五日が宜しい日である」ということだ。頼隆が云ったことには、「最もそうあるべき事です」と。私が云ったことには、「五日は追討使発遣の日か。先日、官符を下給しておいた。如何なものか」と。頼隆が云ったことには、「まったく事の忌みは無いでしょう」ということだ。頼隆が云ったことには、「先ず閑院〈実成が住んでいる。〉に罷り向かいます。子細を実成卿に告げて、若し我慢して参られるのでしたら、関白に申すことにします」ということだ。事はもっとも上計である。

三日、乙丑。　禎子内親王、北野祭により東宮を退出／改元後初めての官政について頼通と相談

大僧正（深覚）が、小瓜を小女（藤原千古）に志された。持夫の法師に手作布を下給した。「昨夜、一品宮が御出されました。明後日の北野祭によるものです」と云うことだ。内蔵寮使が出立することによる。大外記頼隆が云ったことには、「昨日、関白の御使として、藤中納言（実成）の許に向かいました。云ったことには、『病悩は減じない。参入することはできない』ということでした。云ったことには、『源中納言（道方）は、素服を着している人である。すぐにそのことを関白に申しました。云ったことには、『病悩は減じない。除服すべきであろうか。そもそもこのことを右府物を隔てて逢いました。云ったことには、『病悩は減じない。参入することはできない』ということでした。すぐにそのことを関白に申しました。云ったことには、『源中納言（道方）は、素服を着している人である。吉服を着すのは、如何なものか。除服すべきであろうか。そもそもこのことを右府

(実資)に告げるように』ということでした」と。私が報じて云ったことには、「明日と明後日は、外記の物忌《ものいみ》です。源中納言は、その年に当たっています。参入することは難しいでしょう。十一日は考定です。その日、太政官庁《だいじょうかんちょう》に於いて初めて行なうのは、先例が無いようなものです。やはり外記局《げききょく》に於いて行なうべきでしょう。十四日は格別な忌みが無い日です。その日に外記政を始められ、その後、考定を行なうのが、宜しいでしょう。今、右衛《え》門督《もんのかみ》(実成)が病悩している脚病《きゃくびょう》は、この十余日の間、療治《りょうじ》を加えれば、平癒《へいゆ》するでしょうか」と。しばらくして、頼隆が還って来て云ったことには、『「御物忌によって、門外に於いて人を介して伝え申させました。おっしゃって云ったことには、『そうあるべき事である。明日、参入することとする。子細によるように』ということでした」と。

夜に臨んで、(平)直方《なおかた》朝臣が来て、雑事を申した。「明後日、必ず進発します」ということだ。

四日、丙寅。　忠常の使者二人の書状四通／二通は教通・師房への書状／東大寺別当についての東大寺の愁訴

早朝、大外記頼隆が関白の御書状を伝えて云ったことには、「十四日に外記政を行なう。その後、考定を行なうのが、もっとも佳《よ》い事である」と。釈奠《せきてん》の宴座《えんのざ》は、旱疫《かんえき》によって停止《ちょうじ》した先例が有る。内々にやはり、故入道太相府《にゅうどうだいしょうふ》(藤原道長《みちなが》)の周忌《しゅうき》の期間内は、便宜《びんぎ》が無いであろう。これらについて、事情を取った。皆、許容が有った。また、改元詔書《かいげんしょうしょ》には、旱疫について有るからである。頼任朝臣が云ったことには、「検非違使〈(粟田《あわたの》)豊道《とよみち》と(生江《いくえの》)定澄《さだずみ》。〉が、忠常の使者二人を搦め捕えて、関白の邸第《ていだい》に連行しました。随身《ずいじん》したところの書状は四通でした。この使者は、運勢法師の許に来ました。運勢が謀略《ぼうりゃく》を廻らせて捕えさせたのです。関白は私（頼任）に、運勢に送った書状を読ませました。『追討されるということを聞いて、所々に申さなければならない事など』と云うことでした。もう三通は、一通は内府に奉り、一通は『新中納言殿《しんちゅうなごんどの》（源師房《もろふさ》）』と上書《うわがき》し、一通は上書はありませんでした。開かれなかった三通は、検非違使に返給しました」と。

大威儀師《だいいぎし》安奝《あんちょう》の随身良真《よしざね》が来た。東大寺《とうだいじ》別当律師《べっとうりつし》観真《かんしん》が沙汰した寺家《じけ》の愁訴《しゅうそ》について伝えた。次いで上野介《こうずけのすけ》（藤原）家業《いえなり》が来て云ったことには、「煩う所が有って、美濃《みの》国から罷り帰りました。余気は、全ては未だ散じていません。もう二、三日、試みて、九日の頃に下向します」ということだ。

五日、丁卯。　落雷／平維衡、実犯者を捕進／忠常追討使、進発／改元後請印始

或いは云ったことには、「昨日、雷が左大史《さだいし》（小槻《おつきの》）貞行宿禰《さだゆきすくね》の四条宅《しじょうのたく》に落ち、女一人を損傷した」と云うことだ。随身を遣わして、貞行を見舞った。申させて云ったことには、「その頃、私（貞行）は二《に》条宅《じょうのたく》にいました」と。重ねて子細を問うたところ、申して云ったことには、「私の母および従女《じゅうじょ》が連なって坐っていたところ、従女を損傷しました」ということだ。

内供《ないぐ》良円《りょうえん》が云ったことには、「今日、神事が行なわれます。去る夕方、一条院《いちじょういん》を退出して、仮に塗壇《とだん》しました。今日だけ、御修法《みしほ》を行ないます。元の壇を破らずに、明日、帰参することにします」ということだ。

左中弁《さちゅうべん》(源経頼《つねより》)が、伊勢《いせ》の検非違使の解文と勘問日記《かんもんにっき》を持って来た。「(平)維衡《これひら》朝臣は、実犯《じっぽん》の者一人を進上しました。拷訊《ごうじん》を行ないました。その他の者は、未だ捕えて進上していません。捕えて進上する日を待って、参上すべきでしょうか。それとも捕えて進上するよう命じて参上すべきでしょうか」と。私が云ったことには、「事情を奏上して、仰せ下されるべきである。まったく来ることはない。但し今回は、やはり遺った犯人を進上させるよう命じられるべきである。検非違使は参上しないのが、宜しいであろう。維衡は所々に申させたのか。その考えを違える為、また、公事《くじ》を重んじる為である」と。「亥剋、忠常を追討する使が進発した。反閇《へんばい》は陰陽頭《おんみょうのかみ》(惟宗《これむね》)文高《ふみたか》朝臣が行なった」ということだ。これは随身(身人部《むひとべの》)信武《のぶたけ》が申したところである。「その出立所《しゅったつしょ》に参って、これを見ました」ということだ。「また、見物の車は何両も有りました」と云うことだ。

「午剋に出立するとのことでした」と云うことであった。「見物の上下の者は、馬を馳せ、車を飛ばして、会集したことは雲のようでした。夜に臨んで、少々、分散しました」と云うことだ。先日、白昼の進発は便宜が無いであろうということを、(平)維時《これとき》朝臣および直方朝臣に伝えておいた。もしかしたら、その事を信じたのか。「先年、(源)忠良《ただよし》朝臣は、阿波《あわ》の海賊《かいぞく》を追討する使として、夜半に進発した」と云うことだ。

改元の後、今日、未剋、始めて請印《しょういん》を行なった。伊賀《いが》の封戸《ふこ》の返抄《へんしょう》である。

六日、戊辰。　禎子内親王、東宮に還御／大学寮、釈奠の胙を進上

昨日、伊勢使が申請した事を、左中弁の許に問い遣わした。報書に云ったことには、『捕えて進上した犯人は、まずは進上するように。遣った犯人は、確かに督促して責めることには、『捕えて進上した犯人は、まずは進上するように。遣った犯人は、確かに督促して責めるよう、遣わし仰すように』ということでした」と。日暮れ時、中将（藤原資平）が来て云ったことには、「今夜、一品宮は東宮に還御されます。御供に供奉することにします」ということだ。夜に入って、大学寮が釈奠の胙を進上した。

七日、己巳。

瓜十駄を、座主（慶命）の御許に送り奉った。前日の書状による。その後、座主が訪ねられた。長い時間、清談した。

八日、庚午。　　**忠常使者尋問の子細／忠常、夷灣山に籠り、教通からの返答を期待**

忠常の使者について、検非違使別当に問い遣わした。報書に云ったことには、『『先の使者は、これは忠常の郎等の従者で、子細を知りません。但し内府に於いて申したところは、精兵を揃えているということを申しています』ということです。その使者は、実は忠常の使者でした。申したところの子細は、揃っていません。忠常については、『二、三十騎だけは忠常の使者でした。申したところの子細は、揃っていません。忠常については、『二、三十騎だけを随身して、いしみの山に立て籠ることにします。もしも内府への解文の御返事が有れば、あの山辺に出て来ます』ということを申しております。これは実正であろうか。

九日、辛未。　　仁王経転読

昨日から風雨があった。特に暁方以来、大風であった。酉剋、風が止んだ。毎日、仁王経《にんのうきょう》一巻を転読《てんどく》している。今日、天下の風災《ふうさい》を攘《はら》う為に、特に信心《しんじん》を致し、一部を転読し奉った。

十一日、癸酉。

伊勢検非違使・高押領使、裁報以前に帰京／大安寺建造を指示／伊勢国司に四人の逮捕を命ず／伊勢検非違使を糺問／改元後、初度の官奏に吉書を入れるか否か／仁王会定の上卿を勧める／伊勢検非違使、維衡から進物を受ける

左中弁が、伊勢検非違使(安倍)守良《もりよし》と(日下部《くさかべの》)重基《しげもと》の進上した勘問日記と、維衡朝臣の中文《もうしぶみ》を持って来た。高押領使《こうおうりょうし》(公侯延高《きみこののぶたか》)および先日、捕えて進上した犯人を随身して参上した。奏上するよう伝えた。但し私の愚案《ぐあん》では、検非違使が前日、言上して云ったことには、「維衡が犯人一人を捕えて進上しました。その他、高押領使と伊藤掾《いとうのじょう》(藤原重高《しげたか》)は逃げ去りました。捜し求め、捕えて進上することになっていますので、検非違使が捕えて進上する日を待って、随身して参上すべきでしょうか、それとも直ちに参上すべきでしょうか」ということであった。宣旨《せんじ》に云ったことには、「まずは捕えて進上する犯人については、早く進上するように。その他、維衡朝臣を督促して責めて、進上させるように」ということであった。すぐに宣下した。ところが裁報が未だ到らないうちに、高押領使一人〈「実は公侯延高」と云うことだ。〉を随身して参上した。首尾《しゅび》が無かったので、すでに言上を経た。裁報以前に参上するとは、弁解するところは無いのではないか。弁が云ったことには、「宣旨の使とは、近江《おうみ》国甲賀《こうか》郡で出逢いました」ということだ。愚頑《ぐがん》と称さなければならない。愚謀《ぐぼう》を持っているのか。

誤って参上したとはいっても、既に途中に於いて宣旨を開いて見た後、そこから罷り帰るべきなのである。もしかしたら追い下されるべきであろうか。もしかしたら過状《かじょう》を進上させるべきであろうか。維衡は、遂に捕えて進上してこない。召し上げられて、勘問されるのが宜しいのではないか。密々の事である。弁に伝えておいた。弁が云ったことには、「大安寺《だいあんじ》は、初め造立および立柱《りっちゅう》する日について、別当鴻助《こうじょ》が勘申《かんじん》されるということを申しました。関白が云ったことには、『材木を採って揃え、一度に建造を始めるのが宜しいであろう。日時勘文《にちじかんもん》については、材木が揃っているかどうかに随うべきである。そもそも右府に伝えるように』ということでした」と。もっともそうあるべきであることを答えた。弁が云ったことには、「大物《だいもつ》は、未だ揃っていません。斗角《とかく》の木は、これは大物です。国々に配し充てて、進上させることにします。それらが出て来れば、建造に及ぶことにします。大略、大物を進上する国々を、定め仰せておきました〈伊賀・近江・丹波《たんば》・播磨《はりま》。〉」と。権左中弁が宣旨二通を持って来た〈一通は伊勢国司《こくし》が申請した三箇条。一、兵乱騒動を糺し誡《ただ》められることを請う事。命じて云ったことには、「内膳典膳安曇為助《ないぜんてんぜんあずみのためすけ》・安曇宗助《むねすけ》・安曇時信《ときのぶ》・高橋春忠《はるただ》。為助については、捕えて進上するように。その他、もう三人も、追捕《ついぶ》するように」と。すぐに同じ弁に下した。もう一条は、云々。一通は、讃岐《さぬき》の造殿の料物《りょうもつ》であった。また同じく宣下した。〉。

左中弁が勅を伝えて云ったことには、「高押領使〈某《なにがし》。〉は、知らないということを申している。先日、捕えて進上した某と、召し向かって対問《たいもん》させるように。また、使の検非違使たちは、宣旨を待たず、高押領使を受け取って参上したというのは、召問《しょうもん》するように」ということだ。同じ弁に命じて、下給した。大炊寮《おおいりょう》が申請した年料米《ねんりょうまい》は、前司《ぜんじ》に日収《にっしゅう》で弁じ申させて、後司《こうし》に渡す事について、前例を勘申するよう命じた。

左中弁が関白の御書状を伝えて云ったことには、「十四日に官奏《かんそう》を行なうことは、何事が有るであろう。但し改元の後、最初の官奏に吉書を入れるべきか否かについて、前例を調べて申し行なうように」ということだ。前例を調べて勘えても、吉書を撰んで揃えるということは見えない。近くはつまり寛弘《かんこう》の例では、「文書を選んでいない」ということだ。仁王会《にんのうえ》は、もっとも行なわれなければならない事である。早く定めて行なうのならば、十四日に官奏に伺候する事・十七日に仁王会について定め申す事を、同じ弁に伝えた。そもそも仁王会は、大極殿《だいごくでん》に於いて行なわれるべきであろうか。それとも諸堂・諸門・諸司に於いて行なうべきであろうか。同じく事情を取った。報じられて云ったことには、「一所に於いて行なわれるのが宜しいであろう」ということだ。十四日に官奏を行なわれることになった。急いで国々の講師《こうじ》と読師《どくし》を申請する文書の有無について、左大史貞行宿禰に問うた。申して云ったことには、「国々の司の申文は、或いは未だ申上していません。或いは未だ南所《なんしょ》に申していません。寺々が申請した講師と読師の文書も、またこのようなものです」ということだ。あの日は、吉書の奏ではない。それならば文書を揃えて、奏に伺候することとする。あの日は、早く仁王会について定めなければならない。事が攘災《じょうさい》によるからである。この趣旨を関白に伝えるよう、左中弁に示し送っておいた。「明日、意向を取って、来て告げることとします」ということだ。
「使たちは維衡の進物《しんもつ》を得た」と云うことだ。弾指《だんし》しなければならない。また、尋ねることはできない。

十二日、甲戌。　結政請印の上卿について

早朝、関白が大外記頼隆を介して、伝えて云ったことには、「十四日の結政《かたなし》は、着座《ちゃくざ》している納言三人〈実成・道方・朝経。〉は、皆、故障が有る。実成・朝経両卿は、病悩が有る。道方卿については、皇太后《こうたいごう》（妍子）の御服喪に着している。もしかしたら軽服の人が、着して行なうべきであろうか。先例が有る様に、覚えているところである」と。私が報じて云ったことには、「改元定《かいげんさだめ》が行なわれる日は、重服の人は参入しません。今、新年号の官符に請印する政は、軽服の人が軽服を着し、着して行なっては如何でしょう。特に道方卿は、故宮《こみや》（妍子）の大夫として素服を給わった人です。遂に着して行なうことのできる人がいなければ、除服して着すべきでしょう。そもそも御決定に従うべきものです」と。すぐに頼隆が帰って来て、御書状を伝えて言ったことには、「もっともそうあるべき事である。頼隆は、道方納言の許に向かって事情を伝えるように。ただ今、事情を奏上させる。まずは内々に伝えたところである」ということだ。

十三日、乙亥。　平真重を宥免／道方に除服して結政の上卿を勤める宣旨

左中弁経頼が云ったことには、「明日、仁王会について定め、後日、官奏が行なわれます。もっとも

善い事です」ということだ。これは執柄〈頼通〉の報である。改元の後、すぐに仁王会を申し行なう難

点が有るので、前跡〈天徳五年二月十六日、応和に改元し、二十六日、仁王会を行なった。〉を示し遣わした。

頭弁〈藤原〉重尹が覆奏文を持って来た。天皇の綸旨を伝えて云ったことには、「右衛門尉〈平〉真重

を免すように」ということだ〈何日か、釐務を停められていた者である。〉。大外記頼隆を召して、これを

伝えた。頼隆が云ったことには、「この卿は、吉に即いて、役所〈明日の結政。〉に従事するよう、

宣旨が有りました。もしかしたら直ちにその人に伝えるべきでしょうか。それとも如何でしょうか」

と。私が答えて云ったことには、「ただ伝えられるべきである」と。

今日、頭弁が云ったことには、「明日の結政は、道方卿が除服して着すことになりました」という

ことだ。私が答えて云ったことには、「ただ伝えられるべきである」と。

十四日、丙子。　結政請印／官奏／伊勢検非違使の申文／仁王会定／禎子内親王、東宮から退出

今日、改元の後、初めて官政が行なわれた。改元の官符に請印を行なった〈上卿は道方卿が、除服して

これを勤めた。宣旨によって除いたものである。〉。中将が来た。未剋の頃、内裏に参った。中将は別の車

で従った。（藤原）資房と（藤原）資高も、同じく従った。私は待賢門から参った。輦車に乗った

恒例のとおりであった。陣座にいた際、頭弁重尹が宣旨を伝え下した。すぐに同じ弁に下した。この

宣旨の内に、計歴の宣旨が有った。外記・太政官・式部省に下す為に書き分け、元の請文を留めた。

次いで左中弁経頼が、右衛門志守良と左衛門府生重基の申文および左衛門尉〈藤原〉顕輔・左衛門

志豊道・左衛門府生〈平〉時通が菅原光清と公候延高を問注した日記を進上した。すぐに奏上させた。

そもそも守良と重基が弁解し申したところは、その道理を失っている。尚書《しょうしょ》(重尹)に伝えておいた。私は南座《なんざ》に着した。次いで左兵衛督《さひょうえのかみ》経通が座に着した。仁王会の例文を進上するよう、右大史《うだいし》(小野)奉政《ともまさ》に命じた。すぐにこれを進上した。右少史《うしょうし》(坂合部《さかいべの》)国宣《くにのぶ》が、硯を執って、参議《さんぎ》の座に置いた。経通に僧名《そうみょう》の定文《さだめぶみ》を書かせた。大極殿一所の高座《こうざ》を留め、紫宸殿《ししんでん》・清涼殿《せいりょうでん》・院宮《いんぐう》・神社は、通例のとおりに書き終わって、これを進上した。本来ならば検校《けんぎょう》と行事《ぎょうじ》を書いて、一度にこれを奉らなければならない。次いで検校〈中納言《ちゅうなごん》道方・参議経通。行事、左少弁《さしょうべん》(源)資通《すけみち》・右大史(丹生《にうの》)挙光《たかみつ》・右少史国宣。〉を書かせた。書き終わって、これを進上した。左中弁に命じて、陰陽寮《おんみょうりょう》が日時を勘申した文〈二十八日。発願《ほつがん》は巳二剋、結願《けちがん》は申二剋。〉を進上させた。重服の僧については、尋ね問うて、これを除いた。謂うところの、故天台座主《てんだいざす》院源《いんげん》の弟子である。但し故入道太相府の素服を給わった僧綱《そうごう》は、確かに知らない。僧名の定文・検校の定文〈行事の定文は奏上しなかった。〉・陰陽寮の日時勘文を筥《はこ》に納め、左中弁を介して関白の邸第に奉った。黄昏に臨んで、帰って来て云ったことには、「院(藤原彰子《あきこ》)の御念仏《ねんぶつ》に伺候していましたので、参入することができませんでした。甚だ恐縮し申します。僧都《そうず》心誉《しんよ》・定基《じょうき》、法《ほう》眼教円《げんきょうえん》が、素服を給わった者です。この三人を留めて、他の人に改めて早く奏下《そうか》してください」ということだ。改めて入れさせて、左中弁を介して奏上させた〈日時勘文と検校の定文を加えた。〉。すぐに下給したのである。僧名定《そうみょうさだめ》・検校定《けんぎょうさだめ》・行事定《ぎょうじさだめ》・陰陽寮の日時勘文を加えて下給した。左中弁が、一々、束ね申した。これより先に、主殿寮《とのもりょう》が燎《ひ》を執った。私は退出した。戌剋、中納言(藤原)兼隆《かねたか》、参議経通・資平・(藤原)公成《きんなり》が、陣座にいた。「今夜、一品禎子内親王は、宮(敦良親王)から退出される。これらの卿相《けいしょう》は、その御供に供奉することになっている」と云うことだ。「関白が参られた」と云うことだ。

十五日、丁丑。　**石清水八幡宮に奉幣／伊勢検非違使に過状を進上させる／公侯延高を礒松と対決させる**

石清水宮《いわしみずぐう》に奉幣《ほうべい》を行なった。奉幣の後、念誦《ねんじゅ》を行なった。この宮は、神事と仏事を、並んで行なう。また、宮寺《みやでら》と号している。今、考えると、深く仏事を忌んではならないのではないか。そこで念誦と読経を行なったのみである。重服や軽服、および懐妊《かいにん》や月事《げつじ》の類は、特に忌み禁じなければならない。右大史挙光が、仁王会の定文を進上した。左中弁経頼が書状に記して云ったことには、「夜分から腰の下に物が熱して、参入することができません。宣旨に云ったことには、『守良たちについては、事情を言上した後、本来ならば裁下に随って処置しなければならないのである。ところが、ひとえに維衡朝臣の申詞《もうしことば》に託して、公侯延高および申文を請け取り、伊藤掾を召し進めさせずに上京したという趣旨は、道理はそうであってはならない。このことの怠状《たいじょう》を進上させるように』ということです。『公侯延高については、三河《みかわ》国司に礒松《ぎしょう》、および前日、糺し返した下女《しもおんな》たちを進上させて、延高と対問して、真偽を決すように』ということでした」と。早く宣下するよう報じた。但し、怠状を進上させてはならない。過状を記すよう、示し遣わした。これは古伝《こでん》である。

十六日、戊寅。　彰子、高陽院に渡御／忠常追討使中原成通、母危篤と虚偽を申す

昨夜、女院(彰子)は高陽院(関白の邸第。)に渡御された。宰相中将(資平)が来て云ったことには、「忠常を追討する使の右衛門志(中原)成通が、美濃国から言上したことには、『八十歳の母が病を煩って、急に万死一生の告げが有ったということを、云々しています。このことを関白に申させます』という

ことでした。これは検非違使別当の説です」ということだ。この事は、左大史貞行宿禰の所に言上すべきであろうか。追討使は太政官から宣下するものである。更に他の方を経て故障を申させるのは、道理はそうであってはならない。既に事の疑いが有る。先日、検非違使別当が云ったことには、「成通と直方朝臣は不和です。ここに故障が不実であることがわかります。『美濃国に於いて、故障を申すこととする』と云うことでした。成通が或る者に談って云ったことには、『美濃国に於いて、故障を申すことしょう』と。仁王会の趣旨は、呪願文を作成しなければならない。近代は、検校の上卿が作者に命じられる。そのことを、左中弁の許に仰せ遣わした。報じて云ったことには、「明日、来ることにします」ということだ。真偽は遂に露顕する

す」ということだ。

十七日、己卯。　東宮読経始／伊藤掾を捕進せよとの宣旨／佐太良親に屏風絵を描かせる

帯刀長(藤原)資経が云ったことには、「昨日、宮の御読経始が行なわれました。出居に伺候しました。御読経であることは、告げがありませんでした」と。行事の宮司の怠りか。小臣(実資)は東宮傅である。やはり告げるべきであろう。晩方、資高が来て云ったこと

上達部は一人も参りませんでした。御読経であることは、告げがありませんでした」と。行事の宮司の怠りか。小臣(実資)は東宮傅である。やはり告げるべきであろう。晩方、資高が来て云ったこと

には、「昨日の宮の御読経は、法華経《ほけきょう》の不断経《ふだんきょう》でした。行香《ぎょうごう》は行なわれませんでした」ということだ。左中弁経頼が、守良と重基の過状を持って来た。奏上するよう伝えた。命じて云ったことには、「今月の内に伊藤掾を捕えて進上せよとの事について、宣旨を下給するように。使部《しぶ》を使とするように。もしも捕えて進上しなければ、譴責使《けんせきし》を遣わすということを、宣旨に載せるように」ということだ。すぐに宣下した。弁が云ったことには、「仁王会の呪願《じゅがん》の趣旨について、今朝、執柄に伝え達しようと思っていた間、検校の上卿から書状が有りました。指示に随うことにします」ということだ。私が答えて云ったことには、「早く関白に伝えよ」と。検校の上卿に伝えるよう、命じておいた。中将が云ったことには、「成通の母の病が事実かどうか、関白が問い遣わされました。申させて云ったことには、『何日来、煩う所が有ります。ところが一、二日、頗る平復《へいふく》しました。死ぬことはないでしょう』と。そこでそのことを成通に仰せ遣わしておきました」ということだ。「今夕、院が内裏に入られた」と云うことだ。今朝、弾正忠《だんじょうのちゅう》(中原)師重《もろしげ》を指名して、(佐太《さたの》)良親《よしちか》の許に遣わした。五尺屏風《びょうぶ》六帖《じょう》と四尺屏風八帖を画くよう、命じさせた。良親が来た。種々の病が発《おこ》って、出仕することができない。そこで仰せ遣わしたものである。無理に逢った。身力《しんりょく》を尽くして画くとのことを申した。

十八日、庚辰。　中宮御修法、結願／頼通邸に落書

良円は、この何日か、中宮《ちゅうぐう》(藤原威子《たけこ》)の御修法を修している。今日、結願し、退出した〈五七箇日。〉。「去る五日、関白の邸第に落書《らくしょ》があった」と云うことだ。「天下の事や道俗《どうぞく》の事が書かれていた。上達部以下の悪事も、皆、記し載せてあった」と云うことだ。「往古《おうこ》から今に至るまで、未だこのような落書はなかった」と云うことだ。

雨脚は沃《そそ》ぐようであった。旱水《かんすい》が並んだ年である。また、風災が有った。去る夏、疫癘《えきれい》が流行した。最近では兵革《へいかく》が有った。災年《さいねん》と称さなければならない。

十九日、辛巳。　**四尺屛風の料絹／良円に東北院を知行させ、実頼御願の観音堂を建立させる／穀倉院の新屋倉を見る／朱雀院修造**

四尺屛風三帖のための絹を、師重が良親の所に遣わした。一昨日、申させて云ったことには、「盗難の恐れが有りますので、少しばかり先に面絹《めんきぬ》を給わって、画き出すに随って、これを奉ってください」ということだ。そこで三帖の面絹を遣わしたものである。一帖を留めた。次々の絵を画かせる為、三帖の面絹を遣わしただけである。上品《じょうひん》の墨二挺《ちょう》と米十石を遣わした。良円は山〈延暦寺《えんりゃくじ》〉に登った。良円が東北院《とうほくいん》を知行《ちぎょう》する事、観音堂《かんのんどう》を造立すべき事を伝えた〈故殿《ことの》〈藤原実頼《さねより》〉の御願《ごがん》である。〉。午の後剋、中将と同車して穀倉院《こくそういん》を見た。東門に到って、見入った。車から下りなかった。この院は、土地が有って建物が無かった。ところが穀倉院別当《こくそういんべっとう》〈中原〉貞清《さだきよ》朝臣は、新たに屋倉《やぐら》数宇《う》を造立した。諸人は賞嘆した。そこで密々に見たものである。殊功《しゅこう》の者と称さなければならない。きっと天恩《てんおん》を戴くであろう。続いて朱雀院《すざくいん》を見た。頗る修造を加えてあった。「〈藤原〉保相《やすすけ》朝臣の勤功である」と云うことだ。

二十一日、癸未。　定考／東北院の財政について

中宮が御給《ごきゅう》の計歴の文書を申請された。御請文を留めて、下さなかったのである。別に三通を当てて、外記・人政官・式部省に下した。今日、外記〈大外記頼隆。〉と太政官〈右大弁《うだいべん》重尹。〉に下した。式部省については、後日、下さなければならないのである。頼隆が云ったことには、「別の紙に書いて下給した例は、調べてもわからなかったもので、蒙を啓きました」と。再三、感心の様子が有った。

書様《しょよう》　土佐権介《とさのごんのすけ》曽我部如光《そがべのゆきみつ》

右、今年から計歴することとする。

長元《ちょうげん》元年八月二十一日

中将が来た。すぐに考定《こうじょう》に参った。宴座や穏座《おんのざ》は停止となった。その理由は、前記にある。東北院の下法師《しもぼうし》を召して、寺家の雑事を問わせた。申して云ったことには、「大河内杣《おおこうちのそま》の榑《くれ》は、寺家の分に充てません。ただひとえに法性寺《ほっしょうじ》の修理に充てます。また、家が施入《せにゅう》する播磨・周防《すおう》の修理の分の米は、寺家の分に充て用いません。用いるところは、関知されているところです」と。これらの事は、内供に行なわせるべきである。このことを命じておいた。「悦び申す様子が有りました」と云うことだ。「また、吉い夢想《むそう》を見ました」ということだ。

二十二日、甲申。　前常陸介、仁王会料未進について頼通に返答

大威師安脅が雑事を述べた。左中弁経頼が来た。関白の御書状を伝えて云ったことには、「常陸《ひたち》が仁《にん》

王会料《のうえりよう》を進上した。ところが前常陸介《さきのひたちのすけ》(藤原)信通《のぶみち》が申して云ったことには、『あの国は、在任四年で二箇年の公事を勘済《かんさい》しました。代々、裁許《さいきよ》されています。そこで申し返して、進上しませんでした。前司維衡と前々司《ぜんぜんじ》維時は、皆、二箇年の公事を勘済しました。ところが仁王会料を進上しました。もしかしたら維衡たちは、この事を弁知《べんち》することのできる人がおらず、ひとえに行事所《ぎようじしよ》の督促によって進上したものでしょうか。私(信通)の任については、未だ裁許はないのでしょうか。如何でしょう』と。これは格別な書状ではない。ただ汝《なれ》(実資)に告げて、述べたところの趣旨を聞こうと思う」ということだ。私が云ったことには、「信通は頗る治術《じじゆつ》を施し、興復《こうふく》の風聞が有ります。初任では二箇年の任期を延べられて、三箇年の公事を勘済することを申請しました。ところが裁許はありませんでした。その後、更に通例によって二箇年の公事を勘済することを申請し、定め申すようにとの宣旨を下されました。国々の申請について定め申す日に、加えて定め申さなければなりません。諸卿は必ず前代によって裁許が有るとのことを定め申すでしょう。事の疑いは有るわけはありません。この事は、更に事の定に及ぶこともありません。ただ旧跡《きゆうせき》によって宣旨を下されるべきでしょう。四箇年の仁王会料は、済進《さいしん》することは難しいのではないでしょうか。この国については、朝廷が特に扶けられるのが宜しいのではないでしょうか。特に古昔《こせき》、兼官《けんかん》を給わりました。また、在任の四箇年の内、二箇年の公事を勘済しました。亡弊国《ぼうへいこく》を優遇される事です。古跡《こせき》に背いて、四箇年の公事を勘済するのは、亡弊国の吏は、いよいよ耐え難いのではないでしょうか」と。

二十三日、乙酉。　備前国百姓、善状を進上／備前国、大風の損害／兼経、随身を府掌に推薦／信濃駒牽に陣饗の有無

太政官の厨家《くりや》が餅餤《べいだん》を進上した。頭弁が関白の御書状を伝えて云ったことには、「備前《びぜん》国の百姓《ひゃくせい》が、公門《こうもん》に立って、善状《ぜんじょう》を申している。その状を進上させて、罷り帰るよう、命じさせるように」ということだ。すぐに同じ弁に伝えた。弁が云ったことには、「神社・仏寺・官舎《かんしゃ》は、大風の為に、皆、すべて顚倒しました。田はすでに損じました。今となっては、方策が無いということを、備前から申上しています」ということだ。美作《みまさか》のようなものか。今年は五箇の災害が有る。天下は、恐れ慎しまなければならない。

宰相中将(藤原)兼経《かねつね》が右近将曹《うこんのしょうそう》(紀)正方《まさかた》を遣わして、随身近衛《このえ》惟宗為武《ためたけ》を右近府掌《うこんのふしょう》に補されたいという書状が有った。先日、書状が有った。すでに二度に及んでいる。この男は、能く矢数《やかず》を射る者である。また、右近府掌はいない。申すところは、そうあるべきである。前日、物節《もののふし》を補した際は、この書状は無かった。ところが頻りに書状が有ったので、事の趣旨を右近権中将《うこんのごんのちゅうじょう》(源)隆国《たかくに》に示し遣わした。返事に云ったことには、「物節を定め補される際に、申すべきものです。ところが数日を経て、申させています。頗る便宜がありません。ところがこの為武は、賭射《のりゆみ》に奉仕して、矢数が有る者です。また、右近府掌はいません。特に補任《ぶにん》されても、格別な難点は無いのではないでしょうか」ということだ。後日に補すということを、正方に伝えておいた。晩方、頭弁が備前の善状を持って来た。関白

に奉ってはならないということを伝えておいた。

大外記頼隆が関白の命を伝えて来た。伝え示して云ったことには、「『信濃《しなの》の御駒牽《こまひき》』と云うことだ。左衛門陣《さえもんのじん》の饗宴が有るべきか否か、事情を問うように』ということでした」と。頼隆が云ったことには、「長和《ちょうわ》四・五両年は、饗宴はありませんでした。あの年々は疫癘が有りました。今年の釈奠は、講論《こうろん》の他、宴座はありませんでした。また、考定の宴座や穏座は、停止となりました。改元の詔文に旱疫が有ることによるものです」と。私が云ったことには、「長和四・五両年は、内裏焼亡によって別宮《べつぐう》に移御されていた頃である。そこで陣饗《じんきょう》は無かった。但しこの陣の饗宴は、釈奠に准じてはならないのではないか。駒牽の饗宴の日は、上達部や太政官の上官《じょうかん》は、政事《まつりごと》が終わって陣に着す。気上《きじょう》を補うだけの事か。公家《くげ》(後一条《ごいちじょう》天皇)はご存じでいらっしゃるはずはないのではないか。特に九日と旬《しゅん》政《せい》の日は、宜陽殿《ぎようでん》に於いて饗宴が有る。どうしてましてや、左金吾陣《さきんごのじん》の饗宴は、なおさらである」と。すぐにこの趣旨を申し達させておいた。そもそも関白の御心に従うべきものである。

二十四日、丙戌。　左衛門陣の饗宴

昨日、左衛門陣の饗宴は、通例のとおりであった。大外記頼隆が上卿〈左衛門督《さえもんのかみ》兼隆。〉に申して云ったことには、「今日の饗宴については、右府の決定によって行なわれたものです」ということだ。これは左中弁が告げたところである。尾張守《おわりのかみ》(源)則理《のりまさ》が、美作荘《みまさかのしょう》の券文《けんもん》を随身して来た。下官(実資)に寄《き》進《しん》した荘園《しょうえん》である。確かに見て、処置しなければならない。中将は私の車後《くるまじり》に乗って、一緒に太相府《だいしょうふ》

(道長)の領処〈浄土寺《じょうどじ》の南。蔵殿《くらどの》と称す。〉を検分した。日暮れに、家に帰った。夜に入って、念覚《ねんかく》律師が来た。いささか述べるところが有った。

二十五日、丁亥。　内印／駒牽の馬の配分／除目についての頼通の意向／大江景理、卒去

中将が云ったことには、「去る二十三日の信濃の駒牽は、中納言兼隆が上卿を勤めました。ところがその日、中納言道方と参議(源)朝任《あさとう》が、内印《ないいん》の儀を行なって陣座に伺候していたので、御馬を給わりませんでした」と云うことだ。天慶《てんぎょう》七年九月十四日の故殿と九条殿《くじょうどの》(藤原師輔《もろすけ》)の記に云ったことには、「右大臣(実頼)〈故殿。〉と参議(藤原)在衡《ありひら》は、季御読経《きのみどきょう》の事によって宜陽殿に伺候していて、御馬を給わらなかった。そこで十五日、御馬を下給するということを、大納言《だいなごん》師輔卿におっしゃられた。但し右《う》馬寮《めりょう》の御馬を右大臣に下給することとなった。御監《ごげん》であるからである。左馬寮《さめりょう》の御馬は、在衡に下給することとなった。皆、これは取手《とりて》の内である」ということだ。

また、云ったことには、「今朝、関白に奉謁《ほうえつ》しました。たまたま便宜を得て、申し進める事が有りました。すでに恩容《おんよう》の意向が有りました。おっしゃって云ったことには、『意向だけを、やはり女院に申させるように』ということでした。今、この御詞について考えると、深く芳意《ほうい》が有るようなものです。また、云ったことには、『先日、(藤原)斉信《ただのぶ》卿が、道理が有るということを述べた。衆人《しゅうじん》が許すところか。来月十四日、故宮の御周忌日の十五日を過ぎて、京官除目《きょうかんじもく》が行なわれるであろうか』ということでした。去る夕方、摂津守《せっつのかみ》(大江)景理《かげまさ》〈左馬頭《さまのかみ》。〉が卒去しました。両職は皆、要官《ようかん》です。また、

に」ということには、『権左中弁章信は、摂津守を兼ねようと欲する考えが有る。右府に相談するよう

に」ということには、『権左中弁章信は、摂津守を兼ねようと欲する考えが有る。右府に相談するよう
に」ということでした」と。

二十六日、戊子。　妍子周忌法事定／頼通、実資に僧前奉仕を求む／高田牧、年貢を進上

検非違使別当が来て、語った。夜に入って、中将が来て云ったことには、「今日、故宮〈皇太后〉の周
忌御法事の雑事を定めました〈来月九日。〉。関白がおっしゃって云ったことには、『重服の人は、僧の食膳を
奉献することはできないのか、如何か。右府に問うて、伝え告げるように』ということでした」と。
私が答えて云ったことには、「重服の人は、喪を弔いません。僧の食膳も同じでしょう。そもそも僧
の食膳を奉仕せよとの事については、恐縮して承ります」と。このことを報じさせた。高田牧が、米
や贄を進上し、絹を進上してこなかった〈大宰大弐（藤原惟憲）の譴責に堪えられず、遅進を致しまし
た〉ということだ。

二十七日、己丑。　隆家長女を弔問／葬送の日は敦儀親王の衰日

前帥（藤原隆家）を弔問した。その家人を呼んで、通じさせた〈去る二十三日、あの太娘が逝去した。李部
親王（敦儀親王）の室である。〉。山座主（慶命）が立ち寄られた。長い時間、清談した。次いでに云った
ことには、「明日から主上（後一条天皇）は、四巻経〈金光明経〉を読まれるという綸旨が有りました。参入します」という
ことだ。

（宗形）妙忠朝臣が、別に長絹十疋と綿を進上してきた。牧の使は、藤原為時。

仁王会の招請を辞し申したとはいっても、格別な仰せが有りましたので、参入します」ということだ。

中将が来て云ったことには、「昨日、問われた事を、関白に申しました。おっしゃられて云ったことには、『考えたとおりである』と云うことでした」と。また、云ったことには、「前帥を弔問しました。立ったまま、逢いました。高声に涕泣《ていきゅう》していました」と。式部卿宮《しきぶきょうのみや》(敦儀親王)の衰日《すいにち》です。ところが、その(藤原)登任《なりとう》朝臣が云ったことには、「明日の葬送《そうそう》は、忌みを避けません。奇怪な事です」と。右中弁《うちゅうべん》(藤原)経輔《つねすけ》が云ったことには、「出家の後、夫婦の義は、すでに絶えていました。今となっては、外人《がいじん》です。特に急には日がありません。そこで行なうものです」と云うことだ。

二十八日、庚寅。　大極殿仁王会

百講仁王会〈大極殿。〉が行なわれた。加供《かぐ》は通例のとおりであった。物忌を称して、参らなかった。頭《とうの》中将《ちゅうじょう》(源顕基《あきもと》)の許に示し遣わした。天皇の天聴《てんちょう》および関白に伝える為である。「宰相二人が紫宸殿に伺候しています。大納言斉信は天皇の御前に伺候しています」と云うことだ。大納言は紫宸殿に伺候すべきであろうか。

後日、頭弁重尹が云ったことには、「戸部《こぶ》〈斉信。〉が定めて云ったことには、『宰相二人は紫宸殿に伺候するように』と。参上した頃、中納言師房が参入し、紫宸殿に伺候しました」ということだ。

二十九日、辛卯。　彰子、上東門院の垣の修築が終わらず、高陽院に移御

中将が来た。左大弁《さだいべん》(藤原)定頼《さだより》が来た。□□□今夜、女院は内裏から高陽院に御出される。「上東門《じょうとうもん》院《いん》（土御《つちみ》門院《かどいん》）の東面《ひがしおもて》の垣は、国々に命じて高厚《こうこう》に改築されました」と云うことだ。「吉い田の土を運んで、これを築造しました。若狭《わかさ》国は九本を修築しました。日数を経ずに勤めを行なうようにとの譴責は、最も甚しいものでした。大雨によって、国々は修築し終わることができません。そこで今日、還御されず、関白の邸第に御出されました」と云うことだ。「愁嘆《しゆうたん》していました」と云うことだ。

○九月

一日、壬辰。　河臨解除／仁王講／前備前守に前司未進の補塡を免除／辛島牧、駒を貢進

早朝、沐浴《もくよく》し、河頭《かわのほとり》に臨んで解除《げじょ》を行なった。毎日の仁王講《にんのうこう》は、念賢《ねんけん》の代わりに、その趣意によって、何日か、得命《とくみょう》を読師《どくし》とした。ところが外聞は便宜《びんぎ》が無い。そこで得命を止め、今日から慶範《けいはん》にこれを修させた。もう一口《く》は、元来、忠高《ちゆうこう》が修していた。頭弁《とうのべん》（藤原重尹《しげただ》）が、前備前守《さきのびぜんのかみ》（源）経相《つねすけ》の申請した前司《ぜんじ》の任終《にんしゆう》の年の利春白米《りしようはくまい》を免除する申文《もうしぶみ》を伝え下した。申請によった。同じ弁に下した。今日から十五箇日の供料《くりよう》を、鎌倉真等聖《かまくらしんとうひじり》に送った。私は衰老《すいろう》が特に甚しく、精進《しようじ》に堪えられない。そこでこの間、小供を施すばかりである。夜に入って、（宮道《みやじの》）式光《しきみつ》が辛島牧《からしまのまき》から来た。駒三疋を牽進《けんしん》してきた。一疋は内供《ないぐ》（良円《りようえん》）の分。一疋は（中原）貞親《さだちか》に下給した。

二日、癸巳。　犯土の有無を頼通に問う／大風／右近衛府庁、顚倒

権左中弁《ごんのさちゆうべん》（藤原）章信《あきのぶ》を呼んで、犯土《ぼんど》について関白《かんぱく》（藤原頼通《よりみち》）に伝えさせた。何日か、関白の尊堂《そんどう》（源倫《とも》子《こ》)は、二条第《にじようてい》に移られている。そこで事情に随って処置しなければならない。また、中宮《ちゆうぐう》(藤原威子《たけこ》)が左衛門督《さえもんのかみ》(藤原兼隆《かねたか》)の家に渡御《とぎよ》された後、犯土してはならないので、今日と明日に、東面《ひがしおもて》の垣を築造させることになっている。また、南西の方角は、歩板《あゆみいた》を垣とすることにする。皆、これは犯土である。先月、大風はすでに三箇度あった。ところが今日、大風は多く倍した。初めは北東の方角から起こり、次いで北方、次いで北西の方角。北西の方角の風が長く吹いたことは、最も甚しいものであった。風の間、右近将曹《うこんのしようそう》(紀)正方《まさかた》が来た。申させて云ったことには、「右近衛府庁《うこのえふちよう》が顚倒しました。また、節会《せちえ》の雑具を納めた倉の上が、吹き損じられました」と。先ず倉の上を修補するよう、召し仰せた。午の終剋から酉剋まで、大風が吹いた。三箇度の風に勝《まさ》った。上下の者が云ったことには、「初度の風が吹いた後、未だ返風《かえしかぜ》が有りません。必ず返風が有るでしょう」と。度々、大風の後、また東や北東の方角の風が有った。すでに返風は無かった。今日の午剋に至って、雲が北西を指して奔走《ほんそう》した。更に大風が北西の方角から発《おこ》った。三剋の間、大いに吹いた。三剋と謂うのは、未・申・酉剋であるばかりである。閭巷《りよこう》の言では、「必ず返風が有るであろう」ということだ。世の云うところは、もっとも信じなければならない。

三日、甲午。　右近衛府庁の材木守護を命ず／府庁再建に爵料を充てんとす／豊楽院・法成寺の被害

右近衛府庁の材木を守護《しゆご》させる事を、暁方、随身近衛《ずいじんこのえ》(身人部《むとべ》)信武《のぶたけ》に命じて、年預《ねんよ》の官人たちに仰せ遣わした。造立する所については、右近衛府の力では及び難いのか。右中将《うちゆうじよう》(源)隆国《たかくに》を呼び遣わして、定めようと思ったが、今日は坎日《かんにち》である。明日、呼び遣わすこととした。心中、思ったところは、爵一人を申請し、その爵料《しやくりよう》に右近衛府の力を加えて造立しようと思った。材木は散失しなかったのか。信武が云ったことには、「豊楽院《ぶらくいん》の豊楽《ぶらく》・儀鸞《ぎらん》・不老《ふろう》門が、顚倒しました。穀倉院《こくそういん》の新造の倉一宇《う》も、同じく顚倒しました」と。（藤原）顕輔《あきすけ》が云ったことには、「暁方、関白は法成寺《ほうじようじ》に向かわれました。河水が堤を突き壊して東大門《とうだいもん》から入り、寺中は海のようでした。一家の卿相《けいしよう》が参会しました。民部卿《みんぶきよう》（藤原）斉信《ただのぶ》卿が会合しました。塔が三尺ほど、南東を指して傾いていました。大工《だいく》（常道《つねみちの》）茂安《しげやす》が申して云ったことには、『直立させることのできる方策はありません。基壇《きだん》を築き固めない間に、急いで造営されたので、起こったものです。今となっては、すべて壊して、新たに基壇を築き固めた後、礎《そ》石《せき》を据え直し、また更に造立するしかありません。それ以外には、他の方策は無いでしょう』ということでした。茂安が申したことに随って、壊されるという決定が有りました」ということだ。多くはこれは、天下の煩いであるばかりである。式光が云ったことには、「昨夜、法成寺司《ほうじようじし》某《なにがし》法師が、関白殿に参りました。『鴨川《かもがわ》の水が寺中に入りました』ということでした。関白は驚きながら馬に乗り移って、馳せ向かわれました。頗る軽々でした。関白は、内府（藤原教通《のりみち》）の門前や小一条第《こいちじようてい》を過ぎ、事情を云って入られ、また馬に乗り移って馳せ到りました。河の水は、北東の垣を突き壊して寺中に入り、また東門や北門から入りました。また、中河《なかがわ》の水が西門から入りました。水はすでに四方から入って、防ぎ留めることができませんでした。これは主税允《しゆぜいのじよう》致成《むねなり》が申したものです。すぐに御寺に参って見たところです」ということだ。右中将隆国に、明日、来るようにということを、扶宣を介して仰せ遣わした。右近府庁について命じた。右中将隆国に、明日、来るようにということを、扶宣を介して仰せ遣わした。右近将監〈高〉扶宣と右近将曹正方が、参って仰せ来た。右近衛府庁について命じた。右中将隆国に、明日、来るという報が有った。

四日、乙未。　所々の被害／右近衛府庁造営の相談

少納言（藤原）資高が云ったことには、「昨日、殿上人二、三人が、顚倒した所々を検分しました。豊楽院の門および中和院の南門・中務省の南門・右近衛府の庁舎が、顚倒していました」と。中宮が申請された土佐権介（曽我部如光）の計歴の文書の別紙を、式部丞（藤原）実範に下した。権弁（章信）が関白の仰せを伝えて云ったことには、「犯土は、まったく忌まれることはない」ということだ。右近衛府庁を造営する事を、関白に伝えさせた。今朝、左中弁（源）経頼に示し遣わし、権中将隆国が来た。右近衛府庁を造営する事を相談した。「明日に至るまで犬の死穢が有る。明後日、事情を取って申すことにする」ということだ。「犯土を忌むことはないということについて、関白の命が有りました」ということだ。これは権左中弁が来て、告げたものである。爵を給わって、その爵料で造立させるという事を、関白に伝えさせた。

五日、丙申。　大風・洪水の被害を巡検

中将（藤原資平）が関白の邸第から来て、雑事を談った次いでに云ったことには、「村上天皇の御代の違勅違式定は、やはり不審が有る〈（惟宗）公方の左遷について定めただけである〉。あの時の故殿（藤原実頼）の御記を記して送るように」ということだ。今日、中将に所々を書写させて、明日、これを奉る

こととした。今日、止雨使《しうし》を発遣された〈丹生《にう》・貴布禰《きぶね》社。「使は蔵人《くろうど》」と云うことだ。〉。中将が同車した。また、小児〈藤原資仲《すけなか》〉〈中将の息。〉が同乗した。先ず法成寺辺りに向かった。塔が多く傾いているのを望み見た。次いで西京《さいきょう》を見た。紙屋河《かみやがわ》の水が堀河《ほりかわ》に入り、流損《りゅうそん》した宅々は多数有った。北・西・南を廻り見た〈臨見《りんけん》した。次いで東方。〉。大垣《おおがき》の頽壊《たいかい》は極まり無かった。穀倉院は顚倒していた。また新たに構築するのに、いよいよ勤節《きんせつ》がなければならない。

六日、丁酉。　陸奥前司未進の砂金の処置／右近衛府庁造営に爵料を充当

故殿の御記〈違勅違式定について。〉を書写し、中将を介して関白に遣わし奉った。その次いでに、前日の奥州《おうしゅう》の砂金について伝えた。しばらくして、返って来て、御報を伝えた。左中弁経頼が来た。陸奥《むつ》守《かみ》〈平〉孝義《たかよし》が申請した前司〈橘〉則光《のりみつ》の任終の金の定文《さだめぶみ》および元の解文《げぶみ》を託した。この定文の内に、国々の定が有った。あの間の定文である。そこで切らずに留めた。事の子細を伝えた。大納言《だいなごん》斉信・故中納言《ちゅうなごん》〈藤原〉公信《きんのぶ》・故参議《さんぎ》〈藤原〉広業《ひろなり》が、定めて云ったことには、「計歴を許されるべきである。また、任終の年の金は、後司孝義が勘済《かんさい》すべきである」と。先日、おっしゃって云ったことには、「計歴を許されるということを定め申した。更にまた、前司の任終の年の金を弁済《べんさい》すべきであるということを定めた」と。あの時、問い仰さなくてはならないことが有った。公信はすでに薨じた。広業が云ったことには、「もしも弁済すべき道理が有れば、前司則光を下し遣わさなければならない」ということだ。その後、広業もまた、薨じた。斉信卿については、未だこのことを伝えていない。議定《ぎじょう》の

日、もしも弁済すべき道理が有るのならば、罷り下って沙汰しなければならないということを申した。そこで伝えなかったものである。今となっては、勅定《ちょくじょう》によるべきであろう。今回の仰せに随って、決定しなければならない。

また、右近衛府庁の顚倒は、もし裁許《さいきょ》が有るのならば、爵を申請しようと思う。先ず意向を取って、府奏《ふそう》を奉ろうと思う。この趣旨を伝えておいた。左中弁が返って来て、関白の報を伝えて云ったことには、「造庁料に爵を申請する事は、もっとも善い事である。府奏を進上するように」ということだ。「奥州の定文を給わって留めている。見られるように」ということだ。「意向は、前司が弁済することに有るのであろうか」と云うことだ。

七日、戊戌。　夜久貝を隆家に頒賜／備前百姓、水難に遭い死去

夜久貝《やくがい》四十余を前帥《さきのそち》(藤原隆家《たかいえ》)の使に託した。その書状が有ったので、これを送ったものである。「備《び》前《ぜん》の百姓《ひゃくせい》が、善状《ぜんじょう》を申して帰国した際、未だ河尻《かわじり》に到らない途中、去る二日の大風に逢った。船が覆って、人は多く死んだ。この中に家継《いえつぐ》がいた」ということだ。五品《ごほん》である。但し海賊《かいぞく》の首門継《かどつぐ》の子である。門継は海賊の長者《ちょうじゃ》である。今、大風に遇って、身は河底に沈んだ。万人が憐れまなかったばかりである。

八日、己亥。　前備後守の郎等従類、高田牧司を刃傷／犯人藤原高年を逮捕

去年の春、高田牧《たかだのまき》が雑物を運上した。河尻に於いて、前備後守《さきのびんごのかみ》(橘)義通《よしみち》の郎等《ろうどう》の従類《じゅうるい》が、牧司《まきし》藤原為《ため》時《とき》を刃傷《にんじょう》した。随身していた種々の物を奪い取り、牧の下人一人を射殺した。張本の犯人四人は、跡を晦《くら》まして逃げ隠れた。その一人の藤原高年《たかとし》〈字は小藤太《ことうた》。〉は、近江《おうみ》国甲賀《こうか》郡に住んでいる。時々、京の辺りに来て、犯行を行なう。「最上の馬を盗んだ」と云うことだ。(藤原)頼経《よりつね》に命じて、捜索させた。頼経は同郷に住む者である。去る夕方、申して云ったことには、「この男は、今日、三条宅《さんじょうのたく》に入るのを見ました。これはつまり、前佐渡守《さきのさどのかみ》(佐伯《さえきの》)公行《きんゆき》の宅です。また、高年は公行の姪《てつ》です」と云うことだ。顕輔を召して、事情を伝えた。放免《ほうめん》に命じて、包囲させた。今日、捕えることができた。門外に連行して来た。訊問《じんもん》するよう命じておいた。一昨日、馬を盗まれた者は、この男の顔を見て、一昨日の馬盗人と申した。これは顕輔が申したところである。「牧司為時が参上し、この男を見ました。感悦は極まりありませんでした」と云うことだ。

九日、庚子。　妍子周忌法事

今日、先皇太后《さきのこうたいごう》(藤原妍子《きよこ》)の周忌《しゅうき》御法事を、法成寺阿弥陀堂《あみだどう》に於いて修された。僧の食膳を奉献《ほうけん》した〈高坏《たかつき》十二本。打敷《うちしき》を加えた。机二十前《ぜん》・大破子《おおわりご》五荷《か》・米三十石。〉。外行《がいこう》を慎しまなければならないことを称して、参入しなかった。

近衛惟宗為武《ためたけ》を右近府掌《うこんのふしょう》に補した。賭射《のりゆみ》の射手《いて》で、矢数《やかず》の者である。宜陽殿《ぎようでん》の座について、中納言(藤原)朝経《あさつね》と参議(源)朝任《あさとう》が行なった。殿上間《てんじょうのま》の見参簿《げんざんぼ》に重服《じゅうぶく》の人〈「(藤原)行経《ゆきつね》」と云うことだ。〉を入れたのは、そうであってはならないのではないか。調べなければならない。特に見参《げんざん》した者は、禄料を下給されるのである。未だ重服の人が禄に預かった例を知らない。少納言資高が云ったことには、「上卿《しょうけい》は、除くよう命じました。ところが左中弁経頼は、除いてはならないということを述べました。そこで除きませんでした。この間、外記《げき》は膝突《ひざつき》にいました。弁は申上することができません」と。これは奇怪とする。

十日、辛丑。　妍子周忌法事の詳細

中将が云ったことには、「昨日の故宮《こみや》(妍子)の御法事の仏像と経は、御等身《とうしん》の金色阿弥陀三尊像《こんじきあみださんぞん》・両《りょう》界曼荼羅《かいまんだら》と金泥法華経《こんでいほけきょう》一部・墨字《ぼくじ》法華経百部・般若心経《はんにゃしんぎょう》・転女成仏経《てんにょじょうぶつきょう》でした」と。「七僧《しちそう》の他、題名僧《だいみょうそう》百口でした」と云うことだ。

十一日、壬寅。　大和氷室預を宥免／伊勢例幣使、発遣／道長の法会の僧前奉仕を頼通に約す／除目の日時

検非違使別当《けびいしべっとう》(藤原経通《つねみち》)が来て、雑事を談った。「去年の夏、禁固《きんこ》された大和氷室《やまとのひむろ》の預《あずかり》某は、今日、免《ゆる》されました」と。大外記《だいげき》(清原)頼隆《よりたか》が云ったことには、「今日の御幣使《ごへいし》は、源中納言道方《げんちゅうなごんみちかた》卿が上卿を勤めます」と。二十二日に、陣定《じんのさだめ》が行なわれる。必ず参られるよう、昨日、頼隆を介して民部卿斉信卿に伝えた。参るという報が有った。昨日、中将が云ったことには、「一昨日、関白が云ったことには、『故宮の僧の食膳を奉仕された人には、故殿(藤原道長《みちなが》)〈入道。〉の僧の食膳をお願いするわけにはいかない』ということでした」と。私が云ったことには、「下官(実資)は、やはり奉仕することにします」と。また、除目《じもく》は、二十七・八日に行なわれるべきであろうか。その他の日は、皆、後一条《ごいちじょう》天皇の御物忌《ものいみ》である。老人（実資）は、籠宿《ろうしゅく》することに堪えられそうもない。二十七日は中宮の行啓《ぎょうけい》が行なわれる。そうとはいっても、除目を早く始め、未だ秉燭《へいしょく》に及ばないうちに公卿が退下し、翌日に行なわれるのが宜しいであろう。このことを中将に告げて、今日、関白に伝えた。報じられて云ったことには、「僧の食膳については、恐縮して承った。はなはだ悦び申す。二十七日は御物忌ではないのならば、除目はもっとも行なわなければならない。行啓とはいっても、何事が有るであろう。『行啓の時剋は亥剋』と云うことだ」ということだ。

十二日、癸卯。　火祭／興福寺維摩会擬講に米を遣わす

火祭《ひまつり》を行なった〈（巨勢《こせの》）孝秀《たかひで》。〉。明日の奏事を、左大史《さだいし》（小槻《おつきの》）貞行宿禰《さだゆきすくね》に命じた。山階《やましな》（興福寺《こうふくじ》）別当僧都《べっとうそうず》（扶公《ふこう》）が、堂に於いて清談《せいだん》した。米二十石を、擬講陽邦《ぎこうようほう》の所に遣わした。示し送ってきたからである。「請いを受ける間の分」ということだ。中将が来た。

昨日、検非違使別当が云ったことには、「今朝、長谷寺《はせでら》に参ります」ということだ。道虚日《どうこにち》に霊験所《れいげんしょ》に参るのは、如何なものか。行程は二、三日を経るであろう。考えるべきか。

十三日、甲辰。　外記政／陣申文／官奏／内文／彰子、上東門院に還御／千古のための仁王講

諷誦《ふじゅ》を六角堂《ろっかくどう》に修した。午の終剋、雨が止んだ。未の初剋の頃、内裏に参った。春華門《しゅんかもん》を入った際、中納言道方と参議資平が、急いで宣陽門《せんようもん》に走り入った。外記政《げきせい》が終わって、内裏に入ったのか〈深履《ふかぐつ》を着していた。〈温明殿の壇を経た。〉私は陣座に着した後、温明殿の壇を経た。雨儀であった。左大弁（藤原定頼）が参入した〈温明殿の壇を経た。〉外記政について問うた。大弁が云ったことには、「中少弁が遅参しました。結政から参入したのか。〉外記政について問うた。大弁が云ったことには、「中少弁が遅参しました。そこで上卿は南所に参りませんでした」と。雨儀であった。

「未二剋」ということだ。外記政の時剋は、甚だ懈怠している。左中弁経頼が、先日、下給した勘宣旨〈一枚は覆奏文で、大炊寮の申請文。一枚は越前国司の申請文。定め申さなければならない。〉を進上した。官奏で揃えなければならない文書で、未だ南所に申上していないものが有るのか。それならば、状況に随って先ず申上させるよう、左中弁に命じた。すぐに尋ね問うたところ、云ったことには、「越後国の減省・綱所の擬補の解文・元慶寺の申請した講師の解文です」と。申上させるよう申した。左大弁は座を起った。私は南座に着した。中納言道方が座に着した。しばらくして、大弁が座に復し、申して云ったことには、「申文」と。私は目くばせして、揖礼した。大弁が称唯した。左少史信重が、申文を挿して小庭に控えていた。私は目くばせした。称唯し、膝突に着して、これを奉った。見終わって、板敷の端に置いた。信重はこれを給わって、一々、束ね申した。終わって、走り出た。私は大弁に目くばせした。進んで来て、下総国司の申請した交替使の申文を給わった。大弁が束ね申した。使を定めるよう命じた。称唯して座に復した。長い時間を経て、座に復し、申して云ったことには、「奏」と。私は目くばせして、揖礼した。大弁は称唯した。次いで右大史（小野）奏政が奏文を捧げ、跪いて小庭に伺候した。私は目くばせした。称唯し、走って来て、膝突に着し、これを奉った〈十九通。〉。見終わって、片結びし、板敷の端に置いて、これを給わった。申したことには、「揃えるべき文書は、十九枚」と。終わって、走り出た。次いで大弁が座を起ち、左中弁を介して内覧《ないらん》させた。「この頃、関白が参られた」と云うことだ。左中弁が関白の書状を伝えて云ったことには、「奏上するように」と。そこで同じ弁に奏上し申させた。秉燭の後、召しが有った。大弁が座を起った。次いで僕(実資)は、階下を経て御所に進み、奏を執って参上した。年中行事御障子《ねんじゆうぎようじのみしようじ》の東に跪いた。目くばせされた。称唯して、御前に進んだ。これを奉った儀は、恒例のとおりであった。下給されて、束ね申すのが通例である。退下した。書および杖を返給して、陣座に復した。奉政が奏文を進上した。先ず表紙《おもてがみ》を給い、次いで一々、奉政に給わった。文を開いて、見せた。文書に随って、これを命じた〈後不堪《ごふかん》は、「前年の例によって使を遣わすのを停め、三分の二を免じられる」と。他の文書は、「申したままに」と。〉。奉政が、成文《なりぶみ》の数を申した。終わって、元のとおりに推し巻き、揃えさせた。結緒《ゆいお》を給わった。奉政が奏文を結び、走り出た。次いで大弁が座を起った。次いで僕が退出した。

「道方卿と資平は、内文《うちぶみ》の儀を行なうように」ということだ。「今夜、女院《にょういん》(藤原彰子《あきこ》)は関白の邸第から上東門院《じようとうもんいん》(土御門院《つちみかどいん》)に還御《かんぎよ》された」と云うことだ。今日から五箇日、内供の房に於いて、二口の僧を招請して仁王講を修する。小女(藤原千古《ちふる》)の息災《そくさい》の為である。十六日は慎しまなければならないからである。私の為に、百堂に金鼓《こんぐ》を打たせた。夢想《むそう》が静かではなかったからである。

十四日、乙巳。　随身に夏衣を下給

随身に夏の衣服〈府生《ふしょう》に四疋、番長《ばんちょう》に三疋、近衛に二疋。〉を下給した。除目については、二十七・八日が宜しい日である。また、御物忌の間隙である。中将を介して関白に伝えさせた。前日、伝えられた事が有ったので、申し伝えたものである。報じられて云ったことには、「事の障りが無い日である」ということだ。

右大史奉政が奏報《そうほう》を進上した。黄昏に臨んで、山座主《やまのざす》（慶命《きょうみょう》）が立ち寄られた。長い時間、清談した。

十五日、丙午。　維摩会講師請書に加署／頼通、国司交替に交替使派遣停止を提案／右近衛府庁顚倒の損傷勘文／閑院、焼亡

維摩会《ゆいまえ》講師《こうじ》陽邦の請書《しょうしょ》に「朝臣《あそん》」を加えた〈法相宗《ほっそうしゅう》。専寺《せんじ》。〉。頭弁重尹が、宣旨《せんじ》三枚〈維摩会の不足米・前常陸介《さきのひたちのすけ》（藤原）信通《のぶみち》の申請した越勘宣旨《おつかんせんじ》［前例の済不を勘じなければならない。］・飛驒《ひだ》国司の申請した交替使。〉を下給した。同じ弁に下した。関白の御書状に云ったことには、「今から交替使を遣わすことを停め、前司の同任の官人を、前司が受領《ずりょう》した官物《かんもつ》の定数《ていすう》に任せて交替《こうたい》するよう、永く宣旨を下しては如何か」ということだ。報じて云ったことには、「古時《こじ》は、陣座に於いて上達部《かんだちめ》が僉議《せんぎ》し、堪能の者を撰んで定め遣わしました。この使は、公益《こうえき》を考える為です。近代は、意を得た者を使とします。もっとも公損《こうそん》が有ります。ところが、永く使を止める宣旨というのは、如何なものでしょう。前司の受領の定数によるとの事は、やはり権議《ごんぎ》です。公益のようではありません。近代の交替使に准じるのが、公益と称すべきでしょう。ところが事の道理を論じると、頗る相違しています。今となっては、交替使を申請するとはいっても、状況に随って前司の受領の数によるという宣旨を下給しても、何事が有るでしょう。もしも必ず使を遣わさなければならない国が有れば、その時に臨んで反掌《はんしょう》の謗難《ぼうなん》が有るでしょう。そもそも、決定に随います」と。

将曹《しょうそう》が、右近衛府庁が顚倒して材木を損傷させた勘文《かんもん》を注進《ちゅうしん》した。右近将監扶宣は、署を加えていなかった。その理由を問うたところ、申して云ったことには、「丹波《たんば》国に下向していて、署しませんでした」ということだ。署させるよう命じて返給した。

「丑剋の頃、閑院《かんいん》が焼亡した。一屋も遺らなかった」と云うことだ。大納言（藤原）能信《よしのぶ》卿の住居である。中将が馳せ向かった。すぐに書状を伝えた。「あの納言は、東三条第《ひがしさんじょうてい》にいました。関白・内府及び諸卿が会合しました。その女房《にょうぼう》を、太相府《だいしょうふ》（藤原公季《きんすえ》）に遣わしました」と云うことだ。「右衛門督《えもんのかみ》（藤原）実成《さねなり》は、閑院の西対《にしのたい》に住んでいる。ところが腰病を治療する為に、朔日の頃、河尻に向かって、塩湯《しおとう》治《じ》を加えています。未だ帰っていません」と云うことだ。「宰相（藤原）公成《きんなり》は、その供になっていま す」と云うことだ。

十六日、丁未。　資平昇進について、源顕基の説／小一条院、奈良に赴く

中将は除服《じょぶく》を行なって、内裏に参った。晩方、来て云ったことには、「昇進について、頭中将《とうのちゅうじょう》（源顕《あき》基《もと》）の説では、『道理は宰相中将《さいしょうちゅうじょう》（資平）にあった。故殿（道長）がおっしゃられたものである』ということでした。これは関白が密かに語られたとのことを、（藤原）頼任《よりとう》に談りました。頼任は私（資平）に

告げました」と。「昨日、小一条院《こいちじょういん》は、七大寺《しちだいじ》を参拝される為に、南京《なんきょう》にいらっしゃった」と云うことだ。

十七日、戊申。　石清水八幡宮修造につき、勅使派遣を請う／信正を看督長に還補

法橋元命《ほっきょうげんみょう》が来て云ったことには、「石清水宮《いわしみず》の御殿を、新たに修造しようと思います。宿院《しゅくいん》の古構に於いて、新造した先例を調べました。応和《おうわ》〈もしかしたら天徳《てんとく》か。〉四年九月、初めて損色《そんしょく》を取りました。七箇日を経て、内裏が焼亡しました。康保《こうほう》三年、修造が終わりました。同四年、主上《しゅじょう》(村上天皇)が崩御《ほうぎょ》されました。はなはだ不快です。また、一条院《いちじょういん》の御代、修造されました。右大弁《うだいべん》(藤原)有国《ありくに》を勅使《ちょくし》として、修造して御神体《しんたい》を移し奉りました。その時は、何事もありませんでした。今、これらの例を考えると、宮寺《みやでら》の司たちは、自由にすることは難しいでしょう。やはり勅使を派遣すべきでしょう。昨日、このことを左中弁に告げておきました。『先ず右府(実資)に告げて、関白に申すように』ということでした」と。私が答えて云ったことには、「伊勢大神宮《いせだいじんぐう》および賀茂《かも》社は、ご神体を移し奉る時は、弁を勅使とする。その例によって、もっとも勅使を派遣すべきであろう」と。

左中弁が、宣旨三枚〈大炊寮と修理職《しゅりしき》が申請した宣旨は、同じ弁に下した。東大寺別当観真《とうだいじべっとうかんしん》の申文は、定め申さなければならない。〉を持って来た。検非違使別当が来て云ったことには、「信正《のぶまさ》を看督長《かどのおさ》に還補《かんぽ》するよう、女院から三箇度、仰せが有りました。高年を拷訊《ごうじん》してはならない事も、仰せ事が有りました」ということだ。これらの事は、謀略《ぼうりゃく》を廻らしたのか。天下の治乱《ちらん》は、ただこのような事にある。先日、

或いは云ったことには、「信正は（源）行任朝臣に追従している。また、検非違使別当の眷顧は、もっとも深い。両人が力を合わせて、事を女院の仰せに寄せて、構えたものである」と。また、高年を拷訊してはならないという事は、驚き怪しむに足る。先日、済通は名籍を小女に出して、切々と拷訊させてはならないということを申させた。特に甚しい。先日、済通は名籍を小女に出して、切々と拷訊させてはならないということを申させた。有司の他は、口入してはならない。また信正は、私が検非違使別当であった時、看督長に補した。家人であることは、三十余年に及ぶ。随ってまた、厩舎人の長とした。ところが放縦の罪が有った。そこでその職を解却させたものである。検非違使別当の格別な意向は、万人が何と称すであろう。あの解却の時は、眷顧の意向が有った。事を道理に帰して、無理に解却しただけである。

十八日、己酉。　大般若経転読

今日から中聖を招請して、大般若経を転読させ奉る。息災の為である。権左中弁章信を呼んで、高年と信正について関白に伝えさせた。「昨日と今日は、御物忌です」と云うことだ。堂の東垣を壊して、高年歩板を垣とした。往還の道は、甚だ細かったからである。

十九日、庚戌。　良円、威子の御修法に招請される

内供は、明日から清水寺に於いて、小女の為に修善を行なわせることになっている。ところが今夕、左中弁の許から、中宮の御修法を行なうという報が有った。「二十七日に、左衛門督の家に御出されることになっている。それ以前の朝夕、あの金吾（兼隆）の家に於いて行なわれることになったのです。但し、行なうことになっている家の修法《しゅほう》が有りますので、指示に随って事情を関白に申すことにします」ということだ。山寺に於いて少善を修させるよう、報じておいた。

二十日、辛亥。　斉信、陣定に故障を申す／陣定、延引／千古のための千手観音法

早朝、山座主が立ち寄られた。長い時間、談話した。次いでに云ったことには、「四巻経《しかんぎょう》(金光明経《こんこうみょうきょう》)を読ませられました。また、法華経を読ませられました」と。

民部卿斉信卿が、宰相中将に書状を送って云ったことには、「先日、大外記頼隆真人《まひと》が来て、右府の仰せを告げて云ったことには、『来たる二十二日あたりに、陣定を行なうこととする。もし故障が無ければ、必ず参入するように』と云うことであった。すぐにただ今、故障が無いということを申させておいた。ところがこの二、三日、乱腰が通例ではなく、時々、痛苦しています。もしも無理に我慢して行啓や除目を行なったとしたら、きっと痛みを増すのではないか。その陣定は、もしも急速ではないのならば、来月上旬の頃に申し行なわれては如何か」と。密々に意向を示されて伝え及ぼされただけである。諸々、面上《めんじょう》にある。某(資平)の謹状《きんじょう》を、僕(実資)の書状で報じただけである。僉議の時期は、来月に延引《えんいん》しなければならないばかりである。彼(斉信)の志に任せたのである。

小女の為に、内供を招請して、今日から七箇日、清水寺に於いて千手観音法《せんじゅかんのんほう》を行なわせる。伴僧《ばんそう》は四口。一口は専寺の僧を請用《しょうよう》した。あの寺が申したからである。恒例の事と称している。寺僧《じそう》六口を招請して七箇日の間、不断観音経《ふだんかんのんきょう》読経《どきょう》を行なう〈仏供《ぶつぐ》・御明《みあかし》・僧供《そうぐ》を、寺家《じけ》に送った。〉。未剋の頃、内供が下山した。小女は、夜に臨んで清水寺に参った。雨脚は止まなかった。諷誦は麻布《あさぬの》十端《たん》。御明の導師《どうし》の禄は合掛《あわせうちき》一重《かさね》。房師《ぼうし》覚寿《かくじゅ》の禄は絹一疋。鋪設の屏風《びょうぶ》・几帳《きちょう》・簾《すだれ》・雑具は、今朝、遣わした。

二十一日、壬子。

早朝、書状を清水寺に送った。二度、返事を書いた。(中原)師重《もろしげ》が来た。清水寺について申した。

二十二日、癸丑。　病悩／章信、摂津守を所望／前備後守、大垣の年内修造を申請

辰剋の頃から、心神《しんしん》がはなはだ悩《や》んだ。身体は頗る熱く、震えた。

権弁朝臣に会った。看督長信正と犯人高年について、詳しく関白に伝えた。驚かれた事が有った。「院(彰子)は、たとえ仰せ事が有るとはいっても、検非違使別当は、子細の趣旨を啓上《けいじょう》させなければならない。事情を啓上させても、今に至るまで仰せは無いのか」ということだ。また、云ったことには、「摂州《せっしゅう》の望みは、これを如何にしよう。頗るその興が有るようなものである。ところが他の人に約束されたのか」ということだ。今日、飲食は多く通例より減じた。左股の内が、はなはだ痛い。(和気《わけの》)相成《すけなり》朝臣に問うたところ、申して云ったことには、「寸《す》白《ばく》でしょうか。雄黄《ゆうおう》を付けます。すぐに付けたら、黒大豆汁《くろだいずじる》を飲まれますように」ということだ。陰陽属《おんみょうのさかん》(大中臣《おおなかとみの》)為利《ためとし》に占わせたところ、申して云ったことには、「ひとえに風気《かざけ》が発動《はつどう》しています」ということだ。

中将が来た。(藤原)資房《すけふさ》・蔵人(藤原)経季《つねすえ》・小童《こわらわ》を随身して、清水寺に向かった。小女を訪ねる為か。しばらくして、帰って来た。前備後守義通が、大垣を年内に修造し終わるとの申文を進上した。権左中弁章信に伝えた。今となっては、申請文を申上することを許すべきである。

二十三日、甲寅。　淡路守、米を進上／平維衡、藤原重高の妻子を召進

暁方から頗る尋常を得た。淡路守《あわじのかみ》（菅野）敦頼《あつより》が、米五十石を進上してきた。左中弁が、奏状二通〈（平）維衡《これひら》が藤原重高《しげたか》の妻および男四郎丸《しろうまる》を召し進めた。前常陸介信通の申請した、遁避《とんび》して署さなかった状の事。万寿《まんじゅ》元年の国解《こくげ》。〉を持って来た。すぐに奏上させた。晩方に臨んで、左中弁が同じ宣旨を持って来た。すぐに下した〈重高の妻を尋問しなければならない。但し四郎丸は、年六歳である。そこで尋問することはできない。信通の申請した、遁避して署さなかった状、維衡の帳および所の例を勘えた。〉。夜に入って、左兵衛督《さひょうえのかみ》（経通）と中将が来た。武衛《ぶえい》（経通）が云ったことには、「五節《ごせち》の舞姫《まいひめ》を献じるようにとの定が有りました」と。何日か、少納言資高は穢《え》に触れている。今朝、清水寺に参って、小女の許にいた。

二十四日、乙卯。　石見中津原牧、贄・牛を進上

石見牧《いわみのまき》が、贄《にえ》および牛三頭を進上した。例年に似ず、甚だ凡鄙《はんぴ》であった。そこで人々に下給した。前常陸介信通・（橘）為通《ためみち》朝臣・史《し》（紀）為資《ためすけ》である。師重が、菓子十折櫃《おりびつ》を随身して、清水寺に参詣した。毎日、我が家から精進物や菓子を遣わしている。中将が云ったことには、「明朝、春日《かすが》社に参ります。明後日の暁方に奉幣《ほうべい》し、すぐに帰洛《きらく》することにします」と。また、云ったことには、「今回の除目は、公卿召《くぎょうめし》は行なわれないとのことです」と云うことだ。大外記頼隆真人が云ったことには、「今日、関白が、欠官《けっかん》の勘文を進上するという仰せが有りました」と。

二十五日、丙辰。　諸人、清水寺に物を進上

昨日、蔵人式部丞（藤原）経任《つねとう》が清水寺に参った。これは小女の方人《かたうど》である。名簿《みょうぶ》を出した者である。

今朝、中将は春日社に参った。

念賢が、今日、初めて還って来た。そこで元のように仁王講を修させた。慶範については、ひとえに小女の千部法華経を転読させた。主税頭《しゅぜいのかみ》（中原）貞清《さだきよ》朝臣が、菓子十二折櫃と大破子五荷を清水寺に進上した。志が有るのか。「覚寿法師が申したので、所々に頒《わか》ちました」と云うことだ。

二十六日、丁巳。　本命供／丹後守罷申

本命供《ほんみょうく》を行なった。大破子六荷を清水寺に送った。修法所《しゅほうしょ》・不断経所《ふだんきょうしょ》・清水寺別当の三昧堂《ざんまいどう》・御堂《みどう》・洒掃僧《しゃそうそう》・直廬《じきろ》装束僧《しょうぞくそう》覚寿の分が、各一荷。修法と読経僧の布施《ふせ》を、また師重が随身して、清水寺に参った〈阿《あ》闍梨《じゃり》の布施は麻細《あさほそ》十端、伴僧は五端、不断経僧《ふだんきょうそう》は伴僧に同じ。〉。夜に入って、丹後守《たんごのかみ》（藤原）兼房《かねふさ》が来た。赴任するとのことを申した。逢ってしばらく談じ、馬を与えた。

二十七日、戊午。　佐太良親、出家／京官除目／資平、奈良で病悩／受領功過定／威子、兼隆邸に移御／良円に祈禱させる／千古、清水寺から帰る

（佐《さ》太《たの》）良親《よしちか》が、四尺屛風八帖《じょう》を画き終わった。絹五疋を遣わした。「持病《じびょう》はすでに危急《ききゅう》です。今日、出家することにします」ということだ。大外記頼隆が欠官帳《けっかんちょう》を進上した。但し、未だ除目の召仰《めしおおせ》は行なわれていない。頼隆が帰って来て云ったことには、「ただ今、関白がおっしゃられて云ったことには、『今日から除目の議を行なう。諸卿は早く参るよう、告げるように』ということでした」と。三箇寺〈清水寺・祇園《ぎおん》社・賀茂下御社《かものしものみやしろ》神宮寺《じんぐうじ》。〉で誦《ず》経《きよう》を行なった。筆二管《かん》と墨一挺《ちよう》を史為資に給わった。大外記頼隆に伝えて下給させた。硯筥《すずりばこ》に納める分である。中文を給わって為資に託し、頭弁の許に遣わした。未の初剋の頃、中将が南京から書状を送ってきた。「昨日の寅剋の頃から、腰が折れるようであって、心神不覚《しんしんふかく》となりました。船に乗って参上します。車を鴨川尻《かもがわじり》に寄越してください」ということだ。驚きながら、少将資房と（藤原）兼成《かねなり》が馳せ向かった。今日、除目が行なわれる。そこで中将の病悩の詳細を聞かずに、内裏に参った。輦車《てぐるま》に乗ったことは、通例のとおりであった。資高が従った。敷政《ふせい》門から参入した。未だ陣座に着さない頃、壁の後ろに於いて、人々の中文を、資高を介して蔵人《くろうど》頭《のとう》に託させた。次いで座に着した。しばらくして、参議定頼と公成が参入した。次いで内府が参入した。その後、卿相が連々と参入した。未だ議所に着さない頃、蔵人（源）資通《すけみち》が諸卿を召した。私は筥《はこ》文《ぶみ》を揃えるよう、外記（源）成任《なりとう》に命じた。外記三人が、硯と筥文を捧げて、軒廊《こんろう》の南庭《なんてい》に列立《れつりつ》した。私は起って、恭礼《きようらい》門の内に入った。いささか急いで帰った。左青瑣《せいさ》・宣仁《せんにん》門から入り、軒廊の東第二間を出て、南 階《みなみのきざはし》の下を経て、射場殿《いばどの》に到り、北廊《きたろう》に立った。次いで内大臣（教通）が立った。次いで大中納言《だいちゆうなごん》が、射場殿の東 砌《ひがしのみぎり》に列した。参議は南 砌《みなみのみぎり》に列した。差し入って、舎内に列したことは、雨儀のようであった。そうであってはならない。外記は筥文を捧げて、射場殿の東庭《とうてい》に立った。終わって、私が先ず揖礼し、参上した。左大臣（頼通）〈関白。〉は、あらかじめ殿上間に伺候していた。内府が参上した。左大臣は御前の座に着した。次いで私が着した。内大臣が着した。大納言〈藤原〉頼宗・能信・〈藤原〉長家が、硯と筥文を執った。「大納言斉信卿は、病悩を称して取らなかった」と云うことだ。諸卿が着し終わって、左大臣を召した。称唯して、円座に着した。次いで内大臣を召した。称唯して、御簾の前の円座に着した。左大臣は勅を承って、御簾の内に差し入れた。私を召した。称唯して、円座に着した。次いで云ったことには、「早く」と。私は称唯し、一筥の文書を他の筥に取り移した。本来ならば笏を挿んで筥を奉らなければならない。ところが老骨〈実資〉には堪え難い。ただ傍らに挿んで置いた。御覧になって返給された。笏を挿んで伺候した。命じて云ったことには、「早く」と。称唯して、大間書を繰って置いた。終わって、笏を把って伺候した。天皇の意向を伺って、一々、大間書に書き入れた。終わって三省の奏〈式部・兵部・民部省である。〉を開いた。天皇の許容が有った。公成朝臣が、称唯して参って来た。院宮御給の申文を取り遣わすよう命じた。左大臣が、斉信卿に命じて、受領の功過を定め申させた。先ず尾張守〈源〉則理の勘文を読んだ。公卿給の申文の端に書いた。終わって、朝任朝臣を召して下給した。次いで臨時給と返上の任符を書き入れた。成文を結んで、結び目に墨を引いた。次いで大間書を巻いた。その上に表紙を巻き終わって、勘文を読んではならない」と。そこで結ばなかった。早く院宮御給の

院宮御給の申文を取り遣わそう、天皇の許容が有った。公成朝臣が、称唯して参って来た。院宮御給の申文を取り遣わすよう命じた。左大臣が、斉信卿に命じて、受領の功過を定め申させた。先ず尾張守〈源〉則理の勘文を読んだ。公卿給の申文の端に書いた。終わって、朝任朝臣を召して下給した。次いで臨時給と返上の任符を書き入れた。成文を結んで、結び目に墨を引き、一筥に納めた。左大臣が云ったことには、「大間書を巻き終わって、勘文を読んではならない」と。そこで結ばなかった。早く院宮御給の

中文を奉るよう催促した。蔵人を介して、公成朝臣に伝えさせた。再三、催し仰させた。その後、これを進上した。「中宮御給の中文は、これに従う」ということだ。私は左大臣に伝えた。大臣が御前に奉った。次いで私は大間書を奉った〈大間書と成文は、一筥に加えた。〉。すぐに天皇は入御《にゅうぎょ》した。後に左大臣が起った。次いで私、次いで内府。左大臣が殿上間に於いて云ったことには、「明日、諸卿は早く参られるように」と。私はすぐに退出した。参議と弁たちが、筥文を撤去した〈戌剋。〉。見参した上達部は、左大臣、私・内大臣、大納言斉信・頼宗・能信・長家、中納言道方・(源)師房《もろふさ》、参議経通・定頼・公成・朝任。今夜、中宮が左衛門督兼隆卿の家に御出したことは、初めのとおりであった。

私は家に帰った次いでに、車を中将の家の門に留めて、状況を問うた。家人が云ったことには、「未だ帰っていません」ということだ。驚き怪しんだことは極まり無かった。暁方、中将の許に馳せ下るよう、師重に命じておいた。しばらくして、中将は車に乗ったまま、西門の門外に来た。師重を介して、事情を申させた。「解脱《げだつ》して、車内に臥していました」と。宅に帰った後、子細を問わせたところ、云ったことには、「一昨日の丑剋の頃、春日御社に奉幣を奉献しました。宿所《しゅくしょ》〈威儀師《いぎし》慶範の宅。〉に帰り、食し終わって一寝した後、心神は不覚となりました。腰もまた、動きませんでした。あれこれがわからなくなりました。病み迷ったことは極まりありませんでした。表衣《うえのきぬ》・下襲《したがさね》・表袴《うえのはかま》を御寺に奉献して諷誦を行なった後、粥を食しました。苦痛は無く、尋常を得ました。その後、また発り煩いました。

ところが、初めに発り煩ったようではありませんでした。我慢して船に乗り、参上しました。今日は頗る昨日より減じました」と。「雑事を述べて、涕泣《ていきゅう》していました」と。内供を遣わした。内供は祈《き》禱《とう》を行なった。深夜、内供が来て云ったことには、「重いわけではないとはいっても、やはり恐れなければなりません」ということだ。私の思ったところは、不浄の参入であろうか。早朝、小女が清水寺から退出した。

内供が来て云ったことには、「昨日は清水寺から方忌《かたいみ》が有りました。明日はまた、北東に当たります。そこで妙法蓮花寺《みょうほうれんげじ》に宿します。明朝、山（延暦寺《えんりやくじ》）に登ることにします」ということだ。「盗みの恐れが有るので、違えられません」ということだ。

二十八日、己未。　除目入眼／摂津守に菅原為職、大炊頭に清原頼隆を任ず

中将は、昨夜、悩み煩った。今朝は頗る宜しかった。陰陽属為利が占って云ったことには、「風病《ふうびょう》の上に、邪気《じゃけ》があります。竈神《かまどがみ》が祟《たた》りを加えたのでしょうか」と。文書に記さなかった。後日、記すことを命じた。

内裏に参った〈申一剋。〉。資高が輦車に従った。私が陣座にいた頃、諸卿が参入した。未だ議所に着さない前に、蔵人式部丞（平）親経《ちかつね》が上達部を召した。筥文を召すよう、外記信任《のぶとう》に命じた。外記が筥文を執って列立したことは、昨日の儀と同じであった。時々、小雨が降った。そこで諸卿は紫宸殿《ししんでん》を経て参上し、射場《いば》に列立した。雨儀を用いた。外記は筥文を捧げて、射場の東砌に立った。私が先ず揖礼した。諸卿が参上した。関白はあらかじめ殿上間に伺候していた。内府が参上した。御前に参ったことは、昨日と同じであった。次いで頼宗・道方・師房卿が、筥文を執って参上した。諸卿が座に着した。終わって、左大臣を召した。簾《れん》下《か》の座に着した。次いで私と内府を伝え召した。簾下の座に着した。大間書を下給された。これを給わって伺候した。命じて云ったことには、「早く」と。大間書を取り、繰って置いた。朝任朝臣が昨日、下し勘えた院宮御給と公卿給を進上した。また、公卿給を下し勘えさせ、まずは勘えて進上するよう命じた。しばらくして、勘《かん》進《しん》した。秉燭の後、京《きょう》官《かん》を任じた。尾張守則理と丹波守《たんばのかみ》頼任の功過の定文を、大納言斉信が進上した。内府から伝えて、左府(頼通)の手に到り、これを奏上した。内《ない》官《かん》の欠は少なかった。諸道および院宮御給を任じなかった。私が左府に告げて云ったことには、「摂《せっ》津《つ》・越《えっ》中《ちゅう》両国は、任じられなければなりません。申文を下給し、諸卿に定め申させられるべきでしょう」と。左大臣は承諾した。旧《きゅう》吏《り》・別《べっ》功《こう》の者の申文を下した。順番どおりに見終わった。内府は大納言頼宗に目くばせした。下給して定め申させたのである。「大納言斉信は、早く退出した」と云うことだ。

申文九枚〈七枚は旧吏、二枚は別功。〉を撰んで進上した。本来ならば旧吏六枚と別功一枚を撰んで進上すべきであろうか。旧跡《きゅうせき》のようではない。摂津守《せっつのかみ》は(源)頼親《よりちか》・(藤原)朝元《あさもと》・(菅原)為職《ためもと》の間であるが、その議定は長い時間がかかった。為職を抽任《ちゅうにん》した。河内守《かわちのかみ》であった時、国は亡弊《ぼうへい》していたが、任中の公事《くじ》を勘済することを延ばさなかった。申文の状では、大炊頭《おおいのかみ》を去るわけにはいかないという事を載せている。ところが、大外記頼隆を任じられた〈主税助《しゅぜいのすけ》を兼ねるのか。頭と助を兼ねることになる。〉。除目で任じた人は四十六人。大間書に日を書き入れ、筥に納めて奏上した。御覧になって、返給された。成文を加えて筥に納め、中納言師房に給わった。これは清書《せいしょ》の上卿である。内大臣が退出した。左大臣も退下した。次いで下官。「時は子剋か丑剋」ということだ。見参した諸卿は、斉信・頼宗、道方・師房、定頼・朝任・公成であった。家に帰り、中将に見舞いを遣わした。「夜、やはり悩み苦しみ、未だ痢していません」ということだ。三箇寺で諷誦を修した。東寺《とうじ》・広隆寺《こうりゅうじ》・北野《きたの》社。

二十九日、庚申。　資平の病により、三井寺から心誉を迎える／宿曜・慎方を問う

暁方、資房が来て云ったことには、「中将の病む所は、やはり未だ減平《げんぺい》しません。起居《ききょ》は快くありません。飲食は受けません。私（資房）は三井寺《みいでら》（園城寺《おんじょうじ》）に向かって、心誉《しんよ》僧都を迎えようと思います」ということだ。早く迎えるよう答えた。また、云ったことには、「私の母尼《ははあま》（藤原知章女《ともあきらのむすめ》）は、病む所が有るので、何日か、三井寺に住んでいます。同じく迎え取って、明朝、罷り返ります」ということだ。（賀茂《かもの》）守道《もりみち》朝臣を呼んで占わせた。申して云ったことには、「占の結果は、軽いものです。大した事は無いのではないでしょうか」ということだ。（惟宗《これむねの》）文高《ふみたか》も、同じくこの趣旨を占った。明日、河臨《かわのぞみ》の祓《はらえ》を行なわせることとする。証照《しょうしょう》師を招いて、宿曜《すくよう》と慎しみ方について問うた。「重い慎しみはありません」ということだ。

暁方、外記信任が、大間書と成文を進上した。筥を返給した。

三十日、辛酉。　大般若読経、結願／右近衛府再建に爵料を充てる

大般若読経《だいはんにゃどきょう》が結願《けちがん》した〈中聖。〉。当季大般若読経《とうきだいはんにゃどきょう》が結願した。中将の為に、陰陽允《おんみようのじょう》孝秀に命じて河臨の禊を行なった。また、六口の僧を招請して、今日から七箇日、不断法華経読経を行なう。また、二口の僧〈盛算《じょうさん》と中聖。〉を招請して、大般若経を転読する。皆、除病《じょびょう》の為である。早朝、中将の許に向かった。心神は大した事は無かった。ただひとえに腰病を病んでいた。左中弁が関白の書状を伝えて云ったことには、「右近衛府の損色の文を見申しあげた。早く造営のための爵を申請させるように」ということだ。関白が頼任朝臣を遣わして、大間書を書写するよう伝えてきた。すぐに遣わし奉った。

○十月

三日、甲子。　五節の過差の制

蔵人式部丞《くろうどしきぶのじょう》(藤原)経任《つねとう》が云ったことには、「五節《ごせち》に過差《かさ》の制が有ります。綾の衣を着してはなりません。衣五領《りょう》の他は、着してはなりません」と。

十日、辛未。　火祭／大宋国商客、大宰大弐に唐物を奪われた旨を愁訴／隆家長女、七々日法会

火祭《ひまつり》を(中原)恒盛《つねもり》に行なわせた。諷誦《ふじゅ》を清水寺《きよみずでら》に修した。中将《ちゅうじょう》(藤原資平《すけひら》)が来た。「今日、初めて関白《かんぱく》(藤原頼通《よりみち》)の邸第《ていだい》に参りました。まだ無力です」ということだ。また、云ったことには、「大宋《だいそう》国の商《しょう》客《きゃく》が、初めて□□□。商客は大宰大弐《だざいのだいに》(藤原惟憲《これのり》)の為に、蔵人所《くろうどどころ》の召しと称して、随身《ずいじん》した唐物《からもの》を召し取られたという愁文《うれえぶみ》を、唐物使《からものつかい》の小舎人《こどねり》に託して進上しました」と云うことだ。頭中将《とうのちゆうじよう》（源顕基《あきもと》）が談った。或る人が云ったことには、「頭中将が云ったことには、『世間の様子を見させたところ、商客の愁訴《しゆうそ》は、益が無いのではないか』ということだ」と。盛算阿闍梨《じようさんあじやり》が、初めて来た宋人《そうじん》の書を持って来た。商客（周《しゆう》）良史《りようし》は、八月十五日に対馬《つしま》島に来着《らいちやく》した。次いで筑前《ちくぜん》国怡土《いと》郡北崎《きたざき》に到着した。都《と》督《とく》（惟憲）は今まで申さなかった。前帥《さきのそち》（藤原隆家《たかいえ》）の太娘《おおいらつめ》〈式部卿《しきぶきよう》親王（敦儀《あつのり》親王）の室。〉の七々日の法事を、天台《てんだい》（延暦寺《えんりやくじ》）東塔《とうとう》の法華《ほつけ》三昧堂《ざんまいどう》に於いて行なった。米五十石を送った。僧の食膳の分である。

十三日、甲戌。　石清水八幡宮社殿改築について頼通と相談／季御読経定／官奏／東大寺所司・大衆、別当の能治を申す／平維衡、伊藤掾の妻を捕進／菅野敦頼、覆勘を申請

関白の御書状に云ったことには、「石清《いわし》水《みず》宮の御殿を改築するのに、先ず仮殿《かりどの》を造営して、御神体《しんたい》を移し奉った後、御殿を造営すべきであろうか。村上《むらかみ》天皇の御代、仮殿に移し奉らずに修造した際、工《たく》部《べ》たちが御上に昇った。事の恐れが無いわけではない。一条《いちじよう》院の御代、（藤原）有国《ありくに》を勅使《ちよくし》として、先ず仮殿に御神体を移し奉って、修造された。これは、宮寺《みやでら》の司が旧記《きゆうき》によって申したものである。一条院の御代の例が、もっとも宜しい。もしそうであれば、造作の日時を勘申《かんじん》させるように」ということだ。私が云ったことには、「宇佐《うさ》宮を改築した時、先ず仮殿を造営して、御神体を移し奉りました。法橋元命《ほつきようげんみよう》の申したところです」と云うことだ。ひとえにその例によって行なわれるべきである。また、伊勢《いせ》大神宮《だいじんぐう》や賀茂《かも》社も同じくこのようである。そこで陰陽寮《おんみようりよう》に命じて日時を勘申させた。私は、南座に着した。参議（源）朝任が、座に着した。右大史（小野）奉政が、御読経の文書を進上した。右少史（源）頼兼が、□□を置いた。朝任が御読経の僧名を書いた〈あらかじめ事情を伝え、草子を硯に入れさせた。〉。綱所の死去の勘文〈僧正院源。〉があった。院源は死去した。そこで安禅寺の定文と陰陽寮の日時勘文〈二十一日壬午、発願する。午二剋。二十四日乙酉、結願する。午二剋。〉を入れた。朝任が書いて進上した定文と日時勘文を筥に納め、左中弁（源経頼）を介して先ず内覧を経た〈この頃、関白が参入した。〉。延暦寺についてこれを返し送られた。「延暦寺の軸請の蓮台と朝守は、公請を辞して隠居した者である。他の人を改めて入れられるように。『七大寺は寺の解文によって軸請に入れる』ということだ。そこで蓮台と朝守を止め、この二人を□□□入れた。云ったことには、「左少弁（源）資通が奉仕することになっています」ということだ。

と朝守を止め、この二人を□□□入れた。しばらくして、下給した〈奏覧を経て、下給したのである。〉。行事の弁の巡を問うた。云ったことには、「左少弁（源）資通が奉仕することになっています」ということだ。資通を召して、僧名と日時勘文を下給した。一々、束ね申した。すぐに行事所が申請した雑物の奏を進上した。奏下するよう命じた。左中弁が、陰陽寮の勘申した八幡宮の御殿の立柱や檜皮を葺くことを始める日時勘文を進上した。また、東大寺の所司と大衆が申した別当律師観真の能治の解文を給わった。奏上させた。また、□□ところが（平）維衡は、捕えて進上した伊藤掾（藤原重高）の妻□□日記を持っていた。奏上させた。また、淡路守（菅野）敦頼が申請した八省院含嘉堂を造営して進上する覆勘文を、同じく奏上させた。黄昏、……

十六日、丁丑。　右少史源頼兼、成功

朝源律師が来た。東大寺別当について申した。中将が来た。大外記（清原）頼隆が云ったことについて、宣旨を下されました」ということだ。太政官の上官が、成功で超越の爵を給わった事は、未だ聞いたことのない事である。

「史頼兼が申請した、斎院の舎四宇を造営して進上し、栄爵に関わりたいということについて、宣旨を下されました」ということだ。太政官の上官が、成功で超越の爵を給わった事は、未だ聞いたことのない事である。

十九日、庚辰。　石清水八幡宮神体移動の可否について頼通と相談／前安芸守、前司の遁避不署を

愁訴／駿河守罷申

今日と明日は、物忌である。ただ東門を開いた。諷誦を祇園社に修した。修善が結願した。中将が来た。

□□左中弁経頼が来て、関白の書状を伝えて云ったことには、「八幡石清水宮を修造する事について、元命が申させて云ったことには、『材木は、すべて皆、採って揃えました。その材木を他の用途に充ててはなりません。やはり改築し奉らなければなりません』ということだ。先ず御神体を外殿に移し奉り、内殿を造営する。終わって、元のように内殿に移し奉り、また外殿を造営するのが宜しいであろうか。村上天皇の御代の記に云ったことには、『天徳四年九月に損色を取って、康保三年に造営し終わった。正御座を動かさず、縄で釣り上げ、御座の木の虹梁四枚を貫いて替えた』と。旧いものを用いて、本来ならば□□を造営しなければならない。□□□記に□□御改築した間、御

神体は□□□。そもそも宇佐宮の例は、『御神体を仮殿に移し奉り、礎については改め替える』ということだ。但し一条院の御代は、『御神体を仮殿に移されて修造した。有国を勅使とした』と云うことだ」と。私が云ったことには、「天徳の例は、損色を取られた月に、内裏に事〈火事。〉が有り、康保三年に造営し終わりました。翌年、また事〈帝(村上天皇)が崩じた。〉が有りました。あの例は、穏かではありません。あれこれ、『御座を改めないのを通例とする』と申すとはいっても、村上天皇の御代は、宜しくありません。御神体を仮殿に移し奉るのと、正御座を動かし奉らないのとの間は、神慮《しんりょ》は量り難いのです。占わせては如何でしょう。もし御占《みうら》を行なえば、□□を命じられてください」と。このことを、尚書《しょうしょ》(経頼)を介して関白に□。云ったことには、「他の殿に移し奉って、□□事を造営し奉る」ということだ。弁が前安芸守《さきのあきのかみ》(藤原)頼宣《よりのぶ》の申文《もうしぶみ》〈前司《ぜんじ》(藤原)良資《よしすけ》が遁避《とんぴ》して署さなかった状を下されたいという事。〉を持って来た。すぐに奏上させたのである。今日、駿河守(源)忠重《ただしげ》が、罷申《まかりもうし》を行なった。物忌であったので、門外に於いて申させた。夜に入って、安芸守(紀)宣明《のぶあき》が来た。また参上させることを云った。

二十日、辛巳。　藤原経通、伊勢勅使を命じられる／美作守の送った布・米、到着せず／相嘗祭料を進上せず卒去した者

早朝、検非違使別当《けびいしべっとう》(藤原経通《つねみち》)が来て云ったことには、「昨日、内裏に参りました。後一条《ごいちじょう》天皇がおっしゃられて云ったことには、『御祈《き》禱《とう》の為、伊勢大神宮に参らせることとする』ということでした。

五節を過ぎて参ることとするということを申させました。『□□が有った』ということでした。すぐに奏上させようと思いましたが、憚るところが有って奏聞せず、退出して関白に申しました。『勅命《ちょくめい》に随うように』ということでした」と。申剋の頃、□孝朝臣《あそん》が美作《みまさか》から参上した。(藤原)資頼《すけより》の書状が有った。「手作布《たづくりのぬの》五十端《たん》と米二百五十石〈小女(藤原千古《ちふる》)に五十石。〉を送って、馳せ上りました。『ところが未だ参り着していない』と云うことです。甚だ怪しい事です」ということだ。中将が来て云ったことには、「南西の五節の几帳《きちょう》は、四本を一人にさせました。これは前回の他です。その料はありません」ということだ。明日、料絹を遣わすこととした。左少弁資通朝臣を呼んで、御読経について命じた。夜に入って、左中弁が来て、宣旨を伝えた。金峯山《きんぷせん》の愁訴が度々であったので、重ねて官符《かんぷ》を下給することとする。官符は大和国《やまと》が奪取した事や、正光《まさみつ》の濫行《らんぎょう》の事について、実正を調べて行なわなければならない。陸奥《むつ》の砂金は、追って□□司に沙汰させることとする。備前国司《びぜんこくし》が申請した条々については、定め申すこととする。□□□□□□□国が卒した。云ったことには、「相嘗祭《あいなめのまつり》の料物《りょうもつ》を進上していません」と。先例を勘えなければならない。安芸守頼宣が申請した、前司が遁避して署さなかったことは、先例を勘申しなければならない。弁が云ったことには、「良円《りょうえん》は、二十五日から中宮《ちゅうぐう》(藤原威子《たけこ》)の御修法《みしほ》を奉仕することになっています」と。

二十一日、壬午。　石清水宮御神体移動の占い／季御読経始

諷誦を六角堂《ろっかくどう》に修した。石清水宮の御神体は、御殿を改築している間、他の殿に遷し奉るべきか否か

の御占は、頭弁《とうのべん》(藤原重尹《しげただ》)が仰せを承って、蔵人所に於いて勘申させるよう、左中弁が伝えた。下官(実資)が申させたものである。

今日、季御読経始《きのみどきょうはじめ》が行なわれた。私は参入した。輦車《てぐるま》は通常のとおりであった。諸卿は参らなかった。行事の弁資通は、参らなかった。午二剋、頭弁重尹と左少弁資通が参入した。資通に遅参《ちさん》したことを問うた。申して云ったことには、「夜分、駒牽所《こまひきしょ》に伺候していて、丑剋に儀が終わりました。病悩が有って、早く参りませんでした」ということだ。私は午一剋に参入した。陰陽寮が勘申した発願は、午二剋であった。準備する時は無かった。そこでその時剋以前に参入したものである。右大弁《うだいべん》重尹に伝え、御前僧《ごぜんそう》を定めて、欠請《けっしょう》を補した。私は南座に着した。史奉政が文書を進上した。御前僧の定文を加えなかった。前例を知らないようなものである。そのことを命じたとはいっても、進上しなかった。□□殿か。史(紀)為資《ためすけ》が硯を置いた。右大弁は参議の座にいた。御前僧を定めて書き、資通を介して奏上させた。資通が云ったことには、「昨日、関白が云ったことには、『明日は物忌である。御前《ごぜん》僧定《そうさだめ》を見ることはできない。早く奏上されるように』ということでした」と。そこですぐに奏上させたものである。すぐに下給された。私は資通に下給した。束ね申した。鐘を打たせるよう命じた。欠請を補した〈辞書《じしょ》を例文の筥《はこ》の内に加えて納めた。あらかじめ辞書を奉るよう命じておいた。〉。大弁が云ったことには、「興福寺《こうふくじ》僧良胤《りょういん》は事が有って、軸請《ちょうじ》を停止されました。ところが維摩会の際、愁い申しました。すぐに関白に申しました。『□□□られて□□□□欠請を□□如何か』と」と。私が云ったことには、「維摩会に請用《しょうよう》されたのは、皆、これは公請です。主は元の軸請と異なってはなりません。次々の御読経の時、事情を奏上して処置しなければなりません。今回は、欠請を補しておきました」と。欠請を書き終わって、これを奉り、資通を召して下給した。給わって、束ね申した。私は座に復した。参議朝任が参入した。申剋に臨んで、大納言《だいなごん》〈藤原〉頼宗《よりむね》・中納言《ちゅうなごん》〈源〉師房《もろふさ》・参議〈藤原〉公成《きんなり》が参入した。南に於いて、請僧《しょうそう》の見参《げんざん》を取った。申の終剋に臨んで、僧たちが参入した。そこで参入した。大納言頼宗と参議朝任が従った。中納言師房と参議公成は、紫宸殿《ししんでん》に伺候した。出居《でい》が座に着した。次いで私が、御前の座に伺候した。次いで頼宗・朝任。僧綱《そうごう》四人〈僧都《そうず》仁海《にんかい》・□□・定基《じょうき》、律師融《ゆう》碩《せき》。〉・凡僧《ぼんそう》十余口《く》が参入した。融碩を御導師《どうし》とした。行香《ぎょうごう》は、四位の五人で行香の人数を満たした。

酉剋、法会が終わった。未だ秉燭《へいしょく》に及ばない頃に、家に帰った。


二十六日、丁亥。　対策／検非違使別当の宅を息男が焼く

昨日、策試《さくし》が行なわれた〈藤原実綱《さねつな》。〉。

検非違使別当の家が焼亡した。「左兵衛佐《さひょうえのすけ》〈藤原〉経仲《つねなか》の行なったものである」と云うことだ。性は尋常ではなく、狂乱の者である。奇であり、怪である。何としよう、何としよう。「父の武衛《ぶえい》〈経通〉は、口外を禁じた」と云うことだ。そうあるべき事である。

○十一月

三日、癸巳。石清水八幡宮神体移動についての陰陽寮占文／石清水八幡宮仁王経読経／天皇の新嘗会出御について頼通と相談／源顕基従者、古東宮に於いて盗人に射殺される／美作守から進物

中将《ちゅうじょう》(藤原資平《すけひら》)が云ったことには、「関白《かんぱく》(藤原頼通《よりみち》)が云ったことには、『右府(実資)は明日、訪ねられるように』と。また、僧の食膳について問われました」と。早朝、左中弁《さちゅうべん》(源経頼《つねより》)が、(賀茂《かもの》)守道《もりみち》と(惟宗《これむねの》)文高《ふみたか》の占文《うらぶみ》を伝えられた。これは八幡宮《はちまんぐう》の正殿を改築する際、御神体《しんたい》を移し奉るべきか否かについての御占《みうら》である。勘申《かんじん》して云ったことには、「移し奉ることは、不快である」ということだ。これを奏上させた。応和《おうわ》の例では、正座《しょうざ》を動かさなかった。前例が有る。何事が有ろうか。特に御占が告げたところは、何の疑いが有ろうか。但し応和の例は、修造している間、御神体を厳重にし奉っていない。今回については、特に宮寺《みやでら》の司たちに命じられて、厳重な儀が行なわれるべき□□□□仕すべきことを命じられるべきであろうか。また、明日、石清水《いわしみず》宮の宝前《ほうぜん》に於いて、十口《く》の僧を招請して仁王経御読経《にんのうきょうみどきょう》を始められるのが宜しいのではないか。日数については、勅定《ちょくじょう》によるべきである。尚書《しょうしょ》(経頼)が云ったことには、「もっともそうあるべき事です」ということだ。仁王講《にんのうこう》が結願《けちがん》した。左中弁が帰って来て、関白の御書状を伝えて云ったことには、「石清水宮の御読経は、もっともそうあるべきである。明日から五箇日、宝前に於いて十口の僧を招請して、仁王経を転読《てんどく》し奉ることとする。あの宮の僧に奉仕させることとする。宣旨《せんじ》を山城《やましろ》国に下給して、供養《くよう》の分を充てさせるように」

ということだ。同じ弁に宣下した。弁が云ったことには、「文高の宅の門を罷り過ぎた際、明日の御読経について問わせました。申させて云ったことには、『明日は優吉日《ゆうきちにち》です』と。勘文《かんもん》を奉るよう命じさせました」ということだ。勘文を更に持って来ることはない。奏聞《そうもん》を経て、法橋元命《ほっきょうげんみょう》の許に遣わすよう命じておいた。また、御書状を伝えて云ったことには、「新嘗会《しんじょうえ》は、もしかしたら後一条《ごいちじょう》天皇は出御《しゅつぎょ》すべきであろうか、如何であろう」と。私が云ったことには、「御物忌《ものいみ》ではないのならば、出御すべきでしょう。御心喪《しんそう》の期限は、すでに過ぎています。何事が有るでしょう」と。弁が云ったことには、「もしかしたら新嘗祭に出御すべきでしょうか。この間、分明《ぶんめい》ではありませんでした」ということだ。私が云ったことには、「或いは云ったことには、『中和門《ちゅうかもん》は、上の建造物が無い』と云うことだ。頗る軽々しいことは無いであろうか。御輿《みこし》をあの門に留め、大忌《おおいみ》の上達部《かんだちめ》が名謁《みょうえつ》を行なう。また、未だ臨幸《りんこう》したことはない。初めて行幸《ぎょうこう》を行なうのならば、必ず関白が供奉《ぐぶ》されなければならない。ところが御服喪《ふくも》であって、行幸に供奉されないとしたら、如何なものか」と。永祚《えいそ》二年の例を調べて見て、記し送るようにということを伝えておいた。

永祚二年七月二日、入道太相府《にゅうどうだいしょうふ》（藤原兼家《かねいえ》）が入滅《にゅうめつ》した。十一月二十日〈辛卯。〉、神事に行幸は行なわれなかった。二十一日〈壬辰。〉、節会《せちえ》は御物忌であったので、一条《いちじょう》天皇は紫宸殿《ししんでん》に出御しなかった。この暦記《りゃくき》を記して、左中弁の許に遣わした。「昨日の夕方、頭中将《とうのちゅうじょう》（源顕基《あきもと》）の従者が、宿所《しゅくしょ》の物を持って待賢《たいけん》門から入り、元の東宮に於いて盗人に逢いました。射殺されて、宿所の物を奪い取られました」と云うことだ。(藤原)資頼《すけより》が、絹五十疋・綿四十屯・糸十絢《く》・紅花《べにばな》二十斤《きん》を進上してきた。

扶公僧都《ふこうそうず》が来て、長谷詣《はっせもうで》について談った。

四日、甲午。　道長周忌法事／千古秋季観音供

今日、故入道前太相府《にゅうどうさきのだいしょうふ》(藤原道長《みちなが》)の周忌《しゅうき》の法事を、法成寺阿弥陀堂《ほうじょうじあみだどう》に於いて修された。僧の食膳一前《ぜん》を送って奉献《ほうけん》した〈高坏《たかつき》十二本。打敷《うちしき》が有った。机二十前・大破子《おおわりご》五荷《か》・米三十石。〉。「山座主《やまのざす》(慶命《きょうみょう》)に充てた」と云うことだ。法成寺に参った。左兵衛督《さひょうえのかみ》(藤原経通《つねみち》)と宰相中将《さいしょうちゅうじょう》(資平)が、供にいた。大《だい》納言《なごん》(藤原)斉信《ただのぶ》卿以下が、饗の座に着した。私が座に着した。一献《こん》の後、汁物《しるもの》を据えた。次いで箸を下した。この頃、鐘を打った。請僧《しょうそう》が堂に入った。私以下が堂前《どうぜん》の座に着した。七僧《しちそう》は法服《ほうふく》であった。他に百僧がいた。白檀《びゃくだん》の阿弥陀《あみだ》仏《ぶつ》と観音《かんのん》・勢至《せいし》菩薩《ぼさつ》が仏殿《ぶつでん》に有った。金泥《こんでい》法華経《ほけきょう》・開結経《かいけつきょう》・般若心《はんにゃしん》経《ぎょう》・存生《ぞんじょう》の御願《ごがん》の銀泥一切経《ぎんでいいっさいきょう》を、先ず若干の巻を書き出して供養した。所々の御誦経《ずきょう》や仏事の作法は、通例のとおりであった。講師《こうじ》は権僧正《ごんのそうじょう》慶命〈天台《てんだい》(延暦寺《えんりゃくじ》)。〉。大僧都《だいそうず》〈扶公・心誉《しんよ》・永円《えいえん》。〉・少僧都《しょうそうず》〈定基《じょうき》。〉・法眼《ほうげん》〈教円《きょうえん》。〉・阿闍梨《あじゃり》〈長算《ちょうさん》。〉がいた。百僧の中に、僧綱《そうごう》がいた。行香《ぎょうごう》を行なった。布施《ふせ》の絹が有った。中納言《ちゅうなごん》以下の殿上人《てんじょうびと》や諸大夫《しょだいぶ》が、これを執った。女院《にょういん》(藤原彰子《あきこ》)は、堂中にいらっしゃった。秉燭《へいしょく》の後に退出した。中将は車後《くるまじり》に乗った。関白が右宰相中将《うさいしょうちゅうじょう》(藤原兼経《かねつね》)を介して、参入の恐縮を伝えられた。今日、参入した諸卿は、大納言斉信、中納言(藤原)兼隆《かねたか》・(源)道方《みちかた》・(源)師房《もろふさ》、参議《さんぎ》経通・資平・(藤原)通任《みちとう》・兼経・(藤原)定頼《さだより》・(源)朝任《あさとう》・(藤原)公成《きんなり》。左中弁が云ったことには、「新嘗

会に出御されるということを定められました」と。また、云ったことには、「元命は宣旨を待たずに、夜分に入京しました。そこで改めて勘申させて、他の日に始め行なうことになりました」ということだ。丑剋の頃、雨が降って大雷があった。怪異《かいい》である。小女〈藤原千古《ちふる》〉の秋季の観音供《かんのんく》を、資空阿闍梨《しくう》が、天□房に於いて供し奉った。阿波守《あわのかみ》〈藤原〉義忠朝臣《よしただあそん》が来た。国内の異損《いそん》および延任《えんにん》を申請する事などを述べた。法成寺に参ることになっていたので、先ず諷誦《ふじゅ》を六角堂《ろっかくどう》に修した。

五日、乙未。　春日社に奉幣／若狭守から進物

早朝、春日社《かすが》に奉幣《ほうべい》したことは、通常のとおりであった。中将も、同じくこれを奉った。春日祭使《かすがさいし》左少将《さしょうしょう》〈藤原〉師成《もろしげ》が、小一条第《こいちじょうてい》から出立《しゅったつ》した。摺袴《すりばかま》を遣わした。左少弁《さしょうべん》〈源〉資通《すけみち》朝臣が、宣旨一枚〈信濃《しなの》が申請した三箇条の事。〉を伝え下した。同じ弁に下して、前例を継がせた。また、八日に不堪佃田奏《ふかんでんでんそう》に伺候するよう、意向を取らせた。左中弁経頼が、春日祭《かすがのまつり》に参った。藤原氏の弁たちの服喪によるものである。若狭守《わかさのかみ》〈中原〉師光《もろみつ》が、胡簶《やなぐい》〈一腰。弓一張。〉を進上してきた。扶公僧都が語った。また、少女を長谷寺《はせでら》に詣でさせる事の子細を伝えておいた。

六日、丙申。　不堪佃田奏の日時

中将が来た。左少弁資通が関白の報を伝えて云ったことには、「七日と八日は、いささか障ることが有る。九日に不堪佃田奏を行なっては如何か。坎日《かんにち》は忌まないのか」と。私が答えて云ったことには、「年首《ねんしゅ》の奏の他は、悪日《あくにち》を避けることはありません」と。その日、不堪佃田奏に伺候するということを資通に伝えておいた。大弁《だいべん》も参るようにという事を、同じく伝えた。

七日、丁酉。　千巻金剛般若読経、延行／褐衣を随身に下給／井戸を掘る／千古の長谷詣のための祈禱

今日、千巻金剛般若読経《こんごうはんにゃどきょう》が結願する。ところがやはり□慎しみを行なうので、今年の千巻を転読させる為に、延行《えんこう》したものである。褐衣《かちえ》を随身《ずいじん》に下給した。昨年の冬、右近府生《うこんのふしょう》(播磨《はりまの》)為雅《ためまさ》が、通例によって交易《こうえき》して進上した。ところが宜しくなかったので、その時に返給したところ、改めて染めさせて進上したのである。府生《ふしょう》・番長《ばんちょう》の他、恪勤《かくご》の序列によって、一々、撰び取らせた。今日、堂の井を掘らせた。遣水《やりみず》に及ばないのに、沸き出した。すぐに臨んで覧た。大いに興が有った。これはつまり湯屋《ゆや》に近く、また至近であるばかりである。陰陽属《おんみょうのさかん》(大中臣《おおなかとみの》)為利《ためとし》に命じて、井に散供《さんぐ》させた。今日から十六日に至るまで、三井寺《みいでら》(園城寺《おんじょうじ》)の十一面観音《じゅういちめんかんのん》の御前に於いて、□静師を招請して観音経《かんのんきょう》を転読し、小女の長谷詣について祈り申させた。根本中堂《こんぽんちゅうどう》と清水寺《きよみずでら》の二箇所で、今日から十箇日、諷誦を修する〈根本中堂は毎日米一斗、清水寺は布一端《たん》。〉。小女が長谷に参詣する祈禱《きとう》である。

九日、己亥。　官奏／大粮申文／後不堪解文／枇杷殿、焼亡

早朝、諷誦を六角堂に修した。左少弁資通が来た。申させて云ったことには、「未だ官奏《かんそう》に伺候していません。初めに吹日に不堪佃田奏に伺候するのは、如何なものでしょう」と。告げたことは、そうあるべきである。早朝、これより先に、官奏について左中弁に示し遣わした。報じて云ったことには、

「参入して行なうことにします」ということだ。左中弁に同乗するのが宜しいであろうということを伝えさせておいた。また、こちらから左中弁に示し遣わしておいた。報じて云ったことには、「また陣頭に参入させて、文書《もんじょ》を督促して揃えておきます」ということだ。内裏に参った。少納言《しょうなごん》（藤原）資《すけ》高《たか》が従った。輦車《てぐるま》に乗って、春華門《しゅんかもん》に到った。仗頭《じょうとう》は寂莫《せきばく》としていた。随身に命じて左中弁を呼ばせた。殿上間《てんじょうのま》から来た。前安芸守《さきのあきのかみ》（藤原良資《よしすけ》）の申文《もうしぶみ》を見た〈新司《しんじ》は（藤原）頼宣《よりのぶ》。〉。遁避《とんぴ》して署さなかった状について申した。直ちに下すべき事・安からざる事を奏上するよう伝えた。大粮《たいろう》の中文および奏についいて問うた。云ったことには、「皆、揃えてあります」ということだ。右大弁《うだいべん》（藤原重尹《しげただ》）は殿上間に伺候していた。すぐに呼んで、官奏と中文について伝えた。私は座を起って、南座《なんざ》に着した。大弁が座に着した。敬屈《きょうくつ》して云ったことには、「中文」と。私は小揖《しょうゆう》した。大弁は陣の方を見遣った。左大《さだい》史《し》（伴《ともの》）佐親《すけちか》が、大粮の文を挿して、小庭《こにわ》に控えていた。私は目くばせした。称唯《いしょう》し、走って来て膝《ひざ》突《つき》に着し、これを奉った。見終わって、元のように推し巻いて、板敷《いたじき》の端に置いた。佐親はこれを給わって、束ね申した。私は目くばせした。称唯して、元のように巻いて杖に副え、走って出た。左右近衛府《このえふ》の大粮は、増減が有った。左近衛府《さこのえふ》が多く、右近衛府《うこのえふ》は少なかった。大弁に問うたところ、答えて云ったことには、「もしかしたら書き誤ったのでしょうか」と。私が云ったことには、「前例と比べると、やはり数を同じくすべきであろう」と。もしも失誤が有れば、その数を同じくして官符《かんぷ》を作成するよう、伝え仰せた。すぐに座を起った。しばらくして、大弁が座に着して、申して云ったことには、「奏」と。私は揖礼《ゆうれい》した。称唯して、史《し》の方を見た。右大史《うだいし》(小野)奉政《ともまさ》が奏文《そうぶん》を挿し、小庭に跪《ひざまず》いて控えていた。私は目くばせした。称唯し、進んで来て膝着に伺候し、これを奉った。私は結《ゆい》緒《お》を解いた。後不堪文《ごふかんぶん》五枚〈この文書は、国々が急いで申請したので、不堪佃田《ふかんでんでん》の解文《げぶみ》に加えさせた。〉が有った。先ず後不堪文を見た。この中に、長門《ながと》国の当年の不堪佃田の解文が有った。但し、国々の当年の不堪佃田の解文は、その数を知っていたので、開いて見なかった。また、目録を見た。先日の中文は、この解文に見える。そこで確かに点検しなかった。後不堪の解文を見終わって、不堪佃田の解文の結緒を解いて、目録を見た。元のように下給して、史が束ね申した。私は大弁に問うた。大弁はまた、怪しいということを述べた。私が云ったことには、「この解文は、当年の解文の内に加えない。誤って後不堪文の内に加えたのか。それならば当年の解文の内に加え入れなければならない」と。この間、史は敬屈して伺候していた。大弁に伝えた後、命じたことには、「申し給え」と。史は称唯した。文を巻き結んで退出した。この解文について尋ね問うよう命じた。大弁は座を起って、すぐに来た。膝突に着して云ったことには、「長門の後不堪について問うたところ、申して云ったことには、『後不堪の解文を当年の国々の解文の内に加え、この当年の解文を後不堪の文に加えました』と。失錯《しっさく》したということを申しています」ということだ。命じて云ったことには、「後不堪の解文を開いて見なかった。見ていない解文を奏に入れるわけにはいかない。但し、この解文は国々の当年の不堪佃田の解文の内に加えるように」と。大弁はこれを承って退出した。私が云ったことには、「本来ならば、この事によって奉政を勘責《かんせき》しなければならない」と。ところが漸く歳暮《せいぼ》に及んで、公事《くじ》は繁多《はんた》である。特に優免《ゆうめん》したのである。左中弁を介して内覧《ないらん》させた。この頃、関白が参入した。左中弁が帰って来て、関白の御書状を伝えて云ったことには、「早く奏上させるように」と。すぐに奏上させておいた。しばらくして、召された。座を起って、参上した。史奉政が、文書を挿して従った。射場《いば》に進み、文書を執って参上した。その儀は通常のとおりであった。射場に於いて、文書および杖を返給し、仗座《じょうのざ》に復した。大弁は座に着した。史は奏書を返した。私が取った。先ず表紙《おもてがみ》を賜い、次いで後不堪の解文を給わった。命じたことには、「前年の例によって、使を遣わすのを停め、三分の二を給う」と云うことだ。次いで結んだまま、不堪の解文を給わった。史は目録を開き、成文《なりぶみ》を申上した。終わって、元のように結んで、退出した。大弁は座を起った。私は退出した〈未二剋に参入し、酉剋に退出した。〉。戌剋の頃、枇杷殿《びわどの》が焼亡した〈一品宮《いっぽんのみや》（禎子《よしこ》内親王）がいらっしゃる。〉。「この火は、西洞院《にしのとういん》大路から発《おこ》り、陽明門《ようめいもん》大路の北辺を東行して四町を焼亡し、陽明門大路の南 頭《みなみのほとり》の所々を焼いた」と云うことだ。「すべて東行四町、南北行一町、鷹司《たかつかさ》小路の北辺や陽明門大路の南頭の所々を焼いた」と云うことだ。私は車に乗って、東洞院《ひがしのとういん》大路と春日《かすが》小路の間に到って、退き帰った。右近将監（紀）惟光《これみつ》と随身近衛《このえ》（身《む》人部《ひとべの》）信武《のぶたけ》に命じて、宰相中将の許に云い遣わせた。云ったことには、「今日、官奏が行なわれました。終わって黄昏に臨み、退出しました。心神《しんしん》は大いに悩《や》み、我慢して参りました。いよいよ苦悩しました。そこで途中から罷り帰りました」と。私が思慮を廻らせると、このような処は、老人（実資）が奔《ほん》営《えい》するのは、極めて便宜《びんぎ》の無いものである。そこで病悩を称しただけである。

十四日、甲辰。　豊明節会／脱衣纏頭

早朝、六角堂に諷誦を行なった。豊明節会《とよのあかりのせちえ》が行なわれる。そこで内裏に参った〈待賢門の内は輦車に乗った。〉。諸卿は未だ参っていなかった。左近府生《さこんのふしょう》(茨田《まんだの》)為弘《ためひろ》は布袴《ほうこ》を着していた。膝突を執って敷いた。節会の日に束帯《そくたい》を着していない事は、そうであってはならない。追却《ついきゃく》させた。外記《げき》が咎《とが》めて伝えなければならないものである。また、大外記《だいげき》(清原)頼隆《よりたか》に伝えた。あらかじめ弁解するところは無かった。頭弁《とうのべん》(重尹)が宣旨二枚〈一枚は若狭《わかさ》国司《こくし》(師光)が申請した事、一枚は備後《びんご》国司(源為善《ためよし》)が申請した事。〉を下した。すぐに同じ弁に宣下して、前例を勘えて継がせた。また、勅を伝えて云ったことには、「小忌《おみ》および諸衛府《えふ》は、参入しているのか」と。問うて宣すことを奏上した。小忌の中納言道方・参議資平・少納言(源)経長《つねなが》が参っているかどうかを大外記頼隆に問うた。申して云ったことには、「宰相(資平)は、五節所《ごせちどころ》に伺候しています。中納言と少納言は、未だ参っていません」と。督促するよう命じておいた。外記が造酒正《みきのかみ》(源)頼重《よりしげ》の代官《だいかん》を申してきた〈大膳進《だいぜんのじん》(上毛野《かみつけのの》)広遠《ひろとお》。〉。外記信任《のぶとう》を召して、外任《げにん》の奏について問うた。揃えてあるということを申した。命じて進上させた。本来ならば仰せが無い前に、外任の奏を揃えてあるということを申さなければならない。先例を失している。すぐにこれを進上した。頭弁に託した。しばらくして、下給した。命じて云ったことには、「列に伺候させよ」ということだ。外記に返給し、列に伺候させることを命じた。左中弁が、加賀守《かがのかみ》俊平《としひら》の宣旨の請文《うけぶみ》を進上した。見終わって、奏上するよう命じた。同じ弁が勅を伝えて云ったことには、「諸国の米は、一、二年、元のように麁《そ》悪《あく》であることを聞いた事が有る。精好《せいごう》させるように。また、綱丁《こうちょう》を決杖《けつじょう》しなければならない事は、初めの宣旨のとおりである」ということだ。宣下しておいた。頭弁が云ったことには、「頻りに小忌の上卿《しょうけい》が遅参《ちさん》していることをおっしゃられています」ということだ。雨脚は止んだとはいっても、南庭《なんてい》はやはり湿っている。謝座《しゃざ》の時は如何に伺候すればよいのであろう。頭弁を介して漏らし奏させた。天皇がおっしゃって云ったことには、「雨儀《うぎ》に改めるように」ということだ。頼隆真人《まひと》に伝えた。すぐに版位《へんい》と標《しめ》を宜陽殿《ぎようでん》に移した。諸大夫《しょたいふ》の饗饌《きょうせん》を未だ春興《しゅんこう》・安福殿《あんぷくでん》に移していない頃、燭《しょく》を秉《と》った。後に天皇は紫宸殿に出御する。この頃、少納言が参入した。その後、長い時間が経って、小忌が参入した。外弁《げべん》に着すよう伝えた。大納言斉信卿以下を率いて外弁に出た。随身を介して、陣を引く事を命じさせた。すぐに陣を引いた。未だ出御していなかった。しばらくして、近衛府が警蹕《けいひつ》を行なった。ここに御座が定まったことを知った。私は陣の後ろに於いて靴を着し、宣仁《せんにん》門を入って、宜陽殿の兀子《ごつし》に着した。この頃、長楽《ちょうらく》門を開いた。陣官《じんかん》に命じて、閉じさせた。内《ない》侍《し》が檻《かん》に臨んだ。私は、座を起ち、微音《びおん》に称唯して、兀子の南西の二・三歩に当たって、謝座を行なった。参上して、堂上《どうじょう》の座に着した。開門は遅々としていた。高声に催し仰せた。頭中将顕基は、天皇の御後ろに伺候していた。すぐに西階《にしのきざはし》の辺りに向かい、催し仰せた。近衛府がすぐに開門した。闈《い》司《し》は分かれて門の腋《わき》の座に着した。次いで私が舎人《とねり》を召したことは二音。長い時間の後、同音に称唯した。少納言経長が参入した。承明《しようめい》門の壇上に立って、宣したことには、「刀禰《とね》を召せ」と。称唯して、走って出た。次いで諸卿が参入した〈大納言斉信、中納言道方、参議経通・資平［小忌。］・定頼・朝任。〉。小忌を先として、宣陽殿に列立《れつりつ》した。立ち定まった後、宣したことには、「座に侍れ」と。群卿は謝《しや》酒《しゆ》を行なった。終わって、参上した。すぐに御膳を供した〈内膳司《ないぜんし》が西階から供した。雨儀による。〉。粉《ふ》熟《ずく》があった。次いで臣下〈小忌を先とした。〉。私は天皇の意向を伺った。御箸を下した。臣下が応じた。次いで白酒《しろき》を供した。次いで臣下。黒酒《くろき》を供した。次いで臣下。次いで御酒《みき》を供した〈一献。〉。次いで臣下。参議朝任に伝えて、国栖奏《くずのそう》を催促させた。しばらくして、奏した。次いで二献。幾《いく》ばくもなく、三献を供した。大歌別当《おおうたのべつとう》斉信卿が殿を下りて、承明門に向かった。私が座を起って、奏上して云ったことには、「大夫《まちきみ》たちに御酒を給おう」と。天皇の許容を得て、称唯して座に復し、朝任を召した。次いで大夫たちに御酒を給うことを命じた。称唯し、下りて東階《ひがしのきざはし》から更に還り昇り、南檻《みなみかん》に臨んで召し仰せ、座に復した。大歌が一節を奏した。終わって座を起ち、奏上して云ったことには、「民《たみ》の司《つかさ》の藤原朝臣を召そう」と。天皇の許容が有った。称唯して座に復し、左兵衛督を召した〈その詞に云ったことには、「左の兵司《つわものつかさ》の藤原朝臣」と。〉。称唯し、参って来た。命じて云ったことには、「民の司の藤原朝臣を召せ」と。称唯して退き帰り、南欄《らん》に臨んでこれを召し、座に復した。一人に告げさせるよう伝えた。更に東階を降りて、告げ遣わした。長い時間、参らなかった。内豎《ないじゆ》に命じて告げさせた。陣官を召して、告げさせるよう指し示した。そこで退下して、告げさせた。その後、斉信卿が参上した。大歌の座を宜陽殿に移し立てた。大歌の人たちが座に着した。大歌が歌笛《かてき》の声を発した。はなはだ早々であった。本来ならば、召しを待って座に着さなければならない。内豎は小忌の座を下させた。主殿司《とのものつかさ》の女官《にょうかん》が、脂燭《しそく》を指して進み出なければならない。ところが、その事は無かった。高声にそのことを伝えた。蔵人頭《くろうどのとう》や蔵人《くろうど》たちが覚悟して、これを行なった。すぐに主殿司の女官たちが、脂燭を捧げて柱に副い立った。舞姫《まいひめ》が進み出た。舞っていた間、私は仗座に退下した。宣命《せんみょう》と見参簿《げんざんぼ》を見る為に、五節《ごせち》の拝に立つことができないということを大納言に告げて退下した。舞姫は退き入った。終わって大納言が退下した。左仗の南頭に於いて拝し、参上した。見参簿を召して見た。次いで宣命〈大内記《だいないき》(橘)孝親《たかちか》。〉を見た。そこで軒廊《こんろう》の西第一間に進んだ。外記信任が、宣命と見参簿を挿ませて、これを進上した。私が執って参上し、内侍に託し、柱の下に退き立った。御覧が終わって、返給された。退下して、宣命と見参簿を笏《しゃく》に取り副えて参上し、座に復した。朝任朝臣を召して、宣命を給わった。左大弁《さだいべん》(定頼)を召して、見参簿を賜わった〈召し仰せた詞は、「左の大い大鞆《おおとも》ひ藤原朝臣」と。〉。退下した後、私も同じく退下した。心神は宜しくなかった。事情を小忌の中納言に告げて、退出した。

中将が従って、同車して退出した。資高も同じく輦車に従った。

後に聞いたことには、「近親の上達部および殿上《てんじょう》の侍臣《じしん》や地下人《じげにん》たちは、中将の五節所に到って、密々に衣を脱いだ。過差《かさ》を制されているとはいっても、簾中《れんちゅう》に於いて行なったものか。また、前日、関白の意向を取ったところ、内応《ないおう》が有ったからである」ということだ。

十五日、乙巳。　公季に替わって摺袴を進献／小一条院、船を艤装／脱衣の者を召問

出納《すいとう》祐国《すけくに》が地摺袴《じずりばかま》のための布を持って来て、云ったことには、「相府《しょうふ》(藤原公季《きんすえ》)は穢《え》であることを申されました。その替わりに摺って奉献してください」と。太相府《だいしょうふ》(公季)は、頻りに触穢《しょくえ》の障りを申されて、神事を欠かされる。如何なものか。大蔵省《おおくらしょう》が、昨日の節会の手禄の絹一疋を進上した。今朝、(藤原)致行《むねゆき》朝臣の足が腫《は》れた。途中から帰って来て云ったことには、「院(小一条院《こいちじょういん》)は御船を室礼《しつらい》されました。おっしゃって云ったことには、『我の座に繧繝端《うんげんべり》の畳を敷くこととする』と。今、敷かれました。御興言《きょうげん》に云ったことには、『船主も参るべきか』と。また、云ったことには、『御鷹匠《たかじょう》と犬飼《いぬかい》に装《しょう》束《ぞく》を着させて、御前を渡らせよ。このような物は、未だ見たことがないであろう。見させる為である』ということでした。『保季王《やすすえ》は、今、宇治《うじ》に参っている』と云うことでした。そこで召し遣わしました。すぐに来ました」と。次いでが有れば、この恐縮を啓上《けいじょう》するよう、伝えておいた。中将が来て、語った次いでに云ったことには、「先日、侍臣たちが、頭中将の宿所に於いて、(源)章任《あきとう》の五節所の珍味を肴として酒を飲み、皆、泥酔しました。遊戯の際、各、罰を破って、互いに衣を脱いで左近府生(尾《お》張《わりの》)時頼《ときより》に被《かず》けました。事は天聴《てんちょう》に及び、召問《しょうもん》されました」と云うことだ。

十七日、丁未。　賀茂臨時祭試楽／吉田祭使勤仕のため、近衛将監を任ず／不堪佃田和奏

内裏に参った。中将は車後に乗った。資高が車に従ったことは、恒例のとおりであった。私は和《か》徳《とく》門から入って、殿上間に参上した。今日は臨時《りんじ》祭試《さいし》楽《がく》である。大納言斉信、中納言道方・師房、参議経通・資平・定頼・朝任が参入した。蔵人左少弁資通が、兵庫允《ひょうごのじょう》菅原忠時《ただとき》の申文を伝え下した。おっしゃって云ったことには、「申請によって左近将監《さこんのしょうげん》に任じるように。明日の吉田祭使《よしださいし》を勤仕《ごんし》することのできる将監《しょうげん》がいない。そこで任じるものである」ということだ。外記(伴)重通《しげみち》を小板敷《こいたじき》の下に召して、兵部丞《ひょうぶのじょう》を召して伺候させるよう命じた。黄昏に臨んで、天皇が御座に出御した。次いで諸卿を召した。私は順番に及んで、御前の円座《わろうだ》に着した。参議は長橋《ながはし》の円座に着した。舞人《まいびと》を召す事を蔵人に命じられた。御前を渡って、これを召して帰った。この頃、所司《しょし》は燎《ひ》を執った。歌舞《かぶ》は通常のとおりであった。但し、舞人は五人であった。儀が終わって、諸卿は仗座に着した。私は南座に着し、外記に命じて硯を進上させた。私は左大弁定頼に目くばせした。定頼が進んで来た。忠時の申文を下給して、除目《じもく》を書かせた〈折堺《おりげい》。〉。資通を介して除目を奏上させた。資通が云ったことには、「関白が云ったことには、『持って来ることはない。すぐに奏上するように』ということでした」と。前例では、更に里第《りてい》に於いて内覧しない。近代の事か。下官(実資)は、本来ならば御所に進んで奏上させなければならない。ところが、腰は大いに耐え難い。そこで事情を資通に伝え、すぐに下給した。兵部丞が参らなかった。そこで外記重通を召して、除目を封させた〈紙一枚と筆を筥《はこ》に納めて、持って来た。小刀を随身していた。除目を取って、下給した。紙で表を巻いて封し、筥に納めて奉った。「封」の字を書いて下給した。筥に納めて揃えておくよう命じた。後日、兵部省《ひょうぶしょう》に下給することにする。子細を説明していなかったので、示し仰せておいた。〉。大弁の前の硯を撤去させた。また、私の前の空筥を撤去させた。不堪佃田文《ふかんでんでんぶん》を進上するよう、大弁に命じた。座を起って、陣の腋に向かった。しばらくして、座に復した。右大史奉政が、不堪佃田文を進上した〈筥に納めた。〉。史〈某《なにがし》。〉が、硯を大弁の前に置いた。私は不堪佃田の目録をほぼ見た。終わって、元のとおり国々の解文を挿し加えて、筥に入れたまま斉信卿の許に推し遣わした。順序どおりに目録を見た。終わって、下から順番に上った。私は道方卿に目くばせした。筥を留めて、開いて見た。大弁が定文《さだめぶみ》を書いた〈草子《そうし》を置いて、文書を見た。終わって、順番に上って、筥の文書に加えた。但し、国々の解文の目録と結緒の他である。〉。終わって、筥に納めた。史を召して、これを給わった。また、硯を撤去した。諸卿は座を起った。私は退出した。中将は車後に乗った。左中弁が大和《やまと》国の解文を下給した。「金峯山《きんぶせん》が、馬六疋を免じられることを申請しました」ということだ。同じ弁に宣下した。頭中将顕基は、先日の宿所の飲酒・脱衣《だつえ》によって、勘事《かんじ》を被《こうむ》っている。「殿上人たちは、衣を脱いで左近府生時頼や主殿司の二人に下給した」と云うことだ。主殿司の女に纏頭《てんとう》することは、未だ聞いたことがないのである。「丹波《たんば》の章任の五節所の酒肴《しゆこう》」と云うことだ。

十九日、己酉。　賀茂臨時祭／御神楽に参列

今日、臨時祭に参入しなかった。摺袴を奉献した。太相府が障りを申された替わりに、急に奉仕したものである。小舎人《こどねり》が数度、来て責めた。そうであってはならない。本来ならば、出納が来て催促すべきものである。どうしてましてや、小舎人が頻りに来て催促した詞が、はなはだ奇怪であったのはなおさらである。中将が来た。すぐに内裏に参った。小舎人について、次いでが有れば頭弁に伝えるよう、命じておいた。黄昏に臨んで、右兵衛督《うひょうえのかみ》（朝任）が来て、雑事を談った次いでに云ったことには、「今夜、御神楽《かぐら》に参列してください」ということだ。「宅に帰って参ろうとしたが、事の煩いが有る。ここから還り参ることとする」ということだ。食を供した。夜に臨んで、参入した。

二十三日、癸丑。　陣定／源道方のため、園城寺灌頂の日の僧前を進献／下名を給う

早朝、外記重通が、上達部が参っているかどうかを申した。諷誦を六角堂に修した。東大寺《とうだいじ》が重ねて愁文《うれえぶみ》を進上した。詮義《せんぎ》を介して伝え進めた。逢わなかった。二度の愁文について、未だ定められない間に、頻りに愁文を進上した。そうであってはならない。今日、陣定《じんのさだめ》が行なわれた。考えると深夜に及ぶのではないか。湯漬《ゆづけ》について、前日、左大史（小槻《おつきの》）貞行宿禰《さだゆきすくね》に命じた。ところが大外記頼隆および貞行は、触穢であるので参ることができない。大臣の手長《てなが》は、大外記に奉仕させる。大夫史《たいふのし》が奉仕した例は、未だ覚えていない。どうしてましてや、参ってはならないのならば、なおさらである。そこで湯漬の準備を止めるよう、左大史佐親に命じておいた。左中弁経頼と左少弁資通が、勘宣旨《かんせんじ》を持って来た。内舎人三人が欠けていた。直物《なおしもの》は一人に申そうと思う。次いでが有れば、関白に漏らし伝えるよう、左中弁に命じた。頭弁重尹が、覆奏文《ふくそうぶん》および勘宣旨を持って来た。（錦《にしきの》）時延《ときのぶ》宿禰が申して云ったことには、「灌頂《かんじょう》の日の僧の食膳を調備させました。随身して、三井寺に向かいます」と。中納言（道方）が、我が家の使を求めさせた。すでにその使はいなかった。侍所《さむらいどころ》の小舎人の男に命じて、破子《わりご》を催促して揃えさせた。すぐに時延宿禰に禄〈白の合掛《あわせうちき》一重《かさね》と袴《はかま》。〉を与えた。また、小舎人の男に疋絹。時延宿禰については、他の事によって、その所に向かったのか。ところが我が家の送文を持って来た。内裏に参った〈申三剋。〉。中将は車後に乗った。資高が従った。待賢門から参った。輦車に乗って、春華門に到った。上達部は未だ参っていなかった。しばらくして、あれこれが参入した。左中弁が宣旨〈大炊寮が申請した丹後の正税の利春米・安芸守(紀)宣明が申請した延任。〉を伝え下した。すぐに同じ弁に下した。大宰府が言上した大宋国の人が来着した解文・国々が申請した事・東大寺の大衆が愁い申した別当律師観真の不治の文二通、および大威儀師安育・已講上蘹の任僧が申した観真が懈怠が無いという奏状。上達部が参入するに随って、まずは見せた。大納言斉信、中納言道方・師房、参議経通・資平・定頼・朝任が定め申した。左大弁定頼が書いた。夜は深夜に臨み、清書しなかった。先日の除目を進上するよう命じた。すぐに進上した。兵部省を召すよう命じた〈重通は三箇度、兵部省が伺候しているということを申した。命じたことには、「召せ」と。称唯して、参って来た。右手で除目を給わった〈私は北面していた。〉。定任は元の所に退き立った。宣して云ったことには、「任じ給え」と。称唯して退出した。外記を召して、「除目を下給する事

故(源)政職の財物についての明法家〈利正と(令宗)道成。〉の勘文・国々が申請した解文・下給させた。僧の食膳については、もっとも使と称すべき者である。調備する分として、先日、米十石を下給させた。僧の食膳については、もっとも使と称すべき者である。調備する分として、先日、米十石を

私は南座に着して、外記を召した。重通が参入し、小庭に跪いて控えた。左大弁定頼が書いた。兵部丞(藤原)定任が参入し、小庭に立った。私が宣して云ったことには、「参り来い」と。称唯して、参って来た。

とには、「参り来い」と。称唯して、参って来た。

命じた。すぐに進上した。兵部省を召すよう命じた。重通が参入し、小庭に跪いて控えた。

空筥を給わった。私は座を起って、退出した〈子剋。〉。斉信卿が云ったことには、「除目を下給する事

を、下臈《げろう》に譲りなされよ」ということだ。ところが勤公《きんこう》の為、老いを我慢して下給したものである。中将は車後に乗った。帰った後、(中原)師重《もろしげ》が云ったことには、「内裏に参った後、源中納言《げんちゅうなごん》(道方)が立ち寄りました」と。灌頂の僧の食膳の悦びを謝す為か。

二十五日、乙卯。　藤原経季、藤原兼綱女と結婚／三寺の長官を補す／宅神祭

(藤原)経季《つねすえ》の書状を、(藤原)経孝《つねたか》朝臣を介して左中将《さちゅうじょう》(藤原)兼綱の女《むすめ》に遣わした。返事は無かった。初めて遣わした。左大弁が先日の定文を持って来た。字の誤りが有った。書き直させた。夜に入って、左兵衛督が来た。長い時間、清談《せいだん》した。今夜、経季朝臣が左中将兼綱の女の許に通った。祖父但馬守《たじまのかみ》(藤原)能通《よしみち》が、すべて準備した。夜に入って、頭中将顕基が来て、天皇の綸旨《りんじ》を伝えて云ったことには、「大僧都尋円《じんえん》を法性寺座主《ほっしょうじざす》に任じる。僧都尋光《じんこう》を元慶寺司《がんぎょうじし》に任じる。少僧都遍救《へんく》を惣持寺司《そうじじし》に任じる」ということだ。宅神祭《たくじんさい》を行なった。亥剋、経季朝臣が兼綱中将の女の許に向かった。直衣《のうし》を着し、笏を把った。供人《ともびと》は、(橘)為通《ためみち》朝臣・左衛門尉《さえもんのじょう》(宮道《みやじの》)式光《しきみつ》・帯刀長《たちはきのおさ》(藤原)資経《すけつね》。親近の五人の中に、随身近衛信武がいた。網代車《あじろぐるま》は、私の車である。左兵衛督の牛を着けて用いた。

二十九日、己未。　源則理母の七々日法事／源経相、大垣修築の延期を申請／直物／受領功過定／宋商追却に際し、船載した財貨の処置について議定／源政職の財産処分について議定／勘申不備の明法博士について議定

諷誦を広隆寺《こうりゅうじ》に修した。前尾張守《さきのおわりのかみ》(源)則理《のりまさ》の母の七々日の法事を、世尊寺《せそんじ》に於いて修した。僧の食膳の送文を遣わした〈折敷《おしき》十二枚の代わりの米十石、大破子三荷の代わりの信濃布《しなののぬの》十五端と米三十石。〉。権左中《ごんのさちゅう》弁《べん》(藤原)章信《あきのぶ》が、前備前守《さきのびぜんのかみ》(源)経相《つねすけ》が申請した大垣《おおがき》の申文を持って来た〈御忌方《いみかた》に当たっているので、修築することができない。明年の春に修築することにする。この事は、功過《こうか》を定めてはならない。そこで申請したものである。〉。奏上するよう命じた。直物の次いでに、功過を定め申した。これは勤公の者についてである。そうではない国々の司については、叙位《じょい》・除目の時に、通例のとおりに定められるのが宜しいであろう。特に老屈《ろうくつ》の身(実資)は、はなはだ耐え難い。先夜の種々の議定《ぎじょう》は、すでに深夜に及んで、心神は悩んだ。省について承る次いでに啓達《けいたつ》するよう、伝えておいた。

今日、諸卿を督促した。他の事を承っていないからである。内裏に参った〈未二剋。〉。(藤原)資房《すけふさ》と資高が、輦車の供にいた。陣座《じんのざ》を督促した際、左中弁経頼が、(源)頼職《よりもと》と(源)知道《ともみち》が並んで申請した文書を伝えて進上した。頼職の申文に云ったことには、「明法家の勘状《かんじょう》に云ったことには、『宣に載せない文を申文に記して進上するのは、如何なものか』と」と。召すよう命じた。また、知道が進上した申文は、物の預《あずかり》の者三人が申上したものであった。この中の一人は、頼職を招いていない。運□の年月日を尋ね問うよう命じた。平正通《まさみち》が内舎人を望んだ申文は、左中弁を介して頭中将顕基朝臣に伝え託した。すぐに来た。正通の名簿《みょうぶ》を奏上するよう伝えた。内々に関白に奏らせておいた。蔵人弁《くろうどのべん》資通が、前備前守経相が申請した申文を伝え給わった。所司の勘文を継がせるよう命じた。僕(実資)は南座に着した。外記信任を召して、直物の勘文を進上するよう命じた。すぐにこれを進上した。蔵人弁資通を介して奏上させた。先ず内覧するよう命じた。関白は直廬《じきろ》に伺候されている。私は本来ならば、御所に進んで奏上させなければならない。ところが老骨（実資）は堪え難く、行歩《ぎょうほ》もままならない。また、陣座にいたまま奏上させるとの口伝《くでん》も有る。但しこれは、宿徳《しゅくとく》の人の事か。老に遇った人（実資）は、准じることができるのであろうか。どうしてましてや、輦車を聴されたのでは、なおさらである。直物の勘文は、すぐに返給された。私は左大弁定頼に目くばせした。進んで来た。直物の勘文を給わった〈筥のまま給わった。〉。座に復した〈これより先に、外記が硯を置いた。〉。除目を召して、先ず夾算《きょうさん》を磨《す》り直した。頭中将が、京官《きょうかん》・外官《げかん》・公卿給《くぎょうきゅう》・名替《なかえ》・国替《くにがえ》の申文を下給した。大弁に目くばせした。進んで来て、これを給わった。追々、下給した。関白が左中弁を介して、密々に伝えられて云ったことには、「中宮《ちゅうぐう》（藤原威子《たけこ》）が、三河守《みかわのかみ》（藤原）保相《やすすけ》を中宮大進《ちゅうぐうだいじん》に任じられることを申請された。外任の者を兼任《けんにん》される例は有るのか、如何か」ということだ。私が云ったことには、「外記に勘申させられるべきでしょう。但し、宮司《みやづかさ》は本宮が申請されるところによって任じられるものです。また、近衛中将《このえのちゅうじょう》は警衛《けいえい》の職です。ところが遠国《おんごく》の司を兼任するものです。特に難点は無いのではないでしょうか」と。また、伝えられて云ったことには、「資頼が伯耆守《ほうきのかみ》であった時、在国の間、刑部少輔《ぎょうぶのしょう》に任じられたのか」と。私が答えて云ったことには、「得替《とくたい》の除目は、在京の間に任じるものです。在京と在国は、まったく差別が有ってはなりません」と。しばらくして、頭中将が勅を伝えて云ったことには、「三河守保相は、中宮大進を兼任するように」ということだ。私が云ったことには、「正官《せいかん》か権官《ごんかん》かについては如何か」と。中将が云ったことには、「ただ『大進』とおっしゃられました」ということだ。すぐに帰って来て云ったことには、「中宮権大進《ちゅうぐうごんのだいじん》に任じるように」ということだ。また、中文を下給した。また、保相に中宮権大進を兼任させる事を伝えた。左中弁が、先夜の定文を伝え下した。仰せを伝えて云ったことには、「大宋国の商客《しょうきゃく》(周)文裔《ぶんえい》は廻却《かいきゃく》するということを定め申した。もしかしたら、貨物を返給すべきであろうか。延喜《えんぎ》の頃、近代の定は、廻却の定が有るとはいっても、貨物を返されなかった。これについて、定め申すように」ということだ。また、おっしゃって云ったことには、「故政職の処分について、明法博士《みょうぼうはかせ》利正と道成が継嗣令《けいしりょう》の文を省略した事は、諸卿が失錯したとのことを定めた。過状《かじょう》を進上させるべきであろうか。もしかしたらまた、行なわなければならない事は有るか。但し、改元《かいげん》の詔を適用すべきか否かを、定め申すように」ということだ。諸卿が申して云ったことには、「事は庶子《しょし》の愁訴《しゅうそ》から起こった。ところが庶子を勘申した。本来ならば正条《せいじょう》を引いて勘状に載せなければならない。勘申し漏らした事を問われても、軽を挙げて重を明らかにするとの詞を申した。この文は罪科《ざいか》について定めたのである。弁解するところはないのではないか。先ず過状を進上させて、もし赦に会うとのことを申せば、随ってまた、明法家に下して勘申され〈明法家と謂うのは、この二人の解文を謂う。〉、勘申するところが有れば、その後、定め申すべきである」と。暗に赦に会う事は知り難いであろう。また、文裔たちの廻却については、先に定め申した。但し、貨物を返給する事は、事の道理は、そうあるべきである。ただ、上古《じょうこ》や近代は、廻却の定が有るとはいっても、やはり貨物を返給しなかった。たとえ返給するとはいっても、かえって大宰府が留めておく事は、厳しくはないのではないか。すぐに左中弁を介して奏上させた。また、定文を返して進上した。おっしゃって云ったことには、「文斎たちについての議定は、聞いた。また、明法家の博士たちが定め申したことは、過状を進上させるように」ということだ。すぐに同じ弁に伝えておいた。資通朝臣が関白の書状を伝えて云ったことには、「（中原）貞清《さだきよ》朝臣は、穀倉院《こくそういん》の内に舎倉《しゃそう》と門屋《かどや》を造営したのである。旧基《きゅうき》に復した。もっとも褒賞《ほうしょう》されなければならない。先ず事情を問われて、彼が申すことに随って、処置されるべきであろう。それともまた、加階《かかい》を給うべきであろうか」と。これは密々の御書状である。私が云ったことには、「先ず仰せを下され、彼の申すところを天皇に聞かせられなければならないものです。考えると、加階を給うことを行なっては如何でしょう。もしも本意《ほい》ではなければ、かえって悦色《えつしょく》は無いでしょうか。たとえ願っている事が有るとはいっても、便宜の無い事については、裁許《さいきょ》が有ってはならないのではないでしょうか」と。すぐにおっしゃって云ったことには、「貞清に問うように」ということだ。資通が云ったことには、「汝《なれ》（実資）が申した趣旨を奏上されたところです」と云うことだ。頭中将が□□□を下給……

三十日、庚申。　内裏に盗人有り、射殺される／内裏触穢

早朝、右近番長《うこんのばんちょう》（身人部）保武《やすたけ》が申して云ったことには、「昨夜〈丑三剋。〉、盗人が殿上間の口に於いて下女《しもおんな》の衣を剥ぎました。滝口《たきぐち》某丸《なにがしまる》が出納と雑事を談っていた際、叫び声に驚いて走り向かい、右兵《うひょう》衛陣《えのじん》の辺りに於いて盗人を射ました。すでにその矢に当たり、なおも遁走《とんそう》して、中和門に入りました。また、門の内に於いて射臥《いふ》し、すでに死にました」ということだ。検非違使別当《けびいしべっとう》(経通)が来て云ったことには、「大略は保武が申したとおりです」ということだ。夜、定文の草案《そうあん》を持って来た。清書するよう命じておいた。大外記頼隆が関白の御使として来て、云ったことには、「宮中は穢《けが》れました。もしかしたら神今食《じんごんじき》を延引《えんいん》するか否か、および停止《ちょうじ》するかについては、如何でしょう」と。すぐに頼隆に問うたところ、「随身した日記では、或いは停止し、或いは延引しました。また他処から更に来た時は、所司に託して行なわれました。また、故殿《ことの》(藤原実頼《さねより》)の御記《ぎょき》を引見《いんけん》したところ、その例は同じではありません。但し宮中の死穢《しえ》の時に行なわれた事は、格別な例はありません。死穢の他で、或いは神祇官《じんぎかん》に於いて行なわれた例が有りました」と云うことだ。やはり先ず上卿の宰相や縁事《えんじ》の所司を戒められなければならない。期日は遠くにある。この間、各々外記に勘申させて、あれこれを行なわれなければならないことを頼隆に伝えておいた。蔵人弁資通が、関白の仰せを伺って、神今食について伝えられた。頼隆に伝えた趣旨を報じた。昨夜の盗人について問うたところ、「御膳宿《おものやどり》の前の南屋の中で、衣を剝ぎました。滝口藤原忠道《ただみち》が射ました」と。保武が申したとおりである。

○十二月

一日、辛酉。　石塔造立供養／月次祭・神今食の停止を進言

石塔供養《せきとうくよう》を行なった。早朝、蔵人弁《くろうどのべん》（源）資通《すけみち》が関白《かんぱく》（藤原頼通《よりみち》）の仰せを伝えて云ったことには〈堂に於いて逢った。〉、「外記《げき》（清原）頼隆《よりたか》が申したことには、『月次祭《つきなみのまつり》と神今食《じんごんじき》は、穢《え》によって神祇官《じんぎかん》に託して行なわれました。また、穢を過ぎるまで延引《えんいん》されました。また、穢によって停止《ちょうじ》した例もあります』と。これについて、どの様に行なわれるべきであろうか」と。報じて云ったことには、「天慶《てんぎょう》元年は、犬の死穢《しえ》〈二度。〉で停止となりました。同三年は、内膳司《ないぜんし》の死穢によって、日を改めて行なわれました。この同三年の例が合っているでしょうか。但し二十八日に死人が有り、二十九日の朝に取り棄てました。その穢は二十九日に及ぶでしょう。もしも延引された例によるのならば、三十日に行なわれるべきです。ところが、寅の日に神事を行なわれてはならないのではないでしょうか。また、廃務《はいむ》の日は他の事を行なわれてはなりません。追儺《ついな》の儀を行なわれるでしょう。軽い穢によって停止した例は有ります。死穢によって神祇官に託された例は、この勘文《かんもん》には載せていません。そもそもまた、勅定《ちょくじょう》によるべきです。もしかしたら、行なわれずに大祓《おおはらえ》を行なうべきでしょうか」と。資通が云ったことには、「（中原）貞清朝臣《さだきよあそん》に問うたところ、申して云ったことには、『穀倉院《こくそういん》の内は、一屋もありません。すでに地を払っています。そこで勤公《きんこう》として、その舎屋《しゃおく》や倉門《くらもん》を造立するものです。勧賞《けんじょう》を期待していません。もし申請すべき事が有るのならば、状況に随って奏上することにします』ということでした」と。申した趣旨を奏聞《そうもん》するよう、伝えておいた。夜に入って、比叡《ひえ》御社の禰宜《ねぎ》と祝《はふり》が、五位に叙された悦びを申させた。

二十日、庚辰。　重服者の荷前参不を進言／陣申文／公卿分配定／勝蓮華院の付属を進言／慶命、良円を見舞う／御仏名始

早朝、諷誦《ふじゅ》を六角堂《ろっかくどう》に修した。権左中弁《ごんのさちゅうべん》(藤原)章信《あきのぶ》が関白の御書状を伝えて云ったことには、「重服《じゅうぶく》の人は、荷前《のさき》に参ることができるのであろうか、如何か。前例を聞こうと思う。たとえ見えるところが無いとはいっても、思慮を廻らして伝えるように」ということだ。故殿《こどの》(藤原実頼《さねより》)の御記《ぎょき》を引見《いんけん》しても、すでに見えるところは無かった。但し、天慶三年八月、貞信公《ていしんこう》(藤原忠平《ただひら》)が薨じられた。その年は、十二月二十五日の荷前は、幄《あく》の座に着して行なわれた。その他には見えるところは無かった。その他の荷前については見えなかった。この御記は、北山大納言《きたやまだいなごん》(藤原公任《きんとう》)が部類《ぶるい》した際に、切り継いでいるうちに脱漏《だつろう》したのか。荷前の幣《ぬさ》は、神道《しんとう》に准じるべきであろう。ところが穢を忌まない。墳墓《ふんぼ》に幣するからであろうか。これは一日では思慮し難いとのことを報答した。但し見えるところが有れば、追って申すこととしたのである。内裏から退出した後、『重明親王記《しげあきらしんのうき》』〈延長《えんちょう》八年。〉を見ると、奉ったとのことが有った。誠に一家の人ではないとはいっても、時のあれこれを調べたのか。このことを権《ごん》弁《べん》朝臣(章信)に示し遣わした。内裏に参った。(藤原)資高《すけたか》が輦車《てぐるま》の供にいた。上達部《かんだちめ》は未だ参っていなかった。私は陣座《じんのざ》に伺候した。座が未だ暖まらない間に、左中弁《さちゅうべん》(源)経頼《つねより》が参入した。経頼が仰せを伝えて云ったことには、「明法博士《みょうぼうはかせ》利正《としまさ》と(令宗《よしむねの》)道成《みちなり》は、過状《かじょう》はすでに改元《かいげん》の赦に会っている。そこで過状を進上することはできないとのことを申させた。やはり進上させるべきであろうか。赦に会

うべきであろうか、如何であろう」と。奏上させて云ったことには、「赦に会うべきか否かについては、知り申さないところです。但し、過状を進上した後、罪科《ざいか》の軽重によって赦に会うことが有るとのことです」と。そもそもまた、勅定を承らなければならない。もしかしたら赦に会う事についての中文《もうしぶみ》を進上させ、他の明法家《みょうぼうか》の人に下して勘申《かんじん》されて、あれこれ処置されるべきであろうか。私は南《なん》座《ざ》に着した。右大弁《うだいべん》（藤原重尹《しげただ》）が参議《さんぎ》の座に着し、申して云ったことには、「中文」と。私は揖礼《ゆうれい》した。右大史《うだいし》（小野）奉政《ともまさ》が中文〈四通。後不堪《ごふかん》と貞観寺供僧《じょうがんじぐそう》の解文《げぶみ》。〉を揃えた。作法は通例のとおりであった。事情を申した。大弁は座を起って、外記に命じて分配《ぶんぱい》の文書《もんじょ》を進上させた。次いで硯を置かせた。官人を呼んで着させ、上達部の分配を書かせた。あらかじめ頼隆真人《まひと》に命じて、定文《さだめぶみ》を筥《はこ》に入れた。大弁がすぐに書いた後、参議（藤原）公成《きんなり》が参入した。遅参《ちさん》したので、大弁に書かせた。書き終わって、進上した。頼隆を介して、関白に覧せた。事の難点が無ければ、また更に持って来ることはないということを伝えた。大弁は座を起った。私は退出した〈申剋。〉。頭中将《とうのちゅうじょう》（源）顕基《あきもと》が来て、関白の御書状を伝えて云ったことには、「勝蓮華院《しょうれんげいん》の付属の文書を送る。見て、理非を伝えるように」ということだ。私が報じて云ったことには、「覚慶《かくぎょう》の院源《いんげん》に付属する状に、源心《げんしん》に任すようにとの状が有ります。随ってすぐに源心に放ち与えました。勝蓮華院と大乗院《だいじょういん》の院司《いんじ》とする解文は、異論は無いのではないでしょうか」と。山座主《やまのざす》（慶命《きょうみょう》）が立ち寄られ、しばらく清談《せいだん》した。良円《りょうえん》の所〈堂。〉を訪ねられたのであろう。「臥内《ふしど》に入って、懇切に天台《てんだい》（延暦寺《えんりゃくじ》）の三宝《さんぽう》に祈り申した。涕泣《ていきゅう》したことは雨のようであった。

法眼教円《ほうげんきようえん》も、同じくその所にいた」と云うことだ。良円は平癒《へいゆ》の様子が有ったが、起居《ききよ》に堪えられない。これは左右の股を病み痛めたことが致したものか。起居や進退《しんたい》を人に任せられるのである。飲食に便宜《びんぎ》がない。今日から七箇日を限り、三口《く》の僧を招請して薬師経《やくしきよう》を転読《てんどく》させ奉り、祈り申させるのである。心底《しんてい》に種々の願を立て申させて、良円に伝えた。内(後一条天皇《ごいちじよう》)の御仏名始《ごぶつみようはじめ》が行なわれた。陣定《じんのさだめ》で分配を定めていた際、心神《しんしん》が宜しくなく、退出した。そこで御仏名会《ぶつみようえ》に伺候することができない。頭弁《とうのべん》(重尹)に告げておいた。

二十二日、壬午。当季仁王講・当季修法・当季鬼気祭／良円・頼秀、疫病を煩う

内裏の穢が引き来たった。ところが内裏の穢の時は、仁王会《にんのうえ》を行なわれる。そこで行なったものである。当季《とうき》仁王講《にんのうこう》〈念賢《ねんけん》・智照《ちしよう》・慶範《けいはん》。〉と当季《とうき》修法《しゆほう》〈不動調伏法《ふどうちようぶくほう》。阿闍梨《あじやり》一口・寂台《じやくだい》。伴僧《ばんそう》は四口。〉・当季鬼気《とうききき》祭《さい》〈(惟宗《これむねの》)文高《ふみたか》。〉。左兵衛督《さひようえのかみ》(藤原経通《つねみち》)が語ったことには、「今夕、(中原)恒盛《つねもり》に命じて、河原に於いて内供《ないぐ》良円の為に、鬼気祭を行なわせました」と。漸く尋常に復した。詳細を聞かせると、疫病《えきびよう》のようである。智照が云ったことには、「『故永源《えいげん》は、重く疫病を病み煩っていました』ということです。病んでいる間に、疫病の様子が有ったのでしょうか。頼秀《らいしゆう》阿闍梨は、故永源を扶持《ふち》して、雑事を行なっていました。何日も重く疫病を煩って、秘して漏らしませんでした。去る夕方、万死《ばんし》一生《いつしよう》となりました」と云うことだ。

長元二年（一〇二九）

藤原実資七十三歳（正二位、右大臣・右大将・東宮傅） 後一条天皇二十二歳 藤原頼通三十八歳 藤原彰子四十二歳 藤原威子三十一歳

○正月

一日、辛卯。　四方拝／東北院大般若読経始・十斎大般若読経始／石塔造立供養／元日節会の上卿を勧める／小朝拝／開門の失儀

鶏鳴《けいめい》の頃、四方拝《しほうはい》を行なった。東北院大般若読経始《とうほくいんだいはんにゃどきょうはじめ》が行なわれた。十斎《じっさい》大般若読経始が行なわれた〈尹覚《いんかく》と念賢《ねんけん》。〉。

寺々の御燈明《とうみょう》は、通例のとおりであった。石塔供養《せきとうくよう》を行なった。毎月朔日の修善《しゅぜん》である。

早朝、関白《かんぱく》（藤原頼通《よりみち》）が、大外記《だいげき》（清原）頼隆《よりたか》を遣わして伝えられたことには、「今日、節会《せちえ》に参ることができない。その上卿《しょうけい》を勧めるように」ということだ。所司《しょし》を戒める事を、まずは頼隆を召し仰せておいた。中将《ちゅうじょう》（藤原資平《すけひら》）が来た。すぐに関白に参った。しばらくして、帰って来た。同車して、内裏に参った。待賢門《たいけんもん》から輦車《てぐるま》に乗って、春華門《しゅんかもん》に到った。宰相中将《さいしょうちゅうじょう》（資平）・右少将《うしょうしょう》（藤原）資房《すけふさ》・少《しょう》納《な》言《ごん》（藤原）資高《すけたか》が従った。民部卿《みんぶきょう》（藤原）斉信《ただのぶ》卿は、左衛門陣《さえもんのじん》から入った。私は左兵衛陣《さひょうえのじん》から入った。一緒に温明《うんめい》・綾綺殿《りょうきでん》の南壇を経て〈雨儀《うぎ》。〉、敷《ふ》政《せい》門から入った。この頃、黄昏に及んだ。これより先に、

諸卿が参上していた。小朝拝が行なわれたので、戸部（斉信）は座を起って参上した。私は進退が堪え難かった。そこで陣座に伺候した。右衛門督（藤原実成）は、腰病を病んでいたので、小朝拝に参らず、陣座に伺候した。「中納言（藤原）朝経は、殿上間の方に参ったとはいっても、病悩が有って、小朝拝に列しなかった」と云うことだ。すぐに外弁に出た。飛雪が止まなかった。「小朝拝は雨儀であった」と云うことだ。諸卿は陣座に復した。雨雪は間隙が無かった。すでに深夜に及んだ。所司の奏を内侍所に託すべき事・雨儀に改めるべき事を、頭弁（藤原）重尹を介して奏上させた。おっしゃって云ったことには、「申請によれ」と。すぐに大外記頼隆に伝えた。随身に命じて、陣を引くよう伝えさせた。左陣が申して云ったことには、「頼隆がおっしゃって云ったことには、『日華門に伺候するように』ということでした」と。命じて云ったことには、「雨儀の時は、左右近衛府は、日記に見えます」ということだ。命じて云ったことには、「甚だ誤った事である」と。左右近衛府に、平張を立てて伺候するよう命じた。その後、左右近衛府は、すぐに平張を構え立てた。すぐに引いた。宸儀（後一条天皇）が出御した。近衛府が警蹕を称した。私は華門の下に伺候するということは、日記に見えます」ということだ。また、頼隆真人を召して、事情を問うた。申して云ったことには、「雨雪が止まないので、平張を立てるように」と。同じく随身を遣わして、右近衛府に命じた。右近衛府に命じた。内侍が檻に臨んだ。私は座を起って、称唯した。兀子の南西に去ったこと二宜陽殿の兀子に着した。すぐに平張を構え立てた。すぐに引いた。左右近衛府に、平張を立てて伺候するよう命じた。その後、左右近衛府は、す歩ほどで、謝座を行なった〈雨儀。〉。参上して、殿上間の座に着した。次いで近衛府が門を開いた。

闈司《いし》は承明《しょうめい》門の左右の座に分かれて坐っていた。私が舎人《とねり》を召したことは二声。しばらくして、同音に称唯した。少納言〈藤原〉惟忠《これただ》が参入した。承明門の壇上に立った。宣したことには、「侍従《じじゅう》〈「まうち君たち」と。〉を召せ」と。称唯して、退出した。諸卿は同じ門から入り、宜陽殿に列立《れつりつ》し、立ち定まった。宣したことには、「座に侍れ」と。諸卿は謝座と謝酒《しゃしゅ》を行なった。侍従は見えかった。日没の頃であるからである。諸卿は座に参上した。内膳司《ないぜんし》が西階《にしのきざはし》から御膳を供した。采女《うねめ》が伝えて供した。次いで粉熟《ふずく》を供した。次いで臣下。私は天皇の意向を伺った。御箸を下した。臣下が応じた。次いで御飯を供した。次いで臣下の飯と汁を据えた。私は天皇の天顔《てんがん》を伺った。すぐに御箸を下した。臣下が従った。三節《みおり》の御酒《みき》があった。次いで一献《こん》を供した。次いで臣下。下﨟《げろう》の宰相に命じて、国栖《くず》を督促させた。しばらくして、歌笛《かてき》を奏した。二献の後、大夫《まちきみ》たちに御酒を下給するということを奏上した〈座を起ち、敬屈《きょうくつ》して奏請《そうせい》した。〉。〈藤原〉公成朝臣《きんなりあそん》を召して、これを命じた。退下して更に帰り昇り、南欄《らん》に臨んで、召し仰せた。その声は、はなはだ密かであった。次いで三献が終わった。雅楽寮《ががくりょう》が楽を奏した。この間、雪が降っていた。そこで庭中《ていちゅう》に於いて、これを舞った〈大唐《だいとう》二曲・高麗《こま》二曲。〉。中間で、私は仗座《じょうのざ》に着して、宣命《せんみょう》と見参簿《げんざんぼ》を見た。本来ならば、外記《げき》が先ず見参簿を進上しなければならない。ところが先ず、大内記《だいないき》〈橘〉孝親《たかちか》が宣命を進上した。見終わって、皆、返給した。或いは宣命を留め、外記に下給するのか。多くはやはり返給した。私は軒廊《こんろう》に進み、宣命と見参簿を執った〈外記信任《のぶとう》がこれを揃えた。〉。参上して、内侍に託した。御覧の間、柱の下に退き立った。御覧が終わって、返給された。元の所に退下した。見参簿および杖を外記に給わった。宣命は笏《しゃく》に取り副え、参上して座に復した。大蔵卿《おおくらきょう》(藤原通任《みちとう》)を召し〈召詞《めしことば》に云ったことには、「大蔵の司《つかさ》の藤原朝臣」と。〉、宣命を給わった。次いで下官(実資)は順番に及んで、退下した。事情を民部卿に告げて、退出した〈「時に戌三剋」と云うことだ。〉。参入の諸卿は、大納言《だいなごん》斉信、中納言(藤原)兼隆《かねたか》・実成・朝経、参議《さんぎ》公成。実成と朝経は、皆、病悩が有って、小朝拝および列に立たなかった。後日、二度の開門について頭中将《とうのちゅうじょう》(源顕基《あきもと》)に問うた。中将(顕基)は開門について知らなかった。「暗夜、ほのかに承明門の外の人を見ました。ここに開門について知り、驚いてこれを見遣りました。承明門を開く詳細を問いましたところ、『近衛府が開門する』と云うことでした。そこで事情を伝えて、閉門しました。但し、事情を奏上しませんでした。必ず咎《とが》が有ることになるからです。大略は、左近衛陣《さこのえのじん》が先ず開きます。そして右近衛《うこのえ》陣《じん》が開きます」と云うことだ。近衛次将《このえのじしょう》は、人ではないばかりである。

二日、壬辰。　両度開門につき右近衛次将を勘事に処す／御物忌の日の御薬時の御簾についての勅問／東宮大饗

縫殿寮《ぬいどのりょう》が、昨日の被物《かずけもの》を進上した。大外記頼隆が云ったことには、「昨日、申した陣の候所《こうしょ》については、正暦《しょうりゃく》の日記に年々の例を引勘《いんかん》しているものによっています。平張を立てるということは、正暦の例に見えるところです」と。

昨日、未だ陣を引かない間の開門、および右仗の平張を早く壊したことについては、仰せが有った。

「右将三人〈右中将《うちゆうじよう》(源)実基《さねもと》・(源)隆国《たかくに》、右少将資房。〉は、勘事《かんじ》に処されました」と云うことだ。資房が云ったことには、「ただ平張について命じられ、開門については命じられませんでした。そもそも開門し、更にまた閉門しました。内弁《ないべん》が殿上間に伺候した後、また開門しました」と云うことだ。もっとも通例ではない事である。

資高は内(後一条天皇)の御物忌《ものいみ》に候宿《こうしゆく》している。書簡《しよかん》に記して伝え送って云ったことには、「御物忌の日に御薬《みくすり》を供する時は、御簾《みす》を上げてはならないのでしょうか。事情を問い遣わすよう、仰せ事が有りました」ということだ。私が申して云ったことには、「御薬を供する際は、御簾を下ろさないのではないか。御物忌とはいっても、臨時祭《りんじさい》の御禊《ごけい》の際は、御簾の外に出御するのが通例である。どうしてましてや、御薬を供する際だけなら、なおさらである。玉簾《たますだれ》を巻くのが、憚りが無いであろうか」と。今日、東宮大饗《とうぐうだいきよう》が行なわれた〈「机が有った」と云うことだ。〉。ところが去る夕方、節会に伺候していた際、すでに深夜に及んで、風病《ふうびよう》が発動《はつどう》した。参入することはできないということを、中将に伝えた。宮《みや》司《づかさ》に告げさせる為である。資高が伝え送って云ったことには、「御薬を供する事は、汝《なれ》(実資)が言ったところを用いられました」ということだ。左兵衛督《さひようえのかみ》(藤原経通《つねみち》)が来て、雑事を談った。日暮れ時、東宮大饗に参った。戌剋の頃、資高が来て云ったことには、「ただ今、東宮大饗の儀が終わりました。諸卿は先に宮(敦良《あつなが》親王)に伺候していました。雨雪であったので、拝礼《はいらい》は行なわれませんでした。宮から大饗に着しました」と云うことだ。

五日、乙未。　勘事の右近衛次将を優免

関白が左少弁《さしょうべん》（源）資通《すけみち》〈蔵人《くろうど》。〉を遣わして、書状を送られて云ったことには、「明日の叙位《じょい》の議に参入するように」ということだ。参るということを報じておいた。

「元日節会《がんじつのせちえ》で勘責《かんせき》された右近衛将《うこのえのしょう》たちは、今日、免《ゆる》された」と云うことだ。

六日、丙申。　叙位／十年労勘文／丹生挙光の申文／欠勤百二十日以上で召問／故父の功による叙爵の可否／燈を執って文殿に入れず

諷誦《ふじゅ》を清水寺《きよみずでら》に修した。外記信任が、十年労《ろう》の勘文《かんもん》を進上した。大外記頼隆が、叙位の議について来て□。内裏に参った〈申三剋。〉。中将は車後《くるまじり》に乗った。中将および資高は、輦車に副った。陣座に着した後、しばらくして、一、二人の上達部《かんだちめ》が、関白の直廬《じきろ》から陣座に来た。頭弁が宣旨《せんじ》〈「掃部頭《かもんのかみ》（藤原）親光《ちかみつ》が申請した伊賀《いが》の功文《こうもん》」と云うことだ。合否を勘えた。〉を下した。すぐに下した。頭中将を呼んで、（藤原）経季《つねすえ》の昇殿《しょうでん》について少し談った。「昨日、関白に伝えました。頗る宜しい意向が有りました」ということだ。現在は、昇殿の人が多い。前々の数に余っている。但し、五位の数は少ない。そこでそのことを伝えさせるのである。大納言斉信卿が、薄暮に臨んで参入した。未だ議所に着さない頃、頭中将が諸卿を召した。筥文《はこぶみ》を揃えておく事を外記信任に命じた。外記三人が、硯および筥文を持って、宜陽殿の西庭に列立した。私は座を起って射場《いば》に進み、廊の内に立った。大納言斉信、中納言（源）道方《みちかた》・（源）師房《もろふさ》、参議経通・通任・（源）朝任《あさとう》・公成は、射場の砌《みぎり》に到った〈納言は東、参議は南。〉。

外記は硯および筥文を捧げて、射場の東庭《とうてい》に立った。私は揖礼《ゆうれい》した。諸卿が参上した。これより先に、左大臣〈頼通〉〈関白。〉が殿上間に伺候した。関白は先ず御前の座に着した。次いで下官、次いで斉信・道〈道方〉・師〈師房〉の三卿が、硯と筥文を執って参上した。諸卿が座に着した。終わって、参議資平が座に着した〈下官が列に立たなかったからであろうか。〉。左大臣を召した。称唯して、簾前の円座《わろうだ》に着した。おっしゃって云ったことには、「早く」と。笏を置き、一の筥《はこ》の文書を取って、他の筥に移し入れた。十年労の勘文を納め、これを奏上した。笏を把り、跪《ひざまず》いて伺候した。御覧が終わって、返給された。おっしゃって云ったことには、「早く」と。男たちを召し、続紙《つぎがみ》を進上するよう命じた。すぐに持って来た。先ず式部省《しきぶしょう》と民部省《みんぶしょう》を書いた。但し、民部丞《みんぶのじょう》〈藤原〉頼文《よりふみ》は、省奏《しょうそう》を出した。また、外記の勘文〈諸司の労。〉に入れた。民部丞明賢《あきかた》について民部卿斉信に問われた。申して云ったことには、「同日に民部大丞《みんぶのだいじょう》に任じました。但し明賢は、二年の下﨟です」ということだ。私が申して云ったことには、「二人は皆、恪勤《かくご》ではないということについて、故〈源〉俊賢《としかた》が申したところである。頼文については、詔使《しょうし》の日か」と。また、このことを民部卿に問われた。申して云ったことには、「そうである事」ということだ。そこで明賢は省爵《しょうしゃく》を給わり、頼文は諸司の労を給わった。院宮御給《いんぐうごきゅう》の名簿《みょうぶ》を取り遣わすよう、奏上した。すぐに春宮権大夫《とうぐうごんのだいぶ》〈中納言師房。〉を召して、これを命じた。右大史《うだいし》〈丹生《にうの》〉挙光《たかみつ》の申文《もうしぶみ》に云ったことには、「上日《じょうじつ》の序列は、上﨟《じょうろう》を超えていたので、その給爵《きゅうしゃく》を親父《しんぶ》〈丹生〉益光《ますみつ》に譲与し、一階を叙されたい〈左大史《さだいし》〈伴《ともの》〉佐親《すけちか》は、上日が千九百八十日。私〈挙光〉が佐親に勝ることは四十六日。〉。佐親は昨年の五月十七日から十月十九日に至るまで百四十九日、まったく出仕していません。およそ出仕しないことは百二十日を限っているので、いたずらに勤公《きんこう》も無く百二十日を過ぎると、その時は朝廷が本来ならば召問《しょうもん》しなければなりません。ところがその咎も無く、自然に今に及びました。給爵の前後については、やはり上日の多少にあります」と云うことだ。この申文を権左中弁《ごんのさちゅうべん》(藤原)章《あき》信《のぶ》に給わり、官底《かんてい》に下した。佐親と挙光の上日を勘申《かんじん》させた。太政官《だいじょうかん》の勘申は、挙光の申文に合っていた。私が申して云ったことには、「主計助《かずえのすけ》益光を正五位下に叙せば、主計頭《かずえのかみ》(賀茂《かも》)守道《もりみち》は従五位上である。便宜《びんぎ》が無いのではないか。主計助(小槻《おつきの》)貞行《さだゆき》は正五位下である。主計助二人を正五位下に叙すのは、快くはない〈貞行は行幸行事《ぎょうこうぎょうじ》の賞である。〉。また、挙光は巡爵《じゅんしゃく》を父に譲った後、明年、また巡爵に関わるのは、如何なものか。下臈が愁い申すことが有るのではないか。現在の下臈の者たちがすべて爵を給わった後、爵を給うべきであろう。この間、頗る穏便ではないのではないか。前例も無い。すでに上臈であって、更に父に譲るのは、意に任せるようなものである。但し先年、外記(三善《みよしの》)為時《ためとき》は、巡爵を父(三善)雅頼《まさより》に譲り、明年、諸司の労の爵で叙された。下臈の外記は、およそ愁いが無いので、その例には叶わない」と。そこで挙光の申請は裁許《さいきょ》が無く、ただ挙光を叙された。内記《ないき》(菅原)定義《さだよし》が策労《さくろう》の爵を父(菅原)孝標《たかすえ》に譲ることは、裁許が無かった。左近将監《さこんのしょうげん》(菅原)忠時《ただとき》の申文に云ったことには、「昨年の十一月十七日、当職を拝任《はいにん》し、明日、吉田祭《よしだのまつり》に勤仕《ごんし》しようと思います」と云うことだ。私が申して云ったことには、「彼(忠時)の望みによって申請し、任じられれば、また祭使《さいし》を二度、勤仕するのであろうか。爵を拝した者である。兼ねてまた、一度も祭使を勤仕した将監《しようげん》は、各々いるのであろうか。中将や蔵人頭《くろうどのとう》顕基に問われれば、申すところは有るのか」と。顕基を召して問われた。申して云ったことには、「一度、祭使を勤めても、栄爵《えいしやく》に関わるのは難しいのではないでしょうか」ということだ。私が申して云ったことには、「確かに大将(藤原教通《のりみち》)に問われて、その定め申したことに随って、給わられるべきであろうか」と。関白は許諾した。しばらく給わなかったのである。故斎院長官《さいいんのかみ》(源)為理《ためまさ》は、斎院《さいいん》の舎屋《しやおく》を造営することを申請し、受領《ずりよう》に任じられた。ところがその身は卒去した。功はすでに空しくなった。そこで大蔵丞《おおくらのじよう》(源)清正《きよまさ》を推挙して、栄爵を申請した。関白が問うて云ったことには、「先例は有るのか。裁許されるべき事であろうか。事の便宜が無いわけではないであろうか」ということだ。私が云ったことには、「父の功で子が申請するのは、まま裁許したことが有るでしょう」と。下官が云ったことには、「座に伺候している上達部に問われればよいでしょう」と。関白は斉信卿に問うた。申して云ったことには、「申請したとはいっても、まったく裁許したことはありません」ということだ。私が云ったことには、「前例を勘申されなければならないでしょう」と。すぐに左中弁《さちゆうべん》(源)経頼《つねより》を介して、外記に命じられた。(源)為弘《ためひろ》が父の功で加階《かかい》したとのことを勘申させた。斉信が申したところは、いい加減なようである。関白が云ったことには、「裁許が有るべきであろうか」と。私が申して云ったことには、「あの時、覆勘《ふつかん》したのか否かを、太政官に問われるべきでしょう」と。すぐに経頼に命じた。左大史貞行が申して云ったことには、「燈を執っては文殿《ふどの》に入れません。そこで今夜、勘申することはできません」ということだ。参議朝任を三位に叙した。勤公が有ったので、叙されたものである。参議の労が九・十年で、三品《さんぼん》に叙す。朝任の労は、七年である。但し（藤原）公任《きんとう》や（源）頼定《よりさだ》は、八年で叙された。また、故督殿《かんのとの》（藤原斉敏《ただとし》）・（源）保光《やすみつ》・（藤原）為輔《ためすけ》は、七年で三位に叙された。故督殿は、摂政《せっしょう》（藤原実頼《さねより》）の子であって、薨じた後とはいっても、他と異なる。保光と為輔は、皆、これは大弁《だいべん》である。その先例は叶わないのではないか。但し、近代はまま、加階を多く縮めて行なわれるのである。この間、その議が無かったわけではない。奉公を褒《ほ》められたのか。他の事は、それならば、何事が有るであろう。書き終わって、筥に納めて奏上した。御覧が終わって、下給された。すぐに天皇は入御《にゅうぎょ》した。入眼《じゅげん》の上卿中納言道方を召して、下給した。私は、本来ならば執って退出しなければならない。ところが、老屈《ろうくつ》は特に甚しい。進退に便宜が無い。そこで召して給わったものである。関白が退出した。次いで下僕《げぼく》（実資）が退出した〈亥二剋。〉。私が家に帰った後、右兵衛督《うひょうえのかみ》朝任が来た。準備が有るとのことを伝えて言った。また、表衣《うえのきぬ》を乞うた。心神《しんしん》が悩《や》んでいたので、逢わなかった。今日の諸卿は、大納言斉信、中納言道方・師房、参議経通・通任・朝任・公成。

七日、丁酉。〈節会については、節会部にある。〉。　**白馬節会**

今日、節会《せちえ》が行なわれた。そこで参入した。申一剋。中将は車後に乗った。資房と資高が従った。春華門の下に到った。

○二月

一日、庚申。　平忠常追討宣旨草案／藤原威子、皇女馨子を出産

早朝、右少弁《うしょうべん》（藤原）家経《いえつね》が、東海《とうかい》・東山《とうさん》・北陸道《ほくりくどう》および追討使《ついとうし》（平）直方《なおかた》たちに下給する官符《かんぷ》の草案《そうあん》を持って来た。家経は重服《じゅうぶく》であったので、門外に於いて人に伝えて、これを進上した。「一昨日の夜、汝《なれ》（実資）が申した趣旨を関白《かんぱく》（藤原頼通《よりみち》）に伝え申したところ、おっしゃって云ったことには、『この趣旨で官符を作成するように。先ず右府（実資）に見せて、指示することに随って、持って来るように。但し昨日と今日は、春日祭《かすがのまつり》の日に当たっている。門外に於いて、人を介して進上するように』ということでした」と。内覧《ないらん》させるよう伝えておいた。また、云ったことには、「座に着している上卿《しょうけい》はいません。帥中納言《そちちゅうなごん》（源道方《みちかた》）は、大宰権帥《だざいのごんのそち》に任じられた後、吉日《きちにち》を選んで政事《まつりごと》に着すとのことを、大《だい》外記《げき》（清原）頼隆《よりたか》が申しました。今日と明日の内に請印《しょういん》させるよう、関白の仰せが有りました」ということだ。私が云ったことには、「政務がもしも遅引《ちいん》したならば、関白に申して、結政所《かたなしどころ》に於いて請印しては如何であろう」と。巳剋の頃、人々が云ったことには、「中宮《ちゅうぐう》（藤原威子《たけこ》）に御産の気配が有ります。上下の者が奔走《ほんそう》しています」と云うことだ。驚きながら（藤原）資房《すけふさ》の許に問い遣わした。伝え送って云ったことには、「産気が有るとはいっても、未だ遂げられていません」と。時剋が推移した。家経朝臣《あそん》が関白の報を伝えて云ったことには、「官符は見ておいた。事の趣旨は、ただこのようである。大外記頼隆に命じて、明日、政事を行なわせるように。帥中納言が上卿を勤めるように」という

ことだ。丑剋の頃、(藤原)資高《すけたか》が伝え送って云ったことには、「大外記頼隆が申し送って云ったことには、『ただ今、中宮の御産が終わりました』と」と。その後、資房が来て云ったことには、「御産は遂げました。『女子(馨子《かおるこ》)』ということでした。宮人の様子は、はなはだ冷淡《れいたん》でした」と。

三日、壬戌。　祈年祭上卿の穢について議論／座に着すを穢とする

左兵衛督《さひょうえのかみ》(藤原経通《つねみち》)が来て、談って云ったことには、「検非違使別当《けびいしべっとう》は元のとおりとの宣旨《せんじ》を、先月二十七日に下されました。ところが、蔵人少納言《くろうどしょうなごん》(源)経長《つねなが》が承ったのです。未だ陣座《じんのざ》に出ず、吉日を択ぶと称している間に、今も未だ上卿に伝えていません。奇怪な事は、未だこのようなものは有りません」ということだ。最も奇怪とするに足る、奇怪とするに足る。中納言《ちゅうなごん》(藤原資平《すけひら》)が来て云ったことには、「関白の邸第《ていだい》に参りました。おっしゃって云ったことには、『大間書《おおまがき》は、すぐに返し奉ることにする』ということでした」と。持って来たのである。また、云ったことには、「明日、祈年祭《としごいのまつり》が行なわれます。中納言道方卿は穢《え》に触れていません。内裏に参って、結政《かたなし》の請印を行なおうとしています。ところが、穢は内裏に到っています。祈年祭の上卿を勤めなければなりませんので、外記《げき》がこのことを告げました。そこで座に着しませんでした。左少弁《さしょうべん》(源)資通《すけみち》が関白に申したところ、関白が云ったことには、『すでに中隔《なかへだて》に入っている。穢としなければならない』と。(藤原)隆光《たかみつ》を介して中納言に問われたところ、そうであるということを申しました」ということだ。私が答えて云ったことには、「穢に触れた近衛将監《このえのしょうげん》が請印の時に召された例を、覚えているところである。座に着したこと

を穢とする。中隔に入ったとはいっても、座に着さなければ、神事を執り行なっても、憚りは無いのではないか」と。中納言が云ったことには、「もっともそうあるべき事です」と。この頃、大外記頼隆が来て、地上に坐って云ったことには、「大蔵卿《おおくらきょう》（藤原通任《みちとう》）が結政の請印によって参入した際、資通朝臣が、内裏に参ってはならないということを伝えました。明日、祈年祭を行なわなければならないということを告げ示しました。左衛門陣《さえもんのじん》から退帰しました」と。源中納言《げんちゅうなごん》（道方）は、内裏に参ったとはいっても、座に着さなかった。穢とすべきではないということは、私が伝えたところである。頼隆が云ったことには、「外記日記《げきにっき》に見える事です。ただ今、思い出した事です。中納言は、明日、中宮に参ることになっています。関白に申して、知らせようと思います。汝（実資）が示した例は、覚えているものです。問われた際には、思い出さなかったのです。甚だ口惜しいことです」ということだ。

五日、甲子。　皇女馨子、三夜の産養／結政請印／大原野祭・園韓神祭・釈奠、延引

中納言が記し送って云ったことには、「去る夕方、関白の御産養《うぶやしない》が行なわれました。白木《しらき》の棚厨子《たなずし》二脚に、盛物《もりもの》六十坏を据えました。殿上人《てんじょうびと》が取り伝え、采女《うねめ》がこれを供しました。児（馨子）の御衣《おんぞ》は、二筥《はこ》有りました。各々、机に据えました。饗膳《きょうぜん》は通例のとおりでした。攤《だ》の興が有りました」と。「参入した公卿（関白、内大臣、大納言《だいなごん》（藤原）斉信《ただのぶ》・（藤原）頼宗《よりむね》・（藤原）能信《よしのぶ》・（藤原）長家《ながいえ》、中納言（藤原）兼隆《かねたか》・（源）師房《もろふさ》、参議《さんぎ》（藤原）公成《きんなり》・（源）顕基《あきもと》、（源）経頼《つねより》。）。明日の夕方の御産養は、本宮が行ないます」と云うことだ。「今月二十三日、内裏に入られることになりました」と云うことだ。

大外記頼隆が云ったことには、「今日、左衛門督《さえもんのかみ》兼隆が、結政請印の上卿を勤めました。参議通任が結政所《かたなしどころ》に着して、請印させました」と。

また、云ったことには、「大原野祭《おおはらののまつり》・園韓神祭《そのからかみのまつり》・釈奠《せきてん》は、延引《えんいん》となりました。上達部《かんだちめ》や弁官《べんかん》は、すべて穢に触れました。そこで延引しました。大間書と成文《なりぶみ》は、大外記頼隆に給わって、公卿給《くぎょうきゅう》を作成させました」と。

八日、丁卯。　皇女馨子、七夜の産養／和歌合

諷誦《ふじゅ》を六角堂《ろっかくどう》に修した。両大弁《だいべん》（藤原重尹《しげただ》・経頼）は、皆、転任《てんにん》した人である。今年は未だ奏聞《そうもん》に伺候していない。彼らは忌みの無い日に奏に伺候するよう、左大史《さだいし》（小槻《おつきの》貞行宿禰《さだゆきすくね》）に伝えた。

今日は中宮の御産の七夜である。そこで秉燭《へいしょく》の後、参入した。中納言経通・資平、右少将《うしょうしょう》資房、少納言資高が従った。関白〈左大臣。〉以下は、饗の座にいた。一巡《じゅん》が未だ下りないうちに、私が参入した。勧学院《かんがくいん》の見参簿《げんざんぼ》を、中宮亮《ちゅうぐうのすけ》経頼が執って、中宮大夫《ちゅうぐうだいぶ》（斉信）に奉った。中宮大夫が開き見て、関白に奉った。関白が見終わって、これを返した。有官別当《うかんのべっとう》と学生《がくしょう》は、禄を下給され〈疋絹《ひつけん》か。〉、庭中《ていちゅう》に進み出て、拝礼《はいらい》を行なった。今日の御産養は、公家《くげ》（後一条天皇《ごいちじょう》）が行なわれたものである。御膳は内膳司《ないぜんし》の官人が益供《やくぐ》した。釆女〈白装束《しろしょうぞく》。〉が伝え取って、供した。「この他に饗禄《きょうろく》があった」と云うことだ。勅使《ちょくし》は、蔵人少納言経長。その座は、殿上人の座の上に設備した〈高麗端《こうらいべり》の畳と茵《しとね》。〉。「机の饗」と云うことだ。この座は上達部の後ろ、長押《なげし》の下に設備しなければならない。上達部の座の末か。すぐに

禄を下給した。庭に下りて、これを拝した。釆女は幾程を経ずに、御膳を撤去した。上東門院《じょうとうもんいん》（藤原彰子《あきこ》）が、皇児《こうじ》（馨子）の装束《しょうぞく》〈筥一合《ごう》。〉を奉献《ほうけん》された。使は（源）行任《ゆきとう》朝臣。讃岐《さぬき》の円座《わろうだ》を敷いて、禄を下給した。庭に下りて、拝した。一品宮《いっぽんのみや》（禎子《よしこ》内親王）が児の装束〈一筥。〉を奉献された。机は無かった。使は右中弁《うちゅうべん》（藤原）頼任《よりとう》。禄を下給した。上達部の懸盤《かけばん》を撤却させた。攤の興が有った。御簾《みす》の前に円座を敷き、諸卿を召した。関白以下が、序列どおりに参入して、座に着した。次いで衝重《ついがさね》を据えた。庭前に座を敷き、楽人《がくにん》を召して着させた。公卿や殿上人たちは、上下の者が唱歌《しょうか》した。糸竹《しちく》が音を交えた。盃酒《はいしゅ》は二、三巡。満座は飲まなかった。はなはだ冷淡である、はなはだ冷淡である。そうであろう、そうであろう。「仕方なく和歌合《わかあわせ》が行なわれた」ということだ。大納言能信の執筆《しゅひつ》は、未だ定まらない。関白が耳語《じご》して云ったことには、「下臈の中に、堪能の人はいない。中宮大夫斉信卿は如何であろう」と。私が云ったことには、「何事が有るでしょう」と。硯を中宮大夫の前に置いた。頗る固辞し、大納言頼宗に譲った。頼宗は辞すことは無く、硯を引き寄せ、紙を取って、筆を染めた。上下の者は目くばせした。読み揚げて云ったことには、「第四皇女」ということだ。第一皇女である。怪である。また、更に改め書いた。人々が云ったことには、「内々に文人《ぶんじん》に語って、書き出させるものである。これは何によったものか」と。上下の者の禄は、差が有った。私の禄は大掛《おおうちき》一重《かさね》〈公の禄か。〉。児衣〈織物《おりもの》。〉および襁褓《むつき》〈綾。〉を加えた。男女の官には、皆、禄が有った〈左大臣（頼通）、内大臣、大納言斉信・頼宗・能信・長家、中納言兼隆・道方・経通・資平・師房、参議兼経・公成・顕基。〉。亥の終剋、儀が終わった。退出した頃、雨脚が降った。

十一日、庚午。　伊予守・遠江守に馬を下給／列見、延引／祈年穀奉幣定の上卿を辞す

馬を伊予守《いよのかみ》(藤原)章信《あきのぶ》の許に遣わした。宅の人を召して、預け給わった。遠江守《とおとうみのかみ》(藤原)永信《ながのぶ》を召し遣わして、馬を下給した。

「列見《れっけん》は延引された。上卿に障りが有ったからである」と云うことだ。

中納言が来た。すぐに内裏に参った。頭弁《とうのべん》経頼が勅を伝えて云ったことには、「祈年穀奉幣《きねんこくほうべい》および仁王会《にんのうえ》について、定め申すように」ということだ。申させて云ったことには、「仁王会については、定め申すことにします。祈年穀使《きねんこくし》については、他の人に命じられてください。八省院《はっしょういん》に参る際、行歩《ぎょうほ》に堪え難いであろうからです。先ず祈年穀使を定められた後に、定め申すべきでしょう」と。また、備前《びぜん》国の百姓《ひゃくせい》が申した善状《ぜんじょう》を進上させるよう、宣旨が有った。同じ弁に伝えた。また、大安寺《だいあんじ》の奏状を進上した。奏上するよう伝えた。「昨日、大納言斉信卿が、諸社の御祈禱《きとう》の御読経僧を定め申しました〈社毎に三口《く》。供料《くりょう》は後院《ごいん》の納米を用います。〉。他の弁が承って行ないました。ただ伝え聞いたところです」ということだ。また、云ったことには、「石清水《いわしみず》行幸《ぎょうこう》の日時を、蔵人所《くろうどどころ》に於いて勘申《かんじん》させるよう、仰せが有りました〈三月の内。〉」ということだ。

二十二日、辛巳。　列見／遠江守・上総介、罷申／仁王会百座に典薬寮を追加／前看督長信正を優免

「昨日の列見《れっけん》は、大納言頼宗と中納言道方が着した。宰相はいなかった」と云うことだ。

昨日、遠江守永信が罷申《まかりもうし》を行なった。今日、重ねて任符《にんぷ》について申した。頭弁に問い遣わしたところ、報じて云ったことには、「昨日、任符所《にんぷしょ》の弁〈左中弁《さちゅうべん》（藤原）経輔《つねすけ》。〉に定め仰せられました。任符を揃える事を、貞行宿禰に命じておきました」ということだ。上総介《かずさのすけ》（平）維時《これとき》が、明日、下向する事を申してきた。夜に臨んで、権左中弁《ごんのさちゅうべん》（藤原）経任《つねとう》が来て云ったことには、「仁王会は、百所に於いて行なわれます。ところが、定文《さだめぶみ》には『九十九所』と有ります。これは故皇太后宮《こうたいごうぐう》（藤原妍子《きよこ》）を諸司に入れられなければならないところでした。ところが失錯《しっさく》して、入れられませんでした。すぐに検校《けんぎょう》の大納言能信卿が内府に伝えられました。内府が云ったことには、『思失《ししつ》したのである』と。検校が関白に申されました。これは入れられなければならない諸司の中で、典薬寮《てんやくりょう》と内豎所《ないじゅどころ》の間で、事情がございます。関白が云ったことには、『内豎所を入れるように』ということでした」と。私は、密々に典薬寮を入れられるよう伝えた。御薬《みくすり》を弁備する所である。また、云ったことには、「明日、初めて官奏《かんそう》に伺候しなければなりませんのに、はなはだ審かではないのです」ということだ。大略、これを伝えておいた。後に聞いたことには、「典薬寮を入れられた」と云うことだ。太政官《だいじょうかん》の厨家《くりや》が餅餤《べいだん》を進上した。信正《のぶまさ》を優免《ゆうめん》する事を、検非違使別当の許に示し遣わした。法橋覚超《ほっきょうかくちょう》が懇切に伝え告げたからである。免仕《めんし》の報が有った。

二十三日、壬午。　陣申文・官奏／受領任符請印／藤原威子、内裏参入

諷誦を六角堂に修した。今日、永信の任符に請印する事を頼隆に命じた。内裏に参った。中納言が車《くるま》後《じり》に乗ったことは、通例のとおりであった。輦車《てぐるま》に乗って参入した。官奏と中文《もうしぶみ》について〈今日、年首《ねんしゅ》の初めての官奏および中文が行なわれる。〉、左大弁《さだいべん》（重尹）に伝えた。云ったことには、「皆、揃えてあります」ということだ。先ず文書《もんじょ》〈鈎匙文《かぎさじぶみ》二枚と馬料の文一枚。〉を申上させた。左少史《さしょうし》（紀）為資《ためすけ》が、中文を揃えた。左大弁重尹が先ず座に着して、申上させた。その儀は、恒例のとおりであった。官奏について伝えた。座を起った。左右大弁（重尹・経頼）が奏文《そうぶん》を見たことは、頗る長い時間であった。左大弁が座に着し、申して云ったことには、「奏」と。私は小揖《しょうゆう》した。右大史《うだいし》（小野）奉政《ともまさ》が官奏〈鈎匙文三枚。〉を揃えたことは、通例のとおりであった。権左中弁経任を介して内覧させた。帰って来て、申して云ったことには、「奏すように」ということだ。同じ弁を介して奏上させた。申剋に移って、召しが有って参上し、また陣座に復し、奏文を史《し》たちに下した。皆、作法を知っていて、違例《いれい》が無かった。未四剋に参って、酉剋に退出した。途中、続松《つぎまつ》を執った。中納言〈資平。〉は、受領《ずりょう》の任符の請印を行なったので、留まって陣座に伺候した。大納言能信卿〈中宮大夫である。〉が云ったことには、「今夜、中宮が内裏に御入《ぎょにゅう》されます。供奉《ぐぶ》の人を定めてください。ところが数日、出仕していません。先ずやはり、文書を申させるべきでしょうか」と。私が答えて云ったことには、「何事が有るであろう」と。また、云ったことには、「仁王会の欠請《けっしょう》を定めてください。これより先に、今日、申上されますように」ということだ。考えるに、夜に入るのではないか。中納言経通が参入した。私が陣座から退出する際、大納言能信卿が送った。私は帰り立ち、謝して帰したのである。経通と資平が送った。帰るよう伝え、和徳《かとく》門から退き還った。

二十四日、癸未。　般若心経読経・観音経読経

祇園《ぎおん》社の般若心経《はんにゃしんぎょう》読経《どきょう》を行なった。歳事《さいじ》である。観音経《かんのんきょう》読経《どきょう》が結願《けちがん》した。右大史奉政が奏報《そうほう》を進上した。（藤原）兼房《かねふさ》〈中宮亮・丹後守《たんごのかみ》。〉は、昨日、加階《かかい》された〈正四位下。〉。左衛門督兼隆卿の息である。「中宮は、この何箇月か、兼隆卿の家にいらっしゃった。そこでこの賞が有った」と云うことだ。兼房が来た。心神が宜しくなかったので、逢わなかった。昨夜、中納言が受領の任符の上卿を勤めた〈初めて公事《くじ》を行なった。〉。「子剋に臨みました」と云うことだ。

二十六日、乙酉。　内裏女房曹司に窃盗

二十三日の夜、窃盗《せっとう》が内裏の女房《にょうぼう》の曹司《そうし》に入り、衣裳を捜し取った。また、左少将《さしょうしょう》（源）定良《さだよし》が馬に乗って内裏に参った。その馬は、しばらく縫殿寮《ぬいどのりょう》の門に立てた。盗人が奪い取り、騎って馳せ去った。皇威《こうい》が無いようなものである。

○閏二月

五日、甲午。　良円、権律師に任じられて初めて延暦寺に入る／季御読経定／三合年の攘災祈禱について勅問に答える／前丹後守、失符を申す

今日、律師《りっし》良円《りょうえん》が、慶びの後、初めて山（延暦寺《えんりゃくじ》）に登った。

季御読経定《きのみどきょうさだめ》を行なうので、雨を冒して内裏に参った。少納言《しょうなごん》(藤原)資高《すけたか》が従った。左大弁《さだいべん》(藤原)重尹《しげただ》が先に参っていた。座に着した後、大弁が座に着した。御読経《みどきょう》について定めるよう伝え、座を起った。頭弁《とうのべん》(源)経頼《つねより》が、すぐに外記《げき》(清原)頼隆《よりたか》が宣旨《せんじ》によって勘申《かんじん》した天平《てんぴょう》以後の三合《さんごう》の年に行なわれた攘災《じょうさい》についての先例の勘文《かんもん》を下給した。おっしゃって云ったことには、「今年は三合に当たる。行なうべき攘災について、宜しく定め申すように」ということだ。奏上させて云ったことには、「天平以後の三合の年に行なわれた事とは異なるのです。先ずやはり、伊勢大神宮《いせだいじんぐう》および諸社に祈り申されるべきでしょう。次いで官符《かんぷ》を五畿七道《ごきしちどう》諸国に下給して、大般若経《だいはんにゃきょう》を転読《てんどく》させられるべきでしょう。また、御在所《ございしょ》に於いて、四十口《く》の名僧《めいそう》を招請して仁王経《にんのうきょう》を転読させるべきでしょう。仁王会《にんのうえ》については、近く修されるところです。このような時は、密法《みっぽう》によって行なわれることのできる法は有るのでしょうか。真言《しんごん》宗に命じ、その申すことに随って、真言院《しんごんいん》に於いて、その法を行なわれるのが宜しいでしょう。顕密《けんみつ》が並んで行なわれるべきでしょうか」と。弁が云ったことには、「帥中納言《そちちゅうなごん》(源道方《みちかた》)が申させて云ったことには、『前丹後守《さきのたんごのかみ》(源)親方《ちかかた》が、失符《しっぷ》の解文《げぶみ》を申しています。この事によって、公《く》文《もん》は未だ作成していません』ということでした」と。今日、申させるよう命じた。しばらくして、右《う》大史《だいし》(小野)奉政《ともまさ》が、申文《もうしぶみ》を挿して、敷政《ふせい》門の前を渡った。私は南座《なんざ》に着した。次いで大弁が座に着した。敬屈《きょうくつ》して云ったことには、「申文」と。私は小揖《しょうゆう》した。奉政は書杖《ふづえ》を捧げて、宜陽殿《ぎようでん》の壇に跪《ひざまず》いて伺候した〈雨儀《うぎ》。〉。私は目くばせした。称唯《いしょう》して、参って来た。膝突《ひざつき》に着し、文書《もんじょ》〈若狭《わかさ》の鈎匙文《かぎさじぶみ》と丹《たん》後《ご》の失符の文。〉を進上した。待ち取って、座に置いた。右手で文書を右方に掻き遣わした。一々、開いて見た。元のように巻いて、板敷《いたじき》の端に置いた。奉政が給わって、一々、束ね申した。私は与奪《よだつ》した〈鈎匙文は、「申し給え」と。失符は、ただ目くばせした。〉。史《し》奉政が、文書および杖を取り加えて、走り出た。御読経の勘文を奉るよう、大弁に命じた。官人を介して、史を召させ、伝え仰せた。すぐに文書を進上した。また、大弁の前に硯を据えた。この頃、大納言《だいなごん》（藤原）頼宗《よりむね》・（藤原）長家《ながいえ》、中納言《ちゅうなごん》（藤原）経通《つねみち》、参議《さんぎ》（藤原）公成《きんなり》・（源）顕基《あきもと》が、座にいた。私が読んで、大弁に僧名《そうみょう》を書かせた。僧綱《そうごう》の数は多かった。そこで新薬師寺《しんやくしじ》と元興寺《がんごうじ》を止めた。僧綱の多少によって、寺の出入りが有る。これは通例である。大弁が書き終わって、これを進上した。右中弁《うちゅうべん》（藤原）頼任《よりとう》を召して、日時勘文《にちじかんもん》について問うた。申して云ったことには、「陰陽寮《おんみょうりょう》が勘申しました」ということだ。奉るよう命じた。すぐに伝えて進上した〈「発願《ほつがん》は来月十八日」と云うことだ。〉。僧名と陰陽寮が勘申した日時勘文を加えて、筥《はこ》に納めた。頼任を介して覧せた〈関白《かんぱく》（藤原頼通《よりみち》）は里第《りてい》にいた。〉。もしも格別な難点が無ければ、奏聞《そうもん》を経ることにするということを、加えて伝えた。時剋が推移し、下給された。すぐに頼任が、僧名と日時勘文を、一々、束ね申した。料物《りょうもつ》について命じた。申して云ったことには、「皆、揃えてあります。但し越前国司《えちぜんこくし》は、卒去して進上していません。ところが、先ず他の色物《いろもの》を充て用いるべきでしょう」ということだ。史を召して、文書を給わった。硯を撤去した。夜に臨んで、退出した。

六日、乙未。災異の祈禱／兵庫允、高陽院の池造営に関わり検非違使に陵轢される

右少史《うしょうし》(源)頼兼《よりかね》が、昨日、定め申した季御読経の僧名を進上した。昨日、定め申した御祈禱《きとう》について、頭弁に問い遣わした。報じて云ったことには、「おっしゃられた趣旨について、関白がおっしゃって云ったことには、『甚だ吉い事である。御修法《みしほ》〈仁寿殿《じじゅうでん》に於いて、近来、北斗法《ほくとほう》を行なわれている。〉を過ぎて、先ず奉幣《ほうべい》を行なうように。次いで大極殿《だいごくでん》の御読経を行なうように。次いで諸国の国分寺《こくぶんじ》に於いて、仁王経を転読するよう、官符を下賜するように』ということでした」と。今、この書状のとおりであれば、定め申したところを用いられるようである。心中に思ったところは、天下の衰弊《すいへい》は特に甚しい。試みに倹約《けんやく》を行なわれて、天の回答を待たれるべきであろう。近日、過差《かさ》の事は、日を逐って万倍している。世が嘆いているところは、またこの事にある。ところが、用いられないようである。もしも後一条《ごいちじょう》天皇の天聴《てんちょう》に達すれば、あれこれと憚りが多く、かえって傷害に及ぶであろう。舌を呑むに如《し》くはない、舌を呑むに如くはない。「兵庫允延吉《ひょうごのじょうのぶよし》は、摂津守《せっつのかみ》(菅原)為職《ためもと》の郎等《ろうどう》である。先日、高陽《かやの》院《いん》の池を掘る事を行なっていた。ところが検非違使《けびいし》(源)清《きよし》が、あの国の人夫に命じて、ついでに大石を曳き立てさせた。この延吉は、池を掘る人夫は、他の役に使ってはならないということを述べた。小論を行なっていた間、清は延吉を搦めさせ、門外に於いて、着していた狩襖《かりおう》の裏絹を破却《はきゃく》させた。他の検非違使たちは、為職を連れて愁い申した。関白は、重く清を勘当《かんどう》された」と云うことだ。或いは云ったことには、「過状《かじょう》を進上した」と。

十一日、庚子。　京職に陽明門大路堀河橋修復を命じる

今日と明日は、物忌《ものいみ》である。門戸を閉じなかった。ただ外行《がいこう》を禁じた。諷誦を東寺《とうじ》に修した。物忌による。中納言（藤原資平《すけひら》）が来た。

陽明門《ようめいもん》大路の堀河橋《ほりかわ》が破壊されていた。車馬の往還に危険が有る。去る五日、内裏に参った際、甚だ渡り難かった。そこで早く京職《きょうしき》に修復させるよう、すぐに左大弁に命じた。今朝、右大史奉政を召して、事情を問うた。申して云ったことには、「左大弁は、左大史《さだいし》（惟宗《これむね》）義賢《よしかた》に命じました。ところが、今も未だ修造していません。太政官《だいじょうかん》の下部《しもべ》を遣わして催し仰させます」ということだ。義賢に命じるよう、重ねて奉政に命じておいた。京職が勤めない頃であるばかりである。左兵衛督《さひょうえのかみ》（経通）と中納言が来て、語った。夜に入って、美作守《みまさかのかみ》（藤原）資頼《すけより》が参上した。関白の邸第《ていだい》に参るということを伝えた。国々の司は、首を挙げて参上する。法華八講《ほっけはっこう》による。

二十二日、辛亥。　伊予守、下向／若狭守罷申／皇女馨子、五十日の儀／所充申文／諸社御幣使定

伊予守《いよのかみ》（藤原）章信《あきのぶ》が来た。今日、下向するということを申した。前日、馬を与えておいた。若狭守《わかさのかみ》（源）惟頼《これより》が罷申《まかりもうし》を行なった。前に呼ばなかった。

今日、第二皇女（馨子《かおるこ》）の五十日《いか》の儀が行なわれた。頭弁が伝え告げたので、晩方、内裏に参った。中納言は車後《くるまじり》に乗った。待賢門《たいけん》から参った。中納言および（藤原）資房《すけふさ》・資高・（藤原）経季《つねすえ》が、輦車《てぐるま》に従った。雨脚は止まなかった。温明殿《うんめいでん》の壇を経て、敷政門から入って、陣座《じんのざ》に着した。時剋を問わせたところ、（荒木）武晴《たけはる》が申して云ったことには、「酉一剋」ということだ。「諸卿は、中宮《ちゅうぐう》（藤原威子《たけこ》）

〈飛香舎。〉および関白の直廬〈凝華舎。〉にいます」と云うことだ。随身を遣わして、左大弁重尹を召した。すぐに来た。所充の申文について問うた。述べて云ったことには、「準備してあります」ということだ。申上させるよう、伝え仰せた。大弁は座を起った。私は南座に着した。大弁が座を見遣った。敬屈して云ったことには、「申文」と。私は揖礼した。称唯して、史〈右大史奉政。〉の方を見遣った。奉政は文書を杖に挿して、宜陽殿の壇に跪いて伺候した〈雨儀。〉。私は目くばせした。走って来て膝突に着し、これ〈所充文と鈎匙文。〉を進上した。見終わって、元のように推し巻いて、返給した。一々、束ね申した。私は与奪した〈所充の文は、ただ目くばせした。鈎匙文は、「申し給え」と〉。称唯し、推し巻いて、杖に加えて走って出た。私は随身府生武晴を遣わして、中宮の儀を見させた。帰って来て云ったことには、「内大臣〈藤原教通〉以下が、飛香舎に伺候しています。関白は未だ参られていません」ということだ。しばらくして、また見遣した。申して云ったことには、「ただ今、関白以下が参上されました」ということだ。そこで参入した。中納言と左大弁が、従って参入した。関白以下は饗の座〈飛香舎の東廂。〉に着した。殿の上〈隆子女王〉が奉献した籠物〈竹籠。〉を渡殿に置いた。秉燭の後、主上〈後一条天皇〉が渡御された。「皇女の膳物は、左宰相中将〈顕基〉が取った。打敷は殿上人が執った。台は権大納言長家が奉仕した」と云うことだ。上達部を御前に召そうとした。雨脚が頻りに降って、砌ははなはだ狭く、禄を下給した〈上達部と殿上人の禄〉と云うことだ。私の禄は女装束〈おんなしょうぞく〉。左宰相中将〈顕基〉を渡殿に据えた〈打敷に据えた。〉。打敷は殿上人が奉献した籠物〈竹籠。〉座席は便宜が無かった。饗の座に於いて、禄を下賜した〈上達部と殿上人の禄〉と云うことだ。私の禄は女装束〈おんなしょうぞく〉。管絃や和歌の興は無かった。多くはこれは、雨によるものか。主上《しゅじょう》(後一条天皇)が還御《かんぎょ》した。「御膳は御所に奉った」と云うことだ。「春《とう》宮大夫《ぐうだいぶ》頼宗が奉仕した」と云うことだ。亥の終剋、退出した。中納言は車後に乗った。見参《げんざん》した上達部は、左大臣(頼通)〈関白。〉、私・内大臣、大納言(藤原)斉信《ただのぶ》・頼宗・(藤原)能信《よしのぶ》・長家、中納言(藤原)兼隆《かねたか》・道方・経通・資平・(源)師房《もろふさ》・(藤原)定頼《さだより》、参議(藤原)兼経《かねつね》・(源)朝任《あさとう》・公成・重尹・顕基。今日、大納言斉信卿が、諸社御幣使《しょしゃごへいし》〈三合の御祈禱。〉を定めた。

二十五日、甲寅。　大宰府相撲使について、頼通の諮問／頼宗、子息兼頼について意を告げる／出雲守罷申

堂にいた際、頭中将《とうのちゅうじょう》(源隆国《たかくに》)が来て云ったことには、「大《だ》宰《ざい》相撲使《すまいし》は、右近府生《うこんのふしょう》(下毛野《しもつけのの》)光武《みつたけ》を遣わすよう、女院《にょういん》(藤原彰子《あきこ》)が関白におっしゃられました。関白が云ったことには、『右近将監《うこんのしょうげん》(高《こうの》)扶宣《すけのぶ》の中文は、しばらく留めておくように。奏上してはならない。女院がおっしゃられた事が有る。この間、如何であろう。光武は近く大宰使に下向する。扶宣は久しく下向していない者である。但し、院(彰子)の仰せが有る。内々に右府(実資)に伝えて、述べたところを聞くように』ということでした」と。私が答えて云ったことには、「将監《しょうげん》を相撲使として差し遣わすことは、希代の事です。上古《じょうこ》の例は、将監を相撲使として遣わす事は、執心している相撲人《すまいびと》を召させる為、近衛府《このえふ》の官の中で、事に堪える者を撰んで遣わしました。近代はその例によって、執心している相撲人がいないとはいっても、まま差し遣わすところです。これは似ていない事です。府生を遣わす例については、光武については何事が有るでしょう。ただ府生に任じられた後、幾《いく》ばくもありません。また、恪勤《かくご》の者ではありません。そうとはいっても、扶宣と光武では、その理非を称すると、光武が宜しいのではないでしょうか」と。但馬守《たじまのかみ》(藤原)能通《よしみち》が談話して云ったことには、「春宮大夫頼宗が、『便宜が有れば子息の中将《ちゅうじょう》(藤原兼《かね》頼《より》)の事を漏らすことにします』ということでした」と。報じて云ったことには、「ただ今、あれこれを報じ難い。自身にとっての大事である」と。出雲守《いずものかみ》(橘)俊孝《としたか》が申したことには、「二十八日に赴任します」と。

○三月

二日、辛酉。　石塔造立供養／千古と桜を見る／頼通、花見／薩摩守・香椎宮司・高田牧司から進物／周文裔書状／文裔進物目録

早朝、小女(藤原千古《ちふる》)が堂に渡って、石塔《せきとう》を拝し奉った。また、開いた桜の花を見た。しばらくして、帰った。「関白《かんぱく》(藤原頼通《よりみち》)および内府(藤原教通《のりみち》)や諸卿は、馬に騎って山花を廻り見た」と云うことだ〈六条《ろくじょう》の関白の旅亭《りょてい》に於いて、馬に騎った。〉。夜に乗じて、中納言《ちゅうなごん》(藤原資平《すけひら》)が来て云ったことには、「関白・内大臣(教通)・諸卿が、馬に騎って、先ず六波羅蜜寺《ろくはらみつじ》に到りました。その寺から出て、東山《ひがしやま》を経、白河院《しらかわいん》に到りました。(小野)文義《ふみよし》の山荘に於いて、食事をされました。次いで観音院《かんのんいん》を廻り見て、次いで雲林院《うりんいん》に到り、蹴鞠《けまり》を行なわれました。夜に入って、帰られました。今日、会さなかった人は、

今の衰邁に及ぶまで、伏して殿下の徳声や政誉を聞いています。その来たることは久しいものです。

右、私〈文裔〉は、去る万寿三年七月に聖朝〈日本〉を辞し、本国〈宋〉に帰りました。また今秋九月に参って来ました。これはつまり、徳化の無涯を仰いで、忠節の有終を願ったのです。そもそも、弱冠から

「大宋国台州商客周文裔が、事情を言上する事。

に送ってきたようである。そこで開いて見た。その書に云ったことには、

周文裔の表を、謹んで封します」ということだ。そこで開いて見た。二封が有った。一封は、書の上に記したことには、「太政官に進上します。大宋国商客周文裔が謹んで封します」と。函を開いて、

これを見た。二封が有った。一封は、書の上に記したことには、「太政官に進上します。大宋国商客周文裔が謹んで封します」と。函を開いて、

とには、「右相府大将〈実資〉〈殿下〉に進上します。宋人周文裔が書函を送ってきた。この上に記して云ったこ

牧司妙忠の使に託して、大宋国台州の商客周文裔が書函を送ってきた。この上に記して云ったこ

二両・紫金膏二両・緑青 大四十八両・金漆□升を進上してきた。

椰子十五果を進上してきた。高田牧司〈宗形〉妙忠朝臣が雑物を進上した次いでに、蘇芳十斤・雄黄

女に粉紙十帖・茶碗・唐硯一面を志してきた。香椎宮司武行が、紫金膏二両・呵梨勒丸三十果・檳榔

薩摩守〈巨勢〉文任が、使脚に託して、絹十疋・蘇芳十斤・花三帖・革十枚を進上してきた。また、小

合・停任を、大外記〈清原〉頼隆真人に下給した。

汝〈実資〉・大納言〈藤原〉斉信・中納言〈藤原〉実成・参議〈藤原〉通任です」と云うことだ。公卿給・二に

誠惶誠恐、頓首謹言します。

ところが貴賤《きせん》には違いが有り、名を伝えるのに方策がありません。奉仕の願いを思っているとはいっても、未だ犬馬の効を顕わしていません。考えるに、声威《せいい》の貴きを恐んで、いたずらに多く廻る年月を送ったのです。已往《いおう》の咎《とが》は、追悔《ついかい》しても何の益がありましょう。但し、今回については旧望《きゅうぼう》を遂げようと思います。そこで特に寸誠《すんせい》を写し、恭しく高聴《こうちょう》を聞きます。伏して恩遇《おんぐう》を垂れ、明らかに愚裏《ぐり》に鑑みて、進上する表章《ひょうしょう》を関白相府《しょうふ》(頼通)に伝えることを乞います。次いで天聴《てんちょう》に奏上し、その後、早く勅使《ちょくし》を申し下して、貨物を検納《けんのう》してください。これは国家《こっか》(日本)は久しく参る勤めを念じ、異俗《いぞく》(文裔)は老来《ろうらい》の幸いを感じるものです。不宣《ふせん》。文裔が誠惶誠恐、頓首謹言します。

万寿五年十二月十五日　　　　　　商客周文裔、儔且《ちゅうしょ》。

右相府殿下に進上します」と。

この書状の奥に解文《げぶみ》を巻き加えた。

「進上します。

翠紋《すいもん》の花錦《はなにしき》　一疋

小紋《こもん》の緑殊錦《ろくしゅにしき》　一疋

大紋《だいもん》の白綾《しらあや》三疋

麝香《じゃこう》二臍《へそ》

丁香《ちょうこう》五十両

沈香《じんこう》百両
薫陸香《くんろくこう》二十両
呵梨勒十両
石金青《せきこんじょう》三十両
光明朱砂《こうみょうしゅしゃ》五両
色々の餞紙《せんし》二百幅《ふく》
糸鞋《しかい》三足

右、この土産は、誠に陋尠《ろうせん》とはいっても、縁礼《えんれい》に備える為に進上するところは、このとおりです。

万寿五年十二月十五日　　宋人周文裔、儔且。

右相府殿下に進上します」と。

○四月

一日、己丑。　石清水・賀茂行幸定／孟夏旬／官奏／闈司奏・衛府番奏

早朝、諷誦《ふじゅ》を清水寺《きよみずでら》に修した。

大外《だいげ》記《き》（清原）頼隆《よりたか》が云ったことには、「昨日、石清《いわし》水《みず》・賀茂《かも》行幸《ぎょうこう》について定められました」と。これより先に、頭弁《とうのべん》（源経頼《つねより》）に、また小雨では後一条《ごいちじょう》天皇が出御《しゅつぎょ》すべきか否かについて問い遣わした。報書に云ったことには、「雨脚は、すでに宜しいものです。ただ今、出御されるでしょう」と。すでにもしも大雨に及べば、きっと出御し難いのではないか。

行幸〈石清水《いわしみず》宮。七月二日己未、時は午二剋。八月二十一日丁未、時は辰二剋。九月二十五日庚辰、時は辰二剋。〉。行事《ぎょうじ》〈春宮権大夫《とうぐうごんのだいぶ》（源）師房《もろふさ》・参議《さんぎ》（藤原）公成《きんなり》・左中弁《さちゅうべん》（藤原）経輔《つねすけ》・大外記頼隆・左大史《さだいし》（小槻《おつきの》）貞行《さだゆき》。〉。今日、天皇が紫宸殿《ししんでん》に出御することになっている。早く参るよう、頭弁の書状が有った。未の初剋、参入した。中納言《ちゅうなごん》（藤原資平《すけひら》）は車後《くるまじり》に乗った。待賢《たいけん》門から輦車《てぐるま》に乗って参入した。中納言および（藤原）資房《すけふさ》・（藤原）資高《すけたか》・（藤原）経季《つねすえ》が従った。帥中納言《そちちゅうなごん》（源道方《みちかた》）だけが、陣座《じんのざ》にいた。納言や内府（藤原教通《のりみち》）は、殿《てん》上間《じょうのま》に参上した。しばらくして、陣座に着した。その後、諸卿が参入した。頭弁が云ったことには、「天皇が紫宸殿に出御しました」と。関白《かんぱく》（藤原頼通《よりみち》）が云ったことには、「すでに紫宸殿にいらっしゃる。この間、官奏《かんそう》を内覧《ないらん》することができない。ただ奏上されるように」ということだ。番奏《ばんそう》の六衛府《えふ》の将と佐《すけ》、監物《けんもつ》が参っているかどうかを大外記頼隆真人《まひと》に問うた。申して云ったことには、「皆、戒め仰させました。但し、左兵衛府《さひょうえふ》の官人は、皆、故障を申しました。またまた、召し仰させます」ということだ。また、官符《かんぷ》および内案《ないあん》について問うたところ、「揃えてあります」ということだ。奉るよう命じた。内大臣（教通）以下は、陣座にいた〈内大臣、大納言《だいなごん》（藤原）頼宗《よりむね》・（藤原）長家《ながいえ》、中納言道方・（藤原）経通《つねみち》・資平・師房・（藤原）定頼《さだより》、参議（源）朝任《あさとう》・公成・（源）顕基《あきもと》。〉。少納言《しょうなごん》（源）経長《つねなが》が、内案を書杖《ふづえ》に挿して、小庭《こにわ》に控えていた。私は目くばせした。膝突《ひざつき》に着し、これを進上した。私は取って見た。元のように推し巻いて返給した。書杖を取り加えて、陣の砌《みぎり》の道から退出した〈後に聞いたことには、「内案は外記《げき》に渡した。外記が書杖に挿し、（源）資通《すけみち》に託して内覧させた」と。〉。次いで外記信任《のぶとう》が官符三枚〈任符《にんぷ》。筥《はこ》に納めた。〉を進上した。取り出さず、筥のまま、枚々を反して、これを見た。終わって、返給した。右大史《うだいし》（小野）奉政《ともまさ》が、奏文《そうぶん》を持って北に渡った。大弁《だいべん》は敷政《ふせい》門に入ろうとした。参議公成と顕基が座にいた。そこで退帰した。その後、両宰相は座を起った。次いで大弁が座に着し、敬屈《きょうくつ》して云ったことには、「奏」と。私は小揖《しょうゆう》し、称唯《いしょう》して、史《し》の方を見た。奉政は書杖を捧げ、小庭に跪《ひざまず》いて伺候した。私は目くばせした。称唯して走って来て、膝突に着して、これを奉った。書を置き、結緒《ゆいお》を解いて、一々、見た。終わって、元のように推し巻き、片結びして、板敷《いたじき》の端に置いた。史はこれを給わり、一枚を取って、揃えなければならない文書《もんじょ》の数を申した。巻き結び、杖に加えて退出した。関白は内覧することができないということを伝えられた。そこで弁に伝えなかったのである。左近将曹久友《さこんのしょうそうひさとも》が、近衛《このえ》を率いて日華《にっか》門から入った。長楽《ちょうらく》門を開けさせて、長楽門の橋の下に立った。諸卿が云ったことには、「未だ橋の下に立ったのを見たことがない」と。久友は更に左腋門《わきもん》に向かい、春興《しゅんこう》・宜陽《ぎよう》殿《でん》の東を経て、陣に来た。命じさせて云ったことには、「開門の間、その辺りに控えて、閉門して還って来い」と。また命じて云ったことには、「本陣から出て、宜陽・春興両殿の西を経て、開門するのが、通例である。更に日華門から入り、開門するのは、そうであってはならない。今となっては、罷り帰る時は、両殿の前を経て、本陣に帰るように」と。闈司《いし》が左腋門から入って、版位《へんい》に就いた。勅答《ちょくとう》が有って、退帰した。大監物《だいけんもつ》(紀)行任《ゆきとう》が、主鎰《しゅやく》を率いて版位に就いた。諸卿が云ったことには、「主鎰を率いてはならない」と。また、殿上《てんじょう》の人々から、陣座に主鎰を連れてはならないという声々が有った。主鎰は退帰した。勅答が終わり、大監物行任は退帰して、長楽門の橋の下に立った。鎰大舎人《かぎのおおとねり》が櫃《ひつ》に就いて、執って退いた。後日、式を調べてみると、「監物は主鎰を率いて版位に就く。勅答は、云々。共に称唯する」ということだ。今日の作法は、式に違っていなかった。非難する者は、式を見ていないのである。但し、「何年来、監物は主鎰を率いない」と云うことだ。内侍《ないし》が檻《かん》に臨んだ。私は座を起った。壁の後ろに於いて靴を着し、宜陽殿の壇を経て、軒廊《こんろう》の西第一間に立った〈南に向き、北に迫り、東に寄って立った。〉。右大史奉政は、奏書を杖に挿して、宣仁《せんにん》門から入った。小庭を渡って、更に軒廊の東第一間に入って、西行した。私の前に跪いて伺候し、奏を奉った〈杖を翻《ひるがえ》して、これを奉った。西を杖の本とした。〉。笏《しゃく》を挿んで、書杖を取った〈奉政は、初めの道を経て走り帰り、宣仁門の内に入った。〉。参上して、東階《ひがしのきざはし》を昇り、簀子《すのこ》敷《じき》の上に留まり立った。敬屈して、遥かに天皇の竜顔《りょうがん》を望んだ。目くばせされた。称唯して、参上した。東廂《ひがしびさし》から北行し、更に西に折れ、母屋《もや》の北の細間《ほそあい》に入り、西行して御屏風《びょうぶ》の南頭《みなみのほとり》に到って、漸く屈行《くっこう》した。次いで膝行《しっこう》し、奏を奉った〈関白は天皇の御後ろに伺候した。〉。退いて、右廻りに柱の下に立った〈節会《せちえ》と同じである。〉。御覧が終わって、東の置物机《おきものづくえ》に置かせた〈東に透かせて、置かせられた。〉。私は右膝を屈し、杖を置いて、屈行し、膝行して奏書を取った〈帳台《ちょうだい》に昇らずに取るに及んだ。〉。差して退いて坐り、結緒を解いて、一々、束ね申した〈三枚。鈎匙文《かぎさじぶみ》。〉。

天皇の意向を得て、称唯して巻き結んだ。左廻りに柱の下に到った。更に西に向き、右膝を突いて、杖を執った。文書の上に杖を置き、左廻りに退下し、軒廊〈元の所。〉に立った。奉政が走って来て、足《そっ》下《か》に跪いて伺候した。すぐに文書および杖を給わった。跪いて結緒を解き、能く巻き結んだ。初めの道を経て、宜陽殿の西の小庭に立った。私は東行し、東第二間から陣座に向かった。この間、奉政は敬屈して立っていた。私は小庭を渡って、陣座に踞《うずくま》った〈左足を引き上げた。〉。この頃、出居《でい》の左中将《さちゅうじょう》〈源〉実基《さねもと》が参上した。右大弁《うだいべん》経頼が、座に着した〈諸卿は、これより先に、座を避けて、所々に於いて官奏の儀式を見た。紫宸殿の御障子《みしょうじ》を切って、これを見た。〉。史は奏文を返して進上した。先ず表紙《おもてがみ》を給わり、次いで一々、文書を取って板敷に置いた。史が枚毎に見せた。おっしゃって云ったことには、「申したままに」と。称唯した。その後、成文《なりぶみ》の数を申した。終わって、推し巻き、敬屈して伺候した。結緒を取って、これを給わった〈板敷の妻に置くのが通例である。〉。元のように束ね、文夾《ふばさみ》に取り副えて、走り出た。次いで大弁が座を起った。私は壁の後ろに出た。諸卿は連れだって序列どおりに参上し、座に着した。出居の侍従《じじゅう》の権左中弁《ごんのさちゅうべん》〈藤原〉経任《つねとう》は、日華門から入り、参上して座に着した〈中将《ちゅうじょう》は南、侍従は北。〉。采女《うねめ》が御台盤《だいばん》を舁き、母屋の西第二間の辺りに到った。出居が内豎《ないじゅ》を召したことは二声。内豎は日華門の外に於いて、同音に称唯した。内豎所《ないじゅどころ》別当《べっとう》之清《ゆききよ》が参入し、軒廊の南辺りに立った。出居が命じて云ったことには、「御飯を給え」と。称唯して、走り帰った。内豎は台盤を舁いて、公卿や出居の前に立った。匕《さじ》と箸を置かなかった。そのことを伝えたが、事の煩いが有ったので、立たせたのである。出居の膳は、四尺が二脚である。ところが一脚であった。前例を失した。出居が行なわなければならないのである。上達部《かんだちめ》は口々にこれをおっしゃった。ところが加え立てず〈酒番侍従《さけばんじじゅう》は遅く着した。そこで出居に伝えて、催し着させた。〉。台盤は無いのか。四種を供した。次いで菓子と御菜《ごさい》を供した。これは最後に供する。ところが早く供した。順序が違濫《いらん》していた。頭弁は西階《にしのきざはし》の辺りに於いて行事を行なった。前例では、蔵人《くろうど》が行なうものである〈もしくは五位、もしくは六位。〉。次いで内豎が、四種の箸と匕を一つの盤に据えて持って来た。前例に違っていたとはいっても、ただそのことを伝えて許し、据えさせた。日が徐々に暮れていたからである。次いで内豎が下器《かづき》を取って、南庭《なんてい》を渡った。遥かに望み見ると、器を据えなかった。驚き怪しんで、出居に問うた。出居は退下した。尋ね問うたのか。また、外記は追って還らなければならない。皆、前跡《ぜんせき》を知らないのか。日華門から入らなければならない。ところが東軒廊から出た。前例に背いている。私が命じて云ったことには、「今となっては、密々に器を遣わすように」と。時剋が推移し、還り渡って、軒廊に来た。日華門から出て、内豎所に於いて盛り分けるよう、出居に命じた。すぐに持ち去った。しばらくして、索餅《さくべい》を供させたが、汁が有って索餅は無かった。ただ雰囲気だけが有った。後に聞いたことには、「内膳司《ないぜんし》が索餅を準備していなかった」と云うことだ。「天皇の御料を分けて下した」と云うことだ。索餅を供した〈下器が還り渡った頃である。〉。索餅を据えた。私は意向を伺った。天皇が御箸を下した。臣下が応じた。次いで侍従厨別当《じじゅうくりやべっとう》の右中弁《うちゅうべん》（藤原）頼任《よりとう》が御贄《みにえ》を取り、版位に就いて奏した。日華門を出た。

次いで鮑羹《あわびのあつもの》を供した。次いで御飯。次いで臣下の飯・菜物・汁物《しるもの》を据えた。終わって、天皇の意向を伺った。すぐに御箸を下した。臣下が従った。内豎が盛物《もりもの》と果物を据えた。御菓子と干物《かんぶつ》を供した後、本来ならば盛物と菓子を供さなければならない。ところが最前に供した。そこで一度に供したのか。式次第は、皆、違濫した。蔵人方《くろうどがた》については、前例を知らない。後に聞いたことには、「関白が随身《ずいじん》された式次第の書を、頭弁が書写《しょしゃ》した」と云うことだ。考えるに、式次第が相違したのか。御酒《みき》〈一献《こん》。〉を供した。次いで酒番侍従（菅原）忠時《ただとき》が、通例の盞《かわらけ》〈造酒司《ぞうしゅし》の盞。〉を持って参上した。私が伝えて云ったことには、「旬儀《しゅんのぎ》の日は、所司《しょし》の盞を用いず、土器《かわらけ》の盃を用いる」と。そこで退下し、土器を執って参上した。酒を入れて、唱平《しょうへい》した。私は小揖した。跪いて飲み、また盛んに唱平した。私は執って飲み、返盃《へんぱい》した。序列どおりに唱平し、出居に及んだ。次いで下器を渡した〈「今回は、器を据えず、盤を持った」と云うことだ。〉。西階に就いて、下物《おろしもの》を受けて還り渡った。東階から昇って、持って来た。諸卿は序列どおりに匕と箸で掻き執った。夾み執るのが通例である。燎《ひ》を挙げた後、左腋門を開いた。闈司が版位に就いて奏上した。勅答が有った〈「申させよ」と。〉。番奏〈五衛府が奏した。左兵衛府は伺候していなかった。左近少将《さこんのしょうしょう》経季は、未だ陣に帰っていなかった。ところが関白の命によって、番奏に参加した。右近少将《うこんのしょうしょう》（藤原）行経《ゆきつね》は四位である。そこで左少将《さしょうしょう》経季の上に列した。『式部《しきぶ》式《しき》』に合っている。〉。次いで御酒を供した〈二献。〉。酒番が酒を勧めた。私は退下した。大外記頼隆を召し、左兵衛府が伺候していない事を問うたところ、「頭弁朝臣《あそん》を介して奏させました」ということだ。私は頭弁を呼んで、庭立奏《にわだちのそう》は夜に臨んで、もしかしたら行なうことはできないのではないかということ・左兵衛府の官人が伺候していない事を奏上させた。命じて云ったことには、「庭立奏を停止《ちょうじ》するように。左兵衛府の官人を召問《しょうもん》するように」ということだ。これらの事を、頼隆真人に伝えておいた。私は還り昇った。すぐに三献を供した。御盃が未だ御手を離れない頃、左近衛府《さこのえふ》が乱声《らんじょう》を行なった。違例《いれい》の事である。酒番が酒を勧めた。毎回、勧盃《けんぱい》を行なった。先ず左右に分け、舞ったことは、各三曲〈この中に、陵王《りょうおう》と納蘇利《なそり》があった。〉。楽の中間に私は退下し、陣座に着して、外記を召した。外記(小野)文義《ふみよし》が参った。見参簿《げんざんぼ》を奉るよう命じた。すぐに見参簿および禄の目録を進上した。見終わって、返給した。書杖を捧げて、小庭に立った。意向を示した。そこで軒廊から出て、南庭に立った。舞曲が未だ終わらない頃、陣座にいた。舞が終わって、軒廊に進んで立った。この間、左右の罷出音声《まかでおんじょう》を奏した。私は笏を挿んで、見参簿と目録〈書杖に挿した。〉を執って、参上した。御屛風の下に就いて、内侍に託した。笏を執って、右に廻り、柱の下に立った。御覧が終わって、内侍に返給した。私は進み寄った。笏を挿み、見参簿と禄の目録、および杖を伝え取った。退き立って、左に廻り、軒廊に退下した。外記に返給し、仗座《じょうのざ》に復した。外記は、返して進上した。見参簿を少納言(藤原)定任《さだとう》に給わった。禄の目録は権左中弁経任に賜わった。小臣《しょうしん》(実資)は、本来ならば禄の拝に列さなければならない。ところが老屈《ろうくつ》は格別に甚しく、拝舞《はいぶ》に堪えられない。そこで退出しただけである。時に亥四剋。

二日、庚寅。(『官奏記』による)　**奏報**

右大史が昨日の奏報を進上した。

四日、壬辰。　祭主大中臣輔親、頼通を饗応

兵庫頭(橘)内位が云ったことには、「関白が、祭主(大中臣)輔親の六条宅に渡った後、一日に饗饌を準備しました。唐の模本の『広韻』の葉子・同じく『玉篇』の葉子・新書の『白氏文集』の葉子・宅の券文を献上しました。螺鈿の箱に納めました。懸子が有りました」と云うことだ。内位の妻は、輔親の女である。そこで詳しくこれを知っている。万人の財を、一人(頼通)が所有するばかりである。「何日か、この宅に住まわれ、二日に白河第に移られました」と云うことだ。後に聞いたことには、「宅券を返された」と云うことだ。

六日、甲子。　季御読経日時を改勘／多武峯、鳴動

右中弁朝臣が関白の仰せを伝えて云ったことには、「季御読経の日を勘申した。ところがその日は、先ず大極殿御読経を行なわれる。但し、祭以前には、必ずしも日時を勘奏することはない。内々に陰陽寮に問うたところ、もしくは二十三日に行なわれるとのことを申した。廻請させて、二十二日に日時勘文を奏上されるのが宜しいであろうか」と。陰陽寮に問うよう伝えた。弁が云ったことには、「季御読経の日を勘申した。ところがその日は、先ず大極殿御読経を行なわれる。但し、祭以前には、必ずしも日時を勘奏することはない。内々に陰陽寮に問うたところ、もしくは二十三日に行なわれるとのことを申した。廻請の後に、二十二日に欠請につ日時勘文を奏上されるのが宜しいであろうか」と。陰陽寮に問うよう伝えた。弁が云ったことには、「氏長者(頼通)、及び子・午・卯・酉の人は、病事が有るでしょうか〈期は怪日以後、四十日の内、及び来たる五月・八月節中の丙・丁日です。〉」と。権左いては、祭以前とはいっても、定めて補そう、更に伝えた。占って云ったことには、「去る三日、多武峯が鳴動しました。

中弁経任が、宣旨一枚〈主殿寮が申請した屛幔の料物。〉を持って来た。同じ弁に下した。

十日、戊戌。　　賀茂祭使の過差を禁ず

左兵衛督〈経通〉が来て云ったことには、「『祭使たちの従者は、四位と五位が十五人。また、過差を禁じるよう、仰せ下されるべきである』と。頭弁が談ったところです。ところが、未だ命じられていません」と。　使の少将〈経季〉の馬副と僕従は、紅色を着してはならない事を、〈藤原〉信通朝臣に伝えた。但馬守朝臣〈藤原能通。〉に伝えさせる為である。

十四日、壬寅。　　皇女馨子、百日の儀

諷誦を修した〈六角堂。〉。金鼓を打った。大外記頼隆が申して云ったことには、「左兵衛尉〈源〉致信の三箇月の服喪〈姑。〉は、事実です。あらかじめ真盛に戒め仰せて、進上して奉献させました」という事だ。関白に申すよう命じた。十二日と十三日は、内〈後一条天皇〉の御物忌であった。そこで延期された〈十一日に当たる。〉。今日、中宮〈藤原威子〉御腹の皇女〈馨子〉の百日である〈十一日に当たる。〉。ところが日次が宜しくなかった。経季が従った。輦車に移り乗ったところ、資高が内裏から来着し、資房も同じく内裏から来向した。大膳職の北辺りを過ぎて、私が左兵衛陣に入った頃、内府が左衛門陣に来た。私が敷政門から入ることを知らないようなものである。内府は温明殿の北を経て、中宮〈飛香舎である。〉に参った。中納言資平・定頼、参議〈藤原〉重尹・顕基は、陣座に着さず、壁の後ろを徘徊した。左近将曹〈秦〉延命を遣わして、中宮の事を見させた。帰って

とところが日次が宜しくなかった。十二日と十三日は、内〈後一条天皇〉の御物忌であった。

晩方、内裏に参った。中納言は車後に乗った。大外記頼隆が申して云ったことには、「左兵衛尉〈源〉致信の云うことだ。

来て云ったことには、「関白および内大臣以下が、饗の座〈飛香舎の東廂。〉に着していました」と。私は参入した。両中納言と両宰相が従った。饗の座に加わって着した。盃酌《はいしゃく》は通常のとおりであった。傾けないことに異ならない。柳の櫃物《ひつもの》百合《ごう》を渡殿《わたどの》に据え連ねた。戌剋の頃、主上《しゅじょう》(後一条天皇)が渡御《とぎょ》した。関白以下の近習《きんじゅう》の卿相《けいしょう》が、御供に供奉《ぐぶ》した。亥剋、皇女の膳物〈小台。近江守《おうみのかみ》(源)済政《なりまさ》が奉仕した。〉を殿上人《てんじょうびと》が執って、簾《すだれ》の下に進んだ。先ず参議公成が打敷《うちしき》を執り、殿上人の四位が台を執った。長い時間が経って、御簾《みす》を巻き、出御した。蔵人頭経頼を介して、上達部を召した。関白及び諸卿は、御前の座〈円座《わろうだ》。〉に着した。衝重《ついがさね》を給わった。一献の後、御膳〈懸盤《かけばん》。蘇芳《すおう》の螺鈿か。確かに見ていない。関白が奉仕した。〉を供した。大納言(藤原)能信《よしのぶ》が陪膳《ばいぜん》を勤めた。打敷を執った。宰相が益供《やくぐ》した。地下《じげ》人《にん》の楽人《がくにん》は伺候しておらず、殿上人が管絃《かんげん》を奏した。座席が無かったので、議が有って、座を地上に給わった。上達部が唱歌《しょうか》した。大納言能信が拍子《ひょうし》を執った。関白が戯れて云ったことには、「和歌が有るべきであろうか」と。権中納言《ごんちゅうなごん》定頼が勧盃を行なっていた頃である。関白は、しばらく盃を受けなかった。私が答えて云ったことには、「和歌は何事が有るでしょう。但し管絃は深夜であって、すでに暁方に及んでいます」と。あれこれの者が饗応《きょうおう》した。そこで関白は盃を受けた。流し巡らせた。禄を下給したことは、差が有った〈上達部に大掛《おおうちき》、殿上人に疋絹《ひっけん》。〉。賜禄《しろく》の儀が終わって、天皇は還御《かんぎょ》した。すぐに私も退出した。

今日の見参《げんざん》は、左大臣(頼通)〈関白。〉、私・内大臣、大納言(藤原)斉信《ただのぶ》・頼宗・能信・長家、中納言道方・経通・資平・師房・定頼、参議朝任・公成・重尹・顕基。

十五日、癸卯。　八省院・豊楽院の損色文／梅宮・松尾祭に供奉の所司、不参

右中弁頼任が、八省院《はっしょういん》および豊楽院《ぶらくいん》の損色《そんしょく》の文を持って来た。先ず内覧を経て、続いて奏上するよう、伝えておいた。しばらくして、損色の文を下給した。また、揃えておくよう命じた。弁が関白の書状を伝えて云ったことには、「『梅宮《うめのみや》・松尾祭《まつのおのまつり》は、供奉の所司が参りませんでした。すでに如在《じょさい》の礼ではありません』と。頼任が参入して申したものである。それならば、両社の祭に参役《さんやく》しなければならない所司は、既に参入していない。尋ね問うて、申すように。また、諸社の祭日に供奉しなければならない司々の官人は、あらかじめ本司に分配《ぶんぱい》の文書を進上させて、欠怠《けったい》の者がいれば、重く召勘《しょうかん》するように。格別な障りが有る者については、本司にその替わりを選んで進上させるように。永例《えいれい》とするよう、宣下するように」ということだ。私が云ったことには、「分配については、外記を召し仰せなければなりません。但し、梅宮・松尾祭の所司の不参については、参入している弁を、とりあえず召し仰すべきでしょう。特に松尾祭は、外記が参りませんでした。そこで命じたものです」と。

十六日、甲辰。　経通に大柑子と橘を贈る／忠兼、自首／馨子に親王宣旨

大外記頼隆が申して云ったことには、「左兵衛尉致信の服喪の事・その替わりに真盛が勤仕《ごんし》する事を、関白に申しました。おっしゃられて云ったことには、『致信の障りは、実正とのことです』と云うことだ。替わりの人をあらかじめ戒められる事は、もっとも佳《よ》い事である』ということでした」と。諸祭に供奉する諸司の差文《さしぶみ》を、外記に進上させる事を、頼隆に命じておいた。大柑子《おおこうじ》と橘を、(宮道《みやじの》)式《しき》光《みつ》に命じて、左兵衛督に遣わし奉った。祭使・舞人《まいびと》・陪従《べいじゅう》の饗の分である。あれこれ捜させたが、その実を手に入れることができなかったということについて、先に書状が有った。そこで送ったものである。左兵衛督が来て談った。夜に入って、(三善《みよしの》)為時《ためとき》が申して云ったことには、「ただ今、忠兼《ただかね》が宿所《しゅくしょ》に来たとのことを申させました」ということだ。命じて云ったことには、「先日、降状《こうじょう》を進上するということを申させた。確かに申すところを聞いて、あれこれを命じるように」と。為時が申して云ったことには、「罷り会って、その申す趣旨を申すことにします」ということだ。この間、検非違《けびい》使《し》式光は、我が家にいた。大略、事情を伝えた。あたかも窮鳥《きゅうちょう》が懐に入ったようなものである。史(粟《あわの》)為頼《ためより》が云ったことには、「今日、当帝《とうだい》(後一条天皇)の第二皇女馨子を親王とする宣旨、および本《ほん》封《ふう》の他に百戸を給う宣旨を下しました。内大臣が上卿《しょうけい》を勤めました。左大臣〈関白。〉・内大臣・藤原氏の大納言以下が、親王の慶賀《けいが》を奏上させました」と。

二十一日、己酉。　賀茂祭

早朝、幣《ぬさ》および毎月の御幣《ごへい》を奉献した。使は(石作《いしづくりの》)忠時宿禰《ただときすくね》。これより先に、両納言(経通・資平)が来た。一緒に祭使について準備した。左少将経季が出立《しゅったつ》した。

○六月

十七日。（『江家次第』七・施米事による）　施米

内裏に参った。施米の事に依る。私は南座に着した。左大弁（藤原重尹）が座に着した。文書を召すよう命じた。大弁は陣官に命じて催し仰させた。右大史（小野）奉政が、文書（僧名と沙弥の交名、合わせて十五巻。東・北・西手、合わせて五巻。僧と沙弥の交名の目録。塩勘文）を進上して、一筥に納めた。私はほぼ見た。右少弁（藤原）家経を介して、関白（藤原頼通）に遣わし奉った。次いで奏上するよう、示し伝えておいた。古は米塩勘文を奏上しなかった。ところが近代の例にならって、これを加えて奏上した。但し、史を加えて遣わすよう、奏上させた。

○七月

一日、戊午。　前讃岐守・前出雲守の申文／石清水八幡宮奉幣宣命に平忠常追討を載せるよう奏上

伊予守（藤原）章信が、弁官であった時に下給した勘宣旨〈出雲国司（橘）孝親が申請した造殿料物の覆奏文を持って来た。奏下するよう伝えた。　□□前出雲守孝親が申請した召物料の申文は、同じく奏下するよう伝えた。明日の宣命は、追討について載せるよう、同じく伝えておいた。極熱の候、衣冠を着して逢った。甚だ苦しかったからである。明日の宣命は、追討について載せるよう、〈出雲国司（橘）孝親が申請した召物の直料の申文。〉頭弁（源経頼）が、前讃岐守（源）頼国が申請した造殿料物の覆奏文を持って来た。奏下するよう伝えた。□□前出雲守孝親が申請した召物料の申文は、同じく奏下するよう伝えた。明日の宣命は、追討について載せるよう、同じく伝えておいた。極熱の候、衣冠を着して逢った。甚だ苦しかったからである。明日の宣命は、追討について載せるよう、もしも許容が有れば、ただ単紙に記して送るよう、同じく伝えておいた。頭弁が書冊に記して、洩らし奏すこととした。もしも許容が有れば、ただ単紙に記して送るよう、〔平〕忠常について宣命に載せる事は、□そうあるべきである〕ということだ。頭弁が書冊に記して、

伝え示したところである。

十一日、戊辰。　前大宰大弐藤原惟憲、財貨と共に入京／惟憲、白鹿を頼通に献上

「昨夕、前大宰大弐《さきのだざいのだいに》（藤原）惟憲《これのり》の妻が入京した。すぐに内裏に参った」と云うことだ。「惟憲は、明後日、入洛する。随身《ずいじん》した珍宝《ちんぽう》は、その数がわからない」と云うことだ。九国二島の物を、底を掃って奪い取った。唐物《からもの》もまた、同じである。すでに恥を忘れたようなものである。近代は、富人《ふじん》のことを賢者《けんじゃ》とする。「惟憲は白鹿《はくろく》を関白《かんぱく》（藤原頼通《よりみち》）に献上した」と云うことだ。或いは云ったことには、「高《か》陽院《やのいん》の内に放養《ほうよう》した」と云うことだ。世は納得しなかった。また、云ったことには、「野鹿は家で飼ってはならない。忌まなければならない事である」ということだ。

十二日、己巳。　相撲節会の過差を禁ず

頭弁が勅を伝えて云ったことには、「相撲節会《すまいのせちえ》では、二襲《かさね》装束《しょうぞく》を着用してはならないということについて宣下するように」ということだ。承ったということを奏上させた。多くはこれは、殿上《てんじょう》の侍臣《じしん》が着用するものである。そこで同じ弁に伝えておいた。大略は、音楽が有ってはならないのではないか。

十三日、庚午。　陣申文／官奏

内裏に参った〈□剋。〉。（藤原）資高《すけたか》と（藤原）経季朝臣《つねすえあそん》が従った。待賢門《たいけん》から参ったことは、通例のとおりであった。諸卿は参っていなかった。官奏《かんそう》と申文について、右大弁《うだいべん》（源）経頼《つねより》に伝えた。しばらくして、私は南座《なんざ》に着した。大弁が座に着し、敬屈《きょうくつ》して云ったことには、「申文」と。私は小揖《しょうゆう》した。大

弁は称唯《いしょう》した。左大史《さだいし》(伴《ともの》)佐親《すけちか》が、申文を挿して、小庭《こにわ》に控えた。僕(実資)は目くばせした。称唯し、走って来て膝突《ひざつき》に着し、これを進上した。一々、開いて見た〈横挿《よこざし》の申文が有った。〉。元のように推し巻いて、板敷《いたじき》の端に置いた。史《し》が給わって、一々、束ね申した〈皆、奏に入れなければならない。申文は十三枚。命じて云ったことには、「申し給え」と。〉。申文は杖に取り加えて、走り出た。次いで大弁が座を起った。時剋が多く移った。大弁が座に着し、申して云ったことには、「奏」と。僕は小揖した。大弁は称唯した。次いで右大史《うだいし》(小野)奉政《ともまさ》が奏書を挿し、小庭に跪《ひざまず》いて伺候した。僕は目くばせした。称唯して膝突に着し、申文〈十三枚。〉を進上した。一々、見た。元のように巻き、片結びして板敷に置いた。史は給わって、結緒《ゆいお》を解いた。一枚を開いた。揃えなければならない文書《もんじょ》の数を申した〈十三枚。「とひらみひら」と。〉。終わって、走り出た。左中弁《さちゅうべん》(藤原)経輔《つねすけ》を介して、関白に内覧《ないらん》させた。帰って来て、報を伝えて云ったことには、「早く奏上させるように。いささか障るところが有って、今日は参入しない」ということだ。そこで同じ弁を介して、官奏に揃えることを奏上させた。秉燭《へいしょく》の後、召しが有った。射場《いば》に参り、南に向いて〈廊《ろう》の内に立った。〉、奏を執って参上した。御前の儀は、通常のとおりであった。退下して、本所に於いて奏を史に返給した。陣座《じんのざ》に復した。大弁も座に着した。史が奏書を返し奉った。先ず結緒を解き、表紙《おもてがみ》を給わった。次いで一々、文書を取って、板敷の妻に置いた。史が給わって、文書を開いて見せた。命じて云ったことには、「申せ」と。史は称唯し、文書を給わった。史は文書一枚を開いて、成文《なりぶみ》の数を申した。元のように巻いて、揃えた。結緒を取って、板敷の端に置いた。史は給わって、元のように結び、文夾《ふばさみ》に取り加えて、走り出た。次いで大弁が座を起った。次いで私が座を起って、退出した。

十六日、癸酉。年穀を祈る／伊賀守の申文を返却／白鹿天覧の可否

神祇官西院《じんぎかんさいいん》に於いて、昨日から年穀《ねんこく》を祈られているということについて、頭弁の書状が有った。「汝《なれ》(実資)が奏上させたからです」ということだ。右中弁《うちゆうべん》(藤原)頼任《よりとう》が、伊賀守《いがのかみ》(源)光清《みつきよ》の申文を持って来た。檀紙《だんし》に書いていた〈官から言上《ごんじょう》する申文は、檀紙に書いたものを見たことはない。〉。また、状の中に、「懐山上陵」の文が有った。「上陵」は、忌諱《きき》が有る。また、成文ではない。『史記《しき》』に云ったことには、「懐山襄陵《かいざんじようりよう》」ということだ。「上陵」を止め、通例の紙に書くよう命じて、返給した。頼任が云ったことには、「もっともそうあるべき事です」ということだ。頭中将《とうのちゆうじよう》(源)隆国《たかくに》が来て、関白の書状を伝えて云ったことには、「前大宰大弐が、白鹿を志してきた。ところが、後一条天皇《ごいちじよう》から叡覧《えいらん》することにするとの仰せが有った。もしかしたら、先ず諸卿に定め申させるべきであろうか。それとも御覧を経るべきであろうか。また、何処に放てばいいのであろう」ということだ。報じて云ったことには、「白鹿は上瑞《じようずい》です。大宰府《だざいふ》は、本来ならば大宰府解《だざいふげ》を進上しなければなりません。官は上奏に随うものです。ところがその事を忘れて、内々にこれを献上してきました。道理は、そうであってはなりません。但し、延喜《えんぎ》十七年に、備後国《びんご》が白鹿を献上しました。奏覧《そうらん》の後、神泉苑《しんせんえん》に放たれました。その例によって天覧に備えても、何事が有るでしょうか。たとえその例が無いとはいっても、すでにこれ

は、上瑞の物です。憚りが有るわけはないのではないでしょうか。放養される処は、すでに神泉苑がありますます。ところが四面に垣がありません。山犬や狼、および里犬《さといぬ》の為に、喰い殺されるでしょう。朱雀院《すざくいん》の垣根は、神泉苑には及びません。やはり高陽院に放養されるのが、最も便宜《びんぎ》が有るでしょう。また、これは朝廷に献上せず、内々に奉献《ほうけん》してきたものです。高陽院の内に放養されるのが宜しいであろう事です。先年、孔雀《くじゃく》と鵝鳥《がちょう》を、里第《りてい》で飼われていました。その例は無いわけではありません。本来ならば仰せに従って、又々の仰せを待ち、諸卿が一緒に定め申すべきものです。ところが、苦熱《くねつ》の候、内裏に参る際に、行歩《ぎょうほ》は耐え難く、参入することはできません。もしもやはり諸卿の議定《ぎじょう》を行なうのでしたら、他の人に命じられてください」と。頭中将が云ったことには、「この事は、昨夜、伝えられたものです。今日は関白は堅固《けんご》の御物忌《ものいみ》です。明朝、参って伝えるよう、戒め命じられたことが有ります。明朝、申すことにします」ということだ。

十七日、甲戌。白鹿についての陣定／相撲召仰

夜に入って、中納言《ちゅうなごん》（藤原資平《すけひら》）が来て云ったことには、「内大臣（藤原教通《のりみち》）、大納言《だいなごん》（藤原）頼宗《よりむね》・（藤原）能信《よしのぶ》・（藤原）長家《ながいえ》、中納言（藤原）実成《さねなり》・（藤原）経通《つねみち》・私（資平）・（源）師房《もろふさ》・（藤原）定頼《さだより》、参議《さんぎ》（藤原）公《きん》成《なり》・（藤原）重尹《しげただ》が参入し、白鹿について定め申して云ったことには、『延喜十七年の例によって、天皇が御覧になることにする。その後、神泉苑に放つこととする』ということでした」と。私が思ったところは、大宰府が解文《げぶみ》を進上せず、ただ関白に献上してきた。まったく議定は行なわれてはならな

い。御覧になるという仰せが有るのならば、関白の許から覧じ奉られるべきであろう。御覧が終わって、返給されればよい。大宰府の解が無い白鹿は、まったく神泉苑に放たれてはならない。また、上瑞の物を朝廷に献上しない事は、その咎《とが》が有るであろう。ところが近代の事は、憚るところが無いわけではない。公卿の僉議《せんぎ》は、識者《しきしゃ》が傾き怪しむのではないか。「相撲《すまい》の召仰《めしおおせ》について、内大臣が宣旨《せんじ》を蒙《こうむ》って、仰せ下しました。膝突二枚を敷いて、左右近衛将《このえのしょう》〈左は経季、右は(源)定良《さだよし》。〉に伝えました。二十七・八日に行なわれることになりました。楽は無いことになりました。相府《しょうふ》(教通)は装束司《しょうぞくし》を召し仰せませんでした。私(資平)が指し示したので、驚いてこれを命じました」と云うことだ。中納言が云ったことには、「今日、仁王会《にんのうえ》の欠請《けっしょう》を定めませんでした」と。瑞物《ずいぶつ》は、まったく出て来るはずはない。かえって疑慮《ぎりょ》が有るであろう。延喜の聖代《せいだい》は、上瑞が有ったであろう。この白鹿の祥瑞《しょうずい》は、何の故が有るのであろうか。怪しまなければならない、懼《おそ》れなければならない。驚かなければならない、慎しまなければならない。

十八日、乙亥。　伊勢神宮の伊賀神民、伊賀守の非違を愁訴／頼通、大井河で解除

右中弁が、伊勢大神宮《いせだいじんぐう》の伊賀《いが》の神民《しんみん》の愁文《うれえぶみ》および伊賀守光清の申文を持って来た。宣旨を伝えて云ったことには、「検非違使《けびいし》を事発所《じはっしょ》に差し遣わして、勘糺《かんきゅう》すべきである。『国々は異損《いそん》している』と云うことだ。多難《たなん》は挙げることができない。事の煩いが無いよう、召し仰すように」ということだ。仰せ下すよう、伝えておいた。二人が宜しいであろう。互いに各々、□ところが有る為である。そもそも検非違使別当《けびいしべっとう》(経通)が行なうところが有るであろうか。検非違使は、不慮の情報に耳を備えるばかりである。

今日、関白は大井河《おおい》に於いて河臨《かわのぞみ》の祓《はらえ》を行なった。大納言以下の殿上人《てんじょうびと》は、首を挙げて追従《ついしょう》した。中納言が来た。すぐに供奉《ぐぶ》した。経季が云ったことには、「昨日の相撲の召仰は、音楽の有無について命じられませんでした」ということだ。

夜に臨んで、資高が来て云ったことには、「関白は大井河に於いて解除《げじょ》を行ないました。烏帽子《えぼし》を着されて解除を行ないました。また、公卿が多く追従しました。烏帽子は便宜の無い事です。大納言頼宗・能信・長家、中納言(藤原)兼隆《かねたか》・経通・資平・師房、参議公成・重尹、頭中将隆国以下の殿上人が、皆、前駆《ぜんく》しました。頭弁経頼だけが、車に乗っていました」と。

十九日、丙子。　相撲召仰の詳細

左少将《さしょうしょう》定良朝臣が西門の外に来た。一昨日の相撲の召仰について申させた。答えて云ったことには、「その日、陣官《じんかん》に命じて、来て告げさせたものでした。また、右衛門府《うえもんふ》と右兵衛府《うひょうえふ》は、召合《めしあわせ》や御覧の日の饗宴の準備を行ないました。但し、楽が有る年は、馬寮《めりょう》に告げます。府の試楽《しがく》の饗宴は、饗料《きょうりょう》を用意しなければならないからです」と。頭中将隆国が、右近将曹《うこんのしょうそう》(紀)正方《まさかた》を介して、言い送って云ったことには、「召仰については、仰せを承った後、右近衛府《うこのえふ》に告げませんでした。そこですぐに相撲の内取《うちとり》の日を伝えさせませんでした。今日、仰せ遣わしました。或る説に云ったことには、『楽が無い年とはいっても、内取始《うちとりはじめ》の日には勝負楽《しょうぶがく》が有る』ということです」と。報じて云ったことには、「まったくそうではない事である。音楽を止める宣旨が下っている。府が更に勝負楽を挙げるのは、違勅《いちょく》と称さなければならない。先年、左近衛府は音楽を挙げた。万人は、或いは驚き、或いは嘲《あざけ》った。甚だ奇怪な事である」と。先日、或いは云ったことには、「関白の邸第《ていだい》に於いて、近江守《おうみのかみ》(源)済政《なりまさ》が云ったことには、『楽が無い年とはいっても、内取の日は楽を挙げます』ということだ」と。済政は不覚の者である。公事《くじ》に口入《こうじゅ》してはならない。

二十一日、戊寅。　山陰道相撲使、相撲人を随身／白鹿御覧

早朝、中納言が来た。しばらく語って、八省院《はっしょういん》に参った。今日、参入しない事を披露《ひろう》するよう伝えた。山陰道使《さんいんどうし》(身人部《むひとべの》)保武《やすたけ》が云ったことには、「但馬《たじま》の相撲人《すまいびと》四人が参って来ました」と。右近衛府に遣わすよう命じた。召して見なかった。「昨日、天皇は白鹿を御覧になりました。関白の随身二人が、これを引きました。その夜は滝口《たきぐち》に預けて飼わせ、翌日、関白の邸第に返し遣わしました。御覧の間、左少将(藤原)資房《すけふさ》は、御前に伺候しました」と。すぐに資房が申したところである。

二十二日、己卯。　白鹿を神泉苑に放つ

今日、白鹿を神泉苑に放たれた。延喜十七年の例によって行なったものか。神泉苑の垣は顛倒し、涯《がい》岸《がん》は無い。山犬や狼の餌食《えじき》となるのか。

○八月

一日、丁亥。　日蝕／廃務／警蹕の有無

日蝕は十五分の十四半強であった。虧《か》け初めは卯二剋三分。加える時は辰一剋一分。末に復したのは巳一剋二分。

諷誦《ふじゅ》を修した。夢告《むこく》があったので、これを修した〈清水寺《きよみずでら》・広隆寺《こうりゅうじ》・東寺《とうじ》・祇園《ぎおん》社・賀茂上下神宮寺《かものかみしもじんぐうじ》・北野《きたの》社。〉。頭弁《とうのべん》（源経頼《つねより》）が中納言《ちゅうなごん》（藤原資平《すけひら》）に伝えて云ったことには、「『日蝕の廃務《はいむ》は、音奏《おんそう》を止め、御《み》簾《す》を下ろす』と云うことです。右府（実資）に問うてください」と。中納言は、今日と明日、物忌《ものいみ》である。ただ頭弁の書状を送ってきた。私が答書したことには〈単紙《たんし》に記した。〉、「この事は、確かには覚えていない。但し、事の道理を思うと、太陽の虧蝕《きしょく》の廃務は、軽くはないのではないか。御簾を下ろし、音奏を止めるのは、もっともそうあるべきであろう。音奏については、外記日記《げきにっき》に見えるであろうか。御簾を下ろす事は、殿上日記《てんじょうにっき》に見えるであろうか。天子が政事《まつりごと》を視ない時は、御簾を下ろしてはならない。『村上御記《むらかみぎょき》』に見えるであろうか。誤って御簾を下ろす事が有る。あの御記《ぎょき》にあった。そこで告げ示すものである」と。権左中弁《ごんのさちゅうべん》（藤原）経任《つねとう》が、二度、来た。談って云ったことには、「頭弁は、汝《なれ》（実資）の書状を後一条《ごいちじょう》天皇の御前で読み申しました。すぐに御簾を下ろしました」ということだ。

夜に臨んで、（藤原）資高《すけたか》が書状を記して云ったことには、「右中弁《うちゅうべん》（藤原）頼任《よりとう》は、陪膳《ばいぜん》を奉仕しなければなりません。警蹕《けいひつ》を行なうべきか否か、密々に問い送ります」と。答えて云ったことには、「太陽の虧蝕の廃務は、軽くはない。今朝、或いは云ったことには、『御簾を下ろし、音奏を止める』と云うことだ。事がもしそうであれば、警蹕が無くても、何の非難が有ろうか。ただこれは、推量である。衆の口によらなければならないものである」と。

二日、戊子。　**大隅国住人から進物／伊予国検損田使の人選／季御読経・仁王会・御斎会・賑給・施米料を前司に進納させる宣旨／周良史、返却した進物の請文を進上**

大隅《おおすみ》国に住む(藤原)良孝朝臣《よしたかあそん》が、色革《いろがわ》六十枚・小手革《こてがわ》六枚・赤木《あかぎ》二切・檳榔《びんろう》三百把《は》・夜久貝《やくがい》五十口《く》を進上してきた。中納言が来た。頭弁が云ったことには、「伊予《いよ》国に遣わす使は、諸司の官人に歴問《れきもん》し、また補任帳《ぶにんちょう》を引見《いんけん》すると、然るべき者がいません。左大史《さだいし》(伴《ともの》)佐親《すけちか》は謹厚《きんこう》の者です。この他には、専一《せんいつ》の者はいません」ということだ。関白《かんぱく》(藤原頼通《よりみち》)に伝えるよう命じた。また、(源)頼職《よりもと》について、明法家《みょうぼうか》に宣下する事を、詳しく命じておいた。右中弁頼任が、出雲《いずも》国の言上《ごんじょう》した、七月八日に雪が降った〈二寸ほど。〉解文《げぶみ》を持って来た。すぐに奏聞《そうもん》させた。二季御読経《にきのみどきょう》・仁王会《にんのうえ》・御斎会《ごさいえ》・賑給《しんごう》・施米《せまい》の宣旨《せんじ》の草案《そうあん》を、同じく進上した。前司《ぜんじ》(橘孝親《たかちか》)に進納させるとの宣旨を宣下することとした。先ず関白に覧せて、書き下さなければならないのである。出雲の解文は、暦の紙背《しはい》に記す。

宋人《そうじん》(周《しゅう》)良史《りょうし》が、書状を阿《あ》闍梨《じゃり》盛算《じょうさん》に送って云ったことには、「父船頭《せんどう》(周文裔《ぶんえい》)が、右大殿《みぎのおとど》(実資)に進上した雑物を返し下された」ということだ。すでに受領《ずりょう》した。本意《ほい》ではないとはいっても、また近代では希有の事である。また盛んではないか。謂うところの、「何れの代に賢者《けんじゃ》が無いであろうか」とは、それはこれであろうか。頼任が勅命《ちょくめい》を伝えて云ったことには、「出雲国が言上した雪について、勘申《かんじん》させるように」ということだ。官方《かんがた》に調べて勘申するよう命じた。また、国史《こくし》や日記を勘申する事を、大外記《だいげき》(清原)頼隆《よりたか》に命じなければならない。すぐに召し遣わしておいた。頼隆が参って来た。これを命じておいた。中納言が、また来た。

出雲国司《こくし》が解し申した、言上する事。

　雪が降った状況〈「但し深さ二寸ほど」ということだ。〉。

右、管掌《かんしょう》している飯石郡司《いいしぐんじ》の今日の解状を得たところ、云ったことには、「去る八日の未剋、当郡須《す》佐《さ》郷枚田《ひらた》村に急に雪が降りました。殖田《うえた》三町余りおよび野山草木が、すべて損亡《そんもう》しました。他の所については、損害はありません」ということだ。言上したことはこのとおりである。謹んで解す。

　長元《ちょうげん》二年七月十一日

従五位上行出雲守《ぎょういずものかみ》橘朝臣俊孝《としたか》　正六位上行出雲掾物部宿禰《いずものじょうもののべのすくね》信寧《のぶやす》

従五位下行出雲介《いずものすけ》平朝臣

三日、己丑。　薩摩守から進物／近江守、鴨川堤修築を申請

薩摩守《さつまのかみ》(巨勢《こせの》)文任《ふみとう》が、紫草《むらさきそう》を進上してきた。中納言が来た。頭弁が宣旨一枚〈近江《おうみ》国司(源済政《なりまさ》)が申請した、朱雀門《すざくもん》の腋門《わきもん》および垣一町を修造することを止め、ひとえに鴨川《かもがわ》の堤を勧めて修築する事。すぐ同じ弁に伝えた。〉を持って来た。中納言が云ったことには、「美作守《みまさかのかみ》（藤原資頼《すけより》）の五節《ごせち》について、関白に申しました。おっしゃって云ったことには、『□□が申請した豊原御庄《とよはらのおんしょう》について、知行《ちぎょう》させるように』ということでした」と。

四日、庚寅。修法・大般若読経、結願／降雪勘文／頼通邸法華三十講始

修法《しゅほう》と大般若読経《だいはんにゃどきょう》が結願《けちがん》した。

大外記頼隆が、出雲国の言上した降雪《こうせつ》についての勘文《かんもん》を進上した。暦の紙背に記す。

出雲国が言上した、雪が降った例を勘申した事。

「推古《すいこ》天皇三十四年六月、雪が降った」ということだ。

「貞観《じょうがん》十七年六月四日、未剋、黒雲が庁を覆った。太政官庁《だいじょうかんちょう》の南門に白雪の花が散った」ということだ。

右、これらの国史や日記は、雪が降ったということを記しているとはいっても、その後の子細の様子は、見えるところは無い。そこで勘申した。

長元二年八月二日　大炊頭《おおいのかみ》兼大外記・主税権助《しゅぜいのごんのすけ》・助教《じょきょう》清原真《ま》人《ひと》頼隆が勘申した。

今日、関白の三十講始《さんじっこうはじめ》が行なわれた。先日、頭弁に遇った次いでに、聴聞《ちょうもん》するということを伝えた。すぐに伝え達した。欣悦《きんえつ》の報が有った。そこで申剋の頃、高陽院《かやのいん》に参った。中納言は車後《くるまじり》に乗った〈（藤原）資房《すけふさ》・資高・（藤原）経季《つねすえ》が従った。〉。関白は、□所の座に着した。大納言《だいなごん》（藤原）斉信《ただのぶ》以下が座にいた。内大臣（藤原教通《のりみち》）は、物忌であったので、会さなかった。中納言（藤原）実成《さねなり》は、太相府《だいしょうふ》（藤原公季《きんすえ》）の病悩の告げによって、座を起った。今日の講師《こうじ》は大僧都《だいそうず》永昭《えいしょう》。問者は少僧都《しょうそうず》遍救《へんく》。証誠《しょうしょう》は僧正《そうじょう》慶《きょう》命《みょう》。請僧《しょうそう》が云ったことには、「願文《がんもん》が有ります。毎年、修することとするという文が有ります」と。関白が云ったことには、「先公《せんこう》（藤原道長《みちなが》）が初めて修した年は、願文が有った」と云うことだ。そこで急に一昨日、（藤原）義忠《よしただ》に作成させたものである。今日は一座《いちざ》があった。夜に入って、行香《ぎょうこう》を行なった。主人（頼通）も、同じく行香を行なった。私が聴聞した事で、恐悦の詞が有った。女院《にょういん》（藤原彰子《あきこ》）は、今日は渡御《とぎょ》されなかった。「後日、いらっしゃることになっている」と云うことだ。

六日、壬辰。　**群盗、資高宅に入る／祈年穀奉幣を進言／大隅・伊予使の人選／造八省・豊楽院行事所の奏状／出雲降雪に関する私見／庸米の受領には行事所返抄を用いる／大隅国庁を焼亡した廉で、大宰大監と伴類を召問**

早朝、検非違使《けびいし》（宮道《みやじの》）式光《しきみつ》が来て云ったことには、「群盗《ぐんとう》が少納言《しょうなごん》資高の宅に入ったということについて、あの宅から書状が有りました」と。驚きながら（中原）師重《もろしげ》を馳せ遣わした。帰って来て云ったことには、「妻子は三条宅《さんじょうのたく》に移りました。ただ姑《おば》と小児だけがいました。螺鈿《らでん》の細剱《ほそだち》・蒔絵《まきえ》の細剱・平緒《ひらお》二筋《すじ》・束帯装束《そくたいしょうぞく》二襲《かさね》・夏冬の麴塵袍《きくじんのほう》・雑衣少々・櫛筥《くしばこ》・□皮韉《かわのしたぐら》・手作布《たづくりのぬの》三十端《たん》を取られました」と。昨日から雨脚が止まない。もしも連日に及べば、民は愁苦《しゅうく》し、飢饉《ききん》はいよいよ倍するのではないか。昨年、風水《ふうすい》の損害が有った。今年も窮乏すれば、何としよう。年穀《ねんこく》を祈られなければならない。もし使を出立《しゅったつ》されるのならば、行事《ぎょうじ》は他の人に命じられなければならない。行歩《ぎょうほ》に堪えず、八省院《はっしょういん》に参ることができないからである。また、大隅使《おおすみし》については、早く仰せ下されなければならない。また伊予使《いよし》は、未だ仰せについて承っていないのである。書状を記して、頭弁の許に驚かせ遣わした。返状《へんじょう》に云ったことには、「昨日、関白に奉幣使《ほうべいし》について申しました。『もっともそうあるべき事である。早く奏し行なうように』ということでした。今日、事情を奏上して、申し行なうべきでしょう。『大隅使については、事情を奏上し、使を遣わすように』ということでした。奏聞の後に、参って申すことにします。『伊予使は、前例では、「史《し》を詔使《しょうし》とする」ということだ。佐親では、何事が有るであろう。先例を調べて給わせるよう、執り申すように』ということでした」と。右中弁頼任が、造八省《ぞうはっしょう》・豊楽院行事所《ぶらくいんぎょうじしょ》の奏状を持って来た。修理職《しゅりしき》に納めた庸米《ようまい》〈左右。〉千石を、毎年、行事所に納めることにするとの奏状である。永く行事所に納め、造営が終わるのを期すこととする。この千石は、宣旨が有った。ところが、「永」の字が無い。そこで申請した。ところが毎年、行事所に納めるのは、すでに通例となっているのである。出雲国が言上した雪の解文と、外記《げき》が勘申した国史と日記を頼任に託し、奏聞させた。推古天皇および貞観の雪の怪異《かいい》によって、行なわれた事は見えなかった。今、愚案《ぐあん》を廻らすと、あの二回は、六月に雪が降った。あれは宮中である。今回の雪は秋に入り、山陰道《さんいんどう》の国に於いて、この怪異が有った。仁王経《にんのうきょう》では、七難《しちなん》の中に夏の雪を説いている。ところが秋節《しゅうせつ》に入って雪が有るのは、大怪《だいかい》ではないのではないか。官符《かんぷ》を本国に下給し、仁王経を転読《てんどく》させ、また宮中に於いて攘災法《じょうさいほう》を修されるのが宜しいのではないか。これは内々に思ったところである。あの時は、御占《みうら》が行なわれなかった。そもそもまた、処分に随わなければならない。やはりこれは、あの怪所《かいしょ》の怪異ではないだろうか。頼任が勅を伝えて云ったことには、「官符を出雲国に下給し、仁王経を転読させるように。また、造八省行事所の申請は、申請によれ」と。弁が云ったことには、「職の返抄《へんしょう》で国々に督促するのでしょうか」と。私が答えて云ったことには、「永く行事所に進納するという宣旨を下しておいた。今となっては、行事所の返抄を出すべきである。更にどうして、転じて職の返抄を請い取ることがあろうか」と。弁は退出した。

頭弁が様々な宣旨を持って来た。また、口宣《くぜん》に云ったことには、「伊予国使については、前例を勘申させて、もし史を遣わす例が有るのならば、佐親で何事が有るでしょう」と。私が云ったことには、「前跡《ぜんせき》が無いとはいっても、撰び遣わすについては、謗難《ぼうなん》は無いであろう。また、史を外国《げこく》の損色《そんしょく》の覆勘使《ふっかんし》として遣わす例は有るのか。また、弾正忠《だんじょうのちゅう》を検交替使《けんこうたいし》として遣わすことは、すでに法となっている。太政官《だいじょうかん》も准じるべきであろう」と。弁が云ったことには、「式部丞《しきぶのじょう》を遣わした例が有ります」ということだ。先ず先例を勘申させて、奏覧《そうらん》させることとした。同じ弁に命じて、前例を下し勘えさせた。また、仰せを伝えて云ったことには、「大隅《おおすみ》に遣わす使は、左右衛門府《えもんふ》の府生《ふしょう》・案主《あんじゅ》の中で、堪能の者を撰んで、差し遣わすように」ということだ。すぐに同じ弁に伝えたところ、云ったことには、「九日に政事が行なわれます。明日の内に官符を作成させて、請印《しょういん》させることにします。この官符の内で、大宰大監《だざいのだいげん》平朝臣季基《すえもと》の伴類《ばんるい》および男の(平)兼光《かねみつ》・(平)兼助《かねすけ》といった者を載せるように」と。すぐに宣下した。また、云ったことには、「御幣使《ごへいし》について、内府(教通)に命じられました」と。

七日、癸巳。　金峯山司罪名勘文を奏聞

頭弁が、明法博士《みょうぼうはかせ》(令宗《よしむねの》)道成《みちなり》朝臣の勘申した金峯《きんぶ》山司《せんし》および正光《まさみつ》の罪名の勘文を持って来た。僧俗の罪名が多かった。奏聞させた。但し検校《けんぎょう》元助《げんじょ》は、苦仕《くし》について勘申しなければならない。もし苦仕の者がいれば、本職を解却《げきゃく》するか否か。また、苦仕の者について召問《しょうもん》されるべきか。この趣旨を伝えて□。

夜に入って、中納言が来て、語って云ったことには、「三十講《さんじっこう》は、発願《ほつがん》の日は一講。次の日から二座」と。

八日、甲午。　法成寺塔の心柱、顚倒／丹生・貴布禰止雨使／祈年穀奉幣定の上卿、改替／頼通、釈奠内論義への後一条出御を止める

法成寺《ほうじょうじ》の塔の心柱《しんちゅう》が顚倒した。或いは云ったことには、「二人が死んだ。工《たくみ》二人が疵《きず》を被《こうむ》って、死門《しもん》に及んでいる。工夫《こうふ》の法師一人は打ち殺された。骨はすべて折れ砕けた」と云うことだ。中納言が云ったことには、「明後日、丹生《にう》・貴布禰《きぶね》二社に止雨使《しうし》を出立されます。蔵人《くろうど》を使とします。帥中納《そちちゅうな》言《ごん》(源)道方《みちかた》卿が行事を勤めました」と。「中宮権大夫《ちゅうぐうごんのだいぶ》(藤原)能信《よしのぶ》卿が祈《き》年穀使《ねんこくし》定《さだめ》の上卿《しょうけい》を勤めます。明後日、定め申すことになりました」と云うことだ。

内論義《ないろんぎ》について、頭弁に問うた。報じて云ったことには、「天皇の出御《しゅつぎょ》は無いことになっています」ということだ。「関白は三十講によって、参られることができません。出御することはできないということを、奏上されました」と云うことだ。私事によって公事《くじ》を奏上して止めるのは、如何なものか。

九日、乙未。　内裏触穢／右近衛府相撲還饗／遠江守に賜物

大外記頼隆が云ったことには、「今日、内裏に犬の死穢《しえ》が有りました。明日の止雨使は、両社に発遣されないのではないでしょうか」と。

今日、右近衛府《うこのえふ》に於いて、相撲《すまい》の還饗《かえりあるじ》を給わった。饗料の米十石は、先に下給させた。熟瓜《ほぞち》と魚類は、今日、下給した。相撲所《すまいどころ》の将監《しょうげん》・将曹《しょうそう》・府生の禄〈将監に二疋、将曹に一疋と綿、府生に一疋。〉、立合《たちあわせ》・相撲人《すまいびと》の禄は布、物節《もののふし》や近衛《このえ》は、通常のとおりであった〈番長《ばんちょう》に四端、案主と府掌《ふしょう》に三端、近衛に二端。〉。最手《ほて》は通例の禄二端。疋絹《ひっけん》を加えた。もう四人は禄法のとおり〈取らなかった者二人・障りを申した者一人に、通例の禄を下給した。負けた者一人は一端を下給した。〉。遠江守《とおとうみのかみ》〈藤原〉永信《ながのぶ》が来て云ったことには、「明々日の暁方、任国に下向します」ということだ。小手革および色革を下給した。必要であったからである。

今夜、女院は高陽院の堂に渡御された。三十講を聴聞される為である。上達部《かんだちめ》は馬に騎って扈従《こしょう》した。

十日、丙申。　伊賀に派遣した検非違使の勘問日記・申文／検交替使の例／右衛門案主を大隅国使とする

右中弁が、伊賀《いが》国に遣わした検非違使（粟田《あわたの》）豊道《とよみち》と（日下部《くさかべの》）重基《しげもと》が、国司（源光清《みつきよ》）方の者および神民《しんみん》を召問した日記と中文《もうしぶみ》を持って来た。奏聞させた。右大弁《うだいべん》（経頼）が云ったことには、「官史《かんし》を交替使《こうたいし》として遣わす例は、見えるところはありませんでした。但し史（坂本）忠国《ただくに》を美濃《みの》国国分寺《こくぶんじ》の損色使《そんしょくし》に遣わしました。式部《しきぶ》・兵部丞《ひょうぶのじょう》や弾正忠を交替使として遣わした例は有ります」ということだ。□奏させた。外国の国分寺の損色を取る使については、はなはだ軽率である。必ずしも官史を遣わすこともない。この使については、厳重である。たとえ例が無いとはいっても、官史を撰んで遣わすのが、誹難が無いのではないか。どうしてましてや、二省の丞や弾正忠を交替使として遣わすのは、なおさらである。弁が云ったことには、「『大隅国に遣わす使は、右衛門案主《えもんのあんじゅ》〈允《じょう》。〉が、使とするに堪えられるとのことだ』と云うことでした。右衛門府《えもんふ》が選んで進めた者であって、年上□、甚だ若いです。また、堪能の風聞が有ります」ということだ。それならば使とするよう、伝え仰せておいた。

十一日、丁酉。　釈奠／定考、延引／伊賀に派遣した検非違使の召還を命じる／前丹後守、大垣修造の申文・用途帳を進上

今日、釈奠《せきてん》が行なわれた。上丁《じょうてい》の日には、穢《え》によって行なわなかった。そこで中丁《ちゅうてい》を用いた。考定《こうじょう》は延引《えんいん》となった。饗料が無かったからである。

右中弁頼任が勅を伝えて云ったことには、「伊賀に遣わした検非違使の官人は、召還《しょうかん》するように。但し神宮方《じんぐうかた》の国司が申した、勘問《かんもん》に備えることのできる者を随身《ずいじん》して参上するように。若し遅参《ちさん》すれば、各々取らせて、これを召し進めるように。状況に随って参上するよう、宣旨を下給するように」ということだ。すぐに宣下しておいた。

権左中弁経任が、前丹後守《さきのたんごのかみ》(源)親方《ちかかた》の申請した、大垣《おおがき》五段を修造する料の申文および用途帳《ようどちょう》を持って来た。おっしゃって云ったことには、「あの時、諸国に一町を定め充てた。ところが五段を修補した」ということだ。確かに元の官符を調べて奏聞に及ぶよう、伝え仰せておいた。また頼任が来て、関白の書状を伝えた。人を介して伝えさせた。格別な事が無かったからである。

十二日、戊戌。　釈奠内論義／心誉、入滅

今日、内論義《ないろんぎ》が行なわれた。「前日、天皇が聞かれるという仰せが有った」と云うことだ。「ところが関白が奏上して、留めた。三十講の五巻日《ごかんのひ》に当たっていることによる」と云うことだ。

中納言が来た。すぐに高陽院に参った。「船楽《ふながく》が有りました」と云うことだ。日没に入った頃、「権僧正《ごんのそうじょう》心誉《しんよ》が入滅《にゅうめつ》したとのことです」と云うことだ。年は五十九歳。夜に臨んで、中納言に問い遣わした。報じて云ったことには、「事はすでに事実でした」ということだ。何日か、腫物《しゅもつ》を病んで、寸白《すばく》を煩っていた。飲食は通例より減じた。やはり病悩していたようである。

十三日、己亥。　良円、東北院別当に補される

権律師良円《ごんのりつしりょうえん》を東北院別当《とうほくいんべっとう》に補した〈僧正慶命が天台《てんだい》(延暦寺《えんりゃくじ》)座主《ざす》に任じられた替わり。〉。少納言資高に書き下させた。

十四日、庚子。　利正の悪疾

早朝、中納言が来て云ったことには、「昨日、中宮権大夫〈能信。〉が云ったことには、『利正《としまさ》は先日、或る人の所に到った。飲酒の間、悪疾《あくしつ》はすでに数度に及んだ。車に舁き載せて、送り遣わした。これより先も、時々、この悪疾が有った。もしかしたら明法勘状《みょうぼうかんじょう》の非理《ひり》によるものであろうか』と云うことでした。『元来、この悪疾は無かった』と云うことでした」と。天譴《てんけん》を降させたのか。度々の勘文は、属託《しょくたく》を得て、その道理を失った。召問されたところは、すでに弁解するところは無い。ところが過状《かじょう》を進上していない。そこで明法博士を停任《ちょうにん》された。もっとも当然のことである。

左近将曹久友《さこんのしょうそうひさとも》が云ったことには、「左近衛府《さこのえふ》の相撲の還饗は、音沙汰がありません。一昨年、すでに□行なわれた□人は、申すところが有りました。ところが、驚かせ申すわけにはいきません」と云うことだ。

十五日、辛丑。　石清水放生会に奉幣／高陽院作文会・音楽、停止

石清水《いわしみず》宮に奉幣《ほうべい》した。

夜に入って、中納言が来て云ったことには、「二十一日に止雨の御祈使《いのりづかい》を丹生・貴布禰社に発遣される行事を勤めるよう、仰せ事が有りました」と。行なわなければならない事について、伝えておいた。今夜の高陽院の作文会《さくもんかい》と明日の音楽は、権僧正心誉の遷化《せんげ》によって、停止《ちょうじ》となった。この事は、止められてはならないということを、山座主《やまのざす》慶命が書状を記して、民部卿《みんぶきょう》（斉信）の許に伝えてきた。「停

止されるについては、忌諱《きき》が有るでしょう」と云うことだ。民部卿が云ったことには、「昨日、停めるとのことをおっしゃられました。もっともそうあるべき事です。そのことを報じておきました」と。門徒《もんと》の間で、事情が有るようなものであろうか。

十六日、壬寅。　法性寺東北院に観音堂建立を開始／大宰府使を改替

辰剋の頃、中納言と同車して、東北院に向かった。資高と経季が、馬に騎って前駆《ぜんく》を勤めた。堂の後ろの地に、観音堂《かんのんどう》を建立することとした。故殿《ことの》（藤原実頼《さねより》）は、六観音像《ろくかんのんぞう》を造顕《ぞうけん》し奉り、しばらく五大堂《ごだいどう》に安置した。その時は、観音堂の古い遺構だけが有った。三条殿《さんじょうどの》（藤原頼忠《よりただ》）の御時に及んで、すべて朽損《きゅうそん》し、一枚の材木も無くなった。そこで今、思うところは、私が施入《せにゅう》する毎年五十石の米で材木を伐採させ、造立しようと思う。今日は吉日《きちにち》であったので、□□大工《だいく》（常道《つねみちの》）茂安《しげやす》に丈尺《じょうしゃく》を打たせて、支度させた。書き記して進上するよう、命じておいた。材木の料は、先ずはとりあえず播磨《はりま》の大河内《おおかわちの》杣《そま》に下給しておいた〈米三十石。〉。茂安の支度を遣わして、伐採して進上させることとした。大略は、北門を止め、東方に建立する事を定めた。巳剋、家に帰った。

頭弁が来て、大宰府《だざいふ》に遣わす使について述べた。これは右衛門督《えもんのかみ》（実成）が伝えたものである。初めの使は、母が病であることを申してきた。その替わりに他の使を推挙したものである。初めに官符に載せた使を止め、改めて遣わすよう命じた。

十七日、癸卯。　大宰権帥、赴任

頭弁が宣旨二枚〈大炊寮《おおいりょう》が申請した事・上総介《かずさのすけ》〈平〉維時《これとき》の固辞。〉を下した。同じ弁に下した。「今夕、帥中納言道方卿が、赴任するということを奏上させました。御前に召して、餞宴《せんえん》を給わりました。中納言〈藤原〉経通《つねみち》・私〈資平〉・〈藤原〉定頼《さだより》、参議《さんぎ》〈藤原〉通任《みちとう》・〈藤原〉公成《きんなり》・〈藤原〉重尹《しげただ》が、御前に伺候しました。二献《こん》の後、召しが有って、経通が御前に進みました〈『長押《なげし》に昇って、仰せを承った』と云うことだ。長押の下に於いて承らなければならないのである。〉。仰せを承って、道方卿に伝えました〈一階を加えた。正二位。〉。この間、御衣《おんぞ》を下給されました。次いで御馬〈右馬寮《うめりょう》。〉を下給されました。御衣を下給されて、拝礼《はいらい》して一舞する際に、御馬を引きます。そこで直ちに牽き出しました」と云うことだ。

十八日、甲辰。　福来病、流行

中納言が来て、帥の餞宴について談った。そこで昨日の記に記す。

「世間で福来《ふくらい》と称する疾病を、往々に人々が煩っている」と云うことだ。「面貌《めんぼう》が腫《は》れて赤らむ。先ず熱を発し、後に大いに腫れる。五、六日を経て、平復《へいふく》する」と云うことだ。「療治《りょうじ》を加えないのを良しとする。もし誤って療治すれば、倍して煩う」と云うことだ。私が童稚《どうち》であった時、見たものである。その時を思い出すと、六十余年に及ぶ。

十九日、乙巳。　道方、来訪／小一条院皇子敦昌、元服

帥中納言が、明後日、鎮西《ちんぜい》に向かう。そこで随身近衛〈身《む》人部《ひとべの》〉信武《のぶたけ》を遣わして、馬〈葦毛《あしげ》。〉を贈った。書札《しょさつ》を加えた。信武が帰って来て云ったことには、「ただ今、参入します」ということだ。信武に大《おお》掛を被けた。馬の口付の男に手作布を与えた。夜に入って、帥中納言が来た。この頃、中納言が来た。

すぐに遇った。帥納言（道方）は、しばらく清談した。雨脚は沃ぐようであった。帥（道方）が云ったこ

とには、「今夜、関白の邸第に参ることにします。次いで女院に参ります」ということだ。そこで心

懐を尽くさなかった。「今夜、小一条院の皇子（敦昌親王）が首服を加えた」と云うことだ。「先日、三

条院の親王とした」と云うことだ。帥が云ったことには、「播磨国に於いて、船に乗ることにします。

雑人たちを山埼に召す間に、船に乗って……

二十日、丙午。　御幣使発遣の作法を資平に伝授

中納言が来た。明日の御幣使発遣について問うた。「内〈後一条天皇〉の御物忌です」ということだ。私

が云ったことには、「宣命の草案は、関白に奉った後、更にまた、内紙に書いて奏聞する。草案を内覧する次いでに、先ず関白に奏上しなければな

ないのである。清書は内紙に書いて奏聞する。草案を内覧する次いでに、先ず関白に奏上しなければな

大内記孝親朝臣が、明日の二社の宣命の草案を持って来て、見せた。この朝臣は、必ず宣命を見せる。

事の非難を避けているのか。仰せ事を承らない人は、あれこれを伝えるべきではない。ところが前々

に見たところを、いささか指示しただけである。

二十一日、丁未。　道方、首途／止雨使、発遣／祈年穀奉幣定／大宰府に下す官符

「今日の午剋、帥道方卿は赴任した」と云うことだ。

今夜、中納言が来て云ったことには、「両社の使〈使は蔵人。〉を発遣しました。止雨の□御祈禱です」

と。(小槻《おつきの》)貞行《さだゆき》宿禰が、大宰府への官符の草案を進上し給わった。召し遣わしたのである。大納言能信卿が、祈年穀使を定めた〈来たる二十七日、使が出立する。〉。

太政官が大宰府に符す。

まさに早く使者に託して、大宰大監従五位下平朝臣季基および男の散位《さんい》従五位下兼光及び兼助を召し進めるべき事。

使者は右衛門案主笠孝良《かさのたかよし》　従《じゅう》二人　火長《かちょう》一人

右、右大臣(実資)が宣す。勅を承るに、「大隅国は、この季基たちが、国庁《こくちょう》・守《かみ》の館《たち》・官舎《かんしゃ》・民家および散位藤原良孝の住宅を焼亡し、及び財物を掠め取り、雑人を殺害したとのことを言上してきた。そこで勘糺《かんきゅう》させる。宜しくあの府に命じて管内《かんない》に下知《げち》し、使者に託してその身を召し進めさせるように」ということだ。府は宜しく承知し、宣によってこれを行なうように。使者が往還する間は、通例によって食料と馬を給え。路次《ろじ》の国もまた、宜しくこれに準じるように。符が到ったならば、承って行なえ。

右大弁源朝臣　　左大史小槻宿禰(貞行)

長元二年八月七日

二十二日、戊申。　頼通邸法華三十講、結願／頼通、白河第に移る

中納言が来て云ったことには、「今日、三十講が終わりました」と。

或いは云ったことには、「今夜、関白は白河第《しらかわてい》に移った。四、五日、住まわれることになる」と云うことだ。執柄《しっぺい》の人(頼通)が、格別な事も無く、城外《じょうがい》を経廻るのは、感心しない事ではないか。

二十三日、己酉。　望月牧の御馬の逗留解文／定考／頼宗より、男と千古との婚儀について書状有り／茨田有義から進物

権左中弁経任が、左馬寮《さめりょう》の申請した信濃《しなの》の望月牧《もちづきのまき》の御馬の逗留《とうりゅう》の解文を持って来た。奏上するよう伝えて、返給しておいた。弁が云ったことには、「去る夕方、関白は白河第に向かわれました。その白河に参って、内覧を経た後、奏聞することにします」と。また、云ったことには、「今日、考定が行なわれます。その儀に預かり参ることになっています」ということだ。

頭弁が(平)致経《むねつね》の申文を持って来た。奏聞させた。前日、伊勢《いせ》国司が言上した解文によって、問われた官物《かんもつ》を弁済《べんさい》し申さない事である。

(源)則理《のりまさ》が、春宮大夫《とうぐうだいぶ》(藤原頼宗《よりむね》)についての書状を伝えてきた。これは通例の事である。大略、意向を伝えておいた。

茨田有義《まんだのありよし》が、唐綾《からあや》一疋・革二十枚・金青《こんじょう》五両・唐硯《とうけん》などを進上してきた。

二十四日、庚戌。　千古の婚儀の雑事定の日程

左兵衛督《さひょうえのかみ》(経通)と中納言が来た。武衛《ぶえい》(経通)が、春宮大夫の述べた趣旨を伝えて言った。また、云ったことには、「事が決定すれば、然るべき事を、人々に命じられてください。九月に準備を始めては如何でしょう。今月中に定められなければならないものです」と。私が答えて云ったことには、「明後日は宜しい日である。状況に随って定めることとするか」と。

二十五日、辛亥。　祈年穀宣命の草案／祈年穀奉幣使発遣の式次第を記した懐紙を資平に授ける／光孝天皇国忌

大内記孝親朝臣が、明後日の祈年穀奉幣《きねんこくほうべい》の宣命の草案を持って来て、見せた。難点が無いということを伝えておいた。中納言が来て云ったことには、「今日、内裏に伺候していた際、御幣使の行事を勤めるようにとの仰せが有りました。初めに承った人は、大納言能信卿でした。ところが急に穢に触れました。そこで命じられたものです」と。御幣使の日についての式次第を記した懐紙《かいし》を、中納言に授けた。忽忘《こつぼう》に備えさせる為である。「御卜串《うらぐし》は、明日、見ることになっていました。ところが国忌《こき》の日ですので、当日、見ることになりました」ということだ。

二十六日、壬子。　千古の婚儀を十一月と定める

両納言（経通・資平）が、小女（藤原千古《ちふる》）の婚儀について相談した。女装束《おんなしょうぞく》などを調備すべき人々を書き出した。大略は、十一月中に吉日を撰んで遂げることとなった。陰陽師《おんみょうじ》に問うて、決定することとした。木道工《このみちのたくみ》・車造《くるまつくり》・錦織手《にしきのおりて》を召して、これを命じさせた。

二十七日、癸丑。　祈年穀奉幣使、発遣／奉幣使、改替／資平に随従を貸与／藤原基房、弔問を謝す

今日、祈年穀使が出立した。

晩方、中納言が来て云ったことには、「御幣使発遣の行事を勤めました。参議(藤原)兼経《かねつね》〈右《う》宰相中《さいしょうちゅう》将《じょう》。〉と公成は、急に触穢《しょくえ》の障りを申してきました。事情を奏上し、参議重尹〈左大弁《さだいべん》。〉に松尾《まつのお》・平野《ひらの》使《し》を兼ねさせ、私(資平)を賀《か》茂《も》使《し》としました。中納言が行事を勤める時に奉幣使二人が欠けた時は、行事が賀茂《かも》社に参るのが通例です。御幣《ごへい》を次官《すけ》(藤原)頼孝《よりたか》朝臣に預けて、しばらく河原に揃えさせました。供の人がいなかったので、来たものです」と。そこで男たちを厩《うまや》の馬に騎らせて、その供とさせた。すぐに御社《おんしゃ》に参った。夜に入って、帰った。

阿《あ》波守《わのかみ》(藤原)基房《もとふさ》が、夜に臨んで、来た。逢って雑事を談った。父納言(藤原朝経《あさつね》)の喪を早く弔問《ちょうもん》した恐縮を、深謝《しんしゃ》しただけである。また、云ったことには、「納言が存生《ぞんじょう》の日、常に云ったことには、『右府の諷諫《ふうかん》によって、昇進した。その恩は忘れてはならない』ということでした」と。そうである事である。

二十八日、甲寅。　伊勢奉幣使従者、法成寺造営の雑人に打擲される

中納言が来て、昨日の御幣使について談った。

権弁《ごんのべん》(経任)が云ったことには、「昨日、伊勢《いせ》奉幣使《ほうべいし》が、法成寺の木を曳く雑人の為に打擲《ちょうちゃく》されたということについて、解文を言上しました。使《し》王《おう》については、御幣を持たせて、とりあえず大神宮に参りました。打擲された者は、御幣使の従者でした」と云うことだ。

二十九日、乙卯。　悲田院に施行／法華経講釈／良円、内裏御修法に招請される

悲田院《ひでんいん》に施行《せぎょう》を行なった。

阿闍梨蓮照《れんしょう》が、五百弟子授記品《ごひゃくでしじゅきほん》を釈した。聴聞した人々は随喜《ずいき》した。布施《ふせ》は三疋。中納言及び人々が来た。

律師《りっし》（良円）が昨日、書状を送って云ったことには、「朔日から、内裏の御修法《みしほ》に奉仕せよとの宣旨が有りました。病悩が有るということを申して、辞し申しました」と。今日の書状に云ったことには、「重ねて宣旨が有りました。そこで明朝、下山することにします」ということだ。

○九月

一日、丙辰。　河臨解除

河頭《かわのほとり》に臨んで、解除《げじょ》を行なった。中納言《ちゅうなごん》（藤原資平《すけひら》）は車後《くるまじり》に乗り、同じく解除を行なった。律師《りっし》（良円《りょうえん》）の書状に云ったことには、「内裏の御修法《みしほ》は、念覚僧都《ねんかくそうず》が、何日か奉仕していました。ところが、過剰な料物《りょうもつ》を申請しました。そこで七日に至るまで行なわなければならなくなりました。その日、参入するよう、頭弁《とうのべん》（源経頼《つねより》）の書状が有りました」と。その書状を副え、これを見て送った。すぐに返し遣わしてきた。

二日、丁巳。　本命供／伊予検損田使発遣を止め、延任を許す／伊賀の伊勢神宮神民、愁訴

本命供《ほんみょうく》を行なった。中納言が来て云ったことには、「伊予守《いよのかみ》（藤原章信《あきのぶ》）の延任《えんにん》について、関白《かんぱく》（藤原頼《より》通《みち》）に申しました。使を遣わすことを止め、延任されるとの意向が有りました」ということだ。前日、定め申したものである。伊予守の書状を、一昨日、開いて見た。この事が書いてあった。頭弁が宣旨《せんじ》を伝えた。「『伊勢大神宮《いせだいじんぐう》の神民《しんみん》が、公門《こうもん》に立って愁い申す事が有った』と云うことだ。その愁文《うれえぶみ》を取って進上させるように」ということだ。すぐにこれを命じた。伊予使《いよし》について問うたところ、云ったことには、「使を遣わされなくなりました。二箇年の延任を許されるようです」ということだ。

三日、戊午。　伊賀国解・伊賀派遣検非違使申文を奏聞

伊賀国司《いがこくし》（源光清《みつきよ》）の返解《へんげ》および大神宮検非違使《だいじんぐうけびいし》（粟田豊道《あわたのとよみち》・日下部重基《くさかべのしげもと》）の申文《もうしぶみ》を、右中弁《うちゅうべん》（藤原）頼任《よりとう》の許から送られた。「何日か、赤痢病《せきりびょう》を煩っていますので、持って来ることができません。ところが、『神民たちが公門に立って愁い申している』と云うことです。そこで先ず、これを送るものです」ということだ。すぐに頭弁に遣わした。伝奏《てんそう》させる為である。権左中弁《ごんのさちゅうべん》（藤原）経任《つねとう》が、前丹後守《さきのたんごのかみ》（源）親方《ちかかた》の申請した、大垣《おおがき》を修造する料物の文の宣旨を持って来た。「前例の裁許《さいきょ》の色目《しきもく》および立用《りゅうよう》の数を勘申《かんじん》することになりました」ということだ。すぐに下した。中納言が来た。

四日、己未。　前肥後守から進物／慶命、病悩

中納言が来た。前肥後守《さきのひごのかみ》（藤原）致光《むねみつ》が、八丈絹《はちじょうぎぬ》十疋と糸二十絇《く》を志してきた。大外記《だいげき》（清原）頼隆《よりたか》が

云ったことには、「天台《てんだい》(延暦寺《えんりやくじ》)座主《ざす》慶命《きようみよう》が重く煩っているとのことを、私(頼隆)の子法師の許から告げ送ってきました」と。

五日、庚申。 **伊勢神宮神人の愁文を奏聞/勅により伊勢神宮で祓を行なわせる/平季基の召進官符を改訂/載せていた大隅国解を大宰府解に改替/太政官符にも季基を載せる/前陸奥守から砂金を進上/位記請印/隆家邸、焼亡/慶命、危篤**

頭弁が、大神宮の神人《じにん》の愁文を持って来た。これは検非違使が、伊賀国司の属託《しよくたく》によって糺《ただ》し行なわなかったということを愁い申したものである。早く奏聞《そうもん》を経て、仰せに随うよう伝えた。但し、この愁文によって、検非違使の官人を勘問《かんもん》されるべきであろうか。もしもこの他に仰せが有れば、事情を承らなければならない。そうでなければ、直ちに仰せ下さなければならない。同じくこの趣旨を伝えておいた。往復の間、事の煩いによる。頭弁が帰って来て、仰せを伝えて云ったことには、「神民たちが申した趣旨を検非違使豊道と重基に問うて、弁解し申したところを奏聞するように。また、伊賀の神戸《かんべ》が進上した供神《ぐしん》の物を、準備して進上し、奉献《ほうけん》させるよう、伊賀国に命じるように。また、神人が申して云ったことには、『宣旨を大神宮に下給して、先ず清められてください』ということだ。事情を祭主《さいしゆ》(大中臣《おおなかとみの》)輔親《すけちか》に問い、彼が申したことに随って、祓《はらえ》を行なうように」ということだ。すぐに仰せ下した。また、おっしゃって云ったことには、「(平)季基《すえもと》たちを召す太政官符《だいじようかんぷ》には、大隅国解《おおすみこくげ》を引いてはならないのではないか。大宰府《だざいふ》の解文《げぶみ》によって召し上げるとのことを載せては如何であろう」ということだ。改め直すということを申させておいた。すぐに仰せ下した。この事は、先日、云々したことが有った。前大宰大弐《さきのだざいのだいに》(藤原)惟憲《これのり》卿は、季基の絹三千余疋を責め取り、既に優免《ゆうめん》された。府解に季基の名を漏らし、ただ(平)兼光《かねみつ》を載せた。その後、大隅国司(船《ふなの》)守重《もりしげ》が子細を記して言上《ごんじょう》した。すぐに大隅国司の言上に任せて、季基を官符に載せ、大宰府に下給した。今、惟憲が関白に申して云ったことには、「大隅国司が申したところは、すでにこれは越訴《おつそ》です。用いられてはなりません。かえって罪が有るでしょう」と云うことだ。私はこの事を聞いて、昨日、頭弁に示し遣わした。その趣旨は、この事は、大宰大弐に愁えたとはいっても、随ってすぐに府官および目代《もくだい》を差し加えて、兼光たちを追捕《ついぶ》させたけれども、その事が未だ終わらないうちに、任秩《にんちつ》がすでに満ちた。参上した後、重ねて愁えることはできない。そこで朝廷に言上した。越訴と称するわけにはいかない。始め、すでに大宰府に愁えた。惟憲卿の考えた意味は、ひとえに季基を引汲《いんぎゅう》する為に、大隅国解によってはならないということを関白に申したものである。大宰府解を引いて官符を下給すれば、季基を載せることはできない。そこであれこれ、謀略《ぼうりゃく》の詞を準備して、申し迷わせたものであろう。頭弁が委趣を申した。関白は感心した。季基を漏らさずに官符を作成するよう、定め仰せた。但し、「大宰府解によって季基たちを召し上げるとのことを作成するように」ということだ。大宰府の解文は季基を載せていない。今、この趣旨が有った。更に作成して載せるのは、何事が有るであろう。ただ、格別な宣旨を承っていない人は、大宰府解に載せていない季基について命じるのは難しいであろう。大宰府解と大隅国解とは、異なっている。そこでその国解に任せて、官符を大宰府に下給する。今、この定が有った。季基を漏らさないのは、甚だ宜しい仰せである。惟憲卿の本意《ほい》とは相違するのか。惟憲は貪欲《どんよく》の者である。「関白家の事を執行するということを、家中の所々に仰せ下した」と云うことだ。顧問《こもん》である人(頼通)は、はなはだ淡薄であろう。前陸奥守《さきのむつのかみ》(平)孝義《たかよし》が、砂金十両を志してきた。金粒ははなはだ大であって、通例の金のようではない。鷲尾《わしお》を加えてあった。鷲尾は随身《ずいじん》の壺胡籙《つぼやなぐい》の分である。孝義が云ったことには、「この砂金は、通例の金とは異なります。雑々の事に充てて用いられてはなりません。もしもお要り用が有れば、もう十両を志すことにします」ということだ。夜に臨んで、中納言が来て云ったことには、「今日、位記請印《いきしょういん》を行ないます」と。

丑剋の頃、前大宰権帥《さきのだざいのごんのそち》(藤原)隆家《たかいえ》卿の家中の板屋《いたや》が焼亡した。はなはだ近々である。(中原)師重《もろしげ》に命じて問い遣わした。帰って来て云ったことには、「主人(隆家)は他行《たぎょう》しています。子息の左中弁《さちゅうべん》(藤原)経輔《つねすけ》に伝えました」と。権左中弁経任が、宣旨の目録を持って来た。(藤原)信通朝臣《のぶみちあそん》が云ったことには、「山座主《やまのざす》(慶命)の病は危急《ききゅう》です。僧正《そうじょう》を辞退する状を関白に進上するとのことを、関白の邸第《ていだい》に於いて聞いたところです」ということだ。

六日、辛酉。　京官除目の執筆を約諾／施薬院を検分／前陸奥守、再び砂金を進上

昨日、頭弁が関白の御書状を伝えて云ったことには、「二十五日が宜しい日である。その日、京官除目《きょうかんじ》を行なうべきであろうか。季御読経《きのみどきょう》は二十七日に行なわれるべきであろうか。また所充《ところあて》は、久しく行なわれていない。今月の内に定め申しては如何であろう」と。私が報じて云ったことには、「除目などについては、これを承りました。十五日に内裏に参り、御読経《みどきょう》について定め申すことにします。その日、不堪佃田申文《ふかんでんでんもうしぶみ》を申上させることにします。その他の日は、或いは後一条《ごいちじょう》天皇の御物忌《ものいみ》、或いは日次《ひなみ》が宜しくありません。また、老屈《ろうくつ》の身で頻りに参ることは難しいでしょう。来月、定め申しては如何でしょう」と。頭弁は感心し、退去した。

中納言と同車して、施薬院《せやくいん》に向かった。車から下りず、門から見入った。破壊は特に甚しかった。人跡《じんせき》はすでに絶えている。この院は、未だ見ていなかった。そこで臨見《りんけん》したものである。孝義朝臣が、また砂金十両を志してきて云ったことには、「昨日の金は、充て用いてはなりません。今日の金を蒔絵《まきえ》の分に充ててください」ということだ。

七日、壬戌。　伊勢例幣使発遣の上卿を辞退／良円、内裏御修法奉仕辞退を申すも、これを翻意させる／慶命、天台座主を辞す

左大史《さだいし》(小槻《おつきの》貞行《さだゆき》宿禰《すくね》)が、宣旨の目録および大宰府に下給する官符の草案《そうあん》を持って来た。大外記頼隆真人《まひと》が来た。関白の書状を伝えて云ったことには、「十一日の例幣については、参って行なうことができない。もしも格別な障りが無ければ、その上卿《しょうけい》を勤めるように。もし故障が有れば、内大臣(藤原教通《のりみち》)に申すように」ということだ。報じて云ったことには、「何日か、心神《しんしん》が不例であるうえに、脚病《きゃくびょう》が発動《はつどう》していて、進退《しんたい》は通例を失っています。どうしてましてや、八省院《はっしょういん》に参る道は、その距離は甚だ遥かであって、なおさらです。まったく堪えられません」と。中納言が云ったことには、「関白に拝謁し奉りました。おっしゃって云ったことには、『山座主は、重く悩《や》み煩っている。両職〈僧正と座主。〉を辞すという風聞が有る。前日、座主が云ったことには、「両職を辞そうと思います」と。また、三十講《さんじっこう》の間、同じくこのことを述べていた。座主については、許されることはできないのではないか』ということでした」と。一昨日の信通の説は、いい加減なようである。去る夕方、律師の書状に云ったことには、「座主の病は、昨日と今日は、甚だ重くなりました。座主は私の授法《じゅほう》の師です。御修法を奉仕することはできません。そこで頭弁の許に示し遣わしました」ということだ。辞し申してはならないということを、先に示し遣わしておいた。今朝、重ねて馳せ遣わしておいた。先ず下山した後、状況に随って処置すべきである。詳しく示し遣わしておいた。律師が申剋の頃、来て云ったことには、「座主は、昨日、はなはだ重かったです。今日は頗る宜しくなりました」と。梨と干薑《ほしはじかみ》を求められているということを、律師が伝えた。そこでこの両種を、律師の許に送った。伝えて送らせる為である。律師は、今日から一条院《いちじょういん》に於いて、朝廷の御修法を奉仕する。

今日、座主は、阿闍梨《あじゃり》頼秀《らいしゅう》を遣わして、辞書《じしょ》を関白に奉った。しばらくして、頼秀が来て云ったことには、「ただ僧正を辞しました」と。

八日、癸亥。　西山に遊覧／慈心寺の成教に会う

中納言と同車して、西山《にしやま》に向かった。常隆寺《じょうりゅうじ》の辺りの寺に到って、成教《せいきょう》上人に会った。八仙《はっせん》の居のように建立していた。寺は慈心寺《じしんじ》と号した。その寺の辺りに、また草庵《そうあん》を構築していた。「終焉《しゅうえん》の処として、常住《じょうじゅう》して念仏《ねんぶつ》しています」と云うことだ。もっとも随喜《ずいき》した。日没に到った頃、退帰した際、棲霞寺《せいかじ》から利原《りげん》阿闍梨と兼円《けんえん》が来会した。途中、しばらく清談《せいだん》した。月に乗じて、家に帰った。「兼円は管絃《かんげん》の師です」と云うことだ。

九日、甲子。　廐の馬、斃死／重陽平座／慶命、小康

廐《うまや》の馬〈関白の引出物《ひきでもの》の馬。〉は、昨日から煩っていたが、今日、斃《たお》れた。これは息災《そくさい》の形代《かたしろ》である。昨日、西山に登った。夜に入って、帰った。今日、馬が斃れた。この事は、『金谷園記《きんこくえんき》』に見える。万歳《ばんぜい》を称さなければならない。東大寺《とうだいじ》別当仁海《べっとうにんかい》僧都が来た。拝堂《はいどう》の間の事などを談った。また、随身した文《もん》書《じょ》が有った。

中納言が来た。すぐに内裏に参った。宜《ぎ》陽殿《ようでん》の作法を伝えた。また、今日の式次第の懐紙《かいし》を与えた。山座主は平損《へいそん》し、自筆の書を中納言の許に送られた。昨日の梨と干薑について、悦びを送られた。

十日、乙丑。　書状で慶命を見舞う／藤原泰通を弔問／重陽平座の状況

(源)知道《ともみち》朝臣を遣わし、書状で天台座主《てんだいざす》(慶命)を見舞った。「一昨日から尋常を得ました」と云うことだ。弾正忠《だんじょうのちゅう》(中原)貞親《さだちか》を遣わして、春宮亮《とうぐうのすけ》(藤原)泰通《やすみち》を弔問《ちょうもん》した〈子の法師が死去した。〉。中納言が来て、言ったことには、「昨日の宜陽殿の作法は、散楽《さんがく》のようでした。中納言および左大弁《さだいべん》(藤原)重尹《しげただ》が参入しました。見参《げんざん》を唱えませんでした。人は少なく、雨は甚しいものでした。また、深夜に及びました。特に、この何年か、見参を唱えません」と云うことだ。もしかしたら、近代の例に慣れたのか。公事《くじ》は有って亡いようなものである。晩方、知道朝臣が帰って来て云ったことには、「座主に相対して、書状を伝えました。特に悦予《えつよ》の報が有りました。一昨日から頗る尋常を得ました」ということだ。

十一日、丙寅。　辛島牧が牽進した馬を頒与

辛島牧《からしまのまき》が、駒三疋を牽進《けんしん》してきた。（橘）為経《ためつね》と（源）成任《なりとう》に下給した。もう一疋は、盲目《もうもく》であった。そこで返し遣わしたが、智照《ちしょう》が申したので、これを下給した。（宮道《みやじの》）式光《しきみつ》が牧から駒二疋を牽進してきた。駒を摂津守《せっつのかみ》（菅原）為職《ためもと》に下給するよう、先ず式光に命じておいた。

十二日、丁卯。　頼通、病悩／不堪佃田申文・季御読経定に大弁を催す

早朝、中納言が来て云ったことには、「関白が悩まれているとのことです」と云うことだ。（菅野）敦《あつ》頼《より》朝臣が来て云ったことには、「関白の邸第に参りました。悩まれているとの告げを承りましたので、暁方、馳せ参りました。今夕、参ったところ、様子は静かではありませんでした。そこで（藤原）惟任《これとう》朝臣に問うたところ、答えて云ったことには、『高く吟じられている』ということでした」と。中納言が参入した。従って詳細を取ったところ、「重く悩まれています」ということだ。承って驚いたということを、近習《きんじゅう》の人を介して啓達《けいたつ》する事を、書状で示し遣わした。報じて云ったことには、「頭《とうの》中将《ちゅうじょう》（源隆国《たかくに》）に伝え示しておきました。子細は、来て伝えることにします」ということだ。十五日に、不堪佃田申文の儀を行なわれなくてはならない。次いで季御読経について定め申さなければなら

ない。この趣旨を左右大弁(重尹・経頼)に伝え告げる事を、また示し遣わした。中納言が報じて云ったことには、「参入して申させることにします」ということだ。左右大弁は関白の邸第にいるということを聞いたことによるものである。長い時間が経って、中納言が来て云ったことには、「関白が悩まれている容態は、はなはだ苦しんでいる様子です。叫び吟じられている声は、甚だ高いものです。内府(教通)を招き入れて、謁談《えつだん》されました。汝《なれ》(実資)の書状は、左大弁に伝えておきました。云ったことには、『十四日は、故宮《こみや》(藤原妍子《きよこ》)の御忌日《きにち》で、法成寺《ほうじょうじ》に於いて仏事を始め行なわれることになっています。宮司《みやづかさ》の他は、参入してはならないのではないでしょうか。十六日に至るまで、あの寺には穢《え》が有ります。そこで参ることはできません。十五日に参入する事は、右大弁《うだいべん》(経頼)に譲りました』ということでした」と。晩方、左兵衛督《さひょうえのかみ》(藤原経通《つねみち》)が来て談った。

十三日、戊辰。　頼通、病により移居／鬼霊および風気により病む／頼通を見舞う

「昨夜の夜半、関白は前因幡守《さきのいなばのかみ》(源)道成《みちなり》の宅に移られた。住む所の鬼霊《きれい》および風気《かざけ》によって悩まれたとのことを、陰陽家《おんみょうか》が占った。そこで夜中、移られた」と云うことだ。前日、人々が云ったことには、「この南院《なんいん》は、関白(藤原)道隆《みちたか》が閉目《へいもく》した処で、道隆は一家の怨敵《おんてき》であった。ところが、その事を忘れて住まれていたものである。万人が怪しんだところである」と。天が言わせたのか。中納言が来た。すぐにその殿に参った。昨日、事情を伝えさせた。ところが伝えたかどうかが、鬱々《うつうつ》としていた。事情を取るよう、伝えておいた。時剋が推移した。来て御書状を伝えて云ったことには、「昨日、心神

が辛苦していた。今日は頗る宜しい。訪ねられた事は、悦びとする」ということだ。

十四日、己巳。　前陸奥守から進物／頼通、重態／斉信、大臣を望むとの風聞／太政大臣公季、辞任して実成を大納言に望むとの風聞／実資、太政大臣を望むとの風聞

中納言が来て云ったことには、「関白の邸第に参ります。続いて法成寺に参ることにします。故宮の御忌日ですので、仏事を修されます」と。

頭弁が来た。関白の書状を伝えて云ったことには、「明日、季御読経について定められるように」と。これを承った。また、云ったことには、「昨日は悩んでいた所が、頗る宜しかったです。今日は吟じられる声が有りました。悩まれているのでしょうか。まったく食されませんでした」と云うことだ。

晩方、中納言が来た。地上に坐った。法成寺の穢に触れたからである。孝義朝臣の解文〈絹五十疋〔八丈が二十疋、通例のものが三十疋。〕と檀紙《だんし》三十帖《じょう》。〉を取り伝えた。中納言が云ったことには、「一昨夜、関白は急に不覚に悩まれました。すでに万死《ばんし》一生《いっしょう》でした。時剋が変わった後、漸く蘇生《そせい》しました。昨日は頗る宜しくなりました。今日は発《おこ》り煩われました。春宮大夫《とうぐうだいぶ》（藤原頼宗《よりむね》）が密談《みつだん》しました。また、『（藤原）斉信《ただのぶ》卿が、丞相《じょうしょう》を望む事が有った。また、左中将《さちゅうじょう》（藤原兼頼《かねより》）の事が有った。方忌《かたいみ》を違えさせなければならない事である。太政大臣《だいじょうだいじん》（藤原公季《きんすえ》）が、その職を辞退し、息の（藤原）実成《さねなり》を大納言《だいなごん》に任じることを申請しようと思っている』と云うことです。『右府（実資）に太政大臣を望む意向が有る』と云うことでした。（藤原）能信《よしのぶ》卿が密かに私（資平）に語りました。答えて云ったことには、『聞いたこ

十五日、庚午。　頼通、重篤／季御読経定・不堪佃田申文、延引／頼通上表についての勅答の作法
／火事／彰子の火事見舞いに参らず

中納言は、早朝、関白の邸第に参った。身は丙穢であるので、徘徊していたところ、あれこれが云ったことには、「昨夜の二剋の頃、五体はすでに冷え、気は絶えた。その後、漸く蘇生した。表衣及び下襲の他、衣・釼・厩の馬で、諷誦を修した。釼と馬は神社に奉献した」と。明尊僧都が云ったことには、「今日は頗る宜しくいらっしゃいます。ところが重病のようであれば、上表されなければなりません」ということだ。夜来、詳細について、書状で中納言に送った。中納言は明尊僧都に伝え示した。「啓達させました。その報を聞かずに退出しました」ということだ。今日、御読経について定め申すことになっていた。ところが病悩が有る。参ることはできないということを頭弁の許に伝えた。内々に子細を伝えた。また、いささか病悩が有る。参ることはできないということを頭弁の許に伝えた。内々に便宜が無い。報じて云ったことには、「もっともそうあるべき事です。今日と明日を過ぎて定め申すのが上計です」ということだ。左大史貞行宿禰を召して、御読経定と不堪佃田申文を停止すると夜に入って、頭弁が来て云ったことには、「明日、関白は、左大臣・関白およびいうことを伝えた。随身を辞す表を上呈されることになりました。関白がおっしゃって云ったことには、『まったく返給してはならない。一度で収納されるようにしてはならない。一度で収納されるようになりました』ということでした」と。私が答えて云ったことには、とのないものです』と」と。

「摂政《せっしょう》や関白の上表は、必ず勅答《ちょくとう》を給わる。また、一度で収められてはならない。たとえ懇切に収められるよう奏上されたとはいっても、勅許《ちょっきょ》が有ってはならない事である」と。また、勅答の御画《ごかく》の有無を問うてきた。前々は定まっていない。そこでそのことを伝えた。元の函に入れて返給する事、また上表の函を包む事、また表状の礼紙《らいし》の枚数について、指示しておいた。弁は退去した。後に古記《こき》を見たところ、上古《じょうこ》は御画日《ごかくじつ》が有った。康保《こうほう》には、内記《ないき》に書かせた。これは勅定《ちょくじょう》であった。康保の例によるよう、書冊《しょさつ》に記して示し遣わした。すぐに報が有った。丑剋の頃、子代《こしろ》小路の東西・六角《ろっかく》小路の南北が、各々半町、焼亡した。この中で、(但波《たんばの》)公親朝臣《きんちか》と威儀師《いぎし》久円《きゅうえん》の宅が焼亡した。他は小人の宅であった。中納言が来て云ったことには、「一品宮《いっぽんのみや》(禎子《よしこ》内親王)に参りました。上達部《かんだちめ》二、三人が参会しました」ということだ。女院《にょういん》(藤原彰子《あきこ》)の御在所《ございしょ》は、頗る近い。ところが老人(実資)は、何としよう。そこで参入しなかった。

十六日、辛未。　頼通、上表／勅答・恩赦の手続きを経通に指示／勅答・恩赦の詔書／上表勅答後の内覧

子姪《してつ》が勅答使《ちょくとうし》である時は、倚子《いし》を立てない。悩まれている間は、拝礼《はいらい》を行なうのは便宜が無いであろうということを、大略、頭弁に示し遣わした。去る夕方、鬱々の様子が有ったからである。関白の顧問の人である。そこで説明したものである。

左兵衛督〈検非違使別当《けびいしべっとう》である。〉が来て云ったことには、「今朝、関白の邸第に参り向かいました。頭弁

が云ったことには、『今日、上表を行なうことになっています。そこで勅答について、内々に民部卿《みんぶきょう》(斉信)に伝え告げたところ、「足下《そっか》に病悩が有って、襪《したうづ》を着すことができない」ということでした』と。参入するよう戒められました」と。勅答については、鬱結《うっけつ》の意向が有るので、指し示しておいた。また、云ったことには、「弁が云ったことには、『もしかしたら、常赦《じょうしゃ》が免《ゆる》さない者も免されるべきでしょうか』ということでした。詔書《しょうしょ》が有るべきでしょうか、それとも勘文《かんもん》によって原免《げんめん》されるべきでしょうか、疑慮《ぎりょ》が有ります。ところが、先ず軽犯《けいはん》の者を勘申するよう、内々に仰せ下されました」と。私が云ったことには、「詔書の仰せが有れば、内記に命じて作成させるように。ただ軽犯の者を勘申せよとの仰せが有れば、勘申させて、奏聞を経、その中で免すようにとの仰せが有る者を抽出《ちゅうしゅつ》して、原免すべきである。検非違使は、宣旨の趣旨を書き下したのか」と。午の後剋、大内記《だいないき》(橘)孝親《たかちか》朝臣が来て云ったことには、「頭弁が、内々に勅答と詔書について戒めました」と。勅答と詔書の草案を見せてきた。勅答に三箇の字の疑いが有る。そのことを伝えた。「承諾して、改め直すことにします」ということだ。詔書については、格別な難点は無かった。頭弁が戒めて云ったことには、「詔書については、定まっていないのです。準備するだけです」と。頭弁が内裏から伝え送って云ったことには、「関白の病悩によって、恩赦《おんしゃ》を行なわれるとの天皇の意向が有ります。ところが、上表を行なったとはいっても、申請したところは許されませんでした。内覧《ないらん》を行なうべきでしょうか。愚慮は及び難いのです。そこで言上します」ということだ。私が答えて云ったことには、「許容しなかった勅答を関白に遣わした後は、上下の文書は、元のようにすべきである。そこで内覧しなければならない。巨細《こさい》を論じず、関白に決定させることは、疑いが無いのではないか」と。夜に入って、重ねて伝えて云ったことには、「仰せの趣旨は、もっともそうあるべきです。内覧するか否かはわかりません。やはり持参すべきです。そもそも上卿が、内記を介して内覧させるべきでしょうか。奏に当たっている者は、持参すべきでしょうか。位記の文書のようなものは、上卿が、内記または外記《げき》を介して内覧させた後、奏者に託します。奏者は内覧せず、直ちにこれを奏上します。その儀に准じて、上卿が内覧させたならば、奏者は持参してはならないのでしょうか」と。私が答えて云ったことには、「上卿が内記を介して内覧させるのは、通常の事である。奏者にとりあえず先に内覧させるのは、便宜に随ったことである」と。

左兵衛督が、内裏から詔書の内覧について問うてきた。中務輔《なかつかさのすけ》に給う事を、一々、答対しておいた。記す暇がないばかりである。中納言が雑事を談った。

十七日、壬申。　勅答・恩赦の詳細／犬死穢

昨日の事について、左兵衛督が書状を伝え送って云ったことには、「勅答は、格別な難点は無く、見られました。すでに通例のとおりでした。詔は内々の準備が無くいらっしゃいました。そこで夜に入って、内覧されたことは、通例のとおりでした。但し天禄《てんろく》の一条摂政《いちじょうせっしょう》(藤原伊尹《これまさ》)の御時、この例が有りました。外記を召して問うたところ、その文書は、すでに叶っていました。そこでその例に

よって詔を作成させました。免者を勘申した際は、明法道《みょうぼうどう》の官人に勘申させて、免させました。詔書の画日《かくじつ》は、通例のとおりでした。勅書は内記が書きました」ということだ。これらの事は、今朝、示し伝えておいた。頭弁の書状に云ったことには、「昨日の事については、上卿は左兵衛督でした。上《じょう》表使《ひょうし》〈左中将兼頼朝臣。〉、勅使《ちょくし》〈右中将《うちゅうじょう》(藤原)良頼《よしより》朝臣。〉。これは故入道太相国《にゅうどうだいしょうこく》(藤原道長《みちなが》)の御時の例を調べましたところ、『倚子を立て、また拝礼を行なう』と云うことでした。そこで他の人を介して奏し行なったものです。『勅使が行き向かった時、権大納言《ごんだいなごん》(藤原)長家《ながいえ》が勅答を取り、また拝礼を行ないました。禄を授けられた儀は、皆、通常のとおりでした』と云うことです。次いで恩赦を行なわれました〈上卿が内記を介して詔書の草案を内覧させました。内記が参入し、先ず事情を経ました。『早く奏者を介して内覧させるように』と云うことでした。〉。その作法は、通常のとおりでした。忝《かたじけな》くも恩示《おんじ》を蒙《こうむ》って、このような公事を申し行ないました。地に伏して恐縮し申すとのことを、言上されてください」と。

今夜、犬の死が有って、簡《ふだ》を立てさせた。

十八日、癸酉。　頼通の病状／家中・近親に平茸を食すを禁断

左兵衛督と中納言が、堂に来た。地上に坐って、雑事を談った。犬の死穢《しえ》による。両納言が云ったことには、「関白は、今日、頗る病悩の様子が有ります。ところが大した事はありませんでした。昨日、病悩の様子はありませんでした。今朝、大僧正《だいそうじょう》(深覚《しんがく》)が関白の御許に参られて、祈念を行ないました。早朝、寺に帰られました。春宮大夫が云ったことには、『隔日に悩まれるのか』と」と。近来、往々、茸を食べて死ぬ者がいる。永く平茸《ひらたけ》を食べることを禁断《きんだん》し、家中の上下の者に戒めた。また、両納言に命じて、律師の許に示し遣わした。故慶祚《きょうそ》阿闍梨は茸類を食さなかった。「もしも酔死《えいしに》することが有れば、最後の一念《いちねん》は、すべて叶い難いのではないか」と云うことだ。聖人《しょうにん》の言葉は、誠に信じなければならない。

二十日、乙亥。　千古婚儀の日を覆問

中納言は、昨日と今日、物忌であって、来ていない。（賀茂《かも》）守道《もりみち》朝臣を呼んで、十一月一日乙卯と二十六日庚辰の嫁娶《かしゅ》の勝劣《しょうれつ》を覆問《ふくもん》した。云ったことには、「庚辰が勝ります」と。その日は月殺方《がっさつぽう》である。忌まなければならないのではないか。云ったことには、「上吉《じょうきち》に合わせてこの日を用いるのは、妨げはありません。すでに大歳前《たいさいぜん》と天恩《てんおん》が有ります。もっとも優とすべきです。また義日《ぎにち》です。また陰陽不将日《いんようふしょうにち》です。この日を嫁娶の吉日《きちにち》とします」と。後日、月殺《がっさつ》の例を調べて見ると、永延《えいえん》元年十二月十六日、火平《かへい》・甲辰・大歳対《たいさいたい》・月殺方〈云々。納財《のうざい》に吉。〉に、左京大夫《さきょうだいぶ》道長は左府（源雅信《まさのぶ》）の女《むすめ》（源倫《とも》子《こ》）に通婚《つうこん》した。この嫁娶の日は、すでに月殺方であった。忌避《きひ》することはないのではないか。大幸《たいこう》は、あの家から開いた。今年十一月二十六日庚辰、大歳前・天恩・月殺方〈嫁娶や納婦《のうふ》に吉。〉は、あの日よりも勝っているか。

二十一日、丙子。　再び千古婚儀の日を覆問／頼通、諸社に馬を奉献／真衣野牧駒牽

早朝、守道を呼んで、やはり両日について問うた。述べたところは、昨日と同じであった。守道が云ったことには、「丑剋の頃、召しによって関白殿に参りました。御馬を春日《かすが》・大原野《おおはらの》・松尾社《まつのお》に奉献される日を問われました。すぐに今日、奉献されるよう申しました」と。また、云ったことには、「禅林寺《ぜんりんじ》僧正(深覚)が参られました」ということだ。中納言が来て、座に着した。守道は地上に坐った。犬の死穢は、今日までである。霜月朔日と二十六日の優劣を、大外記頼隆真人に問うた。申して云ったことには、「朔日は、日月が合っています。月がすでに減じている時は、やはり忌避しなければなりません。二十六日が勝っています」と。大略は守道の申したとおりである。守道は、日月が合うとのことを申した。中納言が関白の邸第から帰って来て云ったことには、「禅林寺僧正が督促されたので、沐浴《もくよく》されました。御心地《ここち》は宜しいのでしょうか」と。また、云ったことには、「頭弁が密かに語って云ったことには、『関白が云ったことには、「関白と大臣の両職を、やはりどうしても一職は辞そうと思う。この事は、右府に問うて、述べたところを聞こうと思う。語る次いでに伝えるように」ということでした』と」と。穢を過ぎてから伝え談るということを申した。中納言が云ったことには、「今日、真衣野牧《まきのまき》の駒牽《こまひき》が行なわれます。その上卿を勤めるよう、頭弁が伝え仰せてきたのです」と。

二十二日、丁丑。　駒牽の状況／頼通、小康／定頼・重尹、福来病を患う／公季、太政大臣辞任は誤説と語る

中納言が云ったことには、「去る夕方の駒牽の儀は、散楽のようでした。御物忌でしたので、先ず事情を奏上させました。仰せに随って、解文を奏上しました。書写《しょしゃ》して奏覧《そうらん》しました」と云うことだ。

敦頼朝臣が云ったことには、「関白の御心地は、大した事はおありになりません。禅林寺僧正は、今朝、寺に帰られることになりました」と云うことだ。また、云ったことには、「朝廷で、昨日から関白の為に修法《しゅほう》を行なわれています」と云うことだ。「何日か、中納言(藤原)定頼《さだより》は、福来《ふくらい》の疾を煩っている」と云うことだ。「近頃、左大弁重尹も煩った」と云うことだ。「この病は、先ず五体が熱する。悩み煩う様子は、疫病《えきびょう》のようである。その後、面が腫《は》れる。先ず耳の辺りが腫れ、次いで頭と面が、大いに腫れる。五、六日を経て、漸く平癒《へいゆ》する。事情を知らない者がこれを治療すれば、命を害するに及ぶ」と云うことだ。

前大僧都《さきのだいそうず》扶公《ふこう》が云ったことには、「明日、寺に帰ることにします」と。また、云ったことには、「昨日、直接、太相府《だいしょうふ》(公季)に拝謁しました。次いでが有って、太政大臣を辞されて、中納言実成を大納言に任じられたいとのことを朝廷に奏請《そうせい》する実不について問いました。答えられて云ったことには、『大いに実の無いことである。大将を辞し、実成を中納言に申請して任じられたことがある。重ねて太政大臣を辞して大納言を奏請する事は、事がすでに重畳《ちょうじょう》である。便宜が無いであろう。また、実成も願っていないところである』ということでした」と。

二十三日、戊寅。 **興福寺維摩会不足米宣旨/松尾・梅宮祭の供奉欠怠所司に恩赦を適用/頼通の関白・大臣辞任について回答/季御読経定・不堪佃田申文の予定/頼通の病状**

左中弁経輔が、興福寺《こうふくじ》の申請した維摩会《ゆいまえ》の不足米の宣旨を持って来た。申請によった。すぐに宣下した。右中弁頼任が、松尾《まつのお》・梅宮《うめのみや》祭《まつり》の供奉《ぐぶ》を欠いた所司《しょし》の過状《かじょう》を持って来た。「詔書を適用しなければならない。早く免すように」ということだ。すぐに宣下した。頭弁経頼が覆奏文《ふくそうぶん》を持って来た。奏聞させた。密かに語って云ったことには、「関白には懇切に、関白と大臣を辞すとの御気持が有ります。世間が云うところは、如何でしょう。汝の申すところの趣旨を聞こうと思われています」と。答えて云ったことには、「関白は敢えて辞されてはならない職です。たとえ容納《ようのう》が有ったとしても、先に上下の文書を申すようにとの宣旨を下されれば、まったく差別は無いはずのものです。大臣は、必ずしも辞されることはありません。倹約《けんやく》を衛護《えいご》とすべきでしょう。これは内々に思ったものです。歯外《しがい》してはならない事です。但し一家の風として、大臣を辞される先例が有ります。ただその御心によるべきでしょう」と。感心して、退去した。御読経定について、事情を申した。おっしゃって云ったことには、「定められるとのことを知っている。ところが、今でも定められていない。早く定め申すように」ということだ。二十八日に定めるようにとのことをおっしゃった。その日は、不堪佃田中文の儀を行なうことになっている。同じくこれをおっしゃった。夜に入って、中納言が来て云ったことには、「関白の御心地は、昨夜、発り悩まれました。今日は宜しくなりました」と云うことだ。

二十四日、己卯。　清涼殿東廂で頼通と抱擁して臥す夢想

今朝、夢想《むそう》があった。清涼殿《せいりょうでん》の東廂《ひがしびさし》に、関白が下官(実資)と共に、烏帽子《えぼし》を着さずに懐抱《かいほう》して臥していた際、私の玉茎《ぎょっけい》は木のようであった。着していた白綿の衣は、はなはだ凡卑《ぼんぴ》であった。恥ずかしいと思っていたうちに、夢から覚めた。もしかしたら、私に大慶《たいけい》が有るのであろうか。

二十五日、庚辰。　伊賀国に証人召進を命ず／新嘗会白酒・黒酒稲卜占解文／壱岐守を下向させる／頼通、第二度上表

関白の御心地を頭弁に問い遣わした。報じて云ったことには、「昨日、すでに尋常のようでした」と。中納言が来た。すぐに関白の邸第に参った。しばらくして、頭弁が口宣《くぜん》を伝えて云ったことには、「先日、伊賀国司が、証人を召し進めるということを言上しました。ところが、今でも召し進めてきません。重ねて宣旨を下給して、召し進めさせてください」ということだ。すぐに仰せ下した。また、造酒司《ぞうしゅし》が申請した新嘗会《しんじょうえ》の白酒《しろき》・黒酒《くろき》の稲の卜占《ぼくせん》の解文を伝え下した。宣下しておいた。壱岐守《いきのかみ》久孝《ひさたか》は、先日、任地に追い下すという宣旨が下った。ところが、病を煩って、下向していない。その後、音沙汰が無い。捜して遣わすべきであろう。捜して伝えるよう、命じておいた。また、云ったことには、「辞表《じひょう》について、汝が言ったところを、詳しく申しました。もっともそうあるべきです。世間の事は、思うところには叶いません。何としましょう。今日、重ねて上表します。納められるよう、命が有りました。また、汝の述べたところを問われました。今回は、まったく容納されることはないでしょう。おっしゃって云ったことには、『そうでこそあるだろう』と」と。両中納言〈左兵衛督と侍従中納言(資平)である。〉が来て、云ったことには、「『関白は尋常のようである』と云うことでした」ということだ。今回は、大臣および随身を辞される。左兵衛督が云ったことには、「内裏に参って、勅答について承るよう、頭弁が示し伝えたのです。事情を問います」と。私が答えて云ったことには、「ただ先日のように行なうように」と。大内記孝親朝臣が、勅答の草案を持って来た。管見《かんけん》した。すぐに内裏に参った。「戒めが有ったからです」ということだ。

二十六日、辛巳。　**大膳大夫から進物／伊勢御幣使従者を打擲した三人を禁獄／頼通が天下を亡乱しているとの神託／深覚、頼通を諷諫**

大膳大夫敦頼が、上品《じょうひん》の八丈絹十疋を志してきた。いささか準備した事を労《ねぎら》ってのことか。南垣が破壊している。歩板《あゆみいた》を垣とした。柱を立てさせている間、小女（藤原千古《ちふる》）と同車して、北門の外の西辺りに立った〈室町《むろまち》小路の西頭《にしのほとり》。〉。

黄昏、尾張守《おわりのかみ》（平）惟忠《これただ》が来て云ったことには、「一昨日、入京しました」と。雑事を言った。「先日、関白の随身右近番長播磨貞安《うこんのばんちょうはりまのさだやす》と雑色《ぞうしき》二人を獄所《ごくしょ》に下しました。法成寺の材木を曳かせていた際、山《やま》科《しな》に於いて、伊勢《いせ》御幣使《ごへいし》の従者を打擲《ちょうちゃく》しました。その事によって、禁固《きんこ》されました」と云うことだ。「貞安は獄に拘禁《こうきん》しました。政所《まんどころ》の雑色二人は、牢屋《ろうや》に拘禁しました。悩まれていた際、伊勢《いせ》の荒《あら》祭神《まつりのかみ》が、人に託して雑事を宣したことには、『関白は天下を亡乱《ぼうらん》している。極めて愚かなことだ』と云うことでした。秘して漏らしていません。また、この託宣《たくせん》から数日の後、貞安たちの事が、更に発りました」と云うことだ。「また、深覚大僧正は忌諱《きき》を憚らず、関白を諷諫《ふうかん》しました。万人は感歎しました」と云うことだ。

二十七日、壬午。　仁王講／金峯山司に恩赦を適用すべきか否かの勅問に回答／火事見舞い

今日、賀茂大明神《かものだいみょうじん》の御為に仁王講《にんのうこう》を修した。二季の恒例の事である〈尹覚《いんかく》・盛算《じょうさん》・念賢《ねんけん》・慶範《けいはん》・忠高《ちゅうこう》。〉。美濃《みの》国が申請した造円教寺料《ぞうえんきょうじりょう》の国解を、権左中弁経任に託した。頭弁が、金峯山司《きんぷせんし》の罪名勘文《ざいめいかんもん》を下給した。仰せを伝えて云ったことには、「その罪は、詔書を適用すべきか、如何か」と。申させて云ったことには、「明法家《みょうぼうか》に問われてください」と。仰せに随って問うよう、おっしゃられた。夜に入って、前帥《さきのそち》隆家卿が来て談った。夜半の頃、前上野介《さきのこうずけのすけ》（源）兼貞《かねさだ》の宅が焼亡した。知道朝臣を遣わして、これを見舞った。また、（藤原）親光《ちかみつ》朝臣を見舞った。壁を隔てる間であるからである。

二十八日、癸未。　頼通、平復／不堪佃田申文・季御読経定／慶命の辞書の取り扱い

諷誦を修した〈六角堂《ろっかくどう》。〉。早朝、親光朝臣が、夜分の恐縮を申させた。中納言が云ったことには、「関白は、尋常に復されました」と。

内裏に参った〈未剋の頃。〉。中納言は車後に乗った。（藤原）資高《すけたか》朝臣が内裏から輦車《てぐるま》に乗り移る処に来た。（藤原）経季《つねすえ》朝臣が従った。権左中弁経任朝臣が春華門《しゅんかもん》に来た。敷政門《ふせいもん》から入って、仗座《じょうのざ》に着した。これより先に、参議《さんぎ》（源）朝任《あさとう》卿が参入していた。不堪佃田申文と季御読経定について、右大弁経頼朝臣に問うたところ、云ったことには、「文書は皆、揃えてあります」ということだ。しばらくして、右大史《うだいし》（小野）奉政《ともまさ》が、不堪佃田文《ふかんでんでんぶん》を挿して北に渡った。私は座を起って、南座《なんざ》に着した。参議朝任卿と（藤原）公成《きんなり》朝臣が、座を起った。この頃、大納言能信卿、中納言実成・経通・定頼卿が参入した。

右大弁経頼朝臣が宰相の座に着し、敬屈《きょうくつ》して申して云ったことには、「申文」と。私は小揖《しょうゆう》した。大弁が称唯《いしょう》した。終わって、史《し》の方を見た。右大史奉政が、書杖《ふづえ》〈目録。横挿《よこざし》。〉を捧げ、敷政・宣仁《せんにん》門を入り、小庭《こにわ》に跪《ひざまず》いて伺候した。私は目くばせした。称唯して、走って来て、膝突《ひざつき》に着して、これを進上した。私は取った〈故意に目録を取り落とした。〉。表巻紙《うわまきがみ》を開いて、先ず目録を見た。不堪佃田の解文を結んだ緒を解いた。一々、開いて見た。終わって、元のように巻き〈目録は、結緒《ゆいお》の外・表巻紙の内にあった。〉、置いた。ただ板敷《いたじき》の端に推し出した。奉政はこれを給わり、目録を開いて束ねた。私が大弁に向かって云ったことには、「近江《おうみ》と加賀《かが》の解文は、使を記していない。駿河《するが》・越前《えちぜん》・越後《えちご》は、開《かい》発田《ほっでん》の解文に使の名を記し、坪付《つぼつけ》の解文に使を記していない。遠江《とおとうみ》・下野《しもつけ》・陸奥《むつ》・但馬《たじま》・阿波《あわ》国は、受領《ずりょう》の官の署が無い」と。署させる事・国々の使を記し付けさせる事を、大弁に命じた。奉政は文を開いて伺候した。命じたことには、「申し給え」と。称唯した。杖を取り加え、走り出た。大弁は座を起った。御読経の文と硯を進上する事を催し仰させた。史奉政が例文を進上した。史広雅《ひろまさ》が、硯を執って参議の座に置いた。右兵衛督《うひょうえのかみ》朝任に書かせた。これより先に、前大僧都扶公が公請《くじょう》に預かる事・興福寺僧良胤《りょういん》を本軸請《ほんじくしょう》に入れる事〈主恩《しゅおん》が他界した替わり。〉を、頭弁が伝え仰せた。私が奏上させたものである。陰陽寮《おんみょうりょう》に日時を勘申させる事を、権左中弁経任に命じた。しばらくして、伝えて進めた〈来たる十九日、庚辰。時は未二剋。〉。綱所《こうしょ》が死去勘文を進上した。筥《はこ》の中に納めた。また、寺々の解文が有った。「僧正慶命が、僧正を辞す文を上呈した」と云うことだ。頭弁に問うたところ、云ったことには、「辞書を進上した後、未だあれこれの仰せが有りません」ということだ。私が云ったことには、「仰せに随って、定文に入れるように。但し扶公は、すでに公請に預かっている。慶命は天台座主として、公請に関わるべきであろうか」と。頭弁を介して、関白に伝えさせた。数剋の後、勅を伝えて云ったことには、「辞書は、今日と明日の内に返給するように。元のように定文に入れるように」ということだ。僧綱の数は、減っている。そこで海印寺を入れた。定文は書き終わった。朝任卿が、これを進上した。寺々の序列は、一人、寺毎に堺法が高い。返し授けて、これを磨って書かせた。定文と日時勘文を筥に納め、権左中弁経任を介して関白に内覧させた。帰って来て云ったことには、「御書状に云ったことには、『早く奏上させるように』ということでした」と。すぐに同じ弁を介しては、「御書状に云ったことには、『早く奏上させるように』ということでした」と。すぐに同じ弁を介して奏上させた。長い時間が経って、返給された。すぐに同じ弁に下給した。一々、束ね申した。料物を進上することを催促するよう命じた。奉政が、筥文および硯を撤去した。私は座を起って、退出した〈時に戌の終剋か。〉。中納言が従った。

二十九日、甲申。　美濃守から進物／禎子内親王邸に窃盗／資高、福来病を患う

美濃守(みののかみ)(藤原)庶政(ひろまさ)が、絹五十疋を志してきた。いささかの準備を労ったのか。史広雅が、昨日の御読経の僧名を進上した。左兵衛督が来て、語った。次いで中納言。両納言は、夜に臨んで、退去した。頼任朝臣が云ったことには、「昨夜、窃盗(せっとう)が、新一品宮(しんいっぽんのみや)(禎子内親王)の雑物および丁子五百両〈小韓櫃(こからびつ)に納めて、帳内に置いていました。〉を取りました」と。

少納《しょうな》言《ごん》資高は、昨日から福来の疾を煩っている。「近日、流行している。上中下の者が煩う所である」と云うことだ。私が童稚《どうち》の時、この病が遍満《へんまん》した。その年数を推し量ると、六十余年に及ぶ。

三十日、乙酉。当季大般若読経、結願／禎子内親王、福来病を患う／東山で施行／法華経講説

当季《とうき》大般若読経《だいはんにゃどきょう》が結願《けちがん》した。

維摩会《ゆいまえ》講師《こうじ》の請書《しょうしょ》に「朝臣」を加えた〈六月二十六日の宣旨。澄円《ちょうえん》、法相宗《ほっそうしゅう》。専寺《せんじ》。〉。

「一条院《いちじょういん》の一品宮(脩子《ながこ》内親王)が、福来を煩われた」と云うことだ。「殿上人《てんじょうびと》も多く煩っている」と云うことだ。

施行《せぎょう》を行なった〈東山《ひがしやま》。使は(身《む》人部《ひとべの》)信武《のぶたけ》。〉。少僧都教円《しょうそうずきょうえん》を招請して、化城喩《けじょうゆ》品《ほん》を演説《えんぜつ》した。布施《ふせ》は絹五疋。禄は鈍色《にびいろ》の掛《うちき》一重《かさね》。中納言および人々が、これを聴聞《ちょうもん》した。

○十月

一日。(『北山抄』一・年中要抄上・四月・同日旬事・著東座人路事による)　**旬平座上卿の経路**

納言《なごん》(藤原資平《すけひら》)が記して云ったことには、「云々。宜陽殿《ぎようでん》に着しました。新中納言《しんちゅうなごん》〈(藤原)定頼《さだより》〉は、台《だい》盤《ばん》の南を経て奥座《おくざ》に着しました。前日、殿下《てんが》(藤原頼通《よりみち》)がおっしゃって云ったことには、『奥座に着す人は、板敷《いたじき》に昇らず、弁《べん》の座の上を通って、奥座に着せ』ということでした」と。納言に問うたところ、納言が云ったことには、「或る人が儀式を書かれて云ったことには、『台盤の南を用いなければならない』ということでした」と。

二日。（『北山抄』一・年中要抄上・四月・同日旬事・著東座人路事による）

殿（頼通）に参った。昨日の行事について申した。「定頼納言が台盤の末を経て奥座に着した事は、未だ故実《こじつ》を聞いたことのないものです。先年もこの事が有りました。識者《しきしゃ》は頤《あご》が外れるほど笑いました」ということだ。奥座に着す人は、弁の座の上を通って、これに着す。沓《くつ》は壁下にある。これはたしかに覚えている事である。後の為にこれを記す。

付録

用語解説（五十音順）

白馬節会《あおうまのせちえ》　正月七日に天皇が紫宸殿に出御して群臣に賜宴し、左右馬寮の引く白馬を見る儀式。外任の奏、御弓奏があり、次に左右馬寮から庭上を渡る馬の毛並みを奏上する白馬奏があった。

阿闍梨《あじゃり》　単に闍梨ともいう。伝法灌頂を受けた者、また灌頂の導師その人。一種の職官となった。

位記《いき》　位階を授ける時に発給する公文。勅授の位記は中務省の内記が作成し、中務卿および太政大臣・式部卿（武官は兵部卿）等が加署した後、内印を捺して発給した。

一上《いちのかみ》　筆頭の公卿の意で、通常は左大臣がこれにあたる。摂関が大政総攬の職であるのに対し、一上は公事執行の筆頭大臣である。

位禄《いろく》　官人が位階に応じて受ける禄物。官職禄と封禄の二種があったが、普通、位禄という場合は封禄をさす。封禄は五位以上に賜わる身分禄で、従三位以上は食封制、四位・五位は位禄制で年一回、十一月支給となっていた。

石清水八幡宮《いわしみずはちまんぐう》　山城国綴喜郡の男山に鎮座。豊前国宇佐八幡宮から八幡神を勧請して鎮護国家の神とし、皇室の祖神と称す。三月の午の日に臨時祭、八月十五日に放生会が行なわれた。

雨儀《うぎ》　晴天の際の晴儀に対し、雨雪の時に行なう儀礼。その次第を簡略にし、それに伴う室礼が行なわれた。

袿《うちき》　単《ひとえ》と表着《うわぎ》との間に着けた袷の衣で、「内着の衣」の意。「衵」とも。禄や被物用に大ぶりに仕立てたものを大掛と称した。

延暦寺《えんりゃくじ》　比叡山にある寺院。天台宗の総本山。東塔・西塔・横川の三塔からなる。天台密教の総本山として朝廷や貴族の崇敬を集めた他、源信が浄土信仰を説いて民衆化の基礎をつくった。

大祓《おおはらえ》　毎年六月・十二月の晦日、また大嘗会や凶事に際して臨時に行なわれる祭儀。罪・穢を除き、心身を清らかにし、その更生を図る。中臣は祓麻、東西文部は祓刀を奉り、百官男女を祓所の朱雀門に集め、中臣は祓詞を宣り、卜部は解除を行なう。

大原野《おおはらの》社《しゃ》　長岡京遷都の時、あるいは藤原冬嗣の請により、王城守護のために春日社を山城国乙訓郡に勧請した神社。

小《お》野宮《ののみや》　平安京の名第。大炊御門南、烏丸西の方一町。元は文徳第一皇子惟喬親王の第宅。藤原実頼、実資と伝領され、その家系は小野宮流と称された。西・北・東門があり、南に池と山を配し、寝殿を中心に、西・東・北対を持つ典型的な寝殿造で、南東の池畔に念誦堂が建てられた。実資以後は、女の千古、その女と女系で伝領された。

小《お》野宮流《ののみやりゅう》　藤原実頼に始まる小野宮家に伝わる有職の流派。またその門流を指すこともある。藤原忠平一男の実頼は、二男師輔(その流派が九条流)とともに父の儀式についての「教命」を受け継ぎ、それぞれの儀式作法を確立した。その内、実頼に始まる儀式作法を小野宮流という。実頼自身は儀式作法についてまとめようとして果たさず、その養子実資によって完成された『小野宮年中行事』によって知られる。

過状《かじょう》　「怠状」ともいう。犯罪や怠務・失態を犯した者が上庁に対し自分の非を認め、許しを乞うために提出する書状。

春日《かすが》社《しゃ》　和銅三年に藤原不比等が藤原氏の氏神である鹿島神(武甕槌命)を春日の御蓋山に遷して祀り、春日神と称したのに始まる。初めて一条天皇によって春日行幸が行なわれた。

春日祭《かすがのまつり》　二月・十一月の上の中の日に行なわれた奈良春日社の祭。近衛府使を摂関家の中将・少将が勤めた。社頭の儀のみならず、途中の儀も重視された。

被物《かずけもの》　禄の一種で、上位者が下位者の功労等を賞して直接相手の肩にかつがせてやる衣装の類。

方忌《かたいみ》　陰陽道の禁忌のうち、方角についての禁忌。年単位の大将軍・金神・八卦、月単位の王相神、日単位の太白神・土公・天一神等がある。

結政《かたなし》　太政官の政務執行上の一過程。官結政と外記結政の二種があり、ともに官政、外記政の準備段階的なもの。聴政の前に内外諸司からの申文を類別してそれぞれ結び束ねておき、結政当日、大弁以下の弁官が一応これを一々披見し、史が再び文書をひろげて読み上げ、これを元の形に戻す儀。官結政は外記庁の南に連なる結政所のうちの弁官の結政所で、また外記結政はその西に隣接する外記の結政所で行なわれた。

賀茂斎院《かもさいいん》　賀茂の神に奉仕する斎王。伊勢斎王のように天皇の代替わり毎に交替するわけではなく、当時は選子内親王が五代五十七年の長きにわたって勤めた。

賀茂社《かもしゃ》　賀茂別雷神社(上賀茂神社、略称上社)と賀茂御祖神社(下鴨神社、略称下社)の総称。平安遷都以後は皇城鎮護の神として朝廷から篤い尊崇を受けた。四月の中の酉の日を祭日とする賀茂祭、十一月の下の酉の日を祭日とする臨時祭が行なわれた。

元日節会《がんじつせちえ》　元日に天皇が群臣に紫宸殿で宴を賜う儀式。暦の献上、氷様奏、腹赤奏、吉野国栖の歌舞、御酒勅使、立楽等が行なわれた。

勘申《かんじん》　儀式等に必要な先例や典故を調べたり、行事の日時等を占い定めて報告すること。

官奏《かんそう》　太政官が諸国の国政に関する重要文書を天皇に奏上し、その勅裁をうける政務。奏上する文書は不堪佃田奏、不動倉開用奏等、諸国から申請された地方行政上重要と認められるものが多かった。摂政が置かれている時は摂政が直廬等で覧じ、関白がある時はその内覧を経て奏上された。

官符《かんぷ》　太政官から被管の諸司諸国へ発給される下達文書。弁官が作成する。謄詔勅ないし騰勅の官符と、太政官における議定事項を下達する場合、及び弁官のみで作成する事務的内容からなる場合とがある。

祈年穀奉幣《きねんこくほうべい》　年穀の豊穣を祈って神社に幣帛を奉じる朝廷臨時の神事。祈雨とともに臨時奉幣制の基本となり、十一世紀には二十二社奉幣制へと発展する。

季御読経《きのみどきょう》　春二月と秋八月の二季に、毎日百僧を宮中に請じて『大般若経』を転読させ、天皇の安寧と国家の安泰を祈る仏事。

行幸《ぎょうこう》　天皇が皇居を出て他所に行くこと。王臣の私第に天皇を迎える際には、しばしば家人らに叙位・賜禄が行なわれた。

行事《ぎょうじ》　朝廷の公事、儀式等において主としてその事を掌った役。

公卿《くぎょう》　大臣・納言・参議および三位以上の上級官人の称。大臣・納言・参議を見任公卿と称し、議定に参加する。これに対し、三位以上の公卿でまだ参議にならぬ者、一度参議になった前参議の者を非参議と称した。

蔵人《くろうど》　令外官の一。本官以外の兼官で、五位蔵人三名、六位蔵人四、五名、非蔵人三ないし六名の職階になる。代替わり毎に新任される。職掌は文書の保管、詔勅の伝宣、殿上の事務から、天皇の私生活に関することにまで拡大した。院・女院・東宮・摂関家・大臣家にも置かれた。

蔵人頭《くろうどのとう》　蔵人所の長官。定員二人。天皇の宣旨によって補された。一人は弁官、一人は近衛中将が兼補され、それぞれ頭弁、頭中将と呼ばれた。殿上に陪侍し、機密の文書や諸訴を掌った。参議には多く頭から昇進したが、有能で信任の厚い実資や行成は、なかなか参議に昇進できなかった。

慶賀《けいが》　「よろこびもうし」とも。任官・叙位や立后のお礼の挨拶を、天皇や摂関、中文の申請者に行なうこと。

外記政《げきせい》　令制太政官における政務の一形態。公卿が諸司の申す政を内裏建春門の東にある外記庁（太政官候庁）において聴取裁定すること。外記政の次第は、まず外記庁の南舎に弁・少納言・外記・史が参着して結政を行ない、次いで上卿以下公卿が庁座に着き、弁以下が列座し、弁が史をして諸司の申文を読ませ、上卿が裁決する。次いで請印し、終わって上卿以下が退出する。一同が外記庁から南所（侍従所）に移って中文の事があり、終わって酒饌を供することもある。

解除《げじょ》　罪穢を除去すること。祓とも。人形・解縄・切麻を用いて中臣祓を読む所作が一般的。神祇官の祓の他、陰陽道や仏教に伝わった祓もあった。

欠請《けっしょう》　請僧の欠員。すなわち、法会に参列する僧に生じた空席。空席を補充する必要があった。

解文《げぶみ》　八省以下の内外諸司のみならず、官人個人あるいは諸院家・寺社・荘家・住人が、太政官および所管の官司に上申する文書。

見参《げんざん》　節会・宴会等に出席すること。また、出席者の名を名簿に書き連ねて提出すること。

元服《げんぷく》　男子が成人したことを示す髪型や服装を初めてする儀式。十一歳から十五歳までの例が多い。髪を束ねて元結で結い、末の部分を切って後頭部に結い上げる理髪の儀と、次いで冠をかぶらせる加冠の儀が中心となる。元服すると実名が定められ、叙位がある。

候宿《こうしゅく》　官人が内裏内の直廬や宿所等に宿泊すること。

興福寺《こうふくじ》　奈良に所在する法相宗大本山。藤原氏の氏寺。春日社との神仏習合を進め、摂関家と興福寺・春日社との緊密な関係が成立した。

国忌《こき》　特定の皇祖・先皇・母后等の国家的忌日。政務を休み、歌舞音楽を慎しんで追善の法要を行なった。元々は天皇忌日のみを指していたが、天皇の父母・后妃にも拡大した。

御禊《ごけい》　水で身を清める行事。主に鴨川の三条河原で行なわれた。天皇は即位後、大嘗会の前月の十月下旬に、伊勢斎宮や賀茂斎院は卜定後に行なう。

御斎会《ごさいえ》　正月八～十四日に宮中において、『金光明最勝王経』を講説して国家安穏、五穀豊饒を祈る法会。大極殿(後には清涼殿、御物忌の時は紫宸殿)に、衆僧を召し、盧遮那仏を本尊として読経供養した。

五節舞姫《ごせちのまいひめ》　新嘗祭・大嘗会・豊明節会に出演する舞姫。九月あるいは儀礼の数日前に、公卿の女二人、受領の女二人が舞姫に決定された。十一月の中の丑の日が帳台試、寅の日が御前試、卯の日が童女御覧、辰の日が豊明節会で、この日、舞の本番が行なわれた。

小朝拝《こちょうはい》　元日朝賀の後、大臣以下が天皇を拝する儀。はじめは朝賀とともに並び行なわれたが、後には、朝賀のある年には行なわれず、朝賀と交互にする場合もあった。清涼殿東庭に殿上人以上が参列する私的な礼。一条天皇以後は朝賀が絶え、小朝拝のみが行なわれた。

駒牽《こまひき》　信濃・上野・武蔵・甲斐四国の御牧（勅旨牧）から貢上された馬を、宮中で天皇が御覧じ、貴族たちに馬が分給されて牽く儀式。毎年八月に行なわれる。

斎王《さいおう》　伊勢神宮に奉仕する皇女（もしくは女王）。未婚の内親王または女王の中から卜定され、約一年間、宮城内の初斎院に入り修斎し、続いて宮城外の浄野（平安時代以降は嵯峨野）の野宮で一年あまり潔斎に努め、卜定後三年目の九月上旬、伊勢に群行した。

定文《さだめぶみ》　公卿が陣定等の議定を行なった際、終わって上卿が参議（大弁の兼任が原則）に命じて、出席者各自の意見をまとめて作成させた文書。上卿はこれを天皇に奏覧し、その裁決を仰いだ。

参議《さんぎ》　太政官の議定に参与する、大臣・納言に次ぐ官。唐名は宰相・相公。定員は八名。大臣・納言と違って詔勅や大事の決定事項を弁官に宣して太政官符や官宣旨を作成させるような権限はなかった。補任されるためには、大弁・近衛中将・蔵人頭・左中弁・式部大輔の内の一つを経ていること、五箇国以上の国守を歴任していること、位階が三位以上であること等、七つの道があった。

試楽《しがく》　行幸や年中行事等、舞楽を伴う儀式に際して行なわれる楽の予行演習。賀茂・石清水臨時祭の社頭の儀に先立って行なわれるものをいう場合が多い。

直廬《じきろ》　皇太后、女御、東宮、親王、内親王、摂関、大臣、大納言等が、休息・宿泊・会合等に用いるために宮廷内に与えられる個室。摂関の場合は、ここで政務を執ることもあった。

室礼《しつらい》　屋内の一部を障子・几帳・屏風等で隔て、帳台・畳・茵を置き、厨子・二階棚・衣架、その他、身辺の調度類を設け整えたり飾りつけたりすること。

除目《じもく》　官職任命の政務的儀式。外官除目は春に三夜にわたって行なわれ、京官除目は秋から冬にかけて、二夜または一夜で行なわれた。執筆の大臣が前日に勅を奉って外記に召仰を命じ、当夜は諸卿が清涼殿東孫廂の御前の座に着して議し、執筆は任官決定者を大間書に記入していく。執筆は大間書を清書上卿に授け、参議に召名(勅任・奏任に分けて任官者を列記したもの)・下名(文官・武官に分けて四位以下の任官者名を列記したもの)を書かせる。

射礼《じゃらい》　毎年正月十七日、建礼門前において親王以下五位以上および左右近衛・左右兵衛・左右衛門府の官人等が弓を射る儀式。まず手結という練習を行なう。翌十八日には賭弓を行ない、勝負を争う。

叙位《じょい》　位階を授ける儀式で、勤務評定に基く定例的な叙位と、臨時の叙位がある。正月七日の定例の叙位は五位以上のみとなった。五日または六日に行なわれる叙位議で叙位者が決定された。

請印《しょういん》　位記や文書に内印(天皇御璽)を捺すことを請う儀。内印は少納言が上奏して、勅許によって少納言または主鈴が捺した。外印(太政官印)等を捺す手続きにもいう。

上官《じょうかん》　政官(太政官官人)のことで、太政官官人(弁・少納言・外記・史・史生・官掌・召使・使部)全般を指す場合と、特に外記・史のみを指す場合とがある。

上卿《しょうけい》　公卿の総称の場合と、個々の朝儀・公事を奉行する公卿の上首を指す場合とがある。後者の場合、摂政・関白・太政大臣および参議は上卿を勤めない。

上表《じょうひょう》　天皇に奉る書のことであるが、特に辞官表、致仕を請う表、封戸随身を辞す表、立后・立太子・天皇元服・朔旦冬至等の慶事に際しての賀表等が多い。実際に辞任が認められる場合でも、天皇は二度は辞表を返却するのが例であった。

触穢《しょくえ》　穢とは一切の不浄をいうが、穢に触れることを触穢といい、一定の期間は神事・参内等ができなかった。人死穢は三十日間、産穢は七日、六畜死穢は五日、六畜産穢は三日の忌が必要とされた。穢は甲から乙へ、更に丙へと二転三転する。

諸国申請雑事定《しょこくしんせいぞうじさだめ》　諸国から解文によって太政官に申請された行政事項を、陣定の議題として議定すること。申請の内容は、地方行政の全般にわたる。

諸大夫《しょたいふ》　参議以上の公卿を除く四位、五位の者の総称。

陣座《じんのざ》　左右近衛陣における公卿の座。仗座ともいう。本来は近衛府の武官の詰所であったが、平安時代になると、節会や神事、議定等、宮中の諸行事の多くがここで執行された。

陣定《じんのさだめ》　陣座(仗座)を国政審議の場とした公卿議定。天皇の命を受けた上卿が、事前に外記に命じて見任公卿を招集し、当日は席次の低い者から順に所見を述べ、発言内容を参議が書き留めて定文を作成し、蔵人頭に付して上奏し、天皇の最終的な判断を仰いだ。

随身《ずいじん》　太上天皇や摂政・関白、左右近衛の大・中・少将等の身辺警護にあたる武官。

相撲節会《すまいのせちえ》　毎年七月に諸国から相撲人を召し集めて行なう相撲を天皇が観覧する儀式。七月中旬に召仰と称し、相撲節を行なうことを命じ、次いで御前の内取と府の内取という稽古に入る。節会の当日は天皇が出御し、南庭で行なわれる相撲を観覧する。これを相撲の召合という。翌日には抜出、追相撲が行なわれる。

受領《ずりょう》　任地に赴く国司。十世紀に入ると、受領国司による租税の請負化が進展した。長官(守)が中央の要職を兼帯している国や、上総・常陸・上野といった親王任国では、介が代わって受領となった。

受領功過定《ずりょうこうかさだめ》　任期が終わる受領の業績を判定する政務。特に所定の貢進の完納、公文の遺漏無き提出と正確な記載について審査された。除目と関連して、陣定において議定された。

釈奠《せきてん》　孔子やその弟子(十哲)を祀る大陸渡来の儒教儀礼。春秋二回、二月と八月の上丁日に主として大学寮で行なわれた。

宣旨《せんじ》　勅旨または上宣(上卿の命令)を外記、または弁官を経て伝宣する下達文書。奉勅宣旨・外記宣旨・弁官宣旨・官宣旨・上宣宣旨等がある。簡易な手続きで迅速に発行されるため、従来の詔・勅や太政官符・太政官牒に代わって用いられるようになった。

宣命《せんみょう》　天皇の命令を宣する下達公文書の一。詔のうちの国文体のもの。神前で読み上げ、群臣に宣り聞かせる古風で荘重な文体をとっている。

僧綱《そうごう》　僧正・僧都・律師より構成される僧位。それぞれ大少の別や権位がもうけられ、一条朝には、公卿の員数と同じ二十人に達した。

大饗《だいきょう》　大きな饗宴。二宮大饗と大臣大饗とがある。二宮大饗とは中宮と東宮の二つの宮の大饗をいい、正月二日に行なわれる。大臣大饗は正月と大臣任官時に行なわれる。

大嘗会《だいじょうえ》　天皇即位の後、初めて新穀を天照大神はじめ天神地祇に奉る儀式。夕と朝の二度にわたって神膳が供されたうえ、天皇が食し、天皇としての霊格を得る儀。大嘗宮は大極殿前庭竜尾壇下に設けられ、東に悠紀殿、西に主基殿の他、天皇の斎戒沐浴する廻立殿、神膳を調備する膳屋等より成る。

着座《ちゃくざ》・**着陣**《ちゃくじん》　公卿が新任・昇任、または昇叙されると、吉日を択んで宜陽殿の公卿座に着した後、さらに陣座に着すこと。

着裳《ちゃくも》　「裳着」とも。貴族の女性の成人儀礼で、成人の装束の象徴である裳を初めて着ける儀式。十二歳から十五歳ごろまでに行なう。高貴の人が裳の大腰の紐を結び、髪を元結で束ね、髪上げを行なう。

中宮《ちゅうぐう》　本来は皇后ないし皇太后・太皇太后の称であったが、二皇后並立以後は、原則として新立の皇后を中宮と称するようになった。ただし、正式の身位の称は皇后であった。

重陽節会《ちょうようのせちえ》　陽数の極である九が重なる九月九日に、宮中で催された観菊の宴。杯に菊花を浮かべた酒を酌みかわし、長寿を祝い、群臣に詩をつくらせた。

衝重《ついがさね》　飲食物を載せる膳の一種。檜材を薄くはいだ片木板を折り曲げて脚にし、衝き重ねたもの。饗宴の席に折敷・高坏等とともに用いられた。

手結《てつがい》　射礼・賭射や相撲等の勝負事で、競技者を左右に分けて二人ずつ組み合わせること、またその取組。特に射礼・賭射・騎射等、射術を競う儀式の前に行なう武芸演習。

殿上人《てんじょうびと》　四位・五位の廷臣のうち、内裏清涼殿の殿上間に昇ること(昇殿)を許された者の称。天皇の側近として殿上間に詰めて天皇身辺の雑事に奉仕し、輪番制で宿直や供膳に従事した。院・東宮・女院にも昇殿制があった。

纏頭《てんとう》　歌舞・演芸をした者に、褒美として衣類等の品物を与えること。また、その品物。衣類を受けた時、頭にまとったところからいう。

豊明節会《とよのあかりのせちえ》　新嘗祭・大嘗会の翌日、豊楽院で行なわれる宴。新嘗祭翌日の辰日(大嘗会の時は午日)に天皇が出御し、その年の新穀を天神地祇に奉り、自ら新穀の御膳を食し、群臣に賜わった。

内弁《ないべん》　節会等、宮廷内における重要儀式に際し、内裏承明門内(大極殿で行なわれる場合は会昌門内)において、式の進行を主導する官人。

内覧《ないらん》　関白に准じる朝廷の重職。奏上および宣下の文書を内見する職。関白が万機を総攬するのに対し、内覧は太政官文書を内見することが多い。

直物《なおしもの》・小除目《こじもく》　除目の行なわれた後に日を改めて、人名その他の書き誤りを訂正する行事が直物で、その際に小除目(臨時除目)を伴うこともあった。

丹生《にう》・貴《き》布《ぶ》禰《ね》社《しゃ》　大和国吉野郡の丹生川上神社と山城国愛宕郡の貴布禰神社。祈雨・止雨を祈る奉幣奉馬が行なわれた。

日記《にっき》　日々の儀式や政務を記録した日記の他に、特に検非違使が事件の経過を記録した文書をいう。盗難・傷害等の事件に際して、検非違使がその経過や被害状況、当事者の言い分を、事件発生直後に和文で直写した文書で、訴訟等の証拠にもなった。

女官《にょうかん》　朝廷および院宮に仕える女性の官人の総称。上臈・中臈・下臈に区別され、上臈には典侍・掌侍・命婦、中臈には女史・女蔵人・女孺、下臈には樋洗女・長女・刀自・雑仕等があった。

仁王会《にんのうえ》　護国経典の『仁王般若経』を講じて、鎮護国家を祈念する法会。天皇の即位毎に行なわれる一代一度仁王会、一年に春秋各一回行なわれる定季仁王会、臨時仁王会に類別される。

年中行事御障子《ねんじゅうぎょうじのみしょうじ》　宮廷の年中行事を列記して清涼殿に立てた衝立障子。藤原基経が光孝天皇に献上したもので、『年中行事御障子文』の成立は、長和年間とみられる。

荷前《のさき》　毎年十二月に行なわれる朝廷の奉幣型の山陵祭祀。この奉幣の使者が荷前使。荷前の対象陵墓には変遷があり、流動的であった。また、私的に父祖の墓に奉幣する荷前もあった。

拝舞《はいぶ》　儀式で祝意、謝意等を表わす礼の形式。まず再拝し、立ったまま上体を前屈して左右を見、袖に手をそえて左右に振り、次にひざまずいて左右を見て一揖、さらに立って再拝する。

拝礼《はいらい》　元日、院や摂関家等に年賀の礼をすること。

八省院《はっしょういん》　大内裏の正庁で、本来は朝堂院と称した。八省とも。その正殿が大極殿である。

疋絹《ひっけん》　「ひきぎぬ」「ひけん」とも。一疋、つまり二反ずつ巻いてある絹。被物に用いられた。

平座《ひらざ》　二孟旬、元日・重陽・豊明等の節会の日に、天皇が紫宸殿に出御しない場合、勅命により、公卿以下侍臣が宜陽殿西廂に設けられた平座に着いて行なった宴のこと。

不堪佃田奏《ふかんでんでんそう》　諸国から年荒、すなわちその年に作付けが行なわれなかった田地を報告してきた中文を奏上する儀。不堪佃田に関わる政務は、大臣への中文(不堪佃田申文)、奏聞(荒奏)、諸卿による議定(不堪佃田定)、再度の奏聞(和奏)等から構成されていた。

諷誦《ふじゅ》　諷詠暗誦の意で、経典・偈頌等を節をつけ、声をあげて読むこと。また、諷誦文は各種の祈願や追善供養のために施物を記入して、僧に経の諷誦を請う文。

仏名会《ぶつみょうえ》　宮中ならびに諸国において、毎年十二月に三日三晩にわたって行なわれた仏事。三日間に過去・現在・未来の三世の諸仏の名号を唱えれば、六根の罪障が消滅するといわれていた。

弁官《べんかん》　律令国家の庶務中枢としての役割を果たした機関。左右大弁・左右中弁・左右少弁は各省の庶務を受け付け、また太政官の判官としての役割を担った。その下部に主典として左右大史・左右少史があり、雑任の左右史生・左右官掌・左右使部が配置されていた。

法成寺《ほうじょうじ》　藤原道長が晩年に造営した方二町の寺院。九体阿弥陀堂を中心とした伽藍を備えた、平安遷都以来最初の寺院であった。

法華八講《ほっけはっこう》**・法華三十講**《ほっけさんじっこう》　『法華経』八巻を、一日を朝・夕の二座に分け、一度に一巻ずつ修し、四日間で講じる法会が法華八講、『法華経』二十八品とその開経である『無量義経』と結経の『観普賢経』とを合わせた三十巻を三十日間に講じたり、また朝夕に各一巻ずつ十五日間で結了したりする法会が法華三十講。

御修法《みしほ》　国家または個人のために、僧を呼んで密教の修法を行なう法会。

夢想《むそう》　夢の中でおもうこと。また夢に見ること。夢想の内容によっては物忌となる。『小右記』には一四七回の夢記事が記録されているが、宗教的な夢に加えて自らの昇進や、王権や道長に関わる夢を記している。

召仰《めしおおせ》　上位者が下位者を呼び寄せて、特定の任務につくことを命じること。特に、除目や行幸・相撲等の朝廷の行事の役職の任命のために行なわれるものをいうことが多い。

物忌《ものいみ》　「物忌」と書いた簡を用いる謹慎行為。大部分は怪異・悪夢の際、陰陽師の六壬式占で占申される物忌期をいい、怪日を剋する五行の日、十日毎の甲乙両日が特徴。当日は閉門して外来者を禁じ、必要な者は夜前に参籠させる。軽い場合は門外で会ったり、邸内に入れて着座させずに会ったりする場合もある。

弓場始《ゆばはじめ》　射場始《いばはじめ》とも。天皇が弓場殿に出御し、公卿以下殿上人の賭射を見る儀式。通常十月五日を式日とするが、十一月や十二月に行なわれることもあった。

人物注（五十音順）

敦良親王《あつなが》　一〇〇九〜四五　在位一〇三六〜四五年。一条天皇第三皇子。母は道長女の彰子。兄の後一条天皇の後を承けて長元九年、二十八歳で即位し、後朱雀天皇となる。先帝より厳格であり、天皇の責を果たすのに努めた。道長女の嬉子が妃として入宮して後の後冷泉天皇を産み、三条天皇皇女禎子内親王が皇后となって後の後三条天皇を産んだ。

小一条院《こいちじょういん》　九九四〜一〇五一　諱は敦明《あつあきら》親王。三条天皇第一皇子。母は藤原済時女の娍子。長和五年、後一条天皇即位と同時に東宮となったが、三条院崩御後の寛仁元年に東宮を辞し、小一条院の号を授けられた。

後一条天皇《ごいちじょう》　一〇〇八〜三六　諱は敦成《あつひら》親王。在位一〇一六〜三六年。一条天皇第二皇子。母は道長女の彰子。寛弘五年に誕生、同八年に皇太子に立ち、長和五年に践祚して後一条天皇となる。寛仁二年に十一歳で元服、道長三女の威子を妃とした。威子は女御、次いで中宮となり、章子・馨子内親王を産んだ。即位時に道長が摂政となり、寛仁元年に頼通がこれに替わり、同三年以後は関白となった。

婉子女王《つやこ》　九七二〜九八　村上天皇皇子為平親王女。母は源高明女。寛和元年十二月、十四歳で入内、女御となる。同二年六月、天皇出家後、藤原道信・実資と交渉を持ち、実資の室となった。

脩子内親王《ながこないしんのう》　九九六〜一〇四九　一条天皇第一皇女。母は藤原道隆女の定子。同母弟妹に敦康親王・媄子内親王がいた。寛弘四年には一品に叙され、年官年爵を賜り、三宮に准じられた。

藤原彰子《ふじわらのあきこ》　九八八〜一〇七四　一条天皇中宮。道長一女。母は源倫子。長保元年、入内、女御となり、翌二年、中宮となった。寛弘五年に敦成親王（後の後一条天皇）、翌六年に敦良親王（後の後朱雀天皇）を産む。長和元年に皇太后、寛仁二年に太皇太后となる。万寿三年に出家、上東門院の称号を受け女院となった。

藤原章信《あきのぶ》　**生没年未詳**　知章男。文章生から出身し、三事兼帯（衛門佐・五位蔵人・弁官）した。文人の傍ら、伊予・和泉・但馬守を歴任し、宮内卿に至った。敦成親王家蔵人、敦良親王の春宮大進も勤めた。一条天皇の入棺に奉仕し、道長の遺骨を木幡まで懸けた。

藤原朝経《あさつね》　**九七三〜一〇二九**　朝光男。母は重明親王女。寛和二年に叙爵、右大弁、蔵人頭等を経て、長和四年、参議に任じられた。権中納言まで進んだ。有能な官吏であるとともに、道長に私的にも接近している。

藤原兼隆《かねたか》　**九八五〜一〇五三**　道兼の二男。長徳元年に叙爵、寛弘五年に参議となる。寛仁三年に権中納言、治安三年に転正。寛仁元年に敦明親王の東宮辞退をそそのかし、道長の外孫敦良親王の立坊を工作したのは兼隆であったという（『大鏡』）。

藤原兼経《かねつね》　**一〇〇〇〜四三**　道綱三男。母は源雅信女。道長の猶子となる。室は隆家女など。治安三年に参議に上り、長久四年に出家し、薨じた。

藤原妍子《きよこ》　**九九四〜一〇二七**　道長の二女。母は源倫子。寛弘元年に尚侍となり、同七年に東宮居貞親王（後の三条天皇）の許に入る。同八年に女御、長和元年に娍子に先立ち中宮となる。翌二年に禎子内親王を出産。寛仁二年に皇太后となった。

藤原公季《きんすえ》　**九五七〜一〇二九**　師輔の十一男。母は康子内親王。室に有明親王女がいた。永観元年に参議、正暦二年に中納言、長徳元年に大納言、同三年に内大臣、寛仁元年に右大臣、治安元年には太政大臣に任じられた。その後裔は閑院流と呼ばれた。

藤原公任《きんとう》　**九六六〜一〇四一**　頼忠の一男。母は厳子女王。通称は四条大納言。歌人、歌学者としても有名。長保三年に権中納言・左衛門督、同四年に中納言、寛弘六年に権大納言となった。藤原斉信・同行成・源俊賢とともに「寛弘の四納言」と称され、多才で有能な政務家でもあった。儀式書『北山抄』を著した。

藤原公成《きんなり》　**九九九〜一〇四三**　実成一男。祖父公季の養子となる。寛仁四年に蔵人頭、万寿三年に参議、長久四年に権中納言に任じられる。公成女の茂子が能信の養女となって後三条天皇の女御となり、白河天皇を産み、院政期以後の一家の繁栄をもたらした。

藤原公信《きんのぶ》　九七七〜一〇二六　為光六男。母は伊尹二女。長徳元年に叙爵。少納言、右少将等を歴任し、寛弘六年に蔵人頭、長和二年に参議となり、権中納言に至った。異母兄斉信に比べ資質に乏しかったが、和歌はよく詠んだ。

藤原定頼《さだより》　九九五〜一〇四五　公任男。母は昭平親王女。弁官等を歴任した後、寛仁四年に参議に上り、権中納言に至った。歌人。音楽にも長じ、能書家としても有名。

藤原実資室　九七七〜没年未詳　源頼定乳母子で、はじめ婉子女王の女房となり、婉子女王の没後、実資の妾（または召人）となる。「今北の方」とも称された。正暦四年に夭亡した子と、千古を産む。実資より二十歳年少か。晩年は出家し、「角殿の尼上」と呼ばれた。

藤原実成《さねなり》　九七五〜一〇四四　公季男。母は有明親王女。侍従、少納言、兵部大輔、右中将等を歴任し、寛弘元年に蔵人頭、同五年に参議となり、中納言に至る。

藤原実頼《さねより》　九〇〇〜七〇　忠平嫡男。母は宇多皇女源順子。男に敦敏・頼忠・斉敏がいたが、孫の佐理・実資を養子とした。太政大臣・関白・摂政となったが、外戚関係を築くことができず、自らを「揚名関白」と呼んだ。諡を清慎公といい、日記『清慎公記』（『水心記』とも）があったが、公任の代に散逸している。

藤原重尹《しげただ》　九八四〜一〇五一　懐忠男。母は藤原尹忠女。長徳五年に叙爵。寛弘六年に父の大納言辞退の代わりとして右中弁となる。右大弁、蔵人頭等を歴任し、長元二年に参議、長暦二年に権中納言に任じられる。長久三年に中納言を辞して大宰権帥に任じられた。

藤原資高《すけたか》　九九九〜没年未詳　高遠男。長和元年に実資の養子となり元服。道長に故高遠の遺財を奪われる。一条桟敷宅を領有。筑前守となり、少納言に進む。

藤原資業《すけなり》　九八八〜一〇七〇　有国七男。母は橘徳子。文章生より出身し、寛仁元年に文章博士となったが、翌年、辞した。受領や式部大輔を兼ねた。永承六年に出家して日野に隠棲、法界寺薬師堂を建立した。

藤原資平《すけひら》　九八六～一〇六七　懐平男、実資の養子。母は源保光女。長徳三年に叙爵。少納言等を経て、長和二年に左中将、同四年に蔵人頭、寛仁元年に参議となる。長元二年に権中納言、康平四年に権大納言に任じられた。治暦元年に転正。実資の耳目・手足としても活動している。

藤原資房《すけふさ》　一〇〇七～五七　実資の養子となった資平の子。後朱雀天皇の代、関白頼通の下で蔵人頭として勤め、春宮権大夫参議に上った。多病虚弱の質で、資平に先立ち、五十一歳で死去。日記『春記』を記した。

藤原資頼《すけより》　生没年未詳　懐平男、実資の養子。母は藤原常種女。阿波権守、弾正少弼、伯耆守、刑部少輔、美作守を歴任した。公私にわたり実資に近い存在であったが、道長家家司でもあった。

藤原隆家《たかいえ》　九七九～一〇四四　道隆男。母は高階貴子。長徳元年に中納言に任じられたが、同二年、花山院闘乱事件により但馬国に配流。同四年、帰京。長保四年に権中納言、寛弘六年に中納言に更任。長和三年に大宰権帥。在任中の寛仁三年に刀伊の入寇があり、これを撃退した。

藤原威子《たけこ》　九九九～一〇三六　後一条天皇中宮。道長三女。母は源倫子。長和元年に尚侍に任じられ、寛仁二年に十一歳の後一条天皇に二十歳で入内。女御、中宮となり、道長の女三人が后として並んだ。後一条天皇の後宮には、他の女性が入ることはなかった。万寿三年に章子内親王、長元二年に馨子内親王を出産。

藤原斉敏《ただとし》　九二八～七三　実頼の三男。母は藤原時平女。室に藤原尹文女があり、高遠・懐平・実資（実頼の養子）を儲けた。参議となるが、参議兼右衛門督検非違使別当で薨去した。

藤原斉信《ただのぶ》　九六七～一〇三五　為光の二男。道長の恪勤として知られ、藤原公任・同行成・源俊賢と並び「寛弘の四納言」と称された。正暦五年に蔵人頭となり、長徳二年に参議に任じられ、大納言に至る。

藤原千古《ちふる》　生没年未詳　寛弘八年頃の出生。実資女。「かぐや姫」と通称される。母は実資室婉子女王の弟源頼定の乳母子とも伝えられる。実資は千古を鍾愛し、小野宮の寝殿が完成した寛仁三年には小野宮や荘園・牧等を譲る処分状を書き遺している。万寿元年に着裳。後に藤原兼頼（頼宗男）と婚し、一女を儲けた。長暦二年に実資に先立って死去したらしい。

藤原経季《つねすえ》　一〇一〇～八六　経通二男で実資の養子となった。蔵人頭となり、中納言に上った。官人としての資質は乏しく、資房に「不覚者」「素飡無才者」と酷評されている。

藤原経通《つねみち》　九八二～一〇五一　懐平男。同母弟に資平がいる。永祚二年に叙爵。長和五年に蔵人頭、寛仁三年に参議、長元二年に権中納言となる。実資は経通の才学を認めながらも、摂関家に追従する行動にはしばしば批判的であった。

藤原長家《ながいえ》　一〇〇五～六四　道長の六男。冷泉家の祖。母は源明子。侍従、右少将、近江介、皇太后権亮等を歴任。治安三年に権中納言に任じられ、権大納言に至る。中宮大夫・按察使・民部卿等を兼帯。

藤原教通《のりみち》　九九六～一〇七五　道長の五男。母は源倫子。長和二年に権中納言に任じられる。康平三年に左大臣となり、治暦四年に後三条天皇が即位すると、関白に就任。延久二年に太政大臣となる。父道長の薨去後、兄頼通との間に政権をめぐる確執を生じた。頼通とともに外戚の地位を得ることができなかった。

藤原広業《ひろなり》　九七七～一〇二八　有国の男。文章生より出身し、蔵人、右少弁、東宮学士等を歴任し、寛弘五年に文章博士となる。寛仁四年に参議となり、式部大輔を兼帯。

藤原通任《みちとう》　九七三?～一〇三九　師尹の孫、済時の男。異母姉に三条天皇皇后娍子がいる。三条天皇の東宮時代に春宮亮を勧め、寛弘八年、天皇践祚に伴い蔵人頭となる。同年に参議となり、長元八年に権中納言に至る。道長の病の折、これを喜ぶ公卿の一人と噂された。

藤原道長《みちなが》　九六六～一〇二七　兼家の五男。母は藤原

中正女の時姫。父の摂政就任後に急速に昇進し、長徳元年、三十歳の時に、兄である道隆・道兼の薨去により、一条天皇の内覧となって、政権の座に就いた。右大臣、次いで左大臣にも任じられ、内覧と太政官一上の地位を長く維持した。道隆嫡男の伊周を退けた後は政敵もなく、女の彰子・妍子・威子を一条・三条・後一条天皇の中宮として立て、「一家三后」を実現するなど、摂関政治の最盛期を現出させた。

藤原道雅《みちまさ》　九九二～一〇五四　伊周一男。母は源重光女。幼名は松君。「荒三位」と称され、寛仁元年の前斎宮当子内親王との密通事件や花山院女王の強殺事件に関わった。非参議・左京大夫のまま、一生を終えた。

藤原行成《ゆきなり》　九七二～一〇二七　伊尹の孫、義孝の男。長徳元年に蔵人頭に抜擢された。弁官を歴任し、長保三年に参議、寛弘六年に権中納言、寛仁四年に権大納言に昇任。道長と同日に没した。一条天皇の信任篤く、道長にも重んじられ、源俊賢・藤原公任・同斉信とともに後世「寛弘の四納言」と称された。和様の最高の能書としても尊重された。日記『権記』を残す。

藤原能信《よしのぶ》　九九五～一〇六五　道長の四男。母は源明子。長和二年に蔵人頭となり、長和五年に権中納言に任じられ、治安元年には権大納言に上った。この間、春宮大夫等を兼帯するものの、四十五年間、官位の昇進はなかった。藤原氏と外戚関係を持たない尊仁親王（後の後三条天皇）の擁立に尽力した。

藤原頼通《よりみち》　九九二～一〇七四　道長の一男。母は源倫子。宇治殿と称する。姉の彰子所生の後一条天皇の在位二年目の寛仁元年、摂政となった。これ以後、後一条、後朱雀、後冷泉の三代にわたり五十一年間も摂関の座にあった。治暦三年に准三后となり、関白職を嫡子の師実に将来譲渡するという約束のもと、弟の教通に譲り、宇治に隠退した。

藤原頼宗《よりむね》　九九三～一〇六五　道長の二男。母は源明子。侍従、左右少将等を経て、長和三年に権中納言に任じられ、右大臣まで上る。この間、左右衛門督・検非違使別当・皇太后宮権大夫・春宮大夫・按察使・右大将等を兼帯。居処に因み、堀河右大臣と称された。

源《みなもとの》　朝任《あさとう》　九八九〜一〇三四　時中七男。少納言、蔵人等を経て、長和元年に三条天皇の蔵人となり、寛仁三年に後一条天皇の蔵人頭、治安三年に参議に任じられる。

源経頼《つねより》　九八五〜一〇三九　雅信孫、扶義男。弁官や蔵人を歴任し、長元三年参議となり、正三位に至った。二十五年間にわたって弁官職を勤め、実務に精通した。日記『左経記』を遺している。

源俊賢《としかた》　九五九〜一〇二七　高明男。母は藤原師輔の三女。妹に道長室明子がいる。正暦三年に蔵人頭、長徳元年に参議となり、権大納言まで上る。道長の最も強力な支持者の一人であり、藤原行成・同公任・同斉信とともに「寛弘の四納言」とたたえられた。

源倫子《ともこ》　九六四〜一〇五三　雅信女。母は藤原穆子。道長の嫡室として頼通・教通・彰子・妍子・威子・嬉子を儲けた。永延元年に道長と婚す。長徳四年に従三位に昇叙され、寛弘五年には従一位にまで上る。長和五年に准三宮となった。治安元年に出家。

源道方《みちかた》　九六九〜一〇四四　重信の五男。侍従、右兵衛権佐、少納言を経て弁官となる。その間、宮内卿・蔵人頭・勘解由長官を兼任し、長和元年に参議に任じられた。寛仁四年に権中納言となった。文才と管絃の才に長じていた。

良円《りょうえん》　九八三〜一〇五〇　平安中期の天台僧。実資男。母は不詳。永祚元年に七歳で延暦寺に入り、慶円の許で修行。実資と慶円とのパイプ役を務める。長和四年、大僧正慶円は職を辞して良円の律師就任を願ったが、沙汰止みとなった。長元元年に権律師、同六年権少僧都に転任するが、長暦三年の「山相論」で罪を得て以後は昇進することはなかった。

公卿構成

万寿四年（七月時点）

太政官	位階	人名	年齢	兼官・兼職
左大臣	従一位	藤原頼通	三六	関白
太政大臣	従一位	藤原公季	七一	
右大臣	正二位	藤原実資	七一	右大将、皇太弟傅
内大臣	正二位	藤原教通	三二	左大将
大納言	正二位	藤原斉信	六一	中宮大夫
権大納言	正二位	藤原行成	五六	
	正二位	藤原頼宗	三五	春宮大夫
	正二位	藤原能信	三三	中宮権大夫
中納言	正二位	藤原兼隆	四三	左衛門督
	正二位	藤原実成	五三	右衛門督
権中納言	正二位	藤原長家	二三	
	従二位	源道方	六〇	宮内卿、皇太后宮大夫
	正三位	藤原朝経	五五	
	従三位	源師房	一八	春宮権大夫

太政官	位階	人名	年齢	兼官・兼職
参議	正三位	藤原経通	四六	治部卿、左兵衛督、検非違使別当
	正三位	藤原資平	四二	皇太后宮権大夫、左中将
	正三位	藤原通任	五五	大蔵卿
	従三位	藤原兼経	二八	右中将
	従三位	藤原定頼	三三	左大弁
	従三位	藤原広業	五一	
	正四位下	源朝任	三九	右兵衛督
	正四位下	藤原公成	二九	
前中納言	正二位	藤原隆家	四九	
		藤原道長	六二	

長元元年(正月時点)

太政官	位階	人名	年齢	兼官・兼職
左大臣	従一位	藤原頼通	三七	関白
太政大臣	従一位	藤原公季	七二	
右大臣	正二位	藤原実資	七二	右大将、皇太弟傅
内大臣	正二位	藤原教通	三三	左大将

大納言	正二位	藤原斉信	六二	中宮大夫
権大納言	正二位	藤原頼宗	三六	春宮大夫
	正二位	藤原能信	三四	中宮権大夫
中納言	正二位	藤原兼隆	四四	左衛門督
	正二位	藤原実成	五四	右衛門督
権中納言	正二位	藤原長家	二四	
	従二位	源道方	六一	宮内卿
	正三位	藤原朝経	五六	
	従三位	源師房	一九	春宮権大夫
参議	正三位	藤原経通	四七	治部卿、左兵衛督、検非違使別当
	正三位	藤原資平	四三	左中将
	正三位	藤原通任	五六	大蔵卿
	従三位	藤原兼経	二九	右中将
	従三位	藤原定頼	三四	左大弁
	従三位	藤原広業	五二	
	正四位下	源朝任	四〇	右兵衛督
	正四位下	藤原公成	三〇	
前中納言	正二位	藤原隆家	五〇	

長元二年(正月時点)

太政官	位階	人名	年齢	兼官・兼職
左大臣	従一位	藤原頼通	三八	関白
太政大臣	従一位	藤原公季	七三	
右大臣	正二位	藤原実資	七三	右大将、皇太弟傅
内大臣	正二位	藤原教通	三四	左大将
大納言	正二位	藤原斉信	六三	民部卿、中宮大夫
権大納言	正二位	藤原頼宗	三七	春宮大夫、按察使
	正二位	藤原能信	三五	中宮権大夫
	正二位	藤原長家	二五	
中納言	正二位	藤原兼隆	四五	左衛門督
	正二位	藤原実成	五五	右衛門督
権中納言	従二位	源道方	六二	宮内卿
	正三位	藤原朝経	五七	
	従三位	源師房	二〇	春宮権大夫

参議	正三位	藤原経通	四八	治部卿、左兵衛督、検非違使別当
	正三位	藤原資平	四四	左中将
	正三位	藤原通任	五七	大蔵卿
	従三位	藤原兼経	三〇	右中将
	従三位	藤原定頼	三五	左大弁
	正四位下	源朝任	四一	右兵衛督
	正四位下	藤原公成	三一	
前中納言	正二位	藤原隆家	五一	

年譜

＊万寿四年―長元二年は本巻収録範囲

年次	西暦	天皇	年齢	官位	事績	参考事項
天徳元年	九五七	村上	一		誕生	
康保三年	九六六	村上	一〇	蔵人所小舎人		是歳、藤原道長誕生
安和二年	九六九	冷泉／円融	一三	従五位下 侍従	二月、元服	三月、源高明配流
天禄元年	九七〇	円融	一四		正月、昇殿	五月、藤原実頼薨去
天禄二年	九七一	円融	一五	右兵衛佐		
天延元年	九七三	円融	一七	右少将	この頃、源惟正女と結婚	二月、藤原斉敏卒去
天延二年	九七四	円融	一八	従五位上		三月、藤原兼通関白
貞元元年	九七六	円融	二〇			五月、内裏焼亡
貞元二年	九七七	円融	二一	正五位下	日記を書き始めたか	十月、藤原頼忠関白
天元三年	九八〇	円融	二四	従四位下 従四位上		六月、懐仁親王（後の一条天皇）誕生 十一月、内裏焼亡
天元四年	九八一	円融	二五	蔵人頭		十月、内裏還御
天元五年	九八二	円融	二六	兼中宮亮		三月、藤原遵子皇后 十一月、内裏焼亡

永観元年	九八三	円融	二七	左中将	是歳、良円誕生	八月、奝然入宋
永観二年	九八四	円融／花山	二八	蔵人頭		八月、内裏還御 十一月、『医心方』
寛和元年	九八五	花山	二九	兼中宮権大夫		四月、『往生要集』
寛和二年	九八六	花山／一条	三〇	正四位下	五月、源惟正女死去	六月、藤原兼家摂政 是歳、藤原資平誕生
永延元年	九八七	一条	三一	蔵人頭	五月、痢病	
永延二年	九八八	一条	三二		十月、腰病	十一月、尾張国郡司百姓、守を愁訴
永祚元年	九八九	一条	三三	参議		
正暦元年	九九〇	一条	三四	従三位	十一月、女(薬延)死去	五月、藤原道隆摂政 十月、藤原定子中宮
正暦二年	九九一	一条	三五	兼左兵衛督		九月、藤原詮子東三条院
正暦四年	九九三	一条	三七		二月、子、生まれ夭亡 この頃、婉子女王と結婚	四月、道隆関白
長徳元年	九九五	一条	三九	検非違使別当 権中納言 兼右衛門督 兼太皇太后宮大夫		三月、藤原伊周内覧 四月、道隆薨去、藤原道兼関白 五月、道長内覧 是歳、疫病蔓延
長徳二年	九九六	一条	四〇	中納言	六月、一条天皇より恩言	四月、伊周・隆家左遷

年次	西暦	天皇	年齢	官位	事績	参考事項
長徳三年	九九七	一条	四一		七月、藤原道綱に超越される	四月、伊周・隆家、赦免
長徳四年	九九八	一条	四二		七月、婉子女王死去	
長保元年	九九九	一条	四三	正三位	十月、藤原彰子入内の屛風歌を辞退	十一月、定子、敦康親王出産
長保二年	一〇〇〇	一条	四四	従二位		二月、彰子中宮・定子皇后 十二月、定子、崩御
長保三年	一〇〇一	一条	四五	権大納言 兼右大将	正月、資平左兵衛佐	十一月、内裏焼亡 閏十二月、詮子崩御 是頃、『枕草子』
長保五年	一〇〇三	一条	四七	正二位		
寛弘二年	一〇〇五	一条	四九			十一月、内裏焼亡
寛弘三年	一〇〇六	一条	五〇		正月、資平少納言	十二月、紫式部、彰子に出仕
寛弘四年	一〇〇七	一条	五一	兼按察使	是歳、藤原資房誕生	
寛弘五年	一〇〇八	一条	五二		十一月、敦成親王五十日の儀で紫式部と語る	九月、彰子、敦成親王(後の後一条天皇)出産 是頃、『源氏物語』

寛弘六年	一〇〇九	一条	五三	大納言		十一月、彰子、敦良親王（後の後朱雀天皇）出産
寛弘七年	一〇一〇	一条	五四			十一月、一条院還御
寛弘八年	一〇一一	一条／三条	五五			八月、内裏遷御
長和元年	一〇一二	三条	五六		四月、藤原娍子立后の内弁を勤む	二月、藤原妍子中宮 四月、娍子皇后
長和二年	一〇一三	三条	五七		五月、紫式部を介し彰子と接触	
長和三年	一〇一四	三条	五八		三月、資平、蔵人頭に補されず	二月、内裏焼亡
長和四年	一〇一五	三条	五九		二月、資平蔵人頭 九月、三条天皇より密勅	九月、内裏還御 十一月、内裏焼亡
長和五年	一〇一六	三条／後一条	六〇		正月、春宮大夫を固辞	正月、道長摂政 六月、一条院遷御
寛仁元年	一〇一七	後一条	六一		三月、資平参議	三月、藤原頼通摂政 八月、敦明親王東宮を辞し、敦良親王立太子
寛仁二年	一〇一八	後一条	六二			四月、内裏遷御 十月、藤原威子中宮（一家三后）

年次	西暦	天皇	年齢	官位	事績	参考事項
寛仁三年	一〇一九	後一条	六三		六月、藤原顕光左大臣辞任の風聞 十二月、千古に遺領処分	三月、道長出家 四月、刀伊の入寇 十二月、頼通関白
寛仁四年	一〇二〇	後一条	六四			三月、道長、無量寿院落慶供養
治安元年	一〇二一	後一条	六五	右大臣 兼皇太子傅		
治安二年	一〇二二	後一条	六六			七月、道長、法成寺金堂供養
治安三年	一〇二三	後一条	六七			
万寿元年	一〇二四	後一条	六八		十二月、千古着裳	二月、京都大火
万寿二年	一〇二五	後一条	六九		十二月、千古と藤原長家の縁談	三月娍子、七月寛子、八月嬉子死去
万寿三年	一〇二六	後一条	七〇		四月、輦車を聴される	正月、彰子出家、上東門院となる
万寿四年	一〇二七	後一条	七一		正月、千古と藤原長家の婚儀頓挫	九月、妍子薨去 十二月、道長薨去
長元元年	一〇二八	後一条	七二			六月、平忠常の乱

（ご注意）

・この用紙は、機械で処理しますので、金額を記入する際は、枠内にはっきりと記入してください。また、本票を汚したり、折り曲げたりしないでください。

・この用紙は、ゆうちょ銀行又は郵便局の払込機能付きＡＴＭでもご利用いただけます。

・この払込書を、ゆうちょ銀行又は郵便局の渉外員にお預けになるときは、引換えに預り証を必ずお受け取りください。

・ご依頼人様からご提出いただきました払込書に記載されたおところ、おなまえ等は、加入者様に通知されます。

・この受領証は、払込みの証拠となるものですから大切に保管してください。

収入印紙
課税相当額以上
貼　　付

印

この用紙で「本郷」年間購読のお申し込みができます。

◆この申込票に必要事項をご記入の上、記載金額を添えて郵便局でお払込み下さい。

◆「本郷」のご送金は、４年分までとさせて頂きます。

※お客様のご都合で解約される場合は、ご返金いたしかねます。ご了承下さい。

この用紙で書籍のご注文ができます。

◆この申込票の通信欄にご注文の書籍をご記入の上、書籍代金（本体価格＋消費税）に荷造送料を加えた金額をお払込み下さい。

◆荷造送料は、ご注文１回の配送につき500円です。

◆キャンセルやご入金が重複した際のご返金は、送料・手数料を差し引かせて頂く場合があります。

◆入金確認まで約７日かかります。ご了承下さい。

振替払込料は弊社が負担いたしますから無料です。

※領収証は改めてお送りいたしませんので、予めご了承下さい。

お問い合わせ　〒113-0033・東京都文京区本郷７―２―８
吉川弘文館　営業部
電話03-3813-9151　FAX03-3812-3544

この場所には、何も記載しないでください。

02 東京

通常払込料金加入者負担

口座記号番号	金額
00100-5-244	千 百 十 万 千 百 十 円 ※

加入者名	料金	備考
株式会社 吉川弘文館		

ご依頼人・通信欄

フリガナ
※お名前
郵便番号　電話
※ご住所
※

〈この用紙で書籍代金ご入金のお客様へ〉
代金引換便、ネット通販ご購入後のご入金の重複が増えておりますので、ご注意ください。

各票の※印欄は、ご依頼人において記載してください。

◆「本郷」購読を希望します

購読開始　　号より

1年 1000円 (6冊)　3年 2800円 (18冊)
2年 2000円 (12冊)　4年 3600円 (24冊)
(ご希望の購読期間に○印をお付け下さい)

日附印

裏面の注意事項をお読みください。(ゆうちょ銀行)(承認番号東第53889号)

これより下部には何も記入しないでください。

切り取らないでお出しください。

記載事項を訂正した場合は、その箇所に訂正印を押してください。

振替払込請求書兼受領証

口座記号番号	00100-5-244 (通常払込料金加入者負担)
加入者名	株式会社 吉川弘文館
金額	千 百 十 万 千 百 十 円 ※
ご依頼人	おなまえ ※　様
料金	日附印
備考	

この受領証は、大切に保管してください。

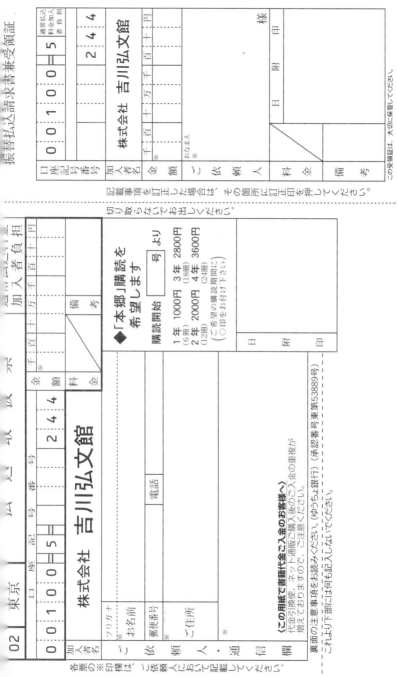

〒113-0033・東京都文京区本郷7丁目2番8号　振替 00100-5-244（表示価格は10%税込）
電話 03-3813-9151（代表）　FAX 03-3812-3544　http://www.yoshikawa-k.co.jp/

人物を知れば、古代史が広がる、深まる、面白い！

人物で学ぶ日本古代史 全3巻

『内容案内』送呈

新古代史の会編

A5判
各二〇九〇円

気鋭の研究者が最新の成果をふまえてわかりやすく解説し、謎めいた古代人の魅力に迫る。これから古代史を学ぼうとする人にはもちろん、もっと知識を深めたい人にもおすすめ！

1 古墳・飛鳥時代編

卑弥呼、ヤマトタケル、聖徳太子らおなじみの人物から、歴史の教科書にもほとんど出てこないようなマイナーな人物まで、わかりやすく解説する。

二七六頁

続刊

2 奈良時代編

有名人物から地方豪族、下級官人まで。

（9月中旬発売）

3 平安時代編

（11月発売）

運慶八百年遠忌記念　共同特別展公式図録

運慶が遺した東国の仏像たち

運慶 鎌倉幕府と三浦一族

横須賀美術館・神奈川県立金沢文庫編

B5判・一四四頁／二二〇〇円

平安時代末期から鎌倉時代初期の大仏師運慶。奈良での造仏が知られるが、鎌倉幕府と結びついて東国でも活躍した。運慶とその工房作と見られる仏像を多数収め、鎌倉幕府と三浦一族の歴史と文化に迫る。

4 南北朝内乱と京都

山田 徹著

鎌倉幕府の滅亡後、建武政権の興亡、南北朝分立、観応の擾乱と、京都は深刻な状況が続く。全国の武士はなぜ都に駆けつけて争い、それは政治過程にどのような影響を与えたのか。義満の権力確立までの六〇年を通観する。

5 首都京都と室町幕府

早島大祐・吉田賢司・大田壮一郎・松永和浩著

人口一千万人の列島社会で、室町殿を中心に公家・武家・寺社が結集し繁栄する首都京都。人やモノの往来の活性化で社会も大きく変化した。天皇家や御家人制の行方、寺社勢力の変質、幕府の資金源に迫る新しい室町時代史。

6 戦国乱世の都

尾下成敏・馬部隆弘・谷 徹也著

戦国時代、室町幕府や細川京兆家は弱体化し、都の文化人は地方へ下った。一方、洛中洛外では新しい町が形成され、豊臣・徳川のもとで巨大都市化が進む。政治・都市・文化の様相を描き出し、戦国乱世の都の姿を追う。

●続刊

7 変貌する中世都市京都

山田邦和著

〈12月刊行予定〉

古城ファン必備！

北陸の名城を歩く 全3冊

好評のシリーズ待望の北陸編

A5判・原色口絵各四頁／各二七五〇円　『内容案内』送呈

【既刊の2冊】

福井編

山口 充・佐伯哲也編　本文二七二頁

斯波・朝倉・一色氏ら、群雄が割拠した往時を偲ばせる空堀や土塁、曲輪が訪れる者を魅了する。福井県内から精選した名城五九を越前・若狭に分け、豊富な図版を交えてわかりやすく紹介する。

富山編

佐伯哲也編　本文二六〇頁

神保・上杉・佐々氏ら、群雄が割拠した往時を偲ばせる空堀や土塁、曲輪が訪れる者を魅了する。富山県内から精選した名城五九を呉西・呉東に分け、豊富な図版を交えてわかりやすく紹介する。

【続刊】

石川編

向井裕知編

武者から武士へ

兵乱が生んだ新社会集団

森 公章著

武士はどのようにして誕生したのか。平将門の乱から源平合戦までの争乱を通じて、古代社会に登場した武者が、武士という新社会集団を形成し武家政権に発展させるまでを描く。武士誕生の歴史に一石を投じる注目の一冊。

四六判・三一八頁／二二〇〇円

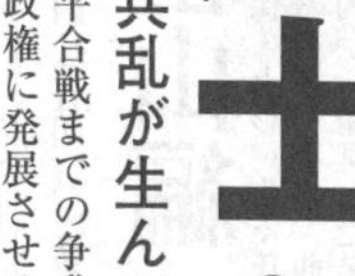

奥羽武士団

関 幸彦著

陸奥・出羽の地で覇を競った武士たちの出自や活動、系譜などを解説した初の本格的通論。中世を画する治承・寿永の乱と南北朝の動乱による影響、地域領主としての役割や経営基盤となった所領にも触れ、その盛衰を描く。

A5判・二二四頁／二四二〇円

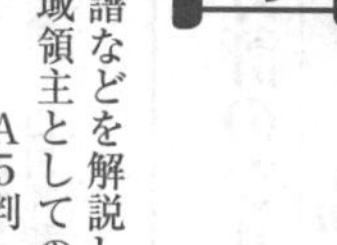

近世都市〈江戸〉の水害

災害史から環境史へ

渡辺浩一著

多くの水害に見舞われた本所・深川などの江戸低地。幕府の対策マニュアルや避難状況、災害復興の中長期的都市政策、埋立・堤防など人為的な自然環境の改変を解明。災害を自然と人間との相互関係として捉える注目の書。

A5判・二四〇頁／三九六〇円

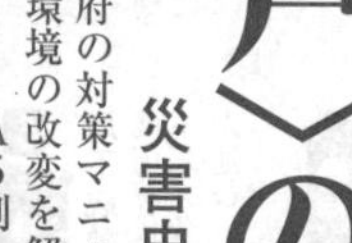

東アジアの米軍再編

在韓米軍の戦後史

我部政明・豊田祐基子著

戦後行われてきた東アジアの米軍再編。朝鮮半島情勢は米・韓・日の関係にどんな影響を与えたのか。在韓米軍の削減、韓国軍の作戦統制権をめぐる構図を解明。在日米軍との連動性を俯瞰し、東アジアの安全保障の道筋を探る。

四六判・二七二頁／二九七〇円

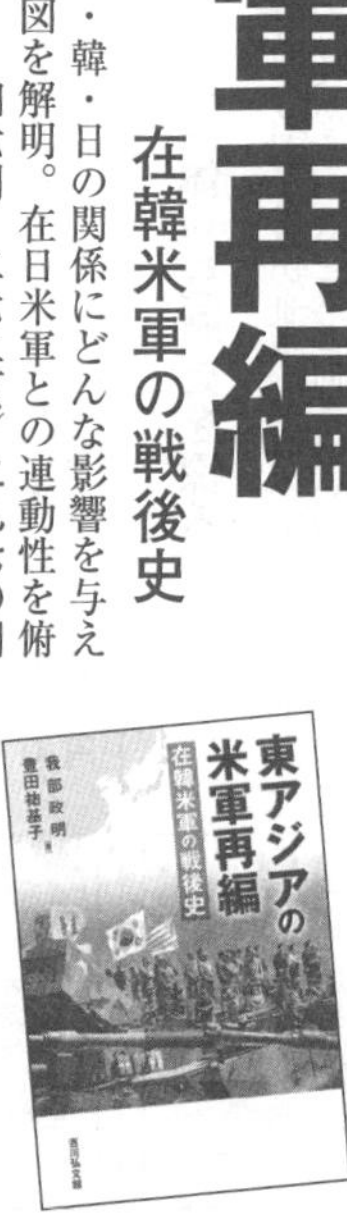

さまざまな生涯を時代とともに描く

人物叢書 新装版

日本歴史学会編集　四六判・平均300頁

●最新刊の3冊

遠山景晋《かげみち》

藤田　覚著

三二八頁
二五三〇円

江戸後期の幕臣。名奉行遠山金四郎景元の父。目付・長崎奉行・勘定奉行等を歴任。蝦夷地・長崎・対馬と東奔西走し、対外政策の転換を最前線で担った。教養と人間味溢れた有能だが遅咲きの生涯を、対外関係史と重ねて描く。（通巻313）

里見義尭《よしたか》

滝川恒昭著

三二〇頁
二五三〇円

房総に一大勢力を築いた戦国大名。上総の要衝久留里城を本拠に、上杉謙信と連携して江戸湾支配をめぐり北条氏と対立。下総香取海にも侵攻し、東国の水運掌握を目論む。限られた史料をいかし、その軌跡と人物像に迫る。（通巻314）

黒田孝高《よしたか》

中野　等著

三六〇頁
二六四〇円

官兵衛、如水の名で知られる武将。秀吉に仕え、九州平定後は豊前での領国経営に尽力。家督を長政に譲った後も豊臣政権を支えたが、関ヶ原の戦いでは徳川方に与して独自の戦いをおこなう。「軍師」とされた実像に迫る。（通巻315）

歴史文化ライブラリー

●22年5月～8月発売の8冊

四六判・平均二二〇頁　全冊書き下ろし

人類誕生から現代まで／忘れられた歴史の発掘／常識への挑戦／学問の成果を誰にもわかりやすく／ハンディな造本と読みやすい活字／個性あふれる装幀

549 大奥を創った女たち

福田千鶴著

江戸城本丸の大奥で、歴代将軍を支えた女性たち。家康から綱吉に至る妻妾や女親族、女中たちの日々の暮らし、その役目を探り全貌を解明する。キャリアの様相から、江戸時代の女性の生きざまを歴史のなかに位置づける。

二八八頁／二〇九〇円

550 土砂留め奉行 河川災害から地域を守る

水本邦彦著

淀川・大和川水系の土砂流出現場を巡回した土砂留め奉行。彼らの残した日誌や御触書、絵図資料から、山地荒廃の実態や土木工事の様子、奉行の所属藩や権限について解明。災害と人間社会の関係を歴史のなかで考える。

二四〇頁／一八七〇円

551 東京の古墳を探る

松崎元樹著

都心から多摩地域を含む古代武蔵野には、多様な古墳墓が存在した。都心や多摩川流域に築かれた墳墓の変遷を探る。石室墳や横穴墓の構造・副葬品・埋葬の実態から、造墓集団の性格や地域社会の変容・文化の交流に迫る。

二七二頁／一九八〇円

552 古代の人・ひと・ヒト 名前と身体から歴史を探る

三宅和朗著

古代国家が作成した戸籍・計帳からは窺えない有名無名の人々の世界。『日本霊異記』などを手がかりに、人名、障害や病気、身長、顔まで、個性ある一人一人と向き合いつつ人々の心のうちを解明する、環境への心性史。

二四〇頁／一八七〇円

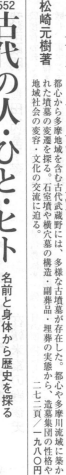

553
皇位継承と藤原氏
摂政・関白はなぜ必要だったのか

神谷正昌著

摂関政治は、天皇制の危機を回避するものだったと見直されている。幼帝の即位など皇位継承がゆらぐなか、藤原氏はいかなる役割を果たしたのか。摂政・関白が創出された経緯や、外戚政治の真相を探り、明らかにする。

二四〇頁／一八七〇円

554
もう一つの平泉
奥州藤原氏第二の都市・比爪

羽柴直人著

奥州藤原氏の拠点平泉の北方に存在した中核都市「比爪《ひづめ》」。近年の発掘調査で平泉に匹敵する姿がみえてきた。文献も駆使し、都市構造や統治のあり方、平泉との関係などを考察。知られざる比爪系奥州藤原氏の歴史に迫る。

二二四頁／一八七〇円

555
東アジアからみた「大化改新」

仁藤敦史著

「大化改新」は東アジア世界のなかでどのように位置づけられるのか。膨張する隋唐帝国への対応を迫られる高句麗《こうくり》・百済《くだら》・新羅《しらぎ》。三国の動向と外交政策の対立をもとに、古代日本の一大画期を新たな視点から再検討する。

二二四頁／一八七〇円

556
遠野物語と柳田國男
日本人のルーツをさぐる

新谷尚紀著

日本民俗学の出発点『遠野物語』は、山姥や河童・ザシキワラシ、犬・猿・馬などが登場し、臨死体験、神隠しなどの不思議な経験を伝える。伝承にひそむ古来の生活様式やものの見方を知り、日本人の歴史的変遷を探る。

二三八頁／一八七〇円

【好評２刷】

543 **鎌倉幕府はなぜ滅びたのか** 永井　晋著 ——二五六頁／一九八〇円

544 **気候適応の日本史** 人新世をのりこえる視点 中塚　武著 ——二五六頁／一九八〇円

歴史文化ライブラリー
オンデマンド版 好評発売中
品切書目の一部を、オンデマンド版に随時追加して販売中です。
詳しくは『出版図書目録』または小社ホームページをご覧下さい。

読みなおす日本史

毎月１冊ずつ刊行中　四六判

近畿の古墳と古代史
白石太一郎著
二七〇頁／二六四〇円（補論＝白石太一郎）

日本列島の古代国家はいかに形成され展開したのか。当時の政治勢力と密接な関係を持って造られ、貴重な情報を秘めた近畿の古墳からアプローチ。倭国の誕生から交通ルート、神まつりなど、日本古代史の謎を解く。

源頼朝と鎌倉幕府
上杉和彦著
二五四頁／二四二〇円（解説＝西田友広）

伊豆の流人源頼朝は、いかにして武家の棟梁となり鎌倉幕府を開いたのか。将門の乱から承久の乱までを叙述対象に、東国と源氏の結びつきや在地武士団の自己権益をめぐる闘争を重点に描く。後世の幕府観も論じた名著。

大村純忠
外山幹夫著
二五六頁／二四二〇円（解説＝本馬貞夫）

肥前国の戦国大名。有馬氏から養子に入り家督を継ぐ。領国支配に苦悩しつつ宣教師より洗礼を受け、日本最初のキリシタン大名となる。天正遣欧使節を派遣し、長崎を開港してその発展の礎を築いた波乱万丈の生涯を描く。

佐久間象山
源　了圓著
二四八頁／二四二〇円（解説＝坂本保富）

幕末、開国と海防を訴え、西欧近代科学の積極的な受容を主張した時代の先覚者。その生涯を五〇のエピソードで辿り、思想と行動をわかりやすく描く。人間性や生き方の視座から、個性豊かな実像を浮き彫りにした名著。

無縁社会の葬儀と墓　死者との過去・現在・未来

山田慎也・土居　浩編

直葬・墓じまい・孤立死・無縁社会などのニュースが流れ、伝統的な死者儀礼の衰退・崩壊が喧伝される現在。眼前で勃興し、一方で消滅しつつある、これら死者儀礼の実態・制度・観念を取り上げ、歴史的把握を試みる。　Ａ５判・二六〇頁／四一八〇円

江戸呉服問屋の研究

賀川隆行著　　A5判・三七二頁／一三二〇〇円

幕藩体制下、各地で商売を起こし江戸店を構えた呉服問屋は、いかなる経営を行い、今日も商売を続ける礎を築いたのか。大丸・柏屋・森屋・西川家などの江戸店に着目し、膨大な史料や帳簿類を分析して経営の実態に迫る。

葉隠〈武士道〉の史的研究

谷口眞子著　　A5判・四六〇頁／一三二〇〇円

幕藩体制下で成立した葉隠を近代日本はいかに読み替え、「武士道というは死ぬこととみつけたり」が知られるようになったのか。現代人が無意識のうちに前提としてきた「日本」「武士道」の認識枠組みを問う初めての書。

浅草寺日記　第42号（補遺編2）

浅草寺史料編纂所・浅草寺日並記研究会編　　一一〇〇〇円

江戸中期から明治期まで、浅草寺の行事・人事、門前町や見世物などに関する明細記録。本冊には、第二十三巻を補完する天保十三年・十四年の記録を収める。　A5判・七七六頁

日本考古学　54

日本考古学協会編集——A4判・九六頁／四四〇〇円

源氏・北条氏から鎌倉府・上杉氏をへて、小田原北条氏とつながる四〇〇年。対立軸で読みとく注目のシリーズ！

対決の東国史　全7巻　刊行中

四六判・平均二〇〇頁／各二二〇〇円　『内容案内』送呈

●既刊の5冊　＊2刷

❷北条氏と三浦氏　＊

高橋秀樹著

武士団としての存在形態に留意し、両氏の役割と関係に新見解を提示する。

❸足利氏と新田氏　＊

田中大喜著

鎌倉期の両者には圧倒的な力の差がありながら、なぜ対決に至ったのか。

❹鎌倉公方と関東管領

植田真平著

君臣の間柄から〈対決〉へ。相克と再生の関東一〇〇年史。

❺山内上杉氏と扇谷上杉氏

木下　聡著

二つの上杉氏—約一〇〇年にわたる協調と敵対のループ。

❼小田原北条氏と越後上杉氏　＊

簗瀬大輔著

五つの対立軸から探り、関東平野の覇権争いを描く。

〈続刊〉

❶源頼朝と木曾義仲……………長村祥知著

❻古河公方と小田原北条氏……………阿部能久著

日本建築を作った職人たち 寺社・内裏の技術伝承

浜島一成著　四六判・二一〇頁／二六四〇円

古建築を手がけた職人「木工《こだくみ》」は、伝統技術をいかに保持し今日まで発展させてきたのか。古代から近世に至る造営組織の変遷を追究。東寺・伊勢神宮などで活動した木工の実態に迫り、内裏の大工・木子《きこ》氏にも説き及ぶ。

〈洗う〉文化史 「きれい」とは何か

国立歴史民俗博物館・花王株式会社編　四六判　二二四頁　二四二〇円

私たちはなぜ「洗う」のか。古代から現代にいたるまでさまざまな事例を取り上げ、文献・絵画・民俗資料から分析。精神的な視野も交えて、日本人にとって「きれい」とは何かを考え、現代社会の清潔志向の根源を探る。

イワシとニシンの江戸時代 人と自然の関係史

武井弘一編　四六判・二二二頁／二六四〇円

江戸時代を支える重要な自然の恵み、イワシとニシン。新田開発が進み、人糞や草肥が不足すると、魚肥としても大量に使われた。気候変動と漁の関係、経済、魚肥の流通などから、自然と近世社会との関わりを解き明かす。

近世感染症の生活史 医療・情報・ジェンダー

鈴木則子著　A5判・二五四頁／三五二〇円

江戸時代の日常生活でつねに脅威であった感染症は、暮らしにどんな影響を与えたのか。さまざまな生活環境の移り変わりによる感染症へのまなざしの変化を描き出し、現代にも通じる社会と感染症との共生する姿を考える。

戊辰戦争と草莽の志士 切り捨てられた者たちの軌跡

髙木俊輔著　A5判・一八四頁／二四二〇円

明治維新の変革を目指して、地方・地域を背景に活動した草莽の志士たち。彼らは何を考え、何を契機に決起したのか。新政権樹立をなしとげた一握りの勝者からだけでは描ききれない、戊辰戦争のもう一つの側面に迫る。

中世奥羽の世界（新装版）

小林清治・大石直正編　四六判・二九八頁／三三〇〇円

郷土史の枠を越えて、地方から中央をみる視点から、奥羽の中世史像を描いた名著を復刊。中世奥羽を六テーマに分け、蝦夷の存在にも触れつつ論述する。陸奥・出羽両国の庄園・国守・地頭一覧や略年表などを附載する。

変体漢文（新装版）

峰岸　明著　A5判・三九六頁／六六〇〇円

中国語式表記法に日本語的要素を採り入れて日本語文を書き記した変体漢文は、古記録や古文書において常用された。その方法論や表記・語彙・文法・文体を解説。変体漢文を日本語学の観点から概説した名著待望の復刊。

●近刊

※書名は仮題のものもあります。

日本古代財務行政の研究
神戸航介著　A5判／一三二〇〇円

東国の古墳と古代史（読みなおす日本史）
白石太一郎著　四六判／二六四〇円

郡司と天皇 地方豪族と古代国家（歴史文化ライブラリー557）
磐下　徹著　四六判／一八七〇円

正倉院宝物を10倍楽しむ
山本忠尚著　A5判／価格は未定

橘嘉智子（人物叢書316）
勝浦令子著　四六判／二四二〇円

仁明天皇（人物叢書317）
遠藤慶太著　四六判／価格は未定

安倍・清原氏の巨大城柵 鳥海柵跡・大鳥井山遺跡
樋口知志監修／浅利英克・島田祐悦著　A5判／二六四〇円

中世曹洞宗の地域展開と輪住制
遠藤廣昭著　A5判／一五四〇〇円

足利将軍と御三家 吉良・石橋・渋川氏の世界（歴史文化ライブラリー559）
谷口雄太著　四六判／価格は未定

足利成氏の生涯 鎌倉府から古河府へ
市村高男著　四六判／二九七〇円

天守 芸術建築の本質と歴史
三浦正幸著　A5判／価格は未定

伊達騒動の真相（歴史文化ライブラリー560）
平川　新著　四六判／価格は未定

唱歌「蛍の光」と帝国日本（歴史文化ライブラリー558）
大日方純夫著　四六判／一九八〇円

ビジュアルガイド **東京国立博物館** 文化財でたどる150年の歩み
東京国立博物館編　B5判／価格は未定

三笠宮崇仁親王
三笠宮崇仁親王伝記刊行委員会編　菊判／価格は未定

歴史手帳 2023年版
吉川弘文館編集部編　A6判／一三二〇円

料金受取人払郵便

本郷局承認

5513

差出有効期間
2024年7月
31日まで

郵便はがき

113-8790

東京都文京区本郷7丁目2番8号

吉川弘文館 行

愛読者カード

本書をお買い上げいただきまして、まことにありがとうございました。このハガキを、小社へのご意見またはご注文にご利用下さい。

お買上 書名

＊本書に関するご感想、ご批判をお聞かせ下さい。

＊出版を希望するテーマ・執筆者名をお聞かせ下さい。

お買上 書店名	区市町	書店

◆新刊情報はホームページで　http://www.yoshikawa-k.co.jp/

◆ご注文、ご意見については　E-mail:sales@yoshikawa-k.co.jp

ご氏名《ふりがな》		年齢　　歳　男・女
〒□□□-□□□□ ご住所	電話	
ご職業	所属学会等	
ご購読新聞名	ご購読雑誌名	

今後、吉川弘文館の「新刊案内」等をお送りいたします(年に数回を予定)。
ご承諾いただける方は右の□の中に✓をご記入ください。　□

注 文 書

月　　日

書　　名	定　価	部　数
	円	部
	円	部
	円	部
	円	部
	円	部

配本は、○印を付けた方法にして下さい。

イ．下記書店へ配本して下さい。
（直接書店にお渡し下さい）

（書店・取次帖合印）

書店様へ＝書店帖合印を捺印下さい。

ロ．直接送本して下さい。

代金（書籍代＋送料・代引手数料）は、お届けの際に現品と引換えにお支払下さい。送料・代引手数料は、1回のお届けごとに500円です（いずれも税込）。

＊お急ぎのご注文には電話、FAXをご利用ください。
電話 03−3813−9151（代）
FAX 03−3812−3544

長元二年	一〇二九	後一条	七三		正月、資平権中納言 十一月、千古、藤原兼頼と結婚	
長元三年	一〇三〇	後一条	七四		九月、『小右記』六年分を資平に遣わす	
長元五年	一〇三二	後一条	七六		『小右記』写本、この年で終わる	
長元九年	一〇三六	後一条／後朱雀	八〇		四月、皇太子傅を止められる	
長暦元年	一〇三七	後朱雀	八一	従一位	三月、右大将辞任を請う、聴されず	
長暦二年	一〇三八	後朱雀	八二		六月、資房蔵人頭	
長久元年	一〇四〇	後朱雀	八四		『小右記』逸文、この年まで	六月、長久の荘園整理令
長久三年	一〇四二	後朱雀	八六		正月、資房参議	
長久四年	一〇四三	後朱雀	八七		十一月、右大将を辞す	
寛徳元年	一〇四四	後朱雀	八八		六月、致仕を請う、聴されず	
寛徳二年	一〇四五	後朱雀／後冷泉	八九			十月、寛徳の荘園整理令
永承元年	一〇四六	後冷泉	九〇		正月十八日、出家・薨去	

系図

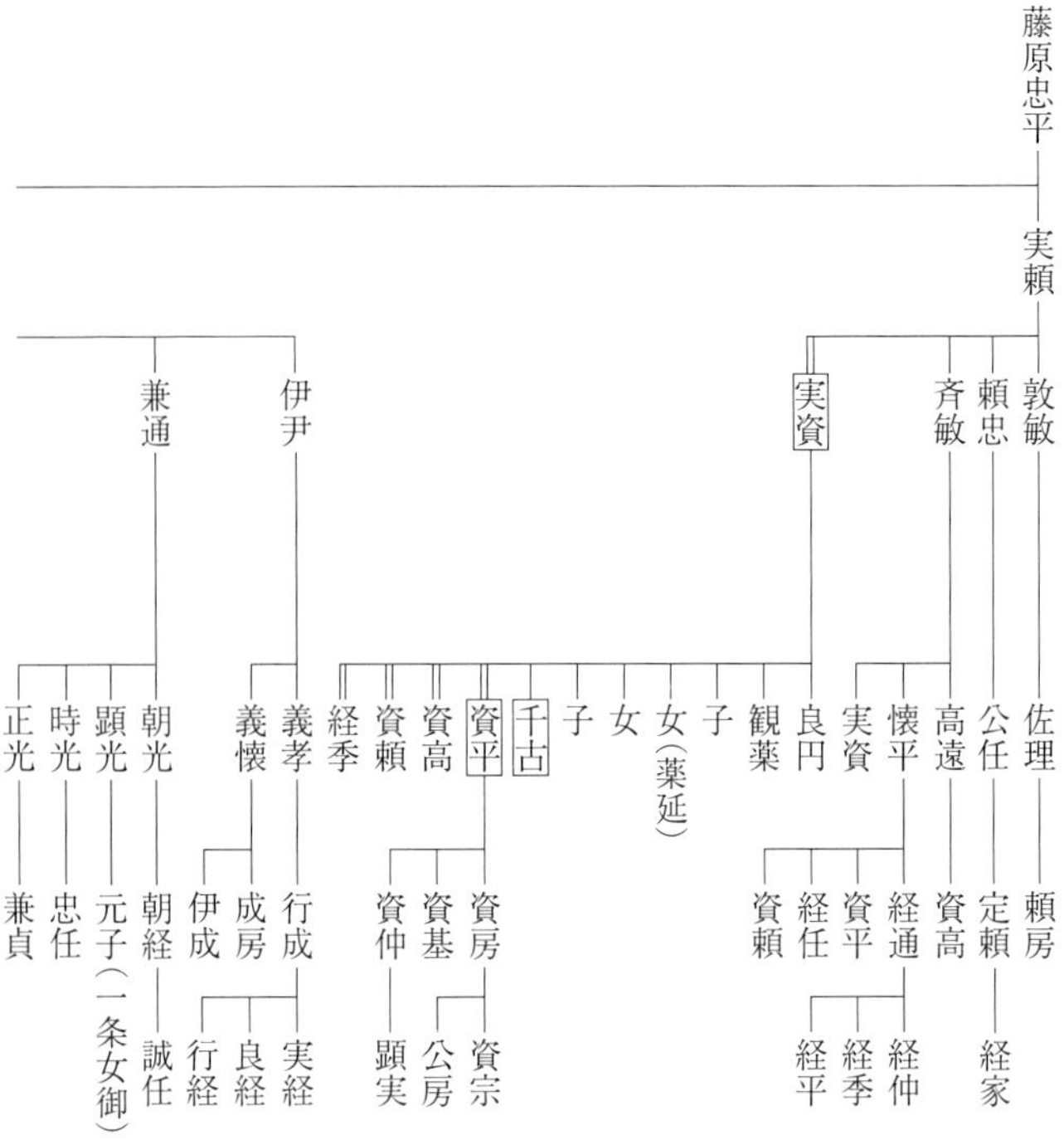
藤原忠平
実頼
敦敏
頼忠
斉敏
実資
伊尹
兼通
佐理
公任
高遠
懐平
実資
良円
観薬
子
女（薬延）
女
子
千古
資平
資高
資頼
経季
義孝
義懐
朝光
顕光
時光
正光
頼房
定頼
資高
経通
資平
経任
資頼
資房
資基
資仲
行成
成房
伊成
朝経
元子（一条女御）
忠任
兼貞
経家
経仲
経季
経平
資宗
公房
顕実
実経
良経
行経
誠任

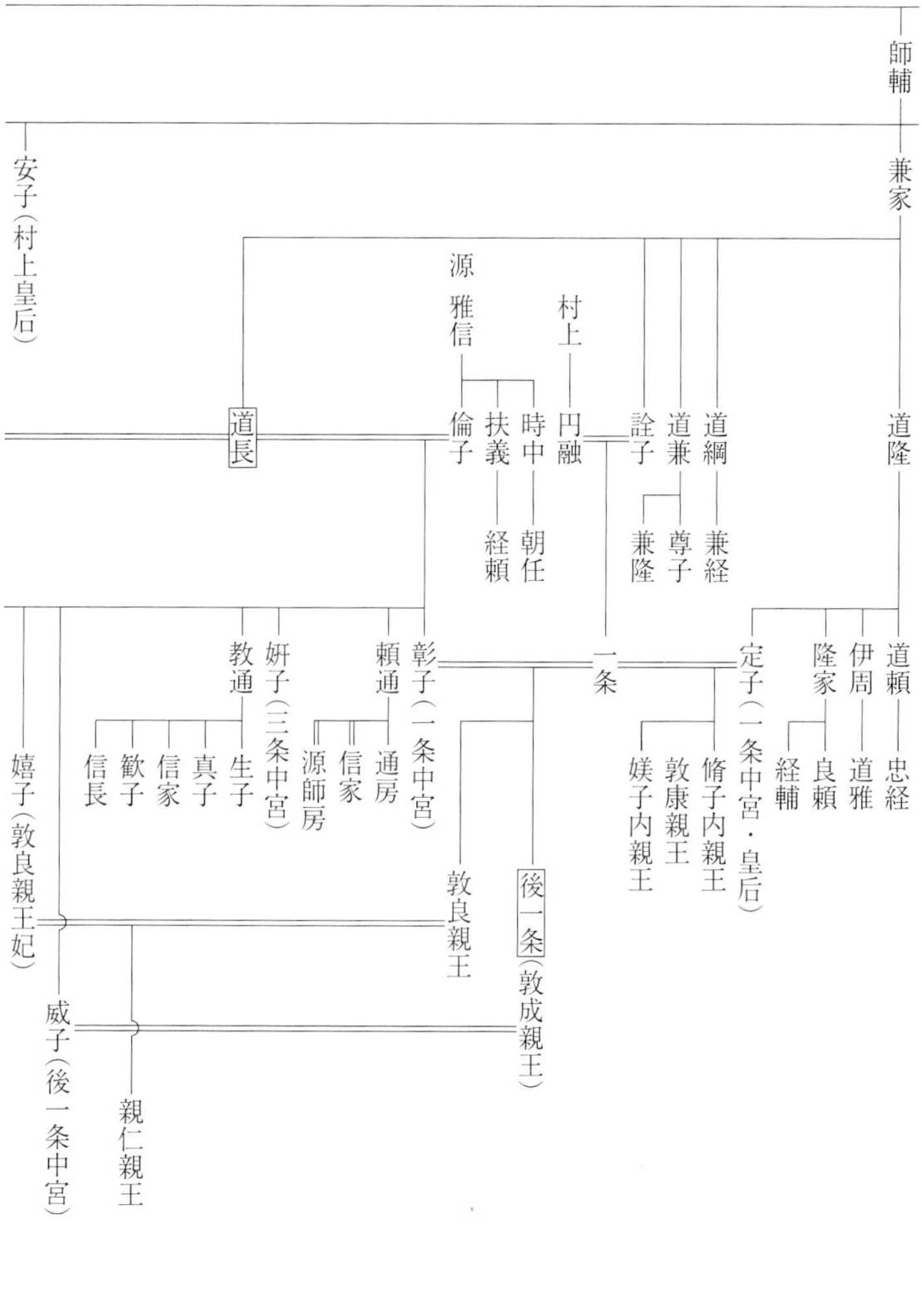
師輔
兼家
道隆
道綱
道兼
詮子
村上
円融
源
雅信
時中
扶義
倫子
道長
安子(村上皇后)
兼経
尊子
兼隆
朝任
経頼
道頼
伊周
隆家
定子(一条中宮・皇后)
一条
彰子(一条中宮)
頼通
妍子(三条中宮)
教通
忠経
道雅
良頼
経輔
脩子内親王
敦康親王
媄子内親王
後一条(敦成親王)
敦良親王
通房
信家
源師房
生子
真子
信家
歓子
信長
嬉子(敦良親王妃)
威子(後一条中宮)
親仁親王

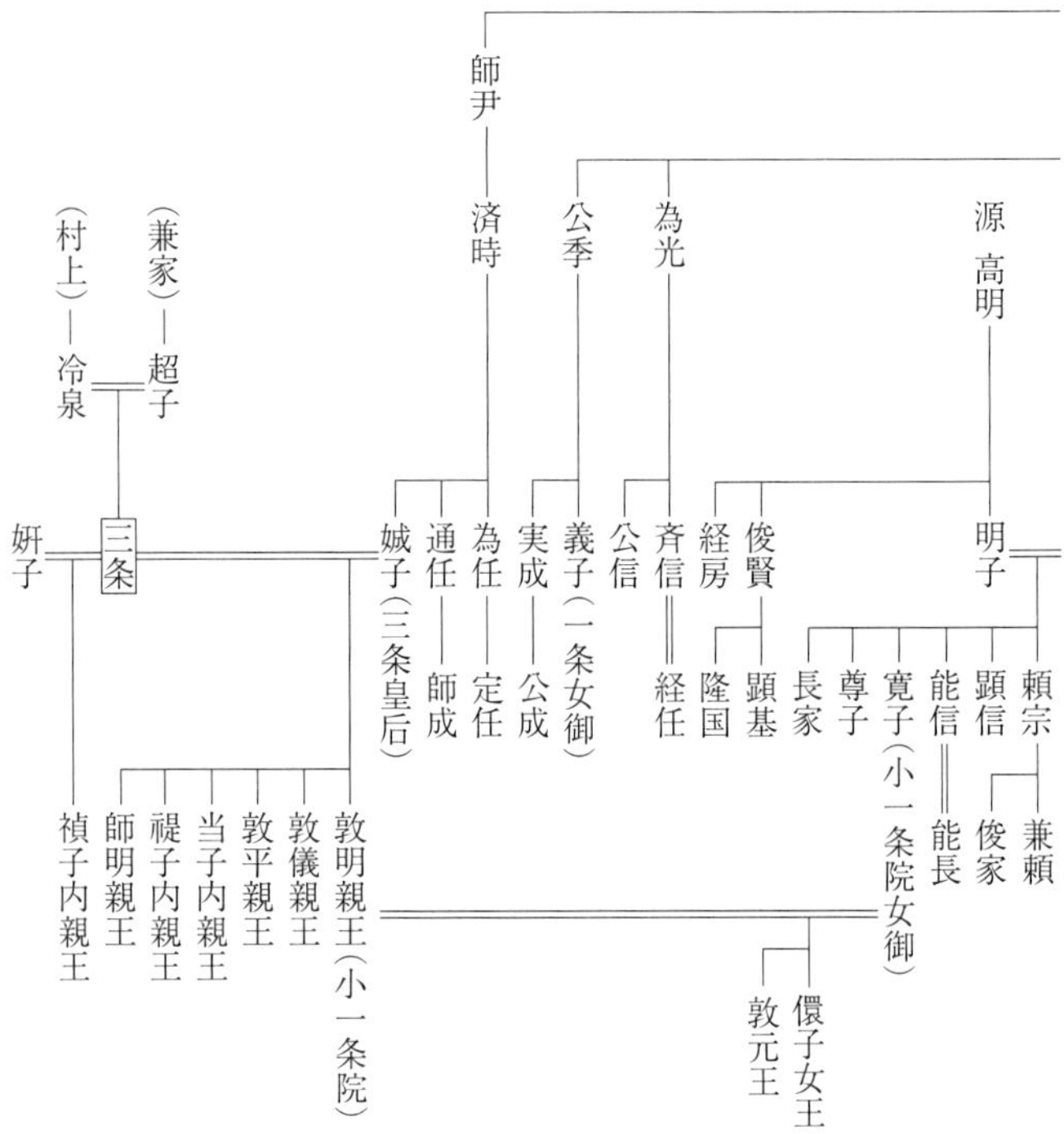
師尹
済時
為任
定任
通任
師成
娍子（三条皇后）
公季
義子（一条女御）
実成
公成
為光
斉信
経任
公信
源
高明
明子
頼宗
兼頼
俊家
顕信
能信
能長
寛子（小一条院女御）
尊子
長家
俊賢
顕基
経房
隆国
（兼家）
超子
（村上）
冷泉
三条
妍子
敦明親王（小一条院）
敦儀親王
敦平親王
当子内親王
禔子内親王
師明親王
禎子内親王
儇子女王
敦元王

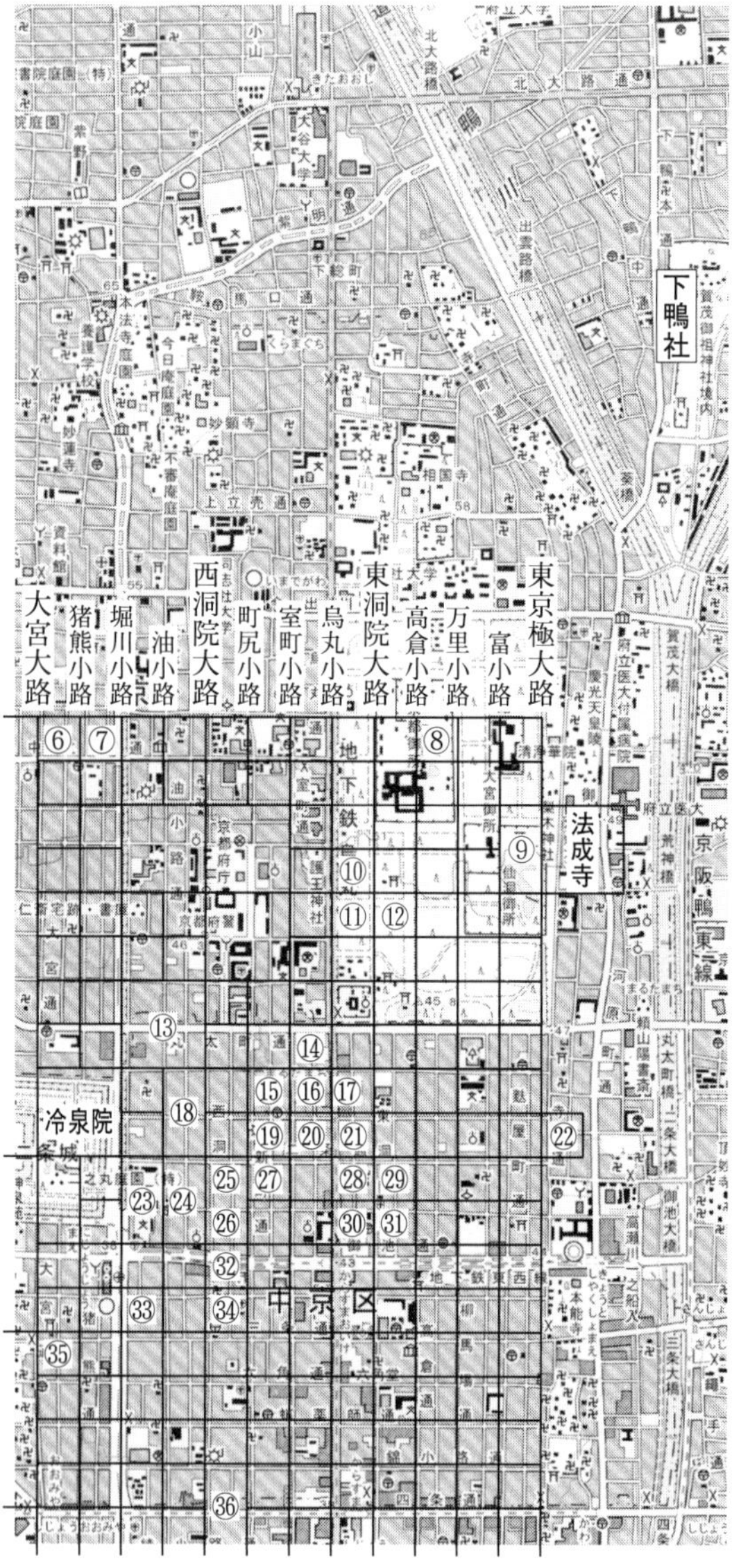

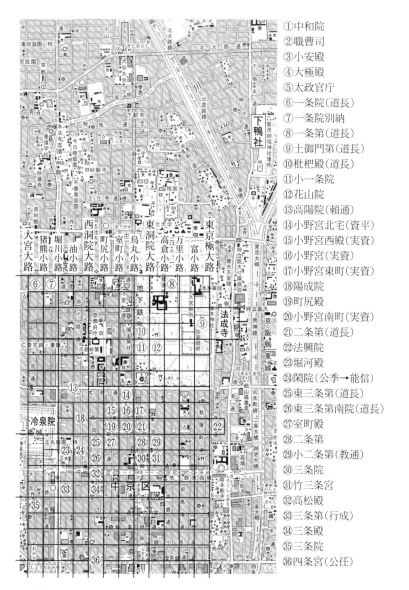

①中和院
②職曹司
③小安殿
④大極殿
⑤太政官庁
⑥一条院（道長）
⑦一条院別納
⑧一条第（道長）
⑨土御門第（道長）
⑩枇杷殿（道長）
⑪小一条院
⑫花山院
⑬高陽院（頼通）
⑭小野宮北宅（資平）
⑮小野宮西殿（実資）
⑯小野宮（実資）
⑰小野宮東町（実資）
⑱陽成院
⑲町尻殿
⑳小野宮南町（実資）
㉑二条第（道長）
㉒法興院
㉓堀河殿
㉔閑院（公季→能信）
㉕東三条第（道長）
㉖東三条第南院（道長）
㉗室町殿
㉘二条第
㉙小二条第（教通）
㉚三条院
㉛竹三条宮
㉜高松殿
㉝三条第（行成）
㉞三条殿
㉟三条院
㊱四条宮（公任）

国土地理院発行1/25,000地形図「京都東北部」「京都西北部」を基に，縮小・加筆して作成.

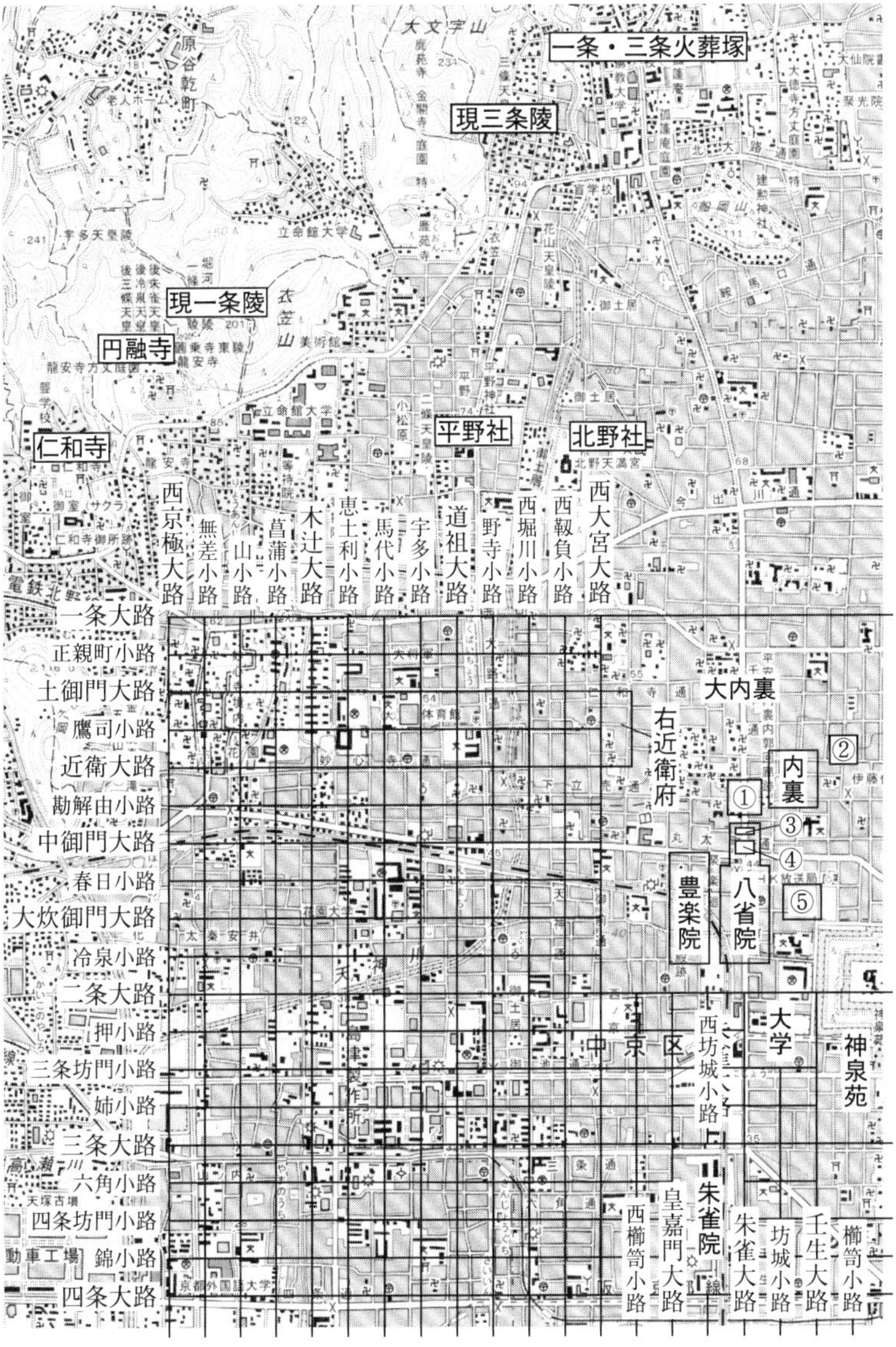

関係地図（平安京北半・北辺）

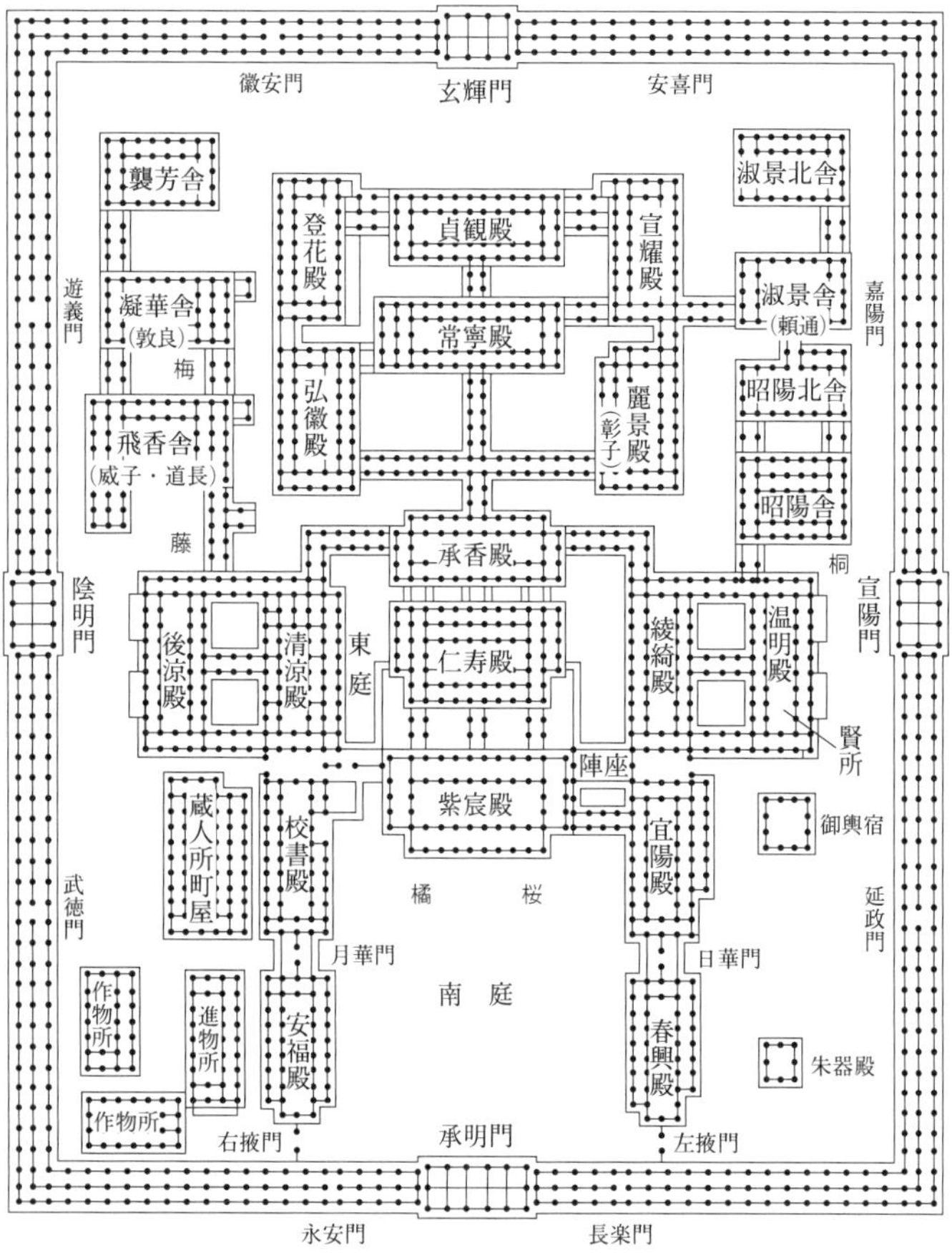
徽安門
玄輝門
安喜門
襲芳舎
淑景北舎
登花殿
貞観殿
宣耀殿
遊義門
凝華舎
（敦良）
淑景舎
（頼通）
嘉陽門
常寧殿
梅
昭陽北舎
弘徽殿
麗景殿
（彰子）
飛香舎
（威子・道長）
昭陽舎
藤
承香殿
桐
陰明門
宣陽門
後涼殿
清涼殿
東庭
仁寿殿
綾綺殿
温明殿
賢所
陣座
紫宸殿
蔵人所町屋
校書殿
宜陽殿
御輿宿
武徳門
橘
桜
延政門
月華門
日華門
南庭
作物所
進物所
安福殿
春興殿
朱器殿
作物所
右掖門
承明門
左掖門
永安門
長楽門

平安宮内裏図

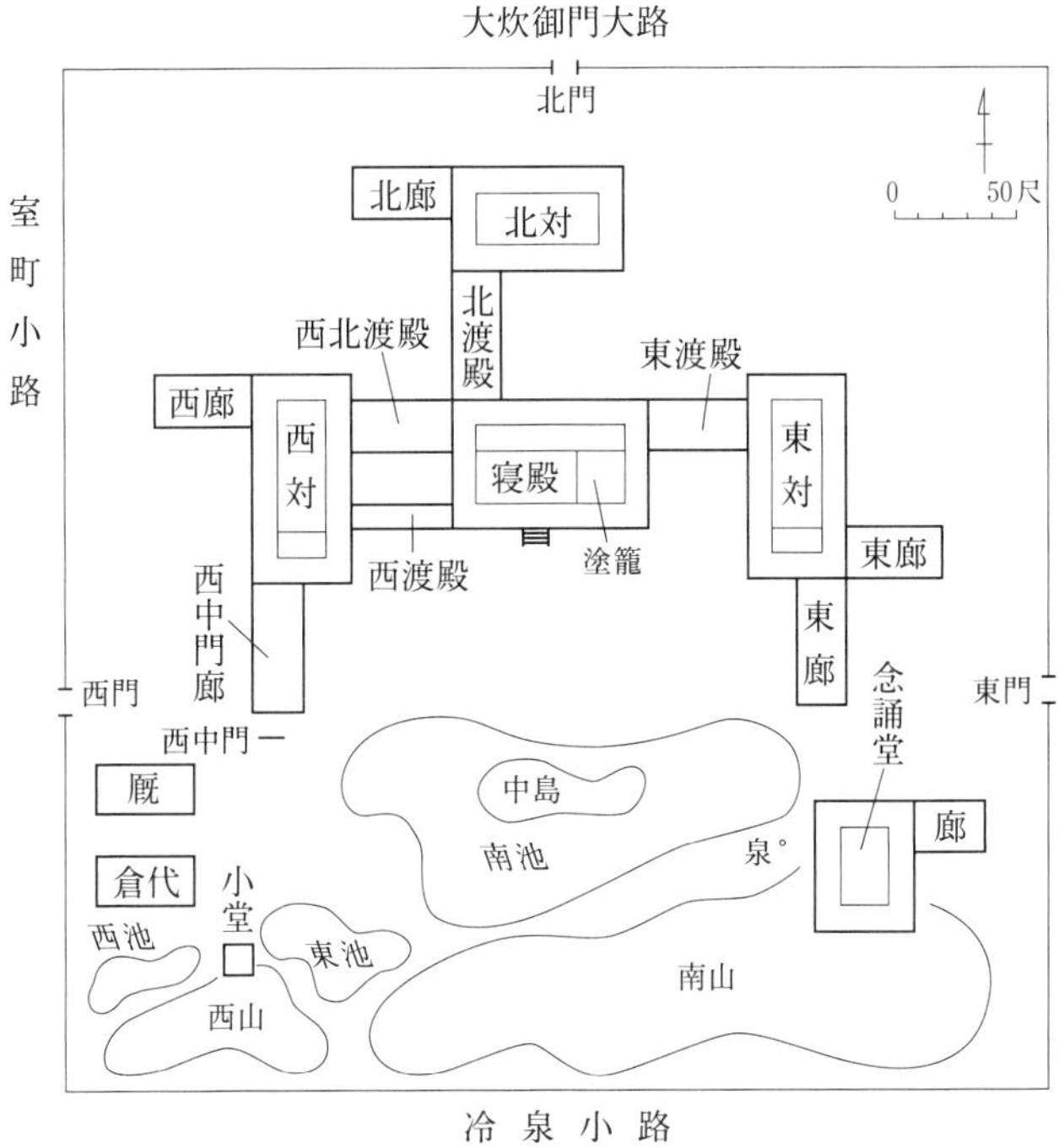

小野宮復元図(吉田早苗「藤原実資と小野宮第」『日本歴史』350，1977に加筆，作成)

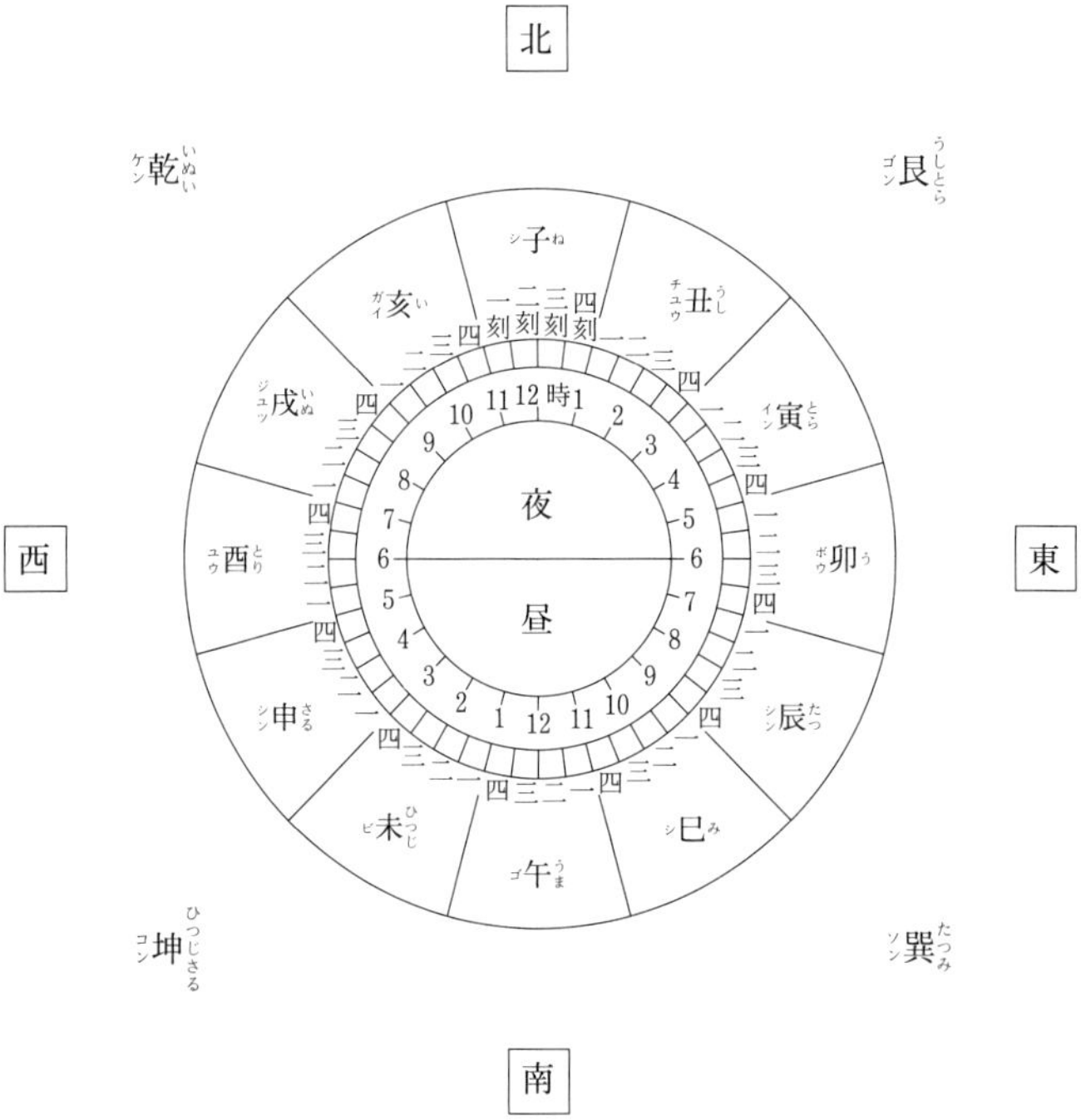
北
東
南
西
乾《いぬい》
艮《うしとら》
坤《ひつじさる》
巽《たつみ》
子《ね》
丑《うし》
寅《とら》
卯《う》
辰《たつ》
巳《み》
午《うま》
未《ひつじ》
申《さる》
酉《とり》
戌《いぬ》
亥《い》
一刻 二刻 三刻 四刻
時
夜
昼

方位・時刻

編者紹介

一九五八年　三重県津市に生まれる
一九八九年　東京大学大学院人文科学研究科国史学専門課程博士課程単位修得退学
一九九七年　博士（文学、東京大学）
現　在　国際日本文化研究センター教授

〔主要著書〕
『一条天皇』（人物叢書、吉川弘文館、二〇〇三年）、『藤原道長「御堂関白記」全現代語訳』（講談社学術文庫、二〇〇九年）、『三条天皇』（ミネルヴァ日本評伝選、二〇一〇年）、『藤原行成「権記」全現代語訳』（講談社学術文庫、二〇一一―一二年）、『藤原道長「御堂関白記」を読む』（講談社選書メチエ、二〇一三年）、『藤原伊周・隆家』（ミネルヴァ日本評伝選、二〇一七年）、『藤原氏』（中公新書、二〇一七年）、『『御堂関白記』の研究』（思文閣出版、二〇一八年）、『公家源氏』（中公新書、二〇一九年）、『権記』（角川ソフィア文庫、二〇二一年）、『平氏』（中公新書、二〇二二年）

現代語訳　小右記　15
道長薨去

二〇二二年（令和四）十月二十日　第一刷発行

編　者　倉《くら》本《もと》一《かず》宏《ひろ》
発行者　吉川道郎
発行所　株式会社　吉川弘文館
郵便番号一一三―〇〇三三
東京都文京区本郷七丁目二番八号
電話〇三―三八一三―九一五一〈代表〉
振替口座〇〇一〇〇―五―二四四
http://www.yoshikawa-k.co.jp/
印刷＝株式会社 三秀舎
製本＝誠製本株式会社
装幀＝山崎　登

ISBN978-4-642-01830-2

現代語訳 小右記 全16巻

13 道長女の不幸

万寿元年(一〇二四)正月—万寿二年(一〇二五)八月

道長の望月の栄華は、確実に欠け始めていた。小一条院女御の寛子、敦良親王妃の嬉子が、相次いで死去したのである。各所から情報を仕入れ、その意味を読み解こうとする実資。その先に何を見ていたのであろうか。

三〇〇〇円

14 千古の婚儀頓挫

万寿二年(一〇二五)九月—万寿四年(一〇二七)六月

実資が鍾愛して「かぐや姫」と通称され、小野宮や荘園・牧を譲った女《むすめ》千古の婚姻をめぐって奔走する実資。道長男長家との婚儀は、さまざまな公卿の思惑もあって頓挫する。なお、千古は後に藤原頼宗男の兼頼と結婚する。

三〇〇〇円

15 道長薨去

万寿四年(一〇二七)七月—長元二年(一〇二九)十月

三条天皇中宮であった妍子に続き、道長もいよいよ最期の時を迎える。その容態の情報収集に余念のない実資は、道長の死に対してどのような感慨を懐《いだ》いたのであろうか。そして、関白頼通にとっても新たな時代が始まる。

三二〇〇円

16 部類記作成開始

長元三年(一〇三〇)正月—長久元年(一〇四〇)十一月

『小右記』六年分を養子の資平に遣わした実資たち小野宮家は、いよいよ『小右記』を使用した部類記の作成を開始する。『小右記』の日次記《ひなみき》をばらばらに切ったものの、実資薨去により計画は頓挫。日記も幕を閉じた。

【続 刊】

吉川弘文館
(価格は税別)